EL MAR EN LA GRAN GUERRA
(1914-1918)

LUIS DE LA SIERRA
CAPITÁN DE FRAGATA

EL MAR EN LA GRAN GUERRA

(1914-1918)

EDITORIAL JUVENTUD, S. A.
PROVENZA, 101 - BARCELONA

Provença, 101 - 08029 Barcelona
info@editorialjuventud.es
www.editorialjuventud.es
Segunda edición, 2006
ISBN 84-261-2023-7
Depósito legal: B. 21.522-2006
Núm. de edición de E. J.: 10.811
Impreso en España - Printed in Spain
Ediprint, c/. Llobregat, 36 - Ripollet (Barcelona)

«En el campo de la estrategia naval es donde, particularmente, las enseñanzas del pasado tienen un valor que en manera alguna pueden aminorarse; pues no sólo son útiles como ilustración de principios, sino que sirven hasta de precedente, a causa de la relativa permanencia de sus condiciones.»

ALFRED THAYER MAHAN

PRÓLOGO

El precio de la Gran Guerra en vidas humanas fue sencillamente espantoso: 8.856.000 muertos, la inmensa mayoría de los cuales se produjeron en los frentes de combate de tierra. Sin embargo, aquella gigantesca y atroz lucha continental, que movilizó a unos setenta millones de hombres, no decidió en absoluto la contienda. Casi todos los tratadistas especializados en el tema coinciden en que, al firmarse el armisticio, el Ejército alemán, pese a las graves pérdidas sufridas en sus ofensivas del año 1918, podía haber seguido resistiendo indefinidamente.

¿Qué dio, pues, la victoria a los aliados, es decir, a las talasocracias?

Cedamos la palabra a un gran historiador, por otra parte nada sospechoso de parcialidad por tratarse de un capitán de Infantería del Ejército inglés, combatiente en la primera guerra mundial: Basil H. Liddell Hart. En el epílogo de su obra *A History of the First World War* («Una historia de la Gran Guerra»), escribe lo siguiente:

«Si el historiador del futuro tuviese que elegir alguna fecha decisiva para el resultado de la Gran Guerra, probablemente escogería la del 2 de agosto de 1914 —antes siquiera de que la contienda hubiese comenzado para Inglaterra—, cuando Winston Churchill envió a la Armada británica, a las 0125 de dicho día, la orden de movilización general. Esa Armada no ganaría ningún Trafalgar, pero pesaría más que ningún otro factor en la consecución de la victoria para los aliados. Porque la Armada inglesa fue el instrumento del bloqueo, y a medida que la niebla de la guerra va deshaciéndose y dando paso a la más clara luz de los años de la posguerra, se ve que dicho bloqueo toma proporciones cada vez mayores y se revela con mayor claridad como el agente decisivo de la lucha. Y es que el bloqueo fue como esas camisas de fuerza que solían aplicarse en los calabozos norteamericanos a los prisioneros indisciplinados, que comenzaban por inmovilizar al preso, para ir después ahogando su respiración, y, cuanto más comprimían y más se prolongaba el tratamiento, menor capacidad de resistencia dejaban al prisionero y más desmoralizadora era la sensación de impotencia de éste.»

La metáfora nos parece perfectamente acertada, pero aquí hemos de considerar dicho bloqueo británico de Alemania en el contexto general de la problemática que se le presentó a la Armada germana —la *Kriegsmarine*.

Al entrar el Reino Unido en la guerra, el 4 de agosto de 1914, la Escuadra alemana —la *Hochsee Flotte*, o Flota de Alta Mar— era la segunda más importante del mundo, inmediatamente detrás de la británica, pero a considerable distancia de ésta, no sólo en efectivos, sino respecto a la posición estratégica que ocupaba en un apartado rincón del mar del Norte y a la falta de bases navales periféricas. Además, la difícil ecuación que tenía que resolver la *Hochsee Flotte* presentaba dos incógnitas.

Por una parte, Alemania necesitaba impedir a toda costa que la Escuadra inglesa —la *Grand Fleet*, o Gran Flota— pudiera adueñarse del mar Báltico, no sólo porque ello supondría una amenaza constante de desembarcos aliados a retaguardia del frente del este y la imposibilidad de importar el mineral de hierro de Suecia, sino porque permitiría a los aliados llevar a Rusia, prácticamente aislada del resto del mundo desde el estallido de la contienda, las municiones y el material militar que urgentemente precisaba para dotar debidamente al, por su número, formidable Ejército del zar. La única vía práctica para poder hacerlo, puesto que los Dardanelos pronto se revelaron infranqueables para los aliados, era el Báltico, y el obstáculo para ello, la Escuadra del kaiser. Si ésta quedaba destruida en una batalla naval decisiva, como lo había sido en 1905 la del almirante Rodjensvenstky en Tsushima, Rusia no sólo no hubiera sucumbido en 1917, sino que, con toda probabilidad, la lucha continental habría dado pronto un giro adverso e irreversible para las armas germanas, atenazadas entre dos frentes inmensos.

La existencia de la *Hochsee Flotte* se hizo también pronto imprescindible para poder sostener la gran ofensiva submarina desencadenada por la *Kriegsmarine* contra el tráfico mercante aliado; ofensiva que, como veremos en este libro, a punto estuvo de ganar la guerra en el año 1917. De no ser por la Escuadra alemana, la Armada inglesa habría establecido inmediatamente el bloqueo cerrado de todas las bases navales germanas en el mar del Norte y en el Báltico, con el inevitable resultado de que los sumergibles alemanes —los *unterseeboote*— ni siquiera habrían podido salir a la mar. Es decir, la conservación de su Escuadra, como flota en potencia, resultaba doblemente necesaria para Alemania.

Pero, por otra parte, el efectivo bloqueo a distancia impuesto por la Armada Real —la *Royal Navy*— a los imperios centrales significaba, de no poder romperse pronto y de forma sostenida, sencillamente el hambre; el hambre para Alemania y para Austria-Hungría; el hambre en la retaguardia y en los frentes de combate, es decir, el hambre para la fuerza laboral y para los combatientes de primera línea. En otras palabras, la asfixia y la desmoralización —que terminaría por conducir a la revolución— de que nos hablaba Liddell Hart.

Para poder romper el férreo e implacable bloqueo marítimo establecido por la *Royal Navy* desde el primer día de la guerra, la *Hochsee Flotte* tendría que librar una batalla naval decisiva y de resultado victorioso para ella contra la Escuadra inglesa. Pero la única posibilidad de lograr una victoria tal era, como primera y mínima condición, llegar previamente a una paridad aproximada de efectivos, pues en otro caso se exponía a un seguro desastre. Y entonces, ¡adiós triunfo en el frente del este y adiós a la guerra submarina!

De esta difícil, dual y contradictoria misión, dadas las condiciones expuestas, que la guerra planteó a la *Kriegsmarine*, se deducen los desesperados esfuerzos de los marinos alemanes para tratar de obtener cuanto antes aquella necesaria paridad. En Berlín se pensó inicialmente que las minas submarinas y los *unterseeboote* podrían igualar la balanza hundiendo determinado número de buques de batalla ingleses —léase acorazados y cruceros de combate, columna vertebral entonces de las flotas—. Pero pronto se vinieron abajo tales esperanzas germanas, y de ahí los innumerables intentos de la Escuadra alemana para tratar de sorprender y aniquilar en el mar del Norte a cualquier confiada fracción de la Gran Flota que se aventurase sola. Esfuerzos que se repitieron con mayor o menor decisión durante unos dos años y que, por las razones que estudiaremos, resultaron siempre infructuosos. En vista de lo cual y ante la gravedad de la situación, a principios del año 1917 el Alto Mando germano, arrostrando el riesgo calculado de una guerra abierta con los Estados Unidos de América, optó por lanzar una gran ofensiva submarina sin restricciones.

De la imperiosa necesidad de preservar su escuadra de superficie y, al mismo tiempo, tener que buscar una imposible batalla naval decisiva, se deriva el papel aparentemente ambiguo y todavía hoy discutido que jugaría la *Hochsee Flotte* durante la Gran Guerra. Pero vaya por delante que el drama de la *Kriegsmarine* estuvo, sencillamente, en que el estallido de la conflagración se produjo antes de que el programa naval germano de construcciones militares hubiera podido completarse. Es decir, el verdadero fallo no estuvo en las Fuerzas Armadas alemanas, sino en los mediocres políticos del Reich.

En aquella terrible contienda, cuyo tratado de paz sentaría después, lamentablemente, las bases para el estallido de otra guerra mundial de 1939, lo secundario, aunque no carezca, por supuesto, de relativa importancia, fueron las valerosas batallas libradas por la Escuadra alemana del Extremo Oriente y la labor desplegada por los cruceros regulares y auxiliares de la *Kriegsmarine* contra el tráfico marítimo aliado. Lo decisivo fue, como señala Liddell Hart, el bloqueo británico de Alemania. La guerra submarina librada por ésta pudo haberlo sido, y el problema que no logró resolver la *Kriegsmarine,* su necesidad de conservar la Flota de Alta Mar y de aniquilar a la siempre muy superior Escuadra británica, precisamente para poder romper el asfixiante bloqueo que atenazaba a Alemania.

Ésta es, en esquema, la dramática historia de este libro; apasionante historia que merece la pena examinar de cerca y de la que es necesario extraer las oportunas consecuencias. Por la sencilla razón de que sus enseñanzas tienen vigencia todavía hoy.

Palma de Mallorca, mayo de 1983.

CAPÍTULO PRIMERO

Aparece el dreadnought. *— Carrera en las construcciones navales militares. — Efectivos de las Escuadras alemana y británica. — Situación geoestratégica al estallar la guerra.—El mar del Norte.— Estrategias de las Flotas germana e inglesa. — Hundimiento del crucero alemán* Magdeburg. *— Los códigos de la* Kriegsmarine *caen en poder de los aliados.*

El origen del grave antagonismo anglo-germano que el 4 de agosto de 1914 llevaría al Reino Unido a declarar la guerra a Alemania se inició, probablemente, con la pretendida expansión de esta última potencia continental por África del Sur. Allí, el imperio colonial que el kaiser Guillermo II había prometido a su pueblo, aquel «lugar bajo el sol», tropezó con idénticos intereses británicos. En vista de lo cual el emperador de Alemania quiso proclamar un protectorado sobre el Transvaal y, desde Namibia, colonia alemana a partir de 1884, ayudar a los bóers —en su lucha contra Inglaterra— con tropas alemanas. Pero muy pronto se dio cuenta de que para ello carecía de la herramienta imprescindible: una poderosa Flota, y de que, por lo tanto, su proyecto era inviable.

Así nació, en 1897, la idea de Guillermo II de crear una gran Escuadra, decisión materializada en el programa naval aprobado por la Dieta en 1898 y que empezaría a dar sus frutos a partir de 1900. En resumen, los sucesivos programas navales germanos anteriores a la Gran Guerra preveían la construcción de 41 acorazados, 20 cruceros de combate, 12 flotillas de destructores —unas 130 unidades— y 4 flotillas de submarinos. Era un abierto desafío al ya tradicional poderío marítimo británico, que los ingleses, cuyo fabuloso imperio colonial dependía enteramente del dominio del mar, vieron con alarma.

En efecto, en 1904 había sido nombrado Primer Lord del Mar el almirante sir John Fisher. Este ya veterano —tenía sesenta y tres años— pero innovador marino, a quien Winston Churchill calificara como «el más sobresaliente oficial de Marina británico desde Nelson», verdadero fuera de serie, creador del *dreadnought* y del «crucero de combate», llegó a proponer al rey, y también al gobierno de Su Majestad, que si Alemania no limitaba su expansionismo naval, el Reino Unido le declarase una guerra preventiva. Incluso que la Gran Flota atacara por sorpresa y sin previa declaración de guerra a la Escuadra del kaiser (1).

Acabamos de mencionar el *dreadnought,* ante el que ahora hemos de detenernos brevemente, puesto que dicho buque será no sólo uno de los principales protagonistas de esta historia, sino rey de los mares hasta mediados de la segunda guerra mundial. Todavía hoy, en 1983, en la Flota de los Estados Unidos han vuelto a entrar en servicio varias unidades de esta clase y gran tonelaje; tan magnífica había sido su concepción.

Hasta aproximadamente el año 1905, el criterio seguido en casi todas las Marinas del mundo respecto a las grandes unidades acorazadas, espina dorsal entonces de las escuadras navales, era que deberían montar numerosas piezas de artillería de calibre medio, con objeto de «demoler» a corta distancia a los buques enemigos, y sólo algunas, generalmente cuatro o seis, de grueso calibre, para «rematar» después a los ya demolidos. Sin embargo, el notable aumento ahora en el alcance de la artillería naval; los nuevos métodos de tiro, para disparar por salvas; las teorías del ingeniero naval italiano Vittorio Cuniberti acerca del «buque de combate ideal», publicadas en Inglaterra en 1903; la amenaza que suponía el torpedo automóvil submarino, ya con el mismo o parecido alcance que la anticuada artillería, y también las doctrinas de la «Jeune École» francesa —creada por el almirante Aube—, preconizando que el diminuto buque torpedero —asequible a cualquier potencia pobre— era el arma del futuro, decidieron a lord Fisher y al Almirantazgo británico a poner en grada un revolucionario prototipo de buque de batalla: el acorazado de 18.000 toneladas de desplazamiento estándar, bautizado *Dreadnought* —«Sin Miedo»—, que se construyó en el tiempo *record* de un año y fue entregado a la *Royal Navy* en octubre de 1906.

Como artillería principal, monocalibre, montaba diez piezas de 305 mm. en torres dobles, y por artillería antitorpedera lle-

---

(1) Desde entonces, la previsible guerra con Alemania fue una constante en la estrategia del Almirantazgo. En el verano de 1912, por ejemplo, la *Royal Navy* efectuó unas grandes maniobras en el mar del Norte, «con todos los buques disponibles», para estudiar la forma de interceptar a la Escuadra alemana, con tiempo para impedir que ésta pudiera dar cobertura a un desembarco de tropas del Reich en la costa oriental inglesa.

vaba veinticuatro cañones de 76 mm. Aquéllas tenían un alcance algo superior a los 18.000 metros, y ocho de ellas podían disparar indistintamente por ambas bandas del buque; buque al que sus turbinas —no máquinas alternativas— de vapor proporcionaban una velocidad máxima de 21,5 nudos, superior a la de todos los acorazados de su tiempo. Este modelo de buque de batalla, que dejaba anticuados a la totalidad de sus contemporáneos, supuso un verdadero hito en la construcción naval militar (1).

Pero lord Fisher no se conformó con poner inmediatamente en grada otros tres acorazados del modelo *dreadnought:* los de la serie «Bellerophon».

Impresionado por la eficacia mostrada en Tsushima por los cruceros acorazados de Kamimura, Fisher había concebido y quiso llevar a la práctica, en el mayor secreto, un revolucionario tipo de crucero acorazado, al que denominaría «crucero de combate», con un armamento casi similar al del *Dreadnought,* pero capaz de desarrollar una velocidad de 26 nudos, aunque, claro está, a costa de sacrificar parte del blindaje (2). Pero «*speed is armor*» («velocidad es coraza»), había dicho Fisher... Lo que sólo resulta cierto cuando el más veloz puede ponerse a buen recaudo de los grandes proyectiles enemigos.

Pese al gran sigilo con que se construyeron en las islas británicas los primeros cruceros de combate: *Invincible, Indomitable* e *Inflexible,* que serían entregados a la Armada Real en 1908, los planos de esta sobresaliente serie de unidades fueron, al parecer, robados y entregados a los alemanes. Puede que el agregado naval de la *Kriegsmarine* acreditado en Londres supiera algo de tan rocambolesco asunto (3).

Suponemos que en Berlín, a la primera impresión, sin duda

---

(1) La supresión de la artillería media y la adopción del calibre único ya tenían precedentes en el diseño de los acorazados norteamericanos *Michigan* y *South Carolina,* puestos en grada en 1903, que montaban cuatro torres dobles, con cañones de 305 mm., todas a crujía, superpuestas de dos en dos a proa y a popa.

(2) En efecto, la cintura acorazada y el blindaje de las torres de artillería del *Dreadnought* era de 279 mm., mientras que el de los primeros cruceros de combate de la serie «Invincible» no pasaba, en los mismos puntos, de 178 mm.

(3) En su obra *The Battle of Jutland,* pág. 114, el historiador y miembro del Parlamento británico Carlyon Bellairs dice: «*Attention is drawn to the fact that desings of the* Indefatigable *were stolen in 1908 and passed into the possesion of Germany.*» («Atención al hecho de que

de perplejidad, del secretario de Estado por la Marina, gran almirante Alfred von Tirpitz, verdadero creador de la Armada alemana, ante aquellos inapreciables planos ingleses, debió de seguir otra de enorme satisfacción al comprender que el *dreadnought* significaba, en resumidas cuentas, poder partir ahora prácticamente de cero en la carrera de construcciones navales a que se habían lanzado y ya disputaban reñidamente Gran Bretaña y Alemania, pero en la que, inicialmente, aquélla llevaba una ventaja abrumadora: cuarenta *pre-dreadnoughts* ingleses contra veinte, muy inferiores, en la *Kriegsmarine.*

Así que los alemanes decidieron construir sobre la marcha un prototipo de crucero de combate, el *Von der Tann,* de 19.000 toneladas estándar y 27,5 nudos de velocidad máxima, artillado con ocho piezas de 280 mm. en cuatro torres dobles, todas las cuales podían disparar por ambas bandas. Montaba también diez cañones de 150 mm. y dieciséis piezas de 88 mm. Es decir, si la artillería principal era algo inferior a la de los «Invincible» ingleses, el *Von der Tann* estaba, en cambio, mejor protegido, pues llevaba una coraza de 239 mm. de espesor —su blindaje suponía el 29,8 % del peso del buque, frente a sólo un 19,9 % de los «Invincible»— y, además, disponía de artillería media.

En junio de 1911, con motivo de la coronación del rey Jorge V, se celebró en la rada de Spithead, entre Portsmouth y la isla de Wight, una revista naval —que duró más de seis horas—, a la que todas las principales potencias marítimas enviaron algún buque de guerra que les representase. Y como un buen buque de guerra es el mejor embajador volante y también el máximo exponente del adelanto tecnológico y la capacidad industrial de cualquier país, Alemania mandó al flamante *Von der Tann,* buque que causó gran impresión a los ingleses. «Los vaporcitos que por cinco chelines os paseaban a lo largo de las hileras de buques de guerra, de doce millas de extensión en quíntuple fila —escribe nuestro admirado y nunca olvidado Mateo Mille (1), embarcado en el cru-

---

los planos del *Indefatigable* fueron robados en 1908 y pasaron a poder de Alemania.») A petición mía, el Servicio Histórico del Almirantazgo británico no ha podido o querido confirmar o rebatir dicha rotunda afirmación del capitán de fragata Carlyon Bellairs, que, por lo tanto, doy por buena.

(1) Mateo Mille, capitán de corbeta, asesinado en Paracuellos del Jarama, en noviembre de 1936, con siete mil y pico patriotas más: *Historia naval de la Gran Guerra, 1914-1918.* Editorial Iberia, Barcelona. Reeditada en 1983 por Editorial Naval.

cero *Reina Regente*, enviado por España a Spithead— paraban sus máquinas y dejaban curiosear libremente a sus pasajeros cuando se llegaba a la altura del crucero de combate germano. Y los comentarios eran unánimes: "*Wonderfull ship*" («Magnífico buque»), oíais exclamar por doquier. Pero, por regla general, el elogio inglés significaba un peligro más o menos cercano para el elogiado...»

Así era, en efecto, como ya sabemos por la nelsoniana reacción de lord Fisher. No es que la Escuadra de Alta Mar alemana fuese la única causa que decidió al Reino Unido a alinearse con Francia y Rusia en la contienda que estallaría tres años después de dicha revista naval; la gran competencia que a escala planetaria hacían los productos manufacturados alemanes a los *made in England* —en 1913, las industrias químicas y electromagnéticas germanas alcanzaban el 24 y el 29 %, respectivamente, de la producción mundial—; el conflictivo expansionismo colonial africano, ya mencionado; la declaración del kaiser en Damasco, proclamándose protector de todos los mahometanos del mundo —la inmensa mayoría de los cuales estaban entonces bajo el yugo británico o francés—, etcétera, y, por supuesto, la invasión de Bélgica, cuya neutralidad había garantizado Inglaterra, pesaron sin duda en aquella decisión del gobierno de Londres, pero en ella también lo hizo decisivamente la creciente amenaza que suponía la novel y excelente Flota del kaiser.

A partir de 1906, en los astilleros alemanes y británicos se sucedieron sin interrupción las botaduras y puestas en grada de nuevas unidades. Fue una costosísima y particular regata entre ambas potencias, especialmente en lo que a acorazados y cruceros de batalla se refería, pues dichas grandes unidades eran entonces los buques que daban la medida del valor militar de las flotas. En Alemania, con el objetivo de conseguir aquellos sesenta y un buques de línea que permitirían al kaiser «alzarse con el simbólico tridente de Neptuno». Y en Inglaterra, para conservar a toda costa el tradicional *two power standard*, es decir, disponer siempre de una Flota tan numerosa y capaz como la de las dos potencias navales siguientes juntas, pues de ello dependía la conservación del inmenso y riquísimo imperio colonial y, por la condición insular y altamente deficitaria en productos alimenticios y materias primas del Reino Unido, la supremacía de Gran Bretaña como primera potencia. Y es que, como señala acertadamente el marino y filósofo alemán Otto Groos, «la política continental se funda en las fuerzas terrestres; la universal, en el poder naval».

Von Tirpitz, pensando que «con la Escuadra deberíamos crear

un arma lo bastante fuerte para luchar contra una superior escuadra enemiga», concedía prioridad a la construcción de buques de línea y de destructores, pero, partiendo del erróneo supuesto de que la Gran Flota británica buscaría la batalla en la bahía alemana, consideraba de importancia secundaria la velocidad y el radio de acción de las unidades germanas.

Como consecuencia de aquellos sucesivos y acelerados programas de construcción de nuevos buques, al estallar la guerra entre Alemania y el Reino Unido, el 4 de agosto de 1914, la *Hochsee Floote* disponía de quince *dreadnoughts* en servicio, puesto que el crucero de combate *Goeben* se hallaba en el mar Adriático, y el *Lützow* y el *Derfflinger* aún no estaban listos. Mientras que la *Grand Fleet* contaba con veinticuatro buques similares, es decir, un número muy superior al de la *Kriegsmarine*. Por otra parte, en los astilleros ingleses se construían mayor número de *dreadnoughts* que en los alemanes (1).

---

(1) Los *dreadnoughts* alemanes eran: I Escuadra: *Ostfriesland, Thuringen, Heligoland* y *Oldenburg*, de 22.440 toneladas; *Posen, Rheinland, Nassau* y *Westfalen*, de 18.600 toneladas. III Escuadra: *Kaiser, Kaiserin, König Albert* y *Prinz Luitpold*, de 24.600 toneladas. Cruceros de combate: *Seydlitz, Moltke* y *Von der Tann*, entre las 19.000 y las 24.600 toneladas.

Dreadnoughts ingleses: 1.ª Escuadra: *Marlborough, S. Vicent, Colossus, Hercules, Neptune, Vanguard, Collingwood* y *Superb*, cuyos tonelajes oscilaban entre las 19.250 y las 27.500 toneladas. 2.ª Escuadra: *King George V, Orion, Ajax, Audacious, Centurion, Conqueror, Monarch* y *Thunderer*, entre las 22.500 y las 23.000 toneladas. 4.ª Escuadra: *Dreadnought, Temeraire* y *Bellerophon*, entre las 18.000 y las 18.600 toneladas. Cruceros de combate: *Lion, Princess Royal, Queen Mary, New Zealand* e *Invincible*, entre las 18.000 y las 26.350 toneladas. Pero el nuevo acorazado de 23.000 toneladas *Erin* se incorporó a la Gran Flota el 25 de agosto de 1914, y el también flamante *Agincourt*, de 27.500 toneladas, el 17 de septiembre del mismo año, lo que elevaba a veintiséis el número de *dreadnoughts* disponibles en la Gran Flota prácticamente desde el comienzo de la guerra.

Por su parte, los acorazados alemanes *König, Kurfürst* y *Markgraf* no entraron en servicio hasta fines de diciembre de 1914, y el *Kronprinz* lo hizo el 2 de enero de 1915. Mas para entonces ya se habían incorporado a la *Grand Fleet* los nuevos acorazados *Emperor of India* y *Benbow* y el crucero de batalla *Tiger*, además del *Indomitable*, procedente del Mediterráneo. Hasta abril de 1915, la *Grand Fleet* contó también con la 3.ª Escuadra de acorazados, compuesta por ocho unidades del tipo *predreadnought*, y la Escuadra alemana, hasta después de la batalla de Jutlandia, con la II Escuadra, formada por seis *panzerschiffe*, también *predreadnought*.

Y es que el estallido de la guerra sorprendió a ciertas unidades germanas y británicas lejos de sus bases metropolitanas. El crucero de batalla *Australia*, de 19.000 toneladas estándar, se encontraba, con tres cruceros ligeros y algunos destructores, en la viajera isla-continente de su nombre. El germano *Goeben*, de 22.650 toneladas, en Pola, en el Adriático, y el crucero ligero de igual bandera *Breslau*, en Durazzo, Albania. Los cruceros de batalla británicos *Inflexible* e *Indomitable*, de 17.250 toneladas, y también el *Indefatigable*, de 19.000, se hallaban en Malta, con cuatro cruceros acorazados y trece destructores, para reforzar a la Escuadra francesa, enteramente concentrada en el Mediterráneo. En Tsing-Tao (Kiaochow), China, estaba basada la escuadra alemana del Extremo Oriente, al mando del conde Von Spee, compuesta por los cruceros acorazados de 11.600 toneladas *Scharnhorst* y *Gneisenau* y tres cruceros ligeros. En el Caribe se hallaban los cruceros ligeros alemanes *Dresden* y *Karlsruhe*, y, en el África Oriental alemana, el *Könisberg*. Por lo demás, en Hong-Kong fondeaba una escuadra británica compuesta por el acorazado *(pre-dreadnought) Triumph*, los cruceros acorazados *Minotaur* y *Hamshire* y el ligero *Yarmouth*, etc. Pero téngase ya en cuenta que los mejores buques de guerra británicos en ultramar al comenzar la guerra, pronto serían llevados al mar del Norte, cosa que nunca pudieron hacer los alemanes con los suyos en idéntica situación.

* * *

Ahora tenemos que echar un breve vistazo a la situación geográfica marítima de los que habrían de ser principales contendientes en la mar, es decir, Alemania y el Reino Unido, ya que el papel que desempeñarían las Escuadras de todas las demás potencias en lucha sería muy secundario. También revisaremos, con igual laconismo, los planes estratégicos diseñados por los Estados Mayores de las Armadas alemana y británica.

En el aspecto marítimo, la situación geográfica de Alemania era —y sigue siendo en caso de guerra— muy desfavorable para ella. La *Kriegsmarine* sólo disponía de una base naval de primera categoría en el mar del Norte, la de Wilhelmshaven, en un rincón del golfo de Heligoland —definido por la isla holandesa de Terschelling y el bajo del Horns Reef, próximo a la costa danesa—, y con una barra de arena que las grandes unidades sólo podrían franquear durante la pleamar. De hecho, entre los buques mayores, únicamente los fondeados en la rada exterior del río Jade, la de Schilling, podían hacerse inmediatamente a la mar. Pero los que amarraban o fondeaban en el Elba, es decir, delante de Cuxhaven, o en las radas interiores de Wilhelmshaven, tenían que contar con la marea para poder zarpar. Una gran desventaja, como pronto veremos. La otra base principal alemana estaba en el Báltico, en Kiel, enlazada indirectamente con la anterior por el canal, de 99 kilómetros de longitud, de su nombre. Es decir, ambas bases navales germanas, distanciadas entre sí unas cien millas, quedaban en ángulo muerto respecto a las derrotas comerciales más importantes del mundo.

En efecto, las principales arterias marítimas que a través del océano Atlántico enlazan América del Norte y del Sur con Europa terminan en la costa atlántica francesa y en los accesos occidentales del Reino Unido. La que une el Extremo Oriente, Indonesia, la India, África Oriental y el golfo Pérsico con Europa cruza el canal —de 168 kilómetros de longitud— de Suez y finaliza en el Mediterráneo. Es decir, todas estas importantísimas vías discurrían bien por fuera del alcance de los buques de guerra de superficie surtos entonces en dichas bases metropolitanas de la *Kriegsmarine*. Las restantes bases navales alemanas, en las colonias africanas y asiáticas, eran poco más que simples apostaderos, y, además, pronto irían cayendo en poder de las tropas aliadas.

Por el contrario, y sin mencionar la espléndida red de bases avanzadas británicas repartidas por todo el orbe, la posición geoestratégica del Reino Unido, periférica respecto a Alemania, era verdaderamente privilegiada para poder estrangular, casi en bloqueo cerrado, al tráfico marítimo germano. Con su formidable Gran Flota en Scapa Flow desde finales de julio de 1914, a 475 millas marinas de Wilhelmshaven y a cubierto de asechanzas, dominaba las derrotas comerciales propias por el Atlántico Norte y a través del Skagerrak; protegía las islas británicas de cualquier peligro de invasión; daba cobertura, en unión de la 2.ª y 3.ª Flotas —que entre otros buques contaban con veintinueve acorazados del modelo *pre-dreadnought*—, desplegadas más al sur, a los transportes que iban y venían a Francia, y yugulaba todo el tráfico marítimo de Alemania —que contaba con una flota mercante de unos cinco millones y medio de toneladas— con el resto del mundo, exceptuando Suecia y Dinamarca, países ribereños del mar Báltico.

Desde agosto de 1914 hasta noviembre de 1918, las islas británicas y la Escuadra inglesa fueron, en realidad, el prácticamente infranqueable valladar, el tapón de la reducida botella en que quedaron encerradas las marinas mercante y de guerra alemanas. De hecho, exceptuando la navegación costera y por el Báltico, el tráfico marítimo germano y austro-húngaro con el resto del planeta, que para salir al Atlántico inevitablemente tenía que atravesar el canal de la Mancha o el estrecho, de 160 millas de anchura, comprendido entre las Orcadas y Noruega, y el canal de Otranto, la puerta del Adriático, para hacerlo al Mediterráneo, quedó totalmente cortado desde el primer día de la lucha y así siguió hasta el último. Precisamente esto, y sólo esto, téngalo bien presente el lector, llevaría a la derrota en el año 1918 a los imperios centrales europeos.

Si, a pesar de todo, Alemania estuvo a punto de ganar la guerra en 1917, sólo se debió, como luego veremos, a las gravísimas destrucciones que los submarinos, un arma embrionaria y sin la menor importancia en 1914, de la *Kriegsmarine* causarían al tráfico marítimo aliado y neutral al servicio de Gran Bretaña; no a los buques de superficie de la *Hochsee Flotte.*

¿Fue, pues, inútil la magnífica Escuadra construida por el kaiser? Ni mucho menos; pero dejemos esta importante cuestión para más adelante.

Entre 1914 y 1918, la guerra naval se libró en el Atlántico Norte, en los mares Báltico y Negro, en el Mediterráneo y, esporádicamente, en el Ártico. Inicialmente, también en el Pacífico sudoriental y en el Atlántico Sur. Pero los combates y batallas más importantes de toda la contienda tuvieron por escenario el mar del Norte.

Éste es un mar relativamente pequeño, de 221.000 millas cuadradas, pero que en 1914 bañaba ciertas costas de las potencias entonces más industrializadas de la Tierra, como Alemania, Bélgica, Gran Bretaña y Holanda, y también las de otras naciones ricas en determinadas materias primas; léase Suecia, Noruega y Dinamarca. Mar creado por sumersión de tierras —lo que a ciertos visionarios ha hecho suponer que allí estuvo la Atlántida—, de muy poca sonda en su parte meridional y de no gran amplitud, es decir, tirada, para que las olas puedan arbolar en exceso —la más alta acusada por el registrador de olas del barco-faro *Smiths Knoll* ha sido hasta hoy de 7,6 metros—, resulta normalmente barrido por casi todas las borrascas del «tren canadiense» y, además, las nieblas y la fuerte calima están allí a la orden del día, sobre todo en el largo invierno de aquellas tempestuosas latitudes; lo cual, cuando no existía el radar, era causa de frecuentes y graves accidentes. Es decir, el mar del Norte suele ser duro para el navegante, y no digamos para quienes en tiempos de guerra constituía el único, eterno teatro de operaciones, sobre todo en su parte septentrional.

He aquí algunos casos. El 15 de diciembre de 1914, en el Pentland Firth, entre las Orcadas y Escocia, los cruceros ligeros ingleses *Blanche* y *Boadicea* sufrieron graves averías estructurales debido al mal tiempo. En este último buque, un terrible golpe de mar se llevó por la borda el puente de mando, con toda su gente. El 26 del mismo mes y año, al entrar de arribada en Scapa Flow debido al fuerte temporal reinante, el acorazado *Conqueror* abordó al *Monarch,* su matalote proel, y ambos sufrieron «graves daños». Por la misma causa, tres destructores ingleses: *Hope, Redpole* y *Ruby,* padecieron considerables averías en la obra muerta y tuvieron que pasar a los arsenales para reparar.

En febrero de 1915 naufragó en alta mar, debido al mal tiempo, el mercante armado *Clan McNaughton,* en el que pereció la totalidad de su tripulación. También naufragaron, en la costa de Aberdeen, el destructor *Erne,* perdiéndose por completo, y el *Goldfinch,* que a causa de la niebla había embarrancado al norte de las Orcadas. Los abordajes debidos a la niebla cerrada eran frecuentes, destacando el —muy inoportuno— de los cruceros de combate *Australia* —cuyas reparaciones duraron varios meses— y *New Zealand,* el 23 de abril de 1916, en vísperas de la batalla de Jutlandia. Ese mismo día chocaron también tres destructores: *Garland, Ardent* y *Ambuscade,* teniendo que ser tomado a remolque el *Ardent.* Y durante la noche de aquella infausta singladura, un vapor neutral colisionó violentamente con el acorazado *Neptune,* «causándole averías de consideración».

El 28 de octubre de 1915, a causa de la pésima visibilidad, embarrancó en Bell Rock, cerca de Dundee, el crucero *Argyll,* cuya pérdida fue total, aunque su dotación pudo ser rescatada al completo. El 2 de noviembre del mismo año, dos terribles golpes de mar destrozaron el puente del acorazado *Albemarle* cuando cruzaba el Pentland Firth —donde la corriente de marea puede llegar a los 14 nudos—, llevándose el blindado carapacho de la torre de combate, ahogando a dos hombres e hiriendo a varios más...

Es decir, las frecuentes salidas a la mar de la Escuadra inglesa, para no hablar de las largas patrullas de las unidades de la *Royal Navy* y de la constante labor de los pequeños dragaminas y cazasubmarinos, resultaron frecuentemente durísimas y arriesgadas debido al mal tiempo. Con todos los accidentes, colisiones, naufragios y pérdidas que por dichas causas se produjeron en el mar del Norte durante la Gran Guerra podría llenarse todo un dramático libro.

* * *

Al comenzar la contienda, los planes de campaña del Ejército alemán pesaron decisivamente en la estrategia de la *Kriegsmarine*. Ésta tendría que impedir cualquier desembarco de tropas rusas —bajo la protección de la Flota del zar o de la Escuadra inglesa— en las costas de Pomerania, en el Báltico, a retaguardia de las líneas alemanas del frente oriental, donde el Ejército del kaiser se mantendría a la defensiva hasta que hubiera terminado, victoriosamente, se pensaba, la gran ofensiva lanzada en el oeste según los planes del ya fallecido general Graf Schlieffen.

De ahí que la *Hochsee Flotte* quedara concentrada en el mar del Norte, suponiendo que la Gran Flota británica, temerosa de cualquier desembarco enemigo en el Reino Unido, se mantendría también en dicho mar y renunciaría a intervenir en el Báltico. Como así fue.

Si la Escuadra rusa se decidía por sí sola a desembarcar tropas en Pomerania, la muy superior *Hochsee Flotte* se trasladaría rápidamente, por el canal de Kiel, a dicho mar para desbaratar un desembarco tal. Y el deseo de mantener íntegra la capacidad de su Escuadra fue una de las razones por las que el Alto Mando germano no trató de impedir el traslado a Francia del Ejército Expedicionario británico, protegido por toda la *Royal Navy*, pues ello habría supuesto tener que librar una batalla naval decisiva, pero con efectivos alemanes muy inferiores, como ya sabemos. Aparte que dicho traslado no preocupaba demasiado al Ejército del kaiser (1).

Por la misma razón, los alemanes tampoco quisieron tratar de eliminar en combate abierto a la Escuadra del zar, pensando que ello resultaría imposible sin sufrir pérdidas propias, lo que debilitaría a la *Hochsee Flotte* y aumentaría aún más la desfavorable diferencia de fuerzas respecto a la Gran Flota. Se limitaron a efectuar una demostración en el Báltico, a primeros y luego a mediados

---

(1) «Sería verdaderamente magnífico que nuestro Ejército pudiera ajustar cuentas en el oeste con los 160.000 soldados ingleses, al mismo tiempo que con los demás enemigos», diría el general Moltke cuando se le preguntó si deseaba que la Armada interfiriese el paso de las tropas británicas.

de septiembre de 1914, con 7 anticuados acorazados, el crucero acorazado *Blücher,* 5 cruceros ligeros y 24 destructores.

Todo lo cual podrá parecer excesivo, pero hay que tener en cuenta que los alemanes estaban entonces convencidos de que la guerra se ganaría inexorablemente y a breve plazo en el continente, y que, por ello, sacrificar o arriesgar prematuramente a su Escuadra resultaba tan innecesario como absurdo. Antes de decidirse a entablar batalla con la Escuadra británica, Alemania esperaba poder llegar, mediante el empleo de campos minados ofensivos y de submarinos, a la paridad naval con Gran Bretaña. Paridad que no se lograría en toda la guerra, cierto, y de ahí las acerbas críticas llovidas luego sobre Guillermo II y el canciller germano, Bethmann-Hollweg, que sin duda se excedieron en su postura y perjudicaron a la *Kriegsmarine.* Sin embargo, no hay que olvidar que dicha estrategia defensiva a ultranza en el mar, es decir, la de «flota en potencia», mantuvo amarrada en el mar del Norte a la Escuadra inglesa durante prácticamente toda la guerra, impidiéndole intervenir en el Báltico y en los Dardanelos, donde probablemente debido a ello los aliados cosecharon dos derrotas muy importantes; que obligó a los ingleses a desembarcar su Cuerpo Expedicionario en El Havre, en vez de hacerlo a pie de obra, en Bélgica; que les hizo conservar entonces en suelo británico a la 6.ª División del Ejército, y después, hasta 1918, a un bien pertrechado ejército de 250.000 hombres; que impidió, hasta fines de abril de 1918, el ataque por mar de las posiciones del Ejército alemán en Flandes, y de las bases allí establecidas por la *Kriegsmarine,* y, finalmente, que permitió a los *unterseeboote* desencadenar su tardía pero terrible ofensiva submarina del año 1917 (1). Si, además, se tiene en cuenta —como inmediatamente veremos— que el Almirantazgo británico dispuso de la clave secreta naval ger-

---

(1) Referente a ello, el comandante en jefe de la Gran Flota, almirante sir David Beatty, exponía lo siguiente, el 21 de octubre de 1918, al Gabinete de Guerra, que preparaba las condiciones del armisticio:

«El poder detrás de la guerra submarina alemana está en la Flota de Alta Mar. Suprímase ese poder, y la amenaza submarina habrá desaparecido por completo. La eliminación de la Escuadra alemana permitirá a toda la *Grand Fleet* conjurar la amenaza submarina en sus fuentes, es decir, en sus bases. Éstas podrán ser entonces cercadas con obstrucciones y redes defendidas por patrullas relativamente ligeras, que podrían ser continuas y todo lo fuertes que las circunstancias exigieran. Así que la supresión de la Escuadra de Alta Mar significa la supresión de la verdadera amenaza naval: el submarino.»

mana desde poco después del comienzo de la guerra, es fácil deducir que probablemente la estrategia defensiva adoptada en el mar por Alemania fue, en conjunto y aunque inicialmente le privó de ciertos posibles triunfos, la más conveniente a sus intereses.

Se ha criticado desfavorablemente al Alto Mando germano por no haber tratado de aprovechar las breves circunstancias en que, por diversas causas, los efectivos de la Escuadra de Alta Mar y de la Gran Flota estuvieron algo más equilibrados. Pero tales críticas caen por su base si se tiene en cuenta que los alemanes desconocieron tan efímeras y coyunturales circunstancias, brevísimas y, por otra parte, siempre bien disimuladas por sus enemigos (1).

* * *

Respecto a la supuesta «superioridad» del material naval alemán sobre el británico, se trata, rotundamente, de un mito —que los ingleses dejaron correr después de la guerra porque les convenía—, como veremos con cierto detalle en los capítulos dedicados a la batalla de Jutlandia (2). Los buques de guerra germa-

---

(1) El hundimiento del moderno acorazado *Audacious*, por ejemplo, en octubre de 1914, se mantuvo en absoluto secreto hasta el final de la guerra. Por otra parte, los ingleses prepararon una serie de falsos acorazados y cruceros de combate, destinados a engañar a los espías, submarinos y dirigibles germanos y a confundir al Estado Mayor de la *Kriegsmarine*. Catorce fueron los grandes barcos mercantes ingleses costosamente transformados como réplicas de determinadas unidades de la *Royal Navy*, que empezaron a representar su papel, dentro de las bases navales y también navegando en «escuadra», por alta mar, a principios de diciembre de 1914. Diez duplicaban a otros tantos acorazados de la Gran Flota —entre ellos el *Iron Duke*— y cuatro más a los cruceros de batalla *Tiger*, *Queen Mary*, *Indomitable* e *Invincible*. Los alemanes tuvieron noticias de su existencia, pero nunca estuvieron seguros de si se trataba o no de los auténticos buques.

(2) El gran almirante Von Tirpitz, creador de la Flota alemana, creía, o quiso creer, que la por él forjada «herramienta» era en muchos aspectos superior a la británica. Supervaloraba a la *Hochsee Flotte*. Pero el Cuarto Lord del Mar del Almirantazgo, responsable de las construcciones navales militares británicas, contribuyó, por razones de prestigio, a forjar dicho mito cuando, en enero de 1926, publicó un artículo en el «Daily Express» para tratar de justificar el gran chasco, el formidable «fiasco» de Jutlandia: «...barco por barco, cañón por cañón, máquina

nos tenían algunas características más sobresalientes que sus contrapartes ingleses y otras decididamente inferiores y, por lo demás, de la mayor importancia, como fueron la menor velocidad y autonomía de las grandes unidades de combate y el menor calibre y alcance de su artillería gruesa. Respecto a las unidades menores, la inmensa mayoría de los cruceros ligeros de la *Royal Navy* eran mayores y más rápidos que los germanos e iban armados con piezas de 152 mm. de calibre, mientras que éstos sólo montaban cañones de 105 mm. Lo mismo respecto a destructores: artillados los británicos con piezas de 102 a 127 mm., y tan sólo de 88 mm. los de la *Kriegsmarine,* aunque éstos portaban seis tubos lanzatorpedos, en vez de los cuatro que llevaban los *destroyers* británicos. Es cierto que los cruceros de combate alemanes iban mejor blindados que los ingleses, pero al elevado coste de una artillería, velocidad y radio de acción inferiores. No hubo, pues, en absoluto, superioridad por parte de los buques de la *Kriegsmarine;* más bien lo contrario.

Por otra parte, en agosto de 1914 ya contaba la *Royal Navy* con algunos radiogoniómetros asentados en tierra, y a principios de 1915 disponía de dos redes radiogoniométricas: «Admiralty B», compuesta por catorce detectores para buques de superficie, y «Admiralty X», con ocho estaciones destinadas a fijar la posición de los *unterseeboote.* Mientras que los alemanes —geográficamente peor situados para conseguir buenas marcaciones— no dispondrían de tan eficaces medios hasta algunos años después.

La tragedia de la Armada alemana en la primera guerra mundial, y después también en la segunda, radicó en el hecho de que el gobierno germano, es decir, los políticos del Reich, carecieron de suficiente habilidad para evitar que dichas guerras estallasen antes de que la *Kriegsmarine* hubiera podido completar sus importantes programas navales. Con los efectivos de que dispuso en ambas contiendas, la Armada alemana hizo casi todo lo que razonablemente podía esperarse de ella. Una de las pocas bazas que la *Kriegsmarine* no jugó bien, en los primeros meses de la Gran Guerra, fue la de su escuadra del Extremo Oriente después de la batalla de Coronel. Una intensa actividad de la *Hochsee Flotte* en el mar del Norte, para fijar obligadamente en él a toda la

---

por máquina, la Escuadra alemana contaba con un nivel de eficiencia superior a cualquiera de la Gran Flota.» Es decir, el para los británicos pobrísimo resultado del choque no se debió a falta de competencia por parte de los almirantes ingleses, sino a la inferioridad de sus buques...

Grand Fleet, habría probablemente permitido a la escuadra de Von Spee dedicarse durante cierto tiempo —tal vez varios meses— a la guerra contra el tráfico aliado en el Atlántico Sur. Pero hasta diciembre de 1914 no se dio cuenta el Alto Mando germano de que su estrategia de «guerrillas» para reducir su desventaja en *dreadnoughts* no había dado el fruto tan esperado. Entonces, cuando se decidió a salir de aquella pasiva actitud de espera, la escuadra de Von Spee estaba ya en el fondo del mar. Otra buena ocasión, que, por cierto, fue única en toda la guerra, se perdió a mediados de diciembre de 1914, cuando la Escuadra de Alta Mar, al completo, pudo haber batido a una fracción inferior de la Gran Flota; pero aquí, como luego veremos, no toda la culpa fue del Alto Mando germano.

* * *

Acerca de la estrategia adoptada por el Alto Mando británico hay que señalar que, ante el grave peligro que suponían las minas submarinas (1) y los sumergibles, así como los previsibles ataques nocturnos enemigos, con torpedos, a cargo de destructores, hacía varios años que el Almirantazgo había renunciado al tradicional «bloqueo cerrado», ahora del golfo alemán, y optado por un rigurosísimo «bloqueo a distancia», que en 1914 llevaría a la práctica mediante poderosas fuerzas navales concentradas en las Orcadas y el norte de Escocia y en las proximidades del canal de la Mancha.

Fue una estrategia bien concebida y sumamente efectiva durante la Gran Guerra, respecto a Alemania, debido principalmente a la desfavorable posición geográfica de ésta, y que pronto pareció quedar sancionada por una serie de espectaculares hundimientos logrados por las minas y los sumergibles germanos. De estos últimos buques nos ocuparemos en los capítulos dedicados a la interesante lucha librada bajo el mar, pero ya adelantaremos aquí el triple hundimiento, logrado por el *U-9* en el mar del Norte, de los cruceros acorazados británicos de 12.000 toneladas *Hogue, Cressy* y *Aboukir,* el 22 de septiembre de 1914; el del crucero

(1) Durante la guerra ruso-japonesa (1904-1905), las minas submarinas hundieron a cinco acorazados, siete cruceros, seis destructores y varias unidades menores de ambas flotas enemigas, lo que, al revelar que había nacido un arma peligrosísima para los buques de guerra, causó consternación a escala mundial.

acorazado ruso de 8.000 toneladas *Pallada,* torpedeado en el Báltico, por el *U-26,* el 10 de octubre del mismo año, cuyos pañoles de pólvoras volaron, lo que dio lugar a la pérdida de toda la dotación —593 hombres— de dicho buque, y el ya citado hundimiento del moderno acorazado *Audacious* —entregado en 1913 y armado con diez piezas de 343 mm.—, el 27 de octubre de 1914. Este magnífico buque se metió accidentalmente en un campo de minas que había fondeado el crucero auxiliar alemán *Berlin* —capitán de navío Pfundheller— en el canal del Norte —del mar de Irlanda—, colisionando con uno de los artefactos y hundiéndose, sin bajas, doce horas más tarde, pues, debido a la fuerte marejada, fracasaron todos los intentos de darle remolque.

La estrategia del «bloqueo a distancia», adoptada por el Almirantazgo, se vio también muy favorecida por un accidente, que a los alemanes pareció entonces desdichado aunque irrelevante, pero que en realidad tendría la mayor trascendencia. El 26 de agosto de 1914, a las 0037 de la mañana, el crucero ligero alemán *Magdeburg* embarrancó, debido a la niebla cerrada, en la costa rusa del Báltico oriental, a quinientos metros de la farola de Odensholm. Tras varias inútiles tentativas para ponerlo a flote, se decidió volarle los pañoles de municiones proeles y evacuar el buque. Toda la primera mitad del crucero quedó prácticamente deshecha, y la mayor parte de la dotación había embarcado ya en el destructor *V-26,* que se encontraba abarloado, cuando surgieron el —como sabemos, señalado por el destino— crucero acorazado *Pallada* y el de igual bandera pero ligero *Bogatyr,* que abrieron el fuego sobre los dos buques germanos. El *V-26,* pese a recibir un impacto directo de 152 mm. en la popa, pudo largar amarras y escapar a toda máquina, y el destrozado y semiabandonado *Magdeburg* tuvo que arriar bandera. Los rusos hicieron prisioneros a los cincuenta y seis hombres que quedaban a bordo, incluido el comandante del buque.

Inexplicablemente, dichos marinos alemanes olvidaron destruir los códigos de señales y el cuadriculado del mar del Norte, limitándose a arrojarlos por la borda —ni siquiera en sacos bien lastrados—, y aquellos importantes documentos secretos fueron recuperados por los rusos y ofrecidos a los ingleses el 6 de septiembre, quienes inmediatamente enviaron un buque de guerra a Alexandrov, en el mar Blanco, para recogerlos. Ello permitiría pronto al Almirantazgo británico descriptar la clave naval germana y, de ahí, conocer anticipadamente muchas de las operaciones planeadas por la *Kriegsmarine.* Lo que conduciría, como luego

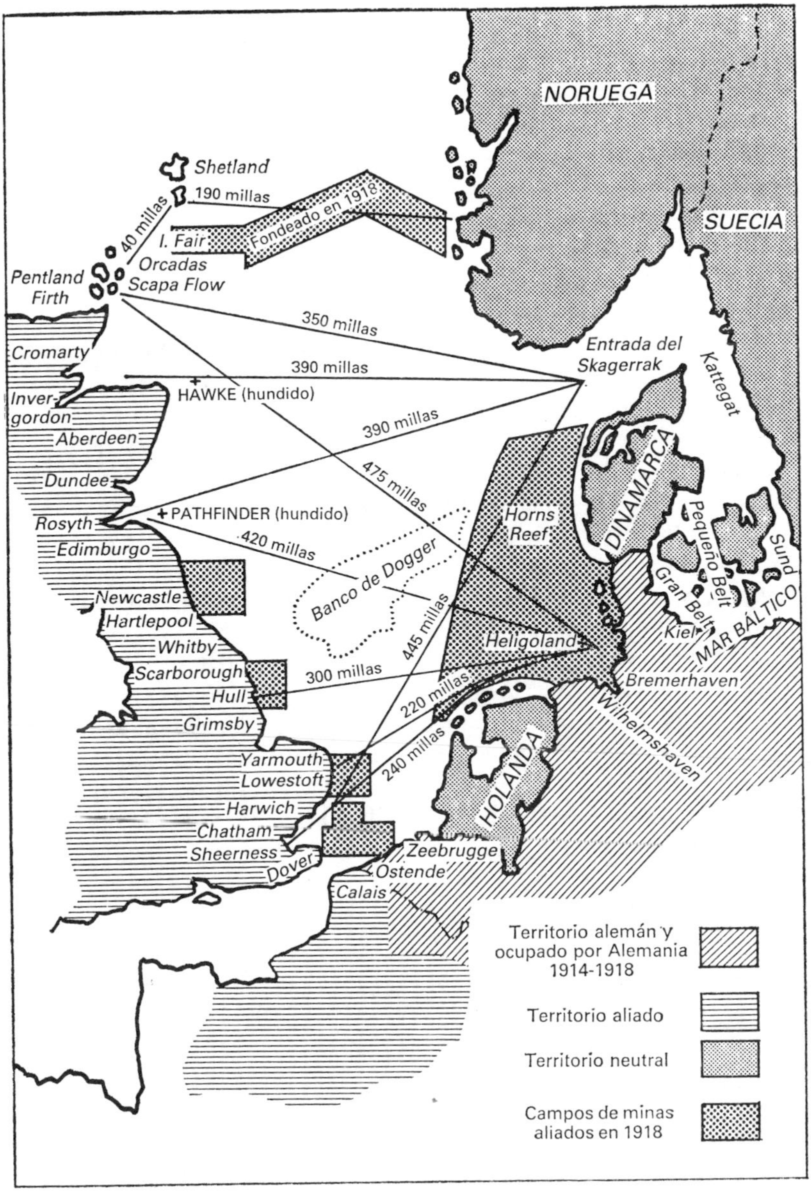

Mar del Norte (distancias en millas marinas). Posiciones donde fueron hundidos por submarinos alemanes los cruceros británicos *Hawke* y *Pathfinder,* y campos de minas aliados al final de la guerra.

veremos, a las batallas del banco de Dogger y de Jutlandia; aunque no, como se ha dicho, a la destrucción de la escuadra alemana del Extremo Oriente, supuestamente llevada a las islas Malvinas por un falso radiomensaje británico.

Es decir, aquel incomprensible descuido —cosas tan importantes como la destrucción de los códigos de señales, etc., no pueden dejarse para el último momento— del comandante y los oficiales del *Magdeburg* proporcionaría indirectamente a los ingleses una ventaja enorme en la dramática pugna que iba a librarse en el mar del Norte entre los años 1914 y 1918; ventaja que, contra todo pronóstico, los marinos de Albión no sabrían aprovechar debidamente, ni en el banco de Dogger, ni en el de Jutlandia, ni, hasta cierto punto, en la salida de la escuadra alemana el 18 de agosto de 1916.

Por lo demás, otros de los principales objetivos estratégicos encomendados a la *Royal Navy* fueron: *a*) imponer un férreo bloqueo a los imperios centrales; *b*) garantizar el tráfico mercante aliado ultramarino; *c*) mantener abiertas y seguras las comunicaciones entre Inglaterra y Francia, a través del canal de la Mancha, y *d*) impedir cualquier desembarco enemigo en las islas británicas.

La Flota inglesa lograría, en verdad, estos cuatro importantes, decisivos objetivos estratégicos —si bien el segundo gracias al apoyo de la Armada norteamericana—, pero no conseguiría destruir o embotellar en sus bases a la Escuadra de Alta Mar, dominar en el Báltico para impedir el desplome ruso en el frente del este, ni evitar el desastre de los Dardanelos. Con todas sus trascendentales consecuencias.

CAPÍTULO II

Hundimiento del minador alemán Konigin Luise *y del crucero británico* Amphion. *— El* Goeben *y el* Breslau *consiguen llegar a Constantinopla. — El* Emden *se destaca al océano Índico. — El* Dresden *y el* Karlsruhe *inician la guerra al tráfico. — Batalla del golfo de Heligoland.*

El 25 de julio de 1914, la Escuadra alemana, entonces al mando del vicealmirante Von Ingenohl, se encontraba fondeada en varios fiordos noruegos, como habitualmente venía haciendo, cada verano, desde el año 1910.

Ese día se conoció el ultimátum austríaco a Servia; ultimátum (1) inaceptable, respaldado por Alemania y que presagiaba la guerra. De manera que los buques de la *Kriegsmarine* levaron anclas a la mañana siguiente y abandonaron aquellas hermosas aguas para dirigirse cuanto antes a sus bases en la bahía de Heligoland.

A la otra orilla del mar del Norte, en las tres escuadras de que disponía la Armada británica —Gran Flota, Segunda Flota y Tercera Flota—, que el 20 de julio habían sido revistadas por el rey Jorge V en la rada de Spithead, al conocerse el regreso de la *Hochsee Flotte* a sus bases se suspendió la desmovilización de todos los reservistas y el Almirantazgo ordenó a la *Grand Fleet*, al mando del vicealmirante Callagham, que zarpase de Portland y se dirigiera a Scapa Flow, como estaba previsto en caso de guerra. Esta poderosa escuadra, cuyos efectivos ya conocemos, se cruzó en el canal de la Mancha con los buques de la Armada francesa que, apresuradamente, regresaban de Rusia trayendo al presidente Poincaré y a su séquito.

Formaban el Gabinete o Consejo del Almirantazgo británico

(1) A raíz del asesinato, en Sarajevo, el 28 de junio de 1914, del archiduque Franz Ferdinand, heredero del trono de Austria.

(Board of the Admiralty) el Primer Lord del Almirantazgo, es decir, ministro de Marina, Winston Churchill; el Primer Lord del Mar, príncipe Louis de Battenberg, de origen alemán; el jefe del Estado Mayor, vicealmirante Jackson, relevado el 29 de agosto por el de su mismo empleo Doveton Sturdee, etc., y, a título de meros consejeros, el almirante lord Fisher, retirado por edad en enero de 1910, y, después, el vicealmirante Jackson.

En Berlín, y de acuerdo con la Constitución, tenía el mando de la Armada alemana —y también del Ejército— el kaiser, Guillermo II, al frente de cuyo gabinete naval se encontraba el almirante Müller. El almirante Von Pohl era jefe del Estado Mayor de la Armada —su representante en Berlín fue el almirante Behncke—, y seguía siendo secretario de Estado por la Marina el almirante Von Tirpitz.

En la Escuadra alemana no se produjeron cambios al estallar la guerra, pero en la británica sí. Por las razones que más adelante conoceremos, en Whitehall, el 4 de agosto de 1914, es decir, tan sólo unas horas antes de que el Reino Unido declarase la guerra a Alemania, se decidió nombrar comandante en jefe de la *Grand Fleet* al vicealmirante Jellicoe, en relevo de sir George Callagham, que no cumplía su tiempo reglamentario de mando hasta diciembre de aquel mismo año. El día anterior había sido estampillado de vicealmirante el contralmirante sir David Beatty, que mandaba la magnífica escuadra de cruceros de batalla de la *Grand Fleet.* Y aquí ya conviene señalar que en toda la *Royal Navy* habría sido difícil encontrar dos caracteres tan dispares como los de Jellicoe y Beatty.

Al romperse las hostilidades, alemanes y británicos, seguramente recordando el comienzo de la guerra ruso-japonesa, diez años atrás, temieron un ataque naval enemigo inmediato. Ataque que, sin embargo, no se produjo por ninguna de las dos partes. Ambas Marinas se dedicaron a establecer sus líneas de bloqueo y vigilancia, declarar sus zonas de guerra, fondear algunos campos de minas y hundir a los pesqueros del adversario. Los ingleses cortaron inmediatamente todos los cables telegráficos submarinos que enlazaban Alemania con el resto del mundo. A partir de ese momento, las colonias alemanas mantuvieron el contacto con la metrópoli gracias a la estación radiotelegráfica de Nauen, unas veinticinco millas al noroeste de Berlín y entonces la más potente del mundo (200.000 watios), que a lo largo de la contienda serviría de enlace con los submarinos germanos y con los cruceros auxiliares de la *Kriegsmarine* que, con diversa fortuna y como corsarios, actuarían en diferentes océanos. A las pocas horas de declararse la guerra, los alemanes ya habían podido detectar la presencia de sumergibles ingleses en la bahía de Heligoland; eran los del comodoro Roger Keyes. Pero los primeros en actuar ofensivamente, aunque en misiones secundarias, fueron los marinos germanos.

En la noche del 4 de agosto de 1914 salió de Bremen el veloz trasatlántico de 14.350 toneladas, perteneciente al «Norddeutscher Lloyd», *Kaiser Wilhelm der Grosse*, antiguo ganador del disputado «Gallardete Azul» de la travesía del Atlántico Norte, pero que ahora montaba seis cañones «Krupp» de 100 mm. y navegaba con todas sus luces apagadas. Y es que, con una autonomía de 17.000 millas a 12 nudos, había sido seleccionado durante su construcción para actuar como crucero auxiliar en tiempos de guerra. Ahora trataría de ganar subrepticiamente el Atlántico pegándose durante la noche a la costa noruega; cosa que lograría.

El 3 de agosto había zarpado de Nueva York el también trasatlántico *Kronprinz Wilhelm,* que cuatro días después, en un punto situado a ciento veinte millas al noroeste de San Salvador, en las Bahamas, se reunía con el crucero ligero de igual bandera *Karlsruhe*. Éste le transbordó dieciocho oficiales y marinos de la *Kriegsmarine,* dos piezas de 88 mm., una ametralladora y fusiles y municiones, quedando pronto convertido en crucero auxiliar, al mando del teniente de navío Paul Thierfelder. Después nos ocuparemos brevemente de las andanzas de estos y otros buques alemanes dedicados a la guerra contra el tráfico aliado, todos los cuales tendrían una vida relativamente breve, lo que no les impediría cosechar éxitos importantes.

En la noche del 4 de agosto se había hecho también secretamente a la mar, desde Emden, el minador auxiliar *Konigin Luise,* al mando del capitán de fragata Biermann, que a la mañana siguiente fondeaba un campo de minas treinta millas a levante de Harwich. Al terminar dicha operación, hacia las 0900 horas, fue sorprendido por dos destructores británicos y el crucero de igual bandera *Amphion,* buques que lo cañonearon furiosamente y terminaron por hundirlo con un torpedo. Destrozado y con medio centenar de muertos a bordo, el *Konigin Luise,* que se había defendido valerosamente con sus dos únicos cañones, se fue a pique con la bandera arriba, siendo recogidos los supervivientes.

Resultó, pues, el primer buque, aunque de muy poco valor militar, de la *Kriegsmarine* hundido en la Gran Guerra; el primero de los treinta y un minadores alemanes que durante ella bajarían al abismo. Muy pronto sería vengado. Al día siguiente, es decir, el 6 de agosto, el *Amphion*, un buque flamante, de 3.500 toneladas estándar, se metió accidentalmente en el campo de minas fondeado precisamente la víspera por el efímero *Konigin Luise*. El crucero inglés chocó con dos artefactos submarinos y, en medio de una formidable explosión, voló en mil pedazos, yéndose a reunir con su víctima y llevándose consigo a 149 de sus hombres, incluidos el comandante del buque, capitán de navío Fox, y dieciocho prisioneros alemanes. Los pañoles de municiones y de pólvoras habían hecho explosión, y aquella terrible voladura del *Amphion* sería la primera de las numerosas catástrofes de semejante terrorífica clase que sufrirían diversos buques de la *Royal Navy* a lo largo de la cruel contienda que daba comienzo.

* * *

El crucero de batalla *Goeben* y el ligero *Breslau*, que, como ya dijimos, se encontraban en el Adriático, entraron en Mesina el 2 de agosto, pues allí, según los planes de la Triple Alianza —firmada por Alemania, Austria e Italia—, debería concentrarse en vísperas de guerra la Escuadra italiana. Pero, sorprendentemente, Mesina estaba vacía, y el día 3, cuando Alemania declaró la guerra a Francia, el gobierno italiano proclamó oficialmente su neutralidad; lo que para la división naval germana cambiaba peligrosamente el estado de cosas.

Tras varias órdenes y contraórdenes radiotelegráficas, Berlín dejó en libertad de acción al contralmirante Souchon, que izaba su insignia en el *Goeben*. Era lo mejor que podía haber hecho, pues este marino, que en ningún momento perdería su sangre fría, iba a actuar con gran inteligencia. Comprendiendo que la guerra contra Inglaterra era inevitable, lo que haría imposible el traslado de sus buques al mar del Norte, decidió llevarlos a Constantinopla, puesto que la incorporación del *Goeben* a la Armada austríaca nada decidiría. Pero no directamente. El almirante germano sabía muy bien que en La Valetta velaban tres cruceros de combate y otras unidades británicas.

Después de tomar cierta cantidad de carbón del vapor alemán *General*, la agrupación naval que nos ocupa cruzó el mar Tirreno en la noche del 3 al 4 de agosto y, en la mañana de este último día, el crucero de batalla germano bombardeaba las instalaciones portuarias de Philippeville, mientras el *Breslau* hacía lo propio en el puerto de Bona. Ambas unidades regresaron seguidamente a Mesina, donde volvieron a tomar combustible y se enteraron de que el Reino Unido había declarado la guerra a Alemania. Souchon se hizo de nuevo a la mar en la mañana del 6. Sus dos buques cruzaron el estrecho de Mesina y el mar Jónico, doblaron el cabo Matapán, entraron en el Egeo y, el día 8, volvieron a tomar carbón, esta vez del vapor *Bojador,* en la desértica isla de Denusa. El 10 de agosto atravesaban los Dardanelos y, horas después, echaban el ancla frente al Cuerno de Oro. ¡Qué satisfacción y alivio para los marinos alemanes!

Y es que, con sus bombardeos, idas y venidas, Souchon había logrado desconcertar por completo al Almirantazgo británico y al vicealmirante Milne, que mandaba la división inglesa del Mediterráneo. Cuando los buques alemanes atravesaban el «Kritikon Pelagos» hacia Denusa, los cuatro cruceros acorazados del contralmirante Troubridge les aguardaban a la entrada del Adriático; los de batalla *Inflexible* e *Indefatigable* lo hacían entre Bizerta y Cerdeña; la escuadra francesa, casi al completo, salida de Tolón para escoltar al convoy que trasladaría desde Argel a Francia al 19.º Cuerpo de Ejército, acechaba bien desplegada al norte de Orán; mientras el *Indomitable* carboneaba en Malta. Y el 12 de agosto, cuando por fin llega Milne a la entrada de los Dardanelos, con sus tres jadeantes y poderosos cruceros de batalla, los prácticos turcos le comunican que el *Goeben* y el *Breslau* han sido adquiridos por el gobierno otomano...

La afortunada y hábil escapada de aquellos dos modernos buques de guerra alemanes tuvo una desproporcionada importancia política, pues no sólo retardó la llegada del 19.º Cuerpo de Ejército al comprometido frente del oeste. Turquía acababa de firmar secretamente una alianza con Alemania, que le cedía nominalmente el *Goeben* y el *Breslau,* cuyos nuevos nombres, desde el 16 de agosto de 1914, en que arbolarían bandera turca, serían los de *Yavuz Sultan Selim* y *Midille,* respectivamente, aunque siempre conservaron sus dotaciones alemanas durante la guerra. Y el refuerzo que estos dos buques supuso para la modestísima Escuadra otomana contribuyó en gran medida a que ésta decidiese atacar, el 29 de octubre de 1914 y sin previa declaración de guerra, los puertos rusos de Odesa y Sebastopol, para tratar de hundir allí, por sorpresa, a las unidades de la Flota rusa del mar Negro.

A su debido tiempo volveremos brevemente a este mar casi interior.

* * *

A mediados de agosto, los cruceros minadores alemanes *Albatros* —capitán de corbeta West— y *Nautilus* —capitán de fragata Schultz— fondearon durante la noche sendos campos de minas en las bocas del Humber y del Tyne. El tiempo, muy cerrado, les favoreció, pues en ningún momento fueron detectados por los buques ingleses de vigilancia. En el último de dichos campos minados se iría a pique, el 3 de septiembre, el veterano destructor británico *Speedy*. Pero una vez bien delimitados, dichos campos de minas serían incorporados por el Almirantazgo a los defensivos propios.

Cuatro divisiones del Ejército Expedicionario del Reino Unido cruzaron el canal de la Mancha entre el 14 y el 17 de agosto de 1914, y la 5.ª División lo hizo el día 22. En cada caso, la Segunda y Tercera Flotas de la *Royal Navy* dieron cobertura directa a los transportes de tropas, y la *Grand Fleet* zarpó de Scapa Flow y quedó cruzando en la parte central del mar del Norte, a la expectativa, por si la Escuadra alemana trataba de intervenir (1).

Mientras tanto, el avance del Ejército germano proseguía a través de Bélgica. Aquí sólo cabe señalar un hecho que resultaría importante para el futuro de la guerra en el mar. Los aliados evacuaron Calais, Boulogne y toda la línea de costa hasta El Havre, que las tropas alemanas hubieran podido ocupar sin lucha, cosa que no hicieron. De otra manera, el bloqueo de los *unterseeboote* (submarinos de la *Kriegsmarine*) en el estrecho de Dover habría sido después mucho más difícil, si no imposible, para la *Royal Navy*. Es decir, aquélla fue una magnífica ocasión perdida por los alemanes.

* * *

En el otro extremo del mundo, el estallido de la guerra sorprendió a la escuadra de Von Spee en las islas Carolinas —compradas a España por el gobierno alemán en 1899—. Dicha escua-

---

(1) Un importante convoy salido de Halifax con 25.000 soldados voluntarios canadienses cruzaría el Atlántico a primeros de octubre de 1914. Del 3 al 11 de dicho mes, toda la Gran Flota embotelló prácticamente la salida septentrional del mar del Norte, para impedir cualquier intervención de la Escuadra alemana en aquel océano.

dra fondeaba en Pagán, en las Marianas —también vendidas por España—, el 11 de agosto, y dos días después se hacía de nuevo a la mar. A las ocho de la mañana del 14, en el buque insignia, el *Scharnhorst,* se izó al viento una señal, y los cabos guardabanderas de los demás buques se echaron los prismáticos a la cara. Aquella lacónica señal decía: «*Emden,* destacarse. Buena suerte.»

El nombrado crucero ligero, al mando del capitán de fragata Karl von Müller, cayó al oeste con poca caña y, seguido por el carbonero *Markomannia,* pronto desapareció por debajo del límpido horizonte. No tardaría en iniciar, como corsario, una de las carreras más brillantes, espectaculares y famosas de todos los tiempos...

En el Atlántico Sur, el *Dresden* hacía su primera presa el 15 de agosto: fue el vapor inglés *Hyades,* de 3.352 toneladas, al que echó a pique después de recoger a su tripulación. Y el también crucero ligero alemán *Karlsruhe* capturaba y hundía, algo más al norte, el 18 del mismo mes, al mercante británico de 4.650 toneladas *Bowes Castle.* La *Kriegsmarine* iniciaba así, tímidamente, la guerra al tráfico marítimo enemigo; una guerra que en 1917 estaría a punto de poner fin a la contienda y que, en total, supondría la pérdida de 12.850.000 toneladas de barcos mercantes aliados y neutrales (al servicio de los aliados).

* * *

Volvamos ahora al mar del Norte, donde el 28 de agosto de 1914 va a librarse, en la bahía de Heligoland, el primer choque naval importante entre las Flotas inglesa y alemana; choque en que los marinos de Albión lograrían la sorpresa absoluta y que costaría a sus enemigos la pérdida, prácticamente sin contrapartida, de tres cruceros ligeros y un destructor, y, lo que es siempre mucho más doloroso, 721 muertos, 145 heridos y 381 prisioneros.

Dijimos que, desde los primeros días de la guerra, los alemanes habían detectado la presencia de submarinos enemigos en la bahía alemana, uno de los cuales lanzó dos torpedos contra el crucero *Rostock,* sin lograr alcanzarlo.

En efecto, los submarinos británicos mandados por el comodoro Roger Keyes habían penetrado incluso en los estuarios de los ríos alemanes que vierten al mar del Norte —el Elba, el

Weser, el Jade y el Ems, holandesa ya la orilla izquierda del último de los citados— y conseguido una valiosa información acerca del dispositivo diurno de defensa establecido por los alemanes frente a sus bases navales. Así que, el 23 de agosto, Keyes propuso al Almirantazgo una operación ofensiva para destruir a los buques enemigos de vigilancia en el golfo alemán, el «Deutsche Bütcht», que formaban varios círculos alrededor del barco-faro *Elba I.* El exterior, a 35 millas de dicho barco-faro, estaba jalonado por una flotilla de destructores; seis millas más adentro vigilaban los sumergibles, y otras tantas millas detrás de éstos, varios viejos destructores convertidos en dragaminas. Cinco aeroplanos basados en la isla de Heligoland y el dirigible *L-3* exploraban la zona durante las horas de luz, si la visibilidad lo permitía.

Los marinos ingleses se habían dado cuenta de la vulnerabilidad de dicho sistema de vigilancia, puesto que, en el caso de ser atacada sorpresivamente por fuerzas superiores, toda aquella constelación de unidades alemanas, que se hallaban a las órdenes del recién ascendido contralmirante Franz von Hipper —como jefe de las Fuerzas de Reconocimiento—, tardaría mucho tiempo en poder recibir apoyo y podría ser fácilmente aniquilada.

El plan británico fue el siguiente: las flotillas de destructores 1.ª y 3.ª, basadas en Harwich —veintinueve unidades de dicha clase y dos cruceros ligeros—, al mando del comodoro Reginald Tyrwhitt, penetrarían por el norte de la bahía de Heligoland para interponerse durante la noche entre los buques alemanes de vigilancia y sus bases navales, y al llegar el día efectuar un barrido de levante a poniente y destruir a todas las unidades enemigas que se encontrasen. Mientras tanto, seis submarinos del comodoro Keyes —que tomaría parte en la operación con dos destructores— se dejarían ver alrededor de la isla de Heligoland, para actuar como señuelos y tratar de torpedear a las unidades pesadas enemigas que pudieran presentarse.

El Almirantazgo aceptó de muy buena gana este plan y fijó como fecha de ejecución la del 28 de agosto, pero incluyendo el apoyo de los cruceros de combate *Invincible* y *New Zealand*, basados en el Humber y a las órdenes directas del Primer Lord del Mar, que deberían situarse a unas cincuenta millas al norte de las fuerzas atacantes, y con la cobertura de cinco cruceros acorazados pertenecientes a la 7.ª Escuadra, y un crucero ligero, que se mantendrían a la altura de Terschelling.

El 26 de agosto se informó de la inminente operación al almirante Jellicoe, quien sugirió el empleo de toda la Gran Flota. El Almirantazgo le comunicó que no era necesaria, pero que la 1.ª Escuadra de cruceros de combate «podría prestarle su apoyo». Así que el comandante en jefe ordenó a Beatty que, con sus cruceros de batalla —*Lion, Queen Mary* y *Princess Royal*— y la 1.ª Escuadra de cruceros ligeros —*Southampton, Birmingham, Nottingham, Lowestoft, Falmouth* y *Liverpool,* de 5.300 toneladas—, se situara, a las cinco de la mañana del 28 de agosto, en un punto de *rendez-vous:* 55° 10′ norte y 6° oeste, es decir, unas sesenta millas al norte de la isla de Heligoland, donde se le incorporarían el *Invincible* y el *New Zealand,* con cuatro destructores.

La operación británica estaba bien concebida, sobre todo teniendo en cuenta que los alemanes aún no habían fondeado campos defensivos de minas en la bahía de Heligoland y que el estado de la marea —la bajamar se produciría a las 0930— impediría la intervención inmediata de las grandes unidades de la *Kriegsmarine,* que se sabían encendidas y fondeadas en sus bases habituales. Pero, como veremos, se preparó bastante mal, de prisa y corriendo, y no se designó un mando único bien definido.

Beatty zarpó de Scapa Flow en la mañana del 27, y, por un error en las transmisiones de último momento, ni Tyrwhitt ni Keyes se enteraron de que iban a intervenir otras fuerzas inglesas; fuerzas que, a su vez, ignoraban aún los detalles de la operación. Así que, en la amanecida del 28, cuando desde los destructores británicos de la Flotillas 1.ª y 3.ª y el crucero *Arethusa,* buque insignia de Tyrwhitt, se avistaron varias columnas de humo por el norte, el comodoro y su gente creyeron habérselas con buques alemanes. La señal de reconocimiento aventurada por el *Arethusa* deshizo el peligroso equívoco, aclarando que se trataba de los cruceros del comodoro Goodenough, quien por semáforo aclaró al primero que él les seguiría con sus unidades, a unas diez millas de distancia, y que Beatty, desde el noroeste, apoyaría con las suyas a la 1.ª Escuadra de cruceros ligeros.

Las condiciones atmosféricas no podían ser más favorables para las fuerzas atacantes, pues aunque la mar estaba en calma y soplaban ventolinas, lo que haría difícil el ataque de los submarinos ingleses, la mañana se presentaba perfectamente despejada y clara en la costa alemana, pero, a unas doce o quince millas mar adentro, las bardas de niebla y la fuerte calima reinante reducían considerablemente la visibilidad, que llegaba a ser nula en la parte alta de Heligoland, donde iban los puestos de observación de las ocho piezas de 305 mm. —en torres dobles— asentadas en dicha pequeña isla (1), que debido a ello no podrían disparar un solo cañonazo durante la batalla que parcialmente iba a librarse aquella mañana en sus cercanías.

Sin embargo, los *unterseeboote* no habían relevado aún a los tres cruceros ligeros *Hela, Stettin* y *Frauenlob,* que seguían patrullando a unas diez millas a retaguardia del piquete formado por los nueve dispersos destructores de la 1.ª Flotilla alemana. Lo que sí tendría malas consecuencias para las unidades del comodoro Tyrwhitt.

A las cinco de la mañana (horario británico), el contralmirante Moore, al mando de la división formada por el *Invincible* y el *New Zealand,* se incorporó a la 1.ª Escuadra de cruceros de combate e informó a Beatty de los previstos movimientos de los submarinos ingleses en la bahía de Heligoland. Pero el comodoro Keyes seguía ignorando la presencia allí de las fuerzas de Beatty y de Goodenough. A esa misma hora, el submarino *E-7* había lanzado dos torpedos contra el destructor alemán *G-194,* que no fue alcanzado, pero que dio la alarma por radio. Para tratar de cazarle, el almirante Von Hipper ordenó la salida a la mar, desde Heligoland, de la 5.ª Flotilla de destructores, que zarpó poco antes de las siete horas.

Los dieciséis *destroyers* de la 3.ª Flotilla británica, conducidos por el crucero ligero *Arethusa* —recién entregado a la Armada Real y que aún no había efectuado otras prácticas de tiro que las de subcalibre—, en el que izaba su gallardetón el comodoro Tyrwhitt, arrumbaron al sur en línea de fila, es decir, hacia Heligoland. A dos millas por su estela marchaba la 1.ª Flotilla, al mando del capitán de navío Blunt, a bordo del crucero *Fearless,* y a ocho millas a retaguardia de ésta, los seis cruceros de Goodenough. El plan era mantener dicho rumbo hasta las 0800, momento en que ambas flotillas deberían caer al oeste y desplegar en una amplia línea de frente para iniciar el barrido. Pero una hora antes de lo previsto, es decir, hacia las siete de la mañana, los buques de Tyrwhitt avistaron entre la calima, a unas veinte millas al noroeste de Heligoland, algunas unidades de la 1.ª Flotilla germana, hacia las que arrumbaron a toda máquina y sobre las que rompieron el fuego.

---

(1) Canjeada a los ingleses en 1890 por Zanzíbar —lo que había hecho exclamar al célebre explorador Morton Stanley: «Es como si hubiésemos cambiado un botón por un traje entero»— y luego convertida en base aeronaval de la *Kriegsmarine.*

La batalla, pues, comenzaba antes de lo esperado por los británicos y contra una serie de unidades alemanas tampoco previstas por ellos. Mas la reducida y variable visibilidad, que mar adentro oscilaría entre las cuatro y las dos millas, impediría a las aeronaves de la *Kriegsmarine* efectuar reconocimiento alguno sobre la zona de los combates, intervenir a la artillería de Heligoland y, a los marinos germanos, conocer la composición de las fuerzas enemigas, que sucesivamente irían emergiendo como enfurecidos fantasmas, de entre la calima, con grandes intervalos de tiempo.

En efecto, cuando el *G-194*, luego el *V-187* y después otros varios destructores alemanes se vieron cañoneados por los buques británicos, el jefe de la 1.ª Flotilla puso un radio al crucero *Köln*, donde izaba su insignia el contralmirante Maass, jefe de los destructores, dándole cuenta del ataque y de la cuadrícula en que tenía lugar. Poco después, los buques de las Flotillas 1.ª y 5.ª recibieron órdenes de refugiarse en Heligoland.

Hacia dicha isla se dirigía ya, a toda velocidad, el *V-187*, cuando se interpusieron en su derrota, a unos cinco mil metros de distancia, cuatro destructores ingleses, lo que obligó a dicho buque germano a arrumbar hacia el sur para tratar de alcanzar el Jade o el Ems, al mismo tiempo que abría el fuego con su cañón popero de 88 mm. Pero los buques británicos andaban más y acortaron distancias, y cuando se hallaban a unos tres mil metros del *V-187*, sin haber logrado aún impacto alguno, surgieron por la amura de estribor del *zerstörer* germano, abiertos 45° y a unos 4.000 metros de distancia, dos cruceros enemigos de cuatro chimeneas. Eran el *Nottingham* y el *Lowestoft*, con una andanada conjunta de diez piezas de 152 mm., enviados por Goodenough en apoyo de Tyrwhitt. Tras hacer por semáforo la señal de reconocimiento a los suyos, el *Nottingham* abrió el fuego sobre el pequeño buque alemán de 640 toneladas, cuyo comandante, el capitán de corbeta Lechler, sin dudarlo y sabiéndose perdido, aceptó valerosamente el desigual combate y aproó hacia los recién llegados para tratar de torpedearlos desde corta distancia. Dejémosle por el momento en tan comprometida situación, con la suerte sellada, para examinar cuál había sido, mientras tanto, la reacción del contralmirante Franz von Hipper.

Al saber que por lo menos «una veintena de destructores y varios cruceros enemigos» habían irrumpido por sorpresa en la bahía de Heligoland, Von Hipper ordenó la salida de todos los submarinos y aviones disponibles y también la de los cruceros ligeros que se hallaban encendidos y cuyo calado les permitía franquear la barra de Wilhelmshaven. Se trataba del *Mainz*, fondeado en la rada del Ems, cuyo comandante, el capitán de navío Wilhelm Pasche, había ordenado activar los fuegos tan pronto el *G-194* dio la primera alarma. Así que hacia las ocho horas, al recibir la orden de hacerse inmediatamente a la mar para cortar por el oeste la retirada de las fuerzas británicas, pudo cumplimentarla sin pérdida de tiempo, con el pequeño y veterano *Ariadne*, el *Strassburg*, el *Köln*, el *Dantzig* y el *Stralsund*, salidos de Wilhelmshaven, cuya misión sería interceptar al enemigo por el norte.

Todos estos cruceros alemanes, y también los tres que estaban en la mar desde la noche anterior, montaban una muy débil artillería de 105 mm. de calibre —con proyectil de 16 kilos de peso—, frente a la de 152 mm. —proyectil de 45 kilos— de sus potentes contrapartes ingleses, y fueron saliendo de la rada a medida que quedaban listos de máquinas, ardiendo en deseos de combatir y sin aguardar por los demás.

¿Fue un error? El caso es que la situación de los sorprendidos destructores alemanes era ya muy comprometida y exigía un auxilio inmediato. Por otra parte, como señala el almirante Scheer: «¿Iban a contentarse nuestros buques, la primera vez que aparecía el enemigo, con esconderse en los estuarios, sin intentar combatir contra él, que quizá pudiera caer en nuestras manos si sufría averías?»

Pero no se trataba exactamente de eso; el reproche que se le ha hecho a Von Hipper es el de no haber ordenado a dichos cruceros que saliesen juntos, y también el enviarlos contra el enemigo cuando todavía se ignoraba la verdadera fuerza de éste y no se tenía un cuadro completo de la situación. Sin embargo, el desastre a que dicha precipitada salida llevaría a los alemanes se debió, en su mayor parte, a la posterior intervención de las grandes unidades de batalla de Beatty, cuya presencia nadie en el campo germano había detectado hasta entonces, ni detectaría hasta cuatro horas y media después. Así que, por separado o en formación de combate, los débiles cruceros alemanes habrían corrido muy probablemente la misma aciaga suerte, pero hubieran intervenido más tarde, permitiendo a los ingleses echar a pique a otros varios destructores de la *Kriegsmarine*. Y es que el verdadero fallo alemán estuvo en el deficiente sistema de vigilancia establecido en la bahía de Heligoland, del que no era responsable Von Hipper, más que en la inmediata reacción de éste con las únicas unidades disponibles.

Dicho contralmirante ordenó también a los cruceros de batalla y al veloz crucero acorazado *Blücher* que levantasen presión en calderas y se hicieran a la mar tan pronto se lo permitiera la marea; cosa que, infortunadamente para la *Kriegsmarine,* no sucedería hasta que ya era demasiado tarde. Sin duda, Von Hipper supuso que las fuerzas de apoyo que traerían los atacantes no se aventurarían en el golfo alemán, verdadero avispero de submarinos, destructores y cruceros ligeros germanos, donde cualquier buque enemigo malamente torpedeado podría convertirse muy bien en una pérdida segura. Aquí es donde Von Hipper erró; ignoraba aún el temple, el formidable espíritu de iniciativa y la gran sangre fría del hombre que mandaba las fuerzas británicas de apoyo: el contralmirante, de cuarenta y tres años de edad, David Beatty, el más joven almirante de la *Royal Navy,* un auténtico líder, que, con su atrevida y muy oportuna intervención directa, daría la vuelta a la comprometida situación en que pronto iba a encontrarse el comodoro Tyrwhitt.

Mientras tanto, el *V-187* recibía un diluvio de proyectiles: en la pieza de 88 mm. de proa, en las cámaras de calderas, en las de turbinas y en el puente de mando. Hecho una criba, con numerosos incendios y al garete, su herido comandante ordenó el hundimiento y abandono del destrozado buque, que, con veinticuatro muertos y catorce heridos, hasta aquel momento había seguido disparando con el cañón popero.

Los marinos ingleses detuvieron el tiro y arriaron al mar algunos botes para recoger a los náufragos. Pero entonces —eran alrededor de las ocho horas— intervino el crucero ligero alemán *Stettin,* que abrió el fuego sobre los destructores ingleses, obligándoles a retirarse, y que poco después sostuvo un duelo de varios minutos, navegando de vuelta encontrada, con el *Arethusa* y el *Fearless,* que le alcanzaron con varios proyectiles y le produjeron algunas averías, cuatro muertos y catorce heridos, forzándole a buscar el amparo de Heligoland.

Las fuerzas de Tyrwhitt estaban ahora a la vista y dentro del alcance de las baterías de dicha isla. Pero, debido a la niebla, los artilleros alemanes, incapaces de distinguir a los buques propios de los enemigos, no pudieron abrir el fuego.

A continuación entró en liza el *Frauenlob.* Este pequeño crucero, de 2.670 toneladas, capaz de desarrollar tan sólo los 21 nudos de velocidad, sostuvo un fiero combate, a poco más de tres mil metros de distancia, con el *Arethusa,* al que logró alcanzar varias veces y produjo averías en las máquinas. El *Frauenlob,* por su parte, recibió en el puente algunos cañonazos de 152 mm., que le causaron nueve muertos y veintisiete heridos.

Hacia las 0810, Tyrwhitt reagrupó a sus desperdigadas flotillas y puso la proa al oeste, lo que permitiría a varios buques alemanes de vigilancia alcanzar impunemente Heligoland.

A bordo del destructor *Lurcher,* el comodoro Keyes, ignorante aún de la presencia de las unidades de Beatty y de Goodenough, al avistar los cruceros del último creyó que eran alemanes y así se lo comunicó por radio a Tyrwhitt, el cual invirtió el rumbo para prestarle apoyo. Aunque Keyes pudo reconocer a tiempo al *Southampton,* uno de los sumergibles ingleses ya había lanzado, aunque sin consecuencias, un par de torpedos contra el buque insignia de Goodenough, quien, en vista de lo cual y como medida preventiva, se alejó rápidamente hacia el norte para salir cuanto antes de aquella peligrosa zona surcada por tan agresivos submarinos de su misma bandera.

* * *

Dejemos por el momento al comodoro Tyrwhitt navegando otra vez hacia el oeste y traslademonos al *Lion.*

A las 0900, Beatty había roto el silencio radio para informar a todas las unidades británicas respecto a su posición —unas 30 millas al noroeste de las flotillas inglesas— y sus intenciones de seguir allí. Cincuenta minutos después, al avistar a los escaldados cruceros ligeros ingleses de la 1.ª Escuadra y saber que Tyrwhitt se hallaba solo, ordenó al comodoro Goodenough que le buscase inmediatamente y le prestara todo su apoyo. Esta oportuna orden originaría la pérdida del crucero alemán *Mainz.*

Dicho buque, salido del Ems poco después de las ocho de la mañana, como ya sabemos, se había dirigido hacia el norte precedido por un avión despegado de la isla de Borkum y puesto a disposición del capitán de navío Pasche. Al dejar el estuario, la visibilidad era excelente, pero el aparato alemán tuvo que regresar poco después, debido a la niebla, sin haber podido descubrir cosa alguna. Así que el *Mainz* prosiguió en solitario, y sobre las 1030 horas avistó por el NE, a unos siete mil metros de distancia, al *Arethusa* y ocho destructores ingleses que navegaban hacia el oeste. El *Mainz* arrumbó al NNO para que pudieran entrar en fuego todas sus piezas de estribor, y abrió el tiro, logrando, a pesar de la fuerte calima, alcanzar a dos destructores enemigos.

Los buques de Tyrwhitt, que no consiguieron centrar sus disparos sobre el *Mainz,* pusieron proa al norte, perseguidos por el crucero germano, sobre el que a las 1045 cayeron a su vez, desde el noroeste, los tres buques de Goodenough. Pasche ordenó entonces meter a estribor y aumentar al máximo la velocidad, pero casi inmediatamente el *Mainz* fue alcanzado por varios proyectiles de 152 mm. Pese a ello, el veloz *kreuzern* logró abrir distancias, y diez minutos después los ingleses dejaron de disparar, pero no renunciaron a la persecución del muy inferior adversario. Tenacidad que pronto se vería recompensada.

El *Mainz* había navegado ya unas veinticinco millas hacia el Ems, cuando se topó con el *Fearless* y su cuerda de destructores, y en el combate inmediatamente entablado recibió algunos proyectiles más, uno de los cuales le averió irreparablemente el timón cuando la pala del mismo había girado diez grados a estribor. Este fatídico impacto (1), que debió de afectar precisamente al eje del timón, es decir, a la mecha, pues el cambio al «gobierno a mano» no dio resultado, sellaría la suerte del buque de la *Kriegsmarine*, obligado a navegar en círculo y que muy pronto fue alcanzado por un alud de granadas arrojadas por el *Fearless*, los tres cruceros del comodoro Goodenough y una docena de destructores.

Para las 1120, la mayoría de los cañones del *Mainz* y sus sirvientes estaban fuera de combate. Las cubiertas del buque habían quedado destrozadas; los ascensores de municiones no funcionaban, y por debajo de la cubierta protectora habían tenido que evacuarse varios compartimientos, debido al humo y a los gases. A dicha hora, el crucero fue alcanzado por un torpedo, en el centro, a la banda de babor.

El capitán de navío Pasche dio la orden de abandonar el buque. Pero como los teléfonos y la mayoría de los tubos acústicos estaban inutilizados, la orden sólo llegó a los compartimientos contiguos a la torre de combate. El segundo comandante, al frente de los equipos de seguridad, creyendo que Pasche había muerto, ordenó reanudar el tiro y lanzar todos los torpedos de a bordo. Orden inmediatamente cumplimentada.

He aquí las impresiones del alférez de navío británico Oswald Prewen, que se encontraba en uno de los destructores ingleses:

---

(1) Este extraordinario impacto sufrido por el *Mainz* en el timón recuerda el de torpedo, en el mismo «tendón de Aquiles», recibido por el acorazado alemán *Bismarck* el 26 de mayo de 1941, que sellaría la trágica suerte de dicho buque. Véase *La guerra naval en el Atlántico, 1939-1941*, del mismo autor. Editorial Juventud, Barcelona

«El *Mainz* estuvo inmensamente valiente. Destrozado de arriba abajo y con el combés y el alcázar convertidos en humeantes infiernos de llamas, seguía disparando, desafiante y con furia, con un cañón proel y otro a popa.»

Y el relato del mecánico más antiguo, superviviente del *Mainz:*

«Alcanzado por un torpedo, el buque retembló con fuerza y escoró ostensiblemente, tardando luego en adrizarse. Las luces de emergencia se apagaron. Todas las bombillas que no se habían roto con las explosiones de los proyectiles lo hicieron ahora, y al final sólo pudimos disponer de las linternas. Dejaron de girar las máquinas, y el inclinómetro mostraba que el buque hocicaba lentamente de proa. Resultaron inútiles los esfuerzos que hicimos para conocer dónde estaba la vía de agua abierta por el torpedo, pues ningún compartimiento respondía a nuestras llamadas. Tras una breve pausa pudimos oír que se había reanudado el tiro. Al cesar éste y el diluvio de proyectiles enemigos, no pudimos comunicar con parte alguna del buque; la torre de combate tampoco contestaba; el agua que salía por el tubo acústico mostraba que la cubierta protectora estaba inundada, y como el hundimiento del crucero era inminente, se ordenó evacuar el centro. Todas las cubiertas por encima de la protectora se encontraban tan llenas de humo, que nada podía verse a más de un metro de distancia. Las dos escalas de bajada estaban destrozadas. Se podía salir al exterior únicamente a través de los agujeros rasgados en cubierta por las granadas, trepando sobre los restos de escotillas y taquillas [armarios para la marinería]. Tan pronto cesó el fuego por ambas partes, los buques ingleses hicieron los mayores esfuerzos para recoger a los supervivientes. A requerimiento del *Mainz,* que no comenzaría a dar de banda hasta la hora de la meridiana, uno de los destructores enemigos se abarloó a la toldilla para transbordar a los heridos. Todos aquellos cuyo estado era desesperado pasaron al destructor, ayudados por los que aún no habían abandonado el buque. A las 1210, el *Mainz* zozobró a babor y se fue a pique.»

Los ingleses recogieron a 348 hombres del crucero alemán, de 4.300 toneladas estándar, que había librado un épico y desesperado combate contra fuerzas inmensamente superiores. Se llevó consigo al fondo del mar a 89 marinos, que con tanto valor habían dado su vida por la patria y entre los que figuraba el capitán de navío Pasche.

Pero la batalla de Heligoland no había terminado. Llevemos, pues, ligeramente hacia atrás las manecillas de nuestro reloj de bitácora.

Algo después de las once de la mañana, el crucero alemán *Strassburg* había entablado combate contra el ya lisiado *Arethusa* y sus destructores. Combate al que poco más tarde, atraído por el ruido de los cañonazos, se sumó el *Köln*, al que seguía de cerca el *Ariadne*. «Recibíamos un fuego muy preciso de los cruceros alemanes —escribe el comodoro Tyrwhitt—. Salva tras salva caían cortas, entre los diez y los trescientos metros del costado, pero ningún proyectil entró a bordo. Nos lanzaron dos torpedos, bien dirigidos pero cortos.»

Sin embargo, hacia las 1230 la situación se había agravado para los ingleses. El *Arethusa* y los *destroyers Liberty, Leartes* y *Laurel* se encontraban muy dañados y al garete. El primero había recibido un total de veinticinco proyectiles de 105 mm., y el capitán de corbeta Barttelot, comandante del *Liberty*, había muerto, con otros siete hombres que se hallaban en el puente de dicho buque, receptor directo de varios cañonazos, que hirieron a otros diez marinos. En tan lamentable situación para los ingleses, surgió entre los bancos de niebla el mencionado *Ariadne*, de 2.600 toneladas; pero precisamente entonces, cuando aquélla era ya más que crítica para las inmovilizadas unidades británicas, sobre las que también convergía el crucero alemán *Stralsund*, se presentaron, con una oportunidad increíble, saliendo de entre los jirones de niebla y navegando a toda máquina por temor a los submarinos propios y enemigos, los tres imponentes y alterosos cruceros de batalla de Beatty.

Los marinos del lisiado *Arethusa* y sus tres compañeros de infortunio dieron gracias al cielo y a su buena estrella. Pero no había sido la ciega Fortuna la que había llevado allí, hasta las mismas puertas de Alemania, por las peligrosas aguas comprendidas entre la isla de Heligoland y el estuario del Ems, a las formidables unidades de la *Royal Navy*. El responsable directo de aquella intervención era un marino inteligente, valeroso y con verdadero amor a la responsabilidad, cuyo nombre, que ya pertenece a la historia, era el de David Beatty.

* * *

A las 1125 de aquella accidentada y dramática mañana, cuando el comodoro Goodenough acababa de intervenir en la forma que ya conocemos, el almirante inglés recibió, con cierto retraso, un radio de Tyrwhitt, y poco después otro del capitán de navío Blunt, diciéndole que eran atacados por cruceros enemigos y que se encontraban en dificultades a unas veinticinco millas al oeste de Heligoland.

Beatty se dio cuenta de que, desde las ocho de la mañana, el barrido de las flotillas inglesas no había progresado más de diez millas. Pero como los primeros combates se habían iniciado unas tres horas y media antes, y dos bases navales alemanas quedaban ahora a unas veinticinco millas de dichas flotillas británicas, ya en dificultades, de seguir retrasándose la operación, sería posible que interviniesen los cruceros de batalla germanos, lo que supondría un desastre para Tyrwhitt y los buques de Goodenough enviados en su ayuda. Así que el contralmirante inglés decidió intervenir directamente y sin pérdida de tiempo, a fin de aniquilar a los cruceros ligeros alemanes y, acto seguido, ordenar la retirada de todas las fuerzas propias.

Era una decisión de gran responsabilidad y que entrañaba una serie de riesgos para los buques de línea ingleses; riesgos que David Beatty, dotado de una rápida y clara inteligencia, minimizó así:

a) El de los submarinos enemigos, «porque nuestra elevada velocidad haría su ataque difícil y porque el estado de la mar facilitaría su detección».

b) El de los sumergibles británicos, «porque el comodoro Keyes acababa de informarme de que los suyos quedaban a veinte millas más al este, lo que no sólo dejaba espacio de maniobra, sino que nos daba cierta protección».

c) El de la posible intervención de alguna poderosa fuerza enemiga, «porque la nuestra sólo podría ser detenida por una escuadra de cruceros de combate, que era improbable pudieran salir a tiempo, si éramos suficientemente rápidos en actuar».

Pensado y hecho: a las 1135, el *Lion,* el *Queen Mary* y el *Princess Royal* arrumbaron al ESE a toda máquina. Y una hora después abría el primero el fuego con sus imponentes cañones proeles de 343 mm. —proyectil de 635 kilos de peso— sobre el *Köln.* Este crucero ligero alemán, que trató de escapar por el NNE, pronto fue alcanzado, pero la inesperada aparición del *Ariadne* por la proa de los buques ingleses, sobre el que la unidades de Beatty concentraron de inmediato el tiro, le salvó de una rápida destrucción.

El pequeño *Ariadne* viró hacia levante y también trató de escapar, pero muy pronto recibió un impacto a proa, impacto que le produjo un formidable incendio en las carboneras y le obligó a evacuar la cámara de calderas proel, lo que redujo su velocidad a quince nudos. Aquello suponía el fin para el buque de la *Kriegsmarine.* Los cruceros de combate británicos siguieron disparando sobre el pequeño *kreuzern,* que serpenteaba y se cubría con humos, durante cerca de media hora, a distancias que variaron entre los seis mil y los tres mil metros. Excepto el puente de mando y el combés, milagrosamente indemnes, el resto del buque alemán quedó hecho una verdadera y destrozada criba.

«Es absolutamente imposible señalar cuántos impactos recibió el *Ariadne* —escribe su comandante, el capitán de navío Seebohn—. Las salvas inglesas se sucedían, aunque con pausas relativamente largas. El principal efecto de los proyectiles enemigos era provocar grandes incendios. Todos los sollados, camaretas y camarotes situados a proa y a popa quedaron inmediatamente envueltos en llamas; llamas tan imponentes que, una vez iniciados los incendios, era imposible dominarlos. Además, todos los extintores sobre la cubierta protectora quedaron destrozados.

»Por fin, el enemigo arrumbó bruscamente al oeste. Supuse que no podía distinguir al *Ariadne,* totalmente envuelto en una formidable humareda. A bordo, los cañones todavía utilizables seguían disparando con puntería local, pues los sistemas de comunicaciones estaban deshechos y el humo hacía imposible ver cosa alguna desde el puente. Pese al fuego aniquilador del adversario, la dotación actuaba con la mayor sangre fría, como si estuviera de maniobras, y los diversos equipos trataban de efectuar las posibles reparaciones. El segundo comandante y toda su gente del trozo de seguridad interior resultaron aniquilados por un proyectil. El calor y el humo hacían cada vez más difícil permanecer a bordo, lo que se agravó cuando las municiones en las cajas de urgencia comenzaron a estallar, y la cubierta del puente, a ser perforada desde abajo. Di tres "vivas" a Su Majestad y después se cantó el *Deutschland Uber Alles* (1). Un marinero dio tres "vivas" por los oficiales.»

Poco antes de las 1300, los botes de los cruceros alemanes *Dantzig* y *Stralsund* rescataron a los supervivientes del valeroso

(1) Sacado del segundo movimiento del *Cuarteto número 3 para cuerda,* op. 76, del compositor austríaco Joseph Haydn, conocido por «Cuarteto del Emperador».

Ariadne, que poco después zozobraba a estribor, permanecía algún tiempo con la quilla al cielo y se hundía para siempre. Se llevaba al fondo del mar no sólo a los muertos en combate; un grupo de hombres había quedado atrapado en las secciones I y II, dentro de los pañoles de municiones de popa, y todos los esfuerzos hechos para liberarlos —que precisamente costaron la vida al segundo comandante y al trozo de control en averías— resultaron inútiles debido a que las planchas de las cubiertas y las tapas de las escotillas habían quedado dobladas por las explosiones de las granadas. En total, el *Ariadne* tuvo sesenta y cuatro muertos y sesenta y dos heridos.

* * *

La suerte corrida por el *Köln* resultó aún más aciaga. Poco después de las 1300 horas, los cruceros de combate británicos, que habían arrumbado al ONO, le descubrieron de nuevo, entre los bancos de niebla, al parecer con dificultades en las máquinas, y literalmente lo pulverizaron con una serie de andanadas de grueso calibre disparadas a corta distancia. Así que el *Köln*, de 4.280 toneladas, que debió de sufrir la voladura de varios pañoles de municiones, se hundió vertiginosamente, llevándose consigo a toda su dotación de 506 hombres, incluyendo al contralmirante Maass. «Es triste ver desaparecer a un valeroso buque —escribiría después Beatty refiriéndose al infortunado crucero germano—. Ése es un aspecto de la cuestión en el que no puedo permitirme pensar. Sólo quiero acordarme de que, si no hubiéramos llegado a tiempo, uno de los nuestros habría corrido la misma suerte.»

A las 1310, sir David ordenó la retirada general. Los cruceros acorazados *Hogue* y *Amethyst*, de la 7.ª Escuadra, que en vista de la situación se habían aproximado también desde Terschelling, tomaron a remolque al *Arethusa* y al *Laurel*. Los demás lisiados destructores ingleses lograron ponerse otra vez en movimiento y retirarse con el resto de las fuerzas británicas, y, a las 1336, Beatty arrumbó al noroeste para salir cuanto antes del golfo alemán, pero sin dejar de cubrir la retirada de las unidades de Tyrwhitt, que no serían atacadas.

Los marinos ingleses habían sufrido 32 muertos y 55 heridos, pero ya tenían en su haber a tres cruceros ligeros alemanes y a un destructor, y habían causado averías y bajas a los *zerstörer* *D-8*, *V-1* y *T-33* y a los cruceros *Stettin*, *Strassburg* y *Frauenlob*. En total, la *Kriegsmarine* sufrió, como ya dijimos, en esta poco convencional batalla, 712 muertos, 145 heridos y 381 prisioneros. Entre estos últimos figuraba un alférez de navío, hijo del almirante Von Tirpitz. Para los alemanes fue, como diría Reinhard Scheer, «una bofetada en pleno rostro». «Afrenta» que, como veremos, pronto lavarían los submarinistas germanos.

Aquella derrota sin paliativos causó pésima impresión en Alemania y obligó a modificar el erróneo sistema —fruto en realidad de la inexperiencia de la novel Armada del kaiser— de descubierta establecido por la *Kriegsmarine* en el golfo de Heligoland. Pronto se fondearon una serie de campos de minas —con su servidumbre de estrechos canales navegables, dragaminas y prácticos—; a partir de entonces únicamente los pesqueros armados se encargaron de la vigilancia, y, como norma, los cruceros de combate fondearon en la rada de Schilling, sin redes antitorpedo y listos para dar avante. De manera que el fallo no volvió a repetirse.

Si la pérdida material de tres anticuados cruceros ligeros no era en realidad muy importante para la Flota alemana, Guillermo II decidió que, a partir de entonces, los buques de guerra no saldrían a la mar sin su autorización expresa. Lo que, desde luego, sí tenía importancia. Porque, ya se sabe, las injerencias de los «aficionados» en cuestiones puramente militares suelen dar muy mal resultado.

En el Reino Unido, este para el vulgo primer triunfo de la *Royal Navy* se celebró a bombo y platillo, y las fotografías de David Beatty saltaron a la primera página de todos los grandes rotativos nacionales y extranjeros. Sin embargo, el Almirantazgo británico tardaría dos meses en manifestarle «su satisfacción». Volveremos a encontrarnos con este resuelto almirante de origen irlandés, el polémico marino destinado a ser quien más brillase con luz propia en la primera guerra mundial.

Dijimos «para el vulgo, primer triunfo» de la *Royal Navy*. Y es que, en realidad, el primer éxito de la Armada británica fue el de paralizar casi por completo, en prácticamente todos los mares del Globo, el importante tráfico marítimo alemán. El segundo, garantizar el propio, y el tercero, haber trasladado a Francia, sin pérdida alguna, al Ejército Expedicionario mandado por el general sir John Franch. Pero tales triunfos, silenciosos y que casi parecen de rutina, no los palpa ni sabe apreciar en su real e importantísimo valor el hombre de la calle, siempre tan atento y sensibilizado, en cambio, a todo lo que resulte ruidoso y espectacular.

* * *

Al comienzo de este capítulo vimos los esfuerzos llevados a cabo por la *Kriegsmarine* para minar las aguas costeras inglesas. Esfuerzos que prosiguieron con variable fortuna.

El 17 de octubre zarparon del Ems cuatro veteranos destructores de la 7.ª Flotilla, al mando del capitán de fragata Thiele, cargados con minas submarinas destinadas a la boca del canal que conduce al Támesis. No tuvieron suerte. Sorprendidos cerca del barco-faro de Haaks —quince millas al oeste de la isla de Texel, la más occidental de las Frisias— por el crucero *Undaunted* y cuatro modernos destructores británicos, los abarrotados minadores germanos fueron hundidos tras un breve combate a corta distancia. Los marinos ingleses recogieron a los supervivientes y después apresaron al buque-hospital alemán *Ofhelia,* enviado para la misma humanitaria misión.

En cambio, como ya sabemos, el crucero auxiliar *Berlin,* zarpado en la misma noche —el 17 de octubre—, tuvo mejor suerte. No obstante, después de fondear doscientas minas al norte de Escocia, que hundieron al acorazado *Audacious* y a otros varios buques (1), en el viaje de vuelta tuvo que entrar en el puerto noruego de Trondheim, donde quedaría internado.

Pero los germanos no cejaron. En la mañana del 3 de noviembre de 1914, los cruceros de batalla *Seydlitz, Moltke* y *Von der Tann* y el crucero acorazado *Blücher* —sin escolta alguna de destructores y al mando de Von Hipper— bombardearon brevemente y por sorpresa el puerto y las baterías de Yarmouth, mientras cuatro cruceros ligeros, al amparo de la fuerte calima, fondeaban un extenso campo minado. No hubo más reacción inglesa que la precipitada salida del sumergible *D-5*, que chocó con uno de los artefactos recién fondeados y se fue a pique, llevándose a 21 de los 24 hombres que componían su dotación (2).

A raíz de este bombardeo, el Almirantazgo decidió apostar

---

(1) Entre ellos el crucero auxiliar inglés *Viknor,* que se llevó a la tumba a la totalidad de su dotación; el vapor *Manchester Commerce,* y el velero *Caldaff.*

(2) El tonelaje de barcos mercantes aliados y neutrales hundido por las minas durante la primera guerra mundial ascendió a 1.220.000 toneladas, de las que 682.000 fueron británicas. Y entre los numerosos buques de guerra hundidos por ellas destaca, además del acorazado *Audacious,*

en Rosyth a la 3.ª Escuadra de acorazados de la Gran Flota (ocho *pre-dreadnought*) y a la 3.ª Escuadra de cruceros acorazados (cuatro unidades). Pero aquella operación alemana sólo causó malestar a la *Kriegsmarine*. El crucero *Stralsund* había comenzado a lanzar sus minas poco antes de la amanecida y tuvo que proseguir la faena a plena luz, siendo observado de cerca por numerosos pesqueros ingleses y holandeses. El viejo cañonero británico *Alcyon*, que vigilaba entre las sombras cerca del barco-faro *Cross Sand*, consiguió escapar, pues, debido a un fallo en las señales, los cuatro buques de línea alemanes rompieron simultáneamente el fuego sobre él, cuando la orden era sólo para el *Seydlitz*. De manera que, al confundir sus respectivos piques, no hubo posibilidad de corregir el tiro de ninguno. Todo lo cual haría escribir después al jefe del Estado Mayor de Von Hipper, capitán de fragata Erich Raeder: «Von Hipper fue un líder improvisado.» La realidad es que el valeroso, brusco e impulsivo contralmirante, de rápida inteligencia, no tenía experiencia alguna de estado mayor. Sin embargo, pronto daría pruebas de ser un jefe nacido para el mando, que llegaría a almirante y terminaría por relevar a Scheer —en agosto de 1918— como jefe de la *Hochsee Flotte*, cuando el último fue nombrado jefe del Estado Mayor de la Armada (1).

La *Kriegsmarine* repetiría, el 16 de diciembre de 1914 y el 24 de enero de 1915, parecidas operaciones contra la costa y puertos orientales ingleses, ahora como cebo para atraer y poder batir en detalle a una parte de la Gran Flota. Dando lugar, la última de dichas salidas, a la batalla denominada del «banco de Dogger». A su debido tiempo llegaremos a ellas.

---

el crucero acorazado *Hampshire*, de 11.000 toneladas, que, sin escolta de destructores debido a la mala mar, desapareció a los quince minutos de haber colisionado con uno de dichos artefactos, el 5 de junio de 1916, a una milla y media de la orilla de las Orcadas, donde las había lanzado el sumergible alemán *U-75* (capitán de corbeta Beitzen). Casi toda la dotación del infortunado crucero pereció en el naufragio, y con él desapareció el general Kitchener, ministro de la Guerra, y su Estado Mayor completo, lo que produjo gran emoción en el Reino Unido y países aliados.

(1) Después de la batalla de Jutlandia, Franz von Hipper recibió la Cruz de la Orden Militar de Max Joseph, lo que equivalía al título nobiliario de barón. Sin duda merecido.

CAPÍTULO III

Cenit y nadir de la escuadra alemana del Extremo Oriente. — La odisea del Emden. — *Batalla de Coronel. — Hundimiento de los cruceros acorazados británicos* Good Hope *y* Monmouth. — *Lord Fisher envía los cruceros de combate* Inflexible *e* Invincible *a Port Stanley. — La escuadra de Von Spee pasa al Atlántico. — Batalla de las Malvinas. — Hundimiento de los cruceros acorazados alemanes* Scharnhorst *y* Gneisenau *y de los ligeros* Leipzig *y* Nürnberg. *Oscuro final del* Dresden *y fin de la guerra de corso a cargo de unidades regulares de la* Kriegsmarine.

Habíamos dejado a la escuadra alemana del Extremo Oriente en Ponapé al estallar la guerra. Allí se le incorporó el crucero ligero *Nürnberg,* y los buques de Von Spee, acompañados por el carbonero *Trania,* zarparon el 6 de agosto rumbo a Pagán, donde fondearon el 11. En las Marianas se encontraban varios barcos alemanes, lo que permitió a la escuadra hacer el relleno de combustible. Al día siguiente llegó, como sabemos, el *Emden,* con el crucero auxiliar *Prinz Friedrich* y el carbonero *Markomannia,* procedentes de Tsing-Tao, que traían bastimentos de todas clases.

En el estrecho de Corea había capturado el *Emden* al vapor *Rjazan,* de 3.522 toneladas, perteneciente a la «Flota Voluntaria Rusa», que en aquella base naval alemana en China fue rápidamente convertido en crucero auxiliar y rebautizado *Cormoran.*

Al saber Von Spee la amenazante actitud adoptada por el gobierno japonés (1), que disponía de una excelente Flota, renunció a su plan inicial de atacar el tráfico marítimo aliado en el Pacífico occidental y, el 13 de agosto, ordenó levar anclas y arrumbar hacia levante. Su intención era atravesar el océano Pacífico y caer

---

(1) El 15 de agosto, el gobierno del Mikado enviaría un ultimátum al de Berlín exigiéndole, en el plazo de siete días, la rendición incondicional de la base naval de Tsing-Tao.

sobre el tráfico aliado que traía carbón y embarcaba cobre y guano en los puertos de Chile. Al día siguiente, como también sabemos, destacó al *Emden* para que hiciese la guerra al comercio enemigo en el océano Índico.

El 22 de agosto, tras rellenar de carbón en Eniwetok, en las Marshall, la escuadra alemana se hizo de nuevo a la mar, y Von Spee envió al *Nürnberg* a Honolulú en busca de información y para enviar mensajes, mientras aquélla fondeaba, cinco días después, en el atolón de Majuro, donde pronto llegaron el *Cormoran* y dos barcos germanos de aprovisionamiento. Dicho crucero auxiliar y el *Eitel Friedrich* se destacaron, el 30, para hacer la guerra de corso por su cuenta (1). A continuación salió la escuadra, que arrumbó hacia el este, ligeramente por encima del cinturón del mundo para aprovechar la contracorriente ecuatorial, cortando el meridiano de los 180° el primer día de septiembre.

Los buques alemanes volvieron a carbonear el 8 de dicho mes en la isla Christmas, británica pero desguarnecida, donde se incorporó el *Nürnberg,* que acababa de cortar, en la isla de Fanning, el cable telegráfico submarino que enlazaba Australia con el Canadá. Traía noticias, y al saber Von Spee que tropas aliadas habían desembarcado el 30 de agosto en el puerto de Apia, en Samoa, decidió atacar por sorpresa a los buques de guerra enemigos que pudieran quedar en la antigua colonia alemana.

En efecto, en dicha fecha, una numerosa escuadra anglofrancesa, en la que figuraban el crucero de combate *Australia* y el crucero acorazado francés *Montcalm,* había puesto en Apia a mil quinientos soldados neozelandeses. Von Spee reconoció dicho puerto

(1) El *Eitel Friedrich* tuvo una vida interesante. Era un correo del «Lloyd» alemán, de 8.900 toneladas, al que se armó con las piezas de dos cañoneros fluviales germanos. Al mando del capitán de corbeta Thierichsens, en el Pacífico sudoriental echó a pique a los vapores ingleses *Charcas* y *Kyldalton* y apresó al velero francés *Jean,* que llevaba 3.500 toneladas de carbón y del que se avitualló durante bastante tiempo. En enero de 1915 doblaba, muy por el sur, el cabo de Hornos. Operó sobre las derrotas veleras atlánticas hasta el 11 de marzo de dicho año, cuando entró en Newport News para un ajuste general de máquinas. No pudo volver a salir, pues los cruceros británicos *Niobe* y *Cumberland* le esperaron fuera, a tres millas de las costas de Virginia. Había hundido a varios veleros: el ruso *Isabel Brown,* los franceses *Pierre Loti* y *Jacobson,* el norteamericano *Frye* (que costó al gobierno alemán una indemnización) y al inglés *Inverceo,* y después, en las costas brasileñas, a los vapores ingleses *Mary Short* y *Willerby* y al correo francés *Florida.*

con las primeras luces del 14 de septiembre, pero, como estaba totalmente vacío, renunció a cualquier tipo de ataque. En cambio, el 22 del mismo mes bombardeó las baterías de Papeete, capital de Tahití, donde echó a pique al cañonero francés *Zelee.*

Con las carboneras prácticamente vacías, los buques germanos dieron fondo, el 26 de septiembre, en la isla de Nukuhiwa, perteneciente a las Marquesas, para tomar carbón del vapor *Holsatia.* Después, los buques que nos ocupan arrumbaron a la isla de Pascua, donde se habían dado cita con los cruceros ligeros *Dresden* y *Leipzig* (1) y dos carboneros. Junto a la ínsula «más solitaria del mundo» echaron el ancla el 12 de octubre, y allí supo Von Spee, por el comandante del *Dresden,* que a sus talones se habían movido —utilizando indiscriminadamente la radiotelegrafía— varios buques de guerra ingleses, entre ellos los cruceros acorazados *Good Hope* y *Monmouth,* y el ligero *Glasgow.*

En la isla de los enigmáticos *maois* tuvieron noticias los marinos alemanes de los logros cosechados por el *Emden* en el océano Índico. Efectivamente, entre el 9 y el 15 de septiembre, dicho buque había hundido a siete vapores ingleses en el golfo de Bengala; la noche del 22 había bombardeado el puerto de Madrás, destruyendo los depósitos de petróleo, con 2.000 toneladas de combustible, y en las costas de Ceilán, la perla del Índico, apresó, entre el 25 y el 27 de dicho mes, a otros seis barcos aliados (2). También supieron del éxito obtenido por el *Königsberg,* al que la guerra sorprendiera en Dar-es-Salam (África Oriental Alemana) y que como corsario fue un completo fracaso, pero que el 20 de septiembre había hundido en Zanzíbar al veterano crucero ligero británico *Pegasus.*

El 19 de octubre, la errante escuadra de Von Spee dijo adiós a la solitaria y todavía hoy enigmática isla de Pascua, y diez días después daba fondo en la de Más Afuera, del archipiélago de

---

(1) El *Dresden* había hundido en el Atlántico a los vapores ingleses *Hyades* y *Holmwood.* Y el *Leipzig,* al que el estallido de la guerra sorprendió en aguas de Mazatlán (México), al petrolero inglés *Elsinore* y al vapor de igual bandera *Bankfields.*

(2) Después, sobre la derrota Colombo-Aden, capturaría el *Emden,* entre el 18 y el 20 de octubre, otros seis barcos. En la isla de Nicobar tomaría carbón de una de sus presas, y el 28 de octubre entraba, a favor de las primeras luces, en el puerto de Penang. Allí, tras izar la bandera alemana, hundía al cañón y con torpedos al sorprendido crucero ligero ruso *Zemcug,* de 3.080 toneladas, que sufrió 91 muertos y 108 heridos y resultó un auténtico cazador cazado, pues había sido destacado para

Juan Fernández. Una vez hecho carbón del vapor germano *Amasis,* las unidades de Von Spee zarparon y pusieron proa a las costas chilenas, avistando, el 30 de dicho mes, al gigantesco y eternamente nevado Aconcagua (6.960 metros). Significaba que la modesta escuadra alemana del Extremo Oriente había conseguido atravesar, en plena guerra, todo el océano Pacífico, lo que por sí solo era ya un valioso éxito logístico y estratégico.

Surcando aquellas frías aguas procedentes del Antártico, traídas por la corriente del Perú, o de Humboldt, supo Von Spee, por el capitán de un barco alemán, que el crucero ligero inglés *Glasgow* acababa de entrar en el puerto chileno de Coronel para tomar carbón. Como dicho buque tendría que salir veinticuatro horas después, según las normas del Derecho Internacional en tiempos de guerra, el almirante de la *Kriegsmarine* arrumbó hacia el golfo de Arauco, a 14 nudos, en línea de fila y con los tres cruceros ligeros a retaguardia, para tratar de hundir al buque británico.

Precisamente al encuentro del *Glasgow* navegaba también, aquel 1 de noviembre de 1914, una agrupación operativa inglesa mandada por el contralmirante Cradock, compuesta por los cruceros acorazados *Good Hope,* buque insignia, y *Monmouth,* y el crucero auxiliar *Otranto.* Ambos adversarios se avistarían algunas horas después; tiempo que nosotros aprovecharemos para echar un breve vistazo a las andanzas de esta malhadada agrupación de la *Royal Navy.*

---

completar, con el crucero acorazado inglés *Hampshire* y los ligeros de igual bandera *Yarmouth, Sydney, Melbourne, Psyche, Pyramus* y *Philomel,* el japonés *Chicuma* y el también ruso *Askold,* el cerco en torno al *Emden.* Éste, al salir de Penang, echó también a pique al torpedero francés *Mousquet,* de 310 toneladas, que se había lanzado valerosamente al ataque y del que los alemanes recogieron a 36 supervivientes. Tras apresar varios barcos más, el *Emden* cruzó el estrecho de la Sonda, presentándose, el 9 de noviembre, en las islas Cocos, para cortar el cable telegráfico de este archipiélago coralino. Allí fue sorprendido por el crucero australiano *Sydney,* muy superior en velocidad y artillería, y, tras un breve y desigual combate, en el que hallaron la muerte 121 marinos alemanes, terminaron para siempre las apasionantes singladuras del buque germano, mandado por el capitán de fragata Von Müller, cuando ya tenía en su haber 16 barcos aliados, con más de setenta mil toneladas de registro.

* * *

Al estallar la contienda, el 4 de agosto de 1914, el contralmirante Christopher Cradock mandaba la escuadra inglesa del Atlántico Occidental y arbolaba su insignia en el crucero acorazado *Suffolk*. Con este buque, al que pocas horas después se incorporaría el *Bristol*, había sorprendido, el 6 de agosto, al *Karlsruhe* y al *Kronprinz Wilhelm* cuando, como ya sabemos, el primero transbordaba al trasatlántico la gente y el material de que también habláramos.

Cradock creyó que el *Kronprinz Wilhelm* era un mero aprovisionador y salió en persecución del *Karlsruhe*, que, más veloz, pudo eludirla y que horas después se libraría también del *Bristol*, que trató de darle caza aquella misma noche. De haber sospechado el contralmirante inglés la verdadera identidad del trasatlántico germano, sin duda habría renunciado al *Karlsruhe* para echarlo a pique, porque a partir de entonces el *Kronprinz Wilhelm* actuaría como corsario en el Atlántico Sur durante más de ocho meses —251 días— y lograría hundir a catorce barcos mercantes aliados, con un total de 58.000 toneladas de registro. En abril de 1915, con las máquinas ya en mal estado y el escorbuto y el beriberi a bordo, el teniente de navío Thierfelder decidió entrar en Norfolk, Virginia, para efectuar un recorrido general de servicios en dicho puerto norteamericano, del que nunca volvería a salir bajo pabellón alemán.

Y es que, algunos días después de su llegada, los marinos alemanes pudieron comprobar que un «gran» crucero de combate británico montaba guardia cerrada frente al abra de la bahía de Chesapeake, justo en el límite de las tres millas. Así que la salida del crucero auxiliar fue retrasándose en espera de una oportunidad, y por fin las autoridades portuarias norteamericanas decidieron internar al disfrazado corsario de la *Kriegsmarine*. Pero el caso es que el buque de guerra de la *Royal Navy* y tres chimeneas (dos de ellas postizas) que cruzaba delante de Norfolk no era precisamente el formidable *Tiger*, aunque lo pareciera; se trataba del vapor inglés *Merion* —de 19.400 toneladas—, hábilmente disfrazado con falsas superestructuras, palos trípode, grandes cofas y torres, cañones, etc., de madera y de lona, como dicha poderosa unidad de la Gran Flota (1).

(1) Este falso *Tiger* fue hundido el 30 de mayo de 1915, en la bahía de Mudros, por el submarino alemán *UB-8* —alférez de navío Voigt—, que le tomó por lo que no era.

* * *

Volviendo a Cradock, el Almirantazgo británico, que seguía con alarma la aproximación a las costas sudamericanas de la escuadra de Von Spee, le ordenó concentrar sus buques en las Malvinas y, tan pronto dispusiera de una fuerza superior a la del enemigo, pero no antes, doblar el cabo de Hornos, remontar la costa chilena y cazar y destruir a dicha escuadra alemana.

De modo que en Port Stanley se dieron cita el veterano acorazado *Canopus,* de 13.000 toneladas y 18 nudos —teóricos—, armado con cuatro piezas de 305 mm. en torres dobles y diez de 152 mm.; los cruceros acorazados *Defence, Good Hope* y *Monmouth,* el ligero *Glasgow* y el auxiliar *Otranto.* Pero el *Canopus* no daba entonces más de 15 nudos efectivos, y el *Defence,* que en conjunto era el mejor de aquella miscelánea de buques de guerra, fue destacado por el Almirantazgo, el 14 de octubre, a Montevideo.

Cradock envió al Pacífico al *Monmouth,* al *Glasgow* y al *Otranto,* para proteger el tráfico mercante aliado, y el 22 de octubre les siguió, con el *Canopus* y el *Good Hope.* Desde el archipiélago chileno de los Chonos, sobre el paralelo de 45° de latitud sur, donde los ingleses tenían una base secreta de aprovisionamiento, puso un radio al Almirantazgo, el 26 de octubre, reclamando al *Defence* y haciéndole saber que tendría que prescindir del lento *Canopus* (1). Pero en Whitehall no le hicieron caso.

Aquí hay que aclarar que el Almirantazgo había aconsejado repetidamente a Cradock que no prescindiese del *Canopus,* por considerar que con este buque la agrupación de dicho contralmirante era superior y capaz de batir a la de Von Spee. Al mismo tiempo, temiendo que la escuadra alemana pudiese doblar inadvertidamente el cabo de Hornos y caer sobre el intensísimo tráfico inglés del Río de la Plata, no quería que el *Defence* se moviera de Montevideo, donde montaba guardia la agrupación del almi-

(1) El mensaje de Cradock decía textualmente lo que sigue: «Con referencia a las órdenes de buscar al enemigo y nuestro mayor deseo de lograr un temprano éxito, considero que, debido a la lenta velocidad del *Canopus,* es imposible hallar y destruir a la escuadra enemiga. Por tanto, he ordenado al *Defence* que se me incorpore, tras recabar órdenes en Montevideo. Utilizaré el *Canopus* en la necesaria tarea de convoyar a barcos carboneros.»

rante Stoddart —cruceros acorazados *Carnarvon* y *Cornwall*, crucero ligero *Bristol* y cruceros auxiliares *Macedonia* y *Orama*—, que sólo contando con dicho moderno buque podría derrotar a la germana.

Pero Cradock descubrió que el *Canopus* no podía navegar en formación a más de 12 nudos (consta en su mensaje al Almirantazgo del 18 de octubre), y sabía que la agrupación alemana daba, teóricamente al menos, los 22,5 nudos. ¿Cómo, pues, podría él cazarla y destruirla, según deseaba el Almirantazgo, sin prescindir del *Canopus*? Enfrentado con aquella especie de cuadratura del círculo pretendida por Whitehall, el pundonoroso y valiente Cradock, probablemente suponiendo que su espíritu militar estaba en entredicho, decidió prescindir del lento acorazado, buscar a la escuadra enemiga y presentarle batalla (1). Heroica pero también innecesaria y temeraria decisión, que le llevaría al desastre, pero que, dadas las circunstancias en que fue tomada, no podemos menos de respetar.

* * *

El 1 de noviembre de 1914, la escuadra alemana de Von Spee navegaba hacia el SSE, es decir, a rumbo convergente con la costa chilena, a la vista del formidable telón de fondo de la nevada cordillera andina, que se extendía, interminable, por la banda de babor de los buques germanos.

El vapor *Titania,* al que previamente se había transbordado un pequeño cañón de desembarco, apresó aquella mañana al gran velero noruego *Helicon,* fletado por el gobierno de Londres y con dos mil toneladas de carbón inglés a bordo. Y como más aterrados —hacia tierra— se movían varios barcos mercantes, Von Spee ordenó a sus tres cruceros ligeros que se destacasen para reconocerlos.

---

(1) Esta reacción casi desesperada debió de comprenderla John Fisher. Nombrado Primer Lord del Mar el 30 de octubre, Winston Churchill le llevó al Centro de Operaciones Navales del Almirantazgo y durante más de dos horas le expuso detalladamente las posiciones y tareas encomendadas a cada agrupación y buque de aquella «inmensa organización». Al hablarle de la posición de Cradock, le preguntó: «¿No supondrá usted que tratará de luchar contra ellos sin el *Canopus*?» Pero Fisher no le dio una respuesta concreta: «*He did not give any decided reply...*» («No me dio ninguna respuesta concreta.»)

El *Leipzig* tuvo que emplear la radio, y sus señales fueron captadas por el *Glasgow*. Parecía que el buque de guerra alemán se encontraba cerca, por el norte; de manera que Cradock decidió arrumbar hacia él, formando una barrera de exploración en línea de frente y con una distancia de quince millas entre buques, con el *Glasgow*, incorporado a las 1430, en la extremidad oriental, seguido, hacia poniente y por este orden, por el *Otranto*, el *Monmouth* y el *Good Hope*.

Soplaba viento duro del sur, de fuerza 6 —27 nudos—, había mar tendida y fuerte marejada del viento, de modo que los buques germanos, aproados a las olas, cabeceaban con cierta violencia e intermitentemente embarcaban agua por escobenes y castillos. A prima tarde, el *Nürnberg* detuvo y registró a un vapor chileno, unas cinco millas a la altura del cabo Carranza. La visita duró cuarenta y cinco minutos, y los marinos chilenos vieron a otros dos cruceros alemanes, cinco y diez millas, respectivamente, mar afuera. Dicho vapor quedó en libertad y entró en Valparaíso, donde, el 2 de noviembre, el cónsul general británico pondría un radio al Almirantazgo dándole cuenta de la presencia y situación de la tan buscada escuadra alemana. Sólo entonces, el 3 de noviembre, decidió Whitehall enviar a Cradock el moderno y disputado *Defence*. Pero ya era tarde. Desde dos días antes, el contralmirante inglés, con su buque insignia y la totalidad de su gente, yacía en el frío y oscuro fondo del océano Pacífico...

A las 1650, cornetas y tambores tocaron zafarrancho de combate en todas las unidades de Von Spee. «Salía del camarote en aquel momento —escribe el capitán de fragata Hans Pochhammer, segundo comandante del *Gneisenau*— y, creyendo que se trataba de un error, subí al puente. Todos los que tenían prismáticos miraban por la amura de estribor hacia el claro horizonte, justamente por barlovento. Con los ojos brillantes, el oficial de derrota me mostró cuatro palos finos entre penachos de humo, y pronto surgieron dos mástiles más.»

Pertenecían al *Glasgow*, al *Otranto* y al *Monmouth*, pues, habiendo advertido el primero de ellos, a las 1654, a los buques alemanes, se replegaban a toda máquina sobre el *Good Hope*, en la extremidad occidental de la barrera de descubierta inglesa. En aquel momento, el acorazado *Canopus* se encontraba a unas 300 millas por el sur de las unidades de Cradock, de manera que su intervención quedaba descartada. Sin embargo, los cruceros acorazados germanos llevaban dos calderas apagadas, que hubo que encender a toda prisa y comunicar más tarde. De manera que estos buques tardarían hora y media en poder desarrollar toda su velocidad.

Pero esto lo ignoraba Cradock. Sólo sabía que el enemigo, al que suponía capaz de dar inmediatamente los 22 nudos y que entonces se hallaba a 17 millas del *Otranto,* que no andaba más de 17 nudos, podría cazar a este crucero auxiliar durante el crepúsculo vespertino, puesto que el sol no se pondría hasta las 1900 y aquél duraría casi una hora. De abandonar a su suerte al *Otranto,* era indudable que los restantes buques ingleses, que andaban prácticamente lo mismo que los alemanes, podrían escapar sin necesidad de disparar un cañonazo. Incluso, dado que la escuadra alemana se hallaba muy desperdigada, tardaría en concentrarse y, sobre todo, en poder desarrollar toda su velocidad, sólo con que Cradock hubiera arrumbado hacia el sur a 17 nudos, habría, muy probablemente, conseguido evitar la batalla. Pero, repetimos, Cradock ignoraba la situación a bordo del *Scharnhorst* y del *Gneisenau,* y, por otra parte, no era hombre capaz de abandonar a la que creía segura destrucción a uno de sus buques. Así que se dispuso a librar batalla cuanto antes y en las mejores condiciones tácticas posibles. Esta valerosa decisión tomada por dicho almirante británico, ya sellado por la mala suerte, en manifiestas condiciones de inferioridad, sólo se merece, insistimos, el mayor respeto.

En efecto, los cruceros acorazados de la serie «Scharnhorst», de 11.600 toneladas de desplazamiento estándar, montaban ocho piezas de 210 mm. de calibre como artillería principal, cuatro de ellas en torres dobles repartidas a proa y a popa y otras tantas en casamatas acorazadas, a razón de dos por banda; es decir, cada uno de dichos buques disponía de una andanada de seis cañones de 210 mm., y como artillería secundaria llevaba tres piezas de 150 mm. por banda. Mientras que el *Good Hope,* de 14.100 toneladas, sólo montaba dos cañones de 234 mm., en torres sencillas, a proa y a popa, y una artillería secundaria compuesta por doce piezas de 152 mm., de las que seis podían tirar por cada banda. Pero estas doce piezas iban superpuestas de dos en dos y repartidas en sendas cubiertas de batería, de modo que los seis cañones de 152 mm. de la cubierta inferior quedaban muy próximos a la línea de flotación y, en caso de mal tiempo, no podían utilizarse, pues las olas arbolarían por encima de los anteojos de puntería e incluso de las bocas de dichas piezas. Lo que aquella tarde del 1 de noviembre de 1914 reducía la artillería disponible por cada banda, en el buque insignia británico, a dos cañones de 234 mm. y a tres de 152 mm. (1).

La artillería principal del *Monmouth,* buque que desplazaba 9.800 toneladas, la componían catorce cañones de 152 mm., de los que, en condiciones de mala mar y por idéntica razón, sólo podían disparar siete por una misma banda. El *Glasgow,* de 4.820 toneladas, llevaba dos piezas de 152 mm., en montajes sencillos, a proa y a popa; el resto de su artillería era de 102 mm. de calibre, prácticamente igual que la totalidad de las piezas que portaban los tres cruceros ligeros de Von Spee. Finalmente, el *Otranto* llevaba algunos cañones de 152 mm., pero era un buque muy vulnerable y, siguiendo las instrucciones de Cradock, no intervendría en la batalla. Por lo demás, los cruceros acorazados británicos andaban 22 nudos, frente a los 22,5 de sus contrapartes alemanes, cuyo blindaje era también superior: de 174 mm., es decir, teóricamente invulnerable a los proyectiles de 152 mm. de calibre de los buques de Cradock.

* * *

Para no perder tiempo, es decir, la buena posición del sol, a las 1710, Cradock ordenó a sus unidades que se concentraran sobre el *Glasgow,* que era el más próximo a los cruceros acorazados alemanes, y arrumbaran al sur, es decir, de la misma vuelta que el enemigo. Por su parte, Von Spee, aún escaso de velocidad y deseando interponerse entre la más débil escuadra inglesa y las aguas territoriales chilenas, no dudó en aceptar la desventaja táctica que para el combate supondría la posición del astro rey, que entonces deslumbraba a sus apuntadores, pues lo tenían de cara. Pero, como luego veremos, era hombre de recursos y gran sangre fría.

A las 1730, Cradock envió un radio al *Canopus:* «Me dispongo a atacar al enemigo», y seguidamente ordenó a sus buques un giro simultáneo de cuatro cuartas (45°) a babor, para cerrar distancias sobre los cruceros acorazados alemanes y forzar el combate antes de la puesta del sol. Pero Von Spee hizo lo propio y mantuvo una distancia balística de aproximadamente 17.000 me-

(1) Durante la batalla de Coronel, incluso los apuntadores de las piezas de 150 mm. en las casamatas —más altas— del *Scharnhorst* y el *Gneisenau* tuvieron a veces que dejar de disparar «debido a la mar que barría la cubierta».

tros. De manera que ambas agrupaciones pronto volvieron a aproar al sur y quedaron navegando a rumbos ligeramente convergentes. No haber insistido enérgicamente, aun dejando atrás al *Otranto,* fue un grave error de Cradock.

El viento refrescaba y arbolaba la mar, una mar coronada de espumas que destellaban al sol del atardecer. Las rodas de los cruceros acorazados alemanes, lanzados ya a buena velocidad, partían las olas con intermitentes y arrítmicos pantocazos que les hacían retemblar de quilla a perilla. Los fríos rociones y masas de agua se colaban en catarata a través de las mirillas para los anteojos de puntería de las torres proeles, «mojando hasta los huesos a sus sirvientes y a los que iban en la cámara de maniobra situada debajo». Los buques habían sido arranchados a son de combate, con todos los candeleros de cubierta abatidos, los botes llenos de agua de mar para evitar incendios, etc. Lo mismo en los tres cruceros ligeros germanos, que se movían a toda máquina para tratar de incorporarse cuanto antes a la formación; cosa que el *Leipzig* y el *Dresden* lograrían poco después de las seis de la tarde.

Mientras la distancia disminuía y los radiotelegrafistas alemanes trataban de interferir las comunicaciones inalámbricas de sus enemigos, los buques de Cradock proseguían imperturbables hacia el sur, a 15 nudos efectivos sobre el fondo, debido al viento contrario, en línea de fila y por este orden: *Good Hope, Monmouth, Glasgow* y *Otranto,* con las vergas de señales cuajadas de banderas. Hacia las 1807, ambas formaciones quedaban prácticamente de través y a unos trece mil metros de distancia. Von Spee había aleccionado a los comandantes de sus buques para que, en caso de mala mar, los cruceros acorazados no disparasen contra el enemigo hasta llegar a unos ocho mil metros, a fin de asegurar la puntería vertical.

A las 1820, con el sol ya muy bajo sobre el límpido y acaballado horizonte, Von Spee ordenó caer una cuarta (11°, 25) a estribor por giros simultáneos, quedando sus cuatro unidades en línea de marcación por babor. Y muy poco después de ponerse el sol, precisamente cuando las siluetas de los buques ingleses se recortaban con toda nitidez, para los apuntadores y telemetristas alemanes, contra el fuerte y dramáticamente enrojecido cielo de poniente, pero las unidades germanas se difuminaban, para sus contrapartes británicos, sobre la grisácea línea de costa, rompió el fuego el *Scharnhorst* con alzas de 10.400 metros, sobre el *Good Hope,* siendo inmediatamente secundado por el *Gneisenau,* contra el *Monmouth*, y por el *Dresden* y el *Leipzig* sobre el *Glasgow* y el *Otranto*.

Los buques británicos respondieron sin pérdida de tiempo, pero en aquel intercambio de salvas hubo una diferencia decisiva. Se ha hablado mucho de los excelentes apuntadores de los cañones alemanes, de lo que no parece haber duda. Pero apuntar una pieza es relativamente fácil aun cuando el buque propio esté sometido a violentos movimientos de balance y cabezada. Más difícil resulta en tales condiciones la labor de los telemetristas, y todavía más la de los directores de tiro, que han de calcular a ojo la velocidad y el rumbo del enemigo, pues si este empírico cálculo falla, todo lo demás no sirve para nada. Sin embargo, favorecidos por la visibilidad crepuscular, los cruceros acorazados de Von Spee consiguieron centrar el tiro de sus piezas, de 210 y de 150 mm., a la tercera salva; ¡lo mismo que en un buen ejercicio de tiro! Mientras que la totalidad de las salvas iniciales británicas cayeron largas.

Con dicha tercera salva, parece ser que —nunca podremos saberlo con certeza— el *Scharnhorst* inutilizó la dirección de tiro principal del *Good Hope*, y que el *Gneisenau* logró algunos impactos directos en el *Monmouth*. Entonces, Von Spee ordenó caer una cuarta a babor y moderar a 12 nudos. A partir de ese momento, los blancos se sucederían sin interrupción sobre los buques de Cradock.

Caía la noche y las sombras comenzaron a echarse sobre la alborotada mar. Pero los incendios pronto esmaltaron delatoramente al *Good Hope* y al *Monmouth*. Entre la segunda y tercera chimeneas del primero se alzó una formidable columna de llamaradas que rebasaba la perilla de los altos mástiles de dicho buque. En el *Monmouth*, un proyectil de 210 mm. había perforado la torre de proa y producido un incendio de cordita. Una violenta explosión en los pañoles de pólvoras proeles, que al parecer abrió a dicho buque una considerable vía de agua, deshizo la torre «A» y lanzó espectacularmente por los aires el pesado carapacho. También el *Glasgow* había sido alcanzado por varias granadas procedentes de sus dos contrapartes alemanes. Pero eran de 105 mm. de calibre, y sus pequeños efectos quedaron enteramente absorbidos por las carboneras.

Pese a todo, los buques de la *Royal Navy* seguían combatiendo con gran coraje, y precisamente entonces resultó alcanzado el *Gneisenau* por dos granadas de 152 mm. Una de ellas atravesó al buque de parte a parte, por encima de la coraza vertical, a la altura de la cuaderna 89, bajo la cubierta protectora, pero sobre la línea de flotación. Las grandes olas penetraron por los abiertos agujeros, que a duras penas pudieron ser estancados. La otra alcanzó la barbeta de la torre popera («Bruno»), sin perforarla, pero atoró momentáneamente dicha torre de 210 mm. y provocó un incendio.

Los buques ingleses habían ido cayendo a babor, probablemente pensando Cradock en utilizar oportunamente sus torpedos. De manera que la distancia llegó a ser de 4.900 metros, en cuyo momento Von Spee ordenó meter decididamente hacia fuera. El *Monmouth*, con una gran vía de agua y muy escorado a babor, tuvo que salirse de la formación y arrumbar hacia el norte, con la mar de popa, para tratar de dominar las crecientes inundaciones, desapareciendo pronto en la oscuridad.

Los dos cruceros acorazados germanos concentraron entonces el tiro sobre el *Good Hope*, que pronto ardía de proa a popa, aunque sin dejar espasmódicamente de disparar. Hacia las 1923 volaron los pañoles de municiones centrales de dicho infortunado buque. «Una gigantesca columna de fuego se reflejó un instante en las nubes —relata Pochhammer—; del combés del buque enemigo, que parecía estar al rojo blanco, brotaron restos incandescentes de toda especie, que volaron como meteoros, y al mismo tiempo se alzaron luces rojas y verdes, que parecían cohetes de señales. Después, una formidable explosión, como de algún pañol de municiones, hizo acallar el tiro del *Good Hope*, y el nuestro cesó también inmediatamente.» Según Von Spee, a las 1926.

Tras aquel espectacular y dantesco final, el *Otranto* escapó hacia el oeste, mientras el *Glasgow* hacía lo propio por el NNO. Otra cosa no hubiera sido más que un suicidio inútil. A las 1930, Von Spee ordenó a sus cruceros ligeros que buscaran y torpedeasen al enemigo. Entonces intervino en la batalla el retrasado *Nürnberg*.

Este buque había llegado al dramático escenario de los combates cuando ya era de noche. Tras perseguir infructuosamente al *Glasgow*, más veloz —26 nudos— y que arrojaba un gran penacho de humo por sus tres chimeneas, se topó con el *Monmouth*, al que inicialmente confundió con el *Dresden*, también de tres chimeneas y sin montaje a proa. El destrozado buque inglés, que flotaba en precario, no contestó la señal alemana de reconocimiento, y los brillantes haces de los proyectores de arco del *Nürnberg* aclararon el equívoco cuando la distancia entre ambos buques era ya tan exigua que, al meter el inglés todo el timón a una banda, seguramente para presentar a su enemigo el costado de estribor,

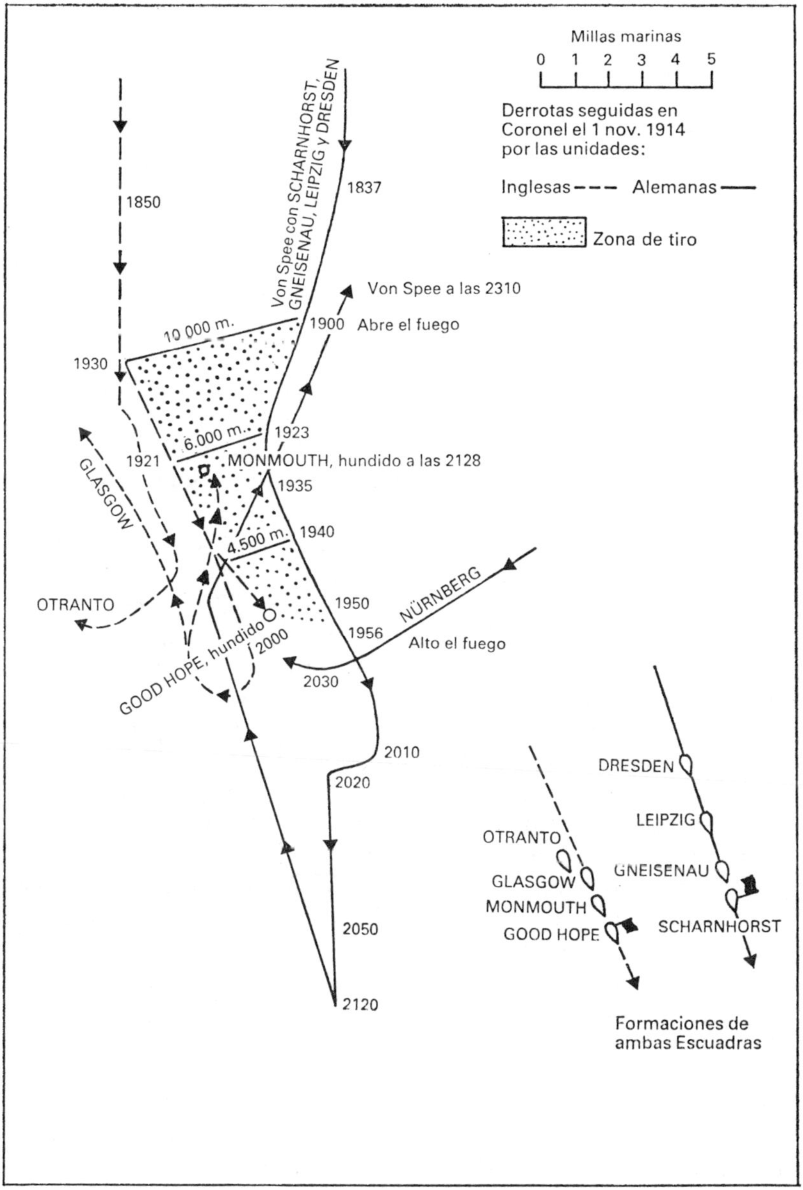

Gráfico inglés mostrando las derrotas aproximadas seguidas por los buques alemanes y británicos durante la batalla de Coronel, librada el 1 de noviembre de 1914; una aplastante victoria germana.

donde iban las únicas piezas de artillería aún capaces de disparar —los alemanes oyeron las pitadas de los condestables ingleses ordenando a los artilleros, que trataban de sofocar los incendios, cubrir dichas piezas—, el *Nürnberg* creyó que intentaba abordarle y abrió el fuego.

Tras un breve cañoneo, el *Monmouth*, que no quiso rendirse y mantuvo siempre la bandera de combate arriba, dio lentamente de banda y, a la lívida luz de los proyectores, mostró sucesivamente a sus enemigos la destrozada y agujereada cubierta, los rotos y rojizos fondos y, por fin, la aparadura y la quilla. Tras algunas convulsiones, hacia las 2100 desapareció dramáticamente entre las encrespadas y rugientes olas, grandes burbujas de aire y de vapor y restos de todas clases, donde algunos infortunados marinos ingleses trataban de alejarse a nado. Al cerrarse las persianas de los proyectores de arco del buque alemán cayó otra vez la oscura noche, que la luna intermitentemente aclaraba, sobre el lugar de la tragedia.

A bordo del crucero ligero germano sólo se escuchaba ahora el fuerte rumor del oleaje y el ulular del viento en la jarcia. Desperdigadas en la distancia, pronto se hicieron visibles algunas oscuras columnas de humo. ¿De buques propios, de enemigos? Imposible saberlo, y el comandante del *Nürnberg*, desconociendo la realidad de la situación, no quiso arriesgarse y abandonó a su suerte a los náufragos ingleses. No se le puede culpar por ello.

Para entonces ya se había hundido el *Good Hope*, de cuyo trágico final nadie extraño a su propia dotación pudo ser testigo. Según los observadores del tiro germano, encaramados en las cofas, dicho buque debió de recibir durante el combate entre treinta y cuarenta proyectiles de grueso y de mediano calibre. A las 2120, la victoriosa escuadra alemana invirtió el rumbo y se alejó hacia el NNE; naturalmente, a Von Spee no le interesaba en lo más mínimo un encuentro con el *Canopus*. Tampoco el *Glasgow* y el *Otranto* intentaron recoger después a los náufragos de los dos cruceros acorazados ingleses, cuyo final debió de ser breve. Debatiéndose en la oscuridad entre las grandes olas, éstas y la bajísima temperatura reinante en el agua acabarían con sus fuerzas. De hecho, allí perecieron al completo las dotaciones de ambos buques de guerra de la *Royal Navy*. Incluyendo al contralmirante Cradock y su Estado Mayor, Coronel supuso la desaparición de 1.650 marinos británicos.

Los germanos sólo tuvieron dos heridos leves, en el *Gneisenau*. Este buque recibió un total de cuatro impactos, de medio y de pequeño calibre, ninguno de los cuales revistió importancia. El *Glasgow*, por su parte, había sido alcanzado en la flotación por cinco granadas de 105 mm., y por ninguna el *Otranto*, que se mantuvo prácticamente al margen de la batalla, como ya dijimos.

Este verdadero desastre de la Armada británica pone claramente de manifiesto que, cuando existen graves discrepancias entre el jefe de una fuerza naval operativa y el gobierno o el almirantazgo de quien depende, es preferible relevar cuanto antes del mando a dicho jefe que presionarle indebidamente. Un mando a flote jamás debe ser llevado a la exasperación, porque de ésta a la desesperación no hay más que un paso. La historia naval —incluida la de la Marina española— presenta ya demasiados casos tan lamentables como el de Coronel.

En el Reino Unido, aquella aplastante derrota cayó como una bomba, y causó también gran impresión en los países neutrales, pues había acabado con el mito de la invencibilidad de la *Royal Navy*. En Whitehall, el recién nombrado Primer Lord del Mar, almirante sir John Fisher, de setenta y cuatro años de edad, pero con la mente aún tan lúcida y enérgica como en sus mejores tiempos, lo primero que hizo al tomar el mando fue relevar al vicealmirante Sturdee, jefe del Estado Mayor, al que consideraba responsable indirecto de la derrota de Coronel (1), por el de su mismo empleo Oliver. Pero lo hizo con elegancia y sin herirle, dándole el mando de la agrupación de que inmediatamente nos ocuparemos.

* * *

El 3 de noviembre de 1914, la victoriosa escuadra alemana del Extremo Oriente entraba en Valparaíso. El *Scharnhorst*, el *Gneisenau* y el *Nürnberg* fondearon en bahía, mientras el *Dresden* y el *Leipzig*, que lo harían días después, cruzaban fuera. Los tres mil alemanes residentes en dicha ciudad chilena y en Viña del Mar —de los que varios centenares quisieron enrolarse— festejaron

---

(1) En una carta a David Beatty, fechada a mediados de noviembre de 1914, lord Fisher se expresaba así: «No hay mayor estupidez que la cometida por Sturdee (como jefe del Estado Mayor) en su dispersión de débiles unidades por todo el mundo. En ninguna parte fuertes, débiles en todas partes. Un crucero de batalla en cada océano, con la colaboración de cargueros *(tramps)* a tres libras y diez chelines la tonelada, equipados con radio, habría librado al mundo de piratas alemanes y evitado el desastre de Cradock.»

entusiásticamente a sus compatriotas de la *Kriegsmarine*, pero la actitud de Von Spee fue todo lo comedida que cabía esperar de un marino tan caballeroso e inteligente: «No habló ni una sola palabra de triunfo sobre los muertos», escribe Winston Churchill.

El conde Von Spee sabía muy bien lo peligroso de la situación en que se hallaba su escuadra, pero el que dejara su testamento en Valparaíso no significaba, como se ha querido ver, que un sentimiento depresivo o derrotista se hubiera apoderado de su bien templado ánimo. Todo soldado consciente sabe que quien marcha a la guerra puede muy bien no regresar; aquella medida del almirante alemán era sólo obligada.

La escuadra hizo víveres, dejó el correo y volvió a la mar antes de que hubiesen transcurrido veinticuatro horas, arrumbando después a la isla de Más Afuera, junto a la que echaba el ancla el 6 de noviembre y carboneaba del velero francés de cuatro palos y 2.500 toneladas *Valentine*, abarrotado con carbón y recién apresado por el *Leipzig*, y del noruego *Helicon*, ya mencionado. Allí se enteraron los marinos germanos de que el 7 de noviembre había caído Tsing-Tao —donde el torpedero germano *S-90* había hundido, durante la noche y con tres torpedos, al crucero japonés *Takaschio*—, y que dos días después terminaba el *Emden*, en las islas Cocos, su fulgurante carrera de corsario (1).

---

(1) Los cincuenta hombres del destacamento que el *Emden* se había dejado en las islas Cocos, al mando del segundo comandante, capitán de corbeta Von Mücke, para destruir el puesto radiotelegráfico y el cable submarino de dichas islas, se apoderaron de una vieja goleta de 500 toneladas (sin motor, radio ni cartas náuticas), la *Ayesha*, con la que dieciocho días después llegaron a Pagan, Sumatra. Las autoridades holandesas quisieron internarlos, pero Von Mücke se hizo subrepticiamente a la mar en la noche del 1 de diciembre, y el 14 se cruzaron los del *Ayesha* con el vapor alemán *Chosing*, un auxiliar del *Königsberg*, al que los de aquélla transbordaron. Tras hundir a la *Ayesha*, que se hallaba en muy mal estado, y habiéndose enterado Von Mücke de que Turquía había entrado en guerra al lado de Alemania, decidió dirigirse a Arabia. Con el *Chosing* disfrazado como barco italiano, en la noche del 7 al 8 de enero de 1915 cruzaron, sin luces y bien pegados a la costa de África, el estrecho de Bab-el-Mandeb, y al día siguiente llegaban a Hodeida. Los del *Emden*, tras marchar en camello a Sanna y luego verse obligados a regresar, el 14 de marzo se hicieron a la mar en dos *sambuks* de vela, consiguiendo alcanzar Kunfuda, donde lograron reunir una caravana de camellos, con la que, tras librar incesantes escaramuzas y combates con beduinos y bandidos, llegarían a Djedda. A bordo de otro *sambuk* arribaron a El Uedj el 20 de abril. Marcharon después en camello a El Ula,

Los buques de Von Spee, acompañados por los vapores *Baden* y *Santa Isabel*, se hicieron a la mar el 15 de noviembre y arrumbaron al sur, pues el almirante había decidido pasar al Atlántico. Tres días después se le incorporaron el *Dresden* y el *Leipzig*, procedentes de Valparaíso, que acababan de apresar al vapor inglés *North Wales*, uno de los auxiliares de Cradock, que, extrañamente sin radio a bordo, ignoraba lo sucedido.

En el imponente golfo de Peñas, en los 47° de latitud sur, las unidades alemanas volvieron a carbonear, transbordándose, del *Gneisenau* al *Scharnhorst*, municiones de 210 mm. «Nos encontrábamos rodeados de bosques, rocas, montañas y ventisqueros, todo en medio de un impresionante silencio. Uno de los gigantescos glaciares nos mostraba todos sus secretos y cortaduras. No se veía un ser viviente, y el purísimo aire llenaba nuestros pulmones», relata Pochhammer. Allí llegaron otros vapores alemanes que, además de bastimentos, traían importantes noticias: ¡una escuadra japonesa de cruceros acorazados descendía por el norte! En realidad, a la altura de las islas mexicanas de Revilla Gigedo se había formado una agrupación operativa en la que figuraban

---

donde tomaron el ferrocarril de Hedjaz. En tren, por Damasco y Alepo, consiguieron alcanzar Constantinopla, y después Alemania. ¡Toda una odisea!

El oficial de presas del *Emden*, alférez de navío de la Reserva Naval Julio Lauterbach, que, con diecinueve marinos alemanes, había recibido órdenes de Von Müller de aguardarle, con el apresado vapor inglés *Oxford*, en un punto del océano Índico situado mil millas a poniente de las Cocos, permaneció un mes completo esperando allí inútilmente, sin saber que su crucero había quedado embarrancado y hecho pedazos sobre un arrecife de coral de aquellas islas. Ya sin víveres, el 9 de diciembre arrumbó Lauterbach a Padang, y el 12 de dicho mes, al entrar en aquel puerto, el *Oxford* fue apresado —en aguas jurisdiccionales holandesas— por el crucero auxiliar británico *Empress of Japan*. Encerrados en un campo de concentración de prisioneros en Singapur («Me habían cortado el rabo —dice Lauterbach—, pero podía volver a crecerme»), el oficial germano consiguió, con gran habilidad, sublevar a parte de la guarnición india de la plaza. El sangriento motín fue sofocado, y los ingleses ofrecieron una recompensa de diez mil libras esterlinas por Lauterbach, vivo o muerto. Pero, mientras tanto, éste había conseguido escapar hasta la vecina Sumatra, y de allí, corriendo mil riesgos y peripecias, a través de Java, Borneo, Célebes, las Filipinas, China, los Estados Unidos y Noruega, llegar a Alemania, donde se le dio el mando de un buque-trampa, el *Marie*, que operaba en el Báltico, y luego el del ya famoso crucero auxiliar *Moewe*...

el crucero de combate *Australia*, procedente de Fidji, el ligero *Newcastle* y los japoneses *Hizen*, *Idzumu* y *Asama*.

La escuadra de Von Spee zarpó el 26 de noviembre, y el cabo de Hornos pronto le envió una furiosa y glacial tempestad, que obligó a los tres cruceros ligeros a ponerse a la capa y a lanzar por la borda gran parte de los sacos de carbón que, en previsión de no poder tomar combustible en mucho tiempo, llevaban bien trincados en la cubierta del combés y el alcázar. Sin embargo, el tiempo mejoró a la altura del famoso y más meridional cabo del gran continente, que los marinos germanos doblaron el 2 de diciembre, avistando no sólo dicho promontorio, sino un formidable témpano de hielo de más de cincuenta metros de altura y un intrépido velero inglés, el *Drummuir*, que llevaba cerca de tres mil toneladas de carbón y que fue apresado por el *Leipzig*.

Todos aquellos buques permanecieron fondeados en el canal de Beagle, al redoso de la isla de Picton, entre el 3 y el 6 de diciembre, mientras, una vez más, tomaban combustible. Von Spee celebró algunas conferencias con los comandantes de sus buques de guerra, y, según relatos posteriores de los supervivientes de aquella escuadra, ya marcada por el infortunio, parece ser que fue el comandante del *Gneisenau*, capitán de navío Maerker, quien preparó el bombardeo de Port Stanley, en las Malvinas, que Von Spee había decidido, pensando que al destruir los depósitos de carbón de aquella base naval británica, que sabía no contaba con baterías de costa, la situación mejoraría para su escuadra en el Atlántico Sur.

La idea era buena, pero Von Spee tenía que haberla rechazado como una mala tentación, porque el momento de ponerla en práctica había pasado ya. La batalla de Coronel, aquel humillante revés para la *Royal Navy*, databa de hacía un mes y medio, y era de prever que el escaldado Almirantazgo británico ya hubiera tomado drásticas medidas en el Atlántico Sur, suponiendo, muy razonablemente, que la victoriosa pero no muy potente escuadra alemana, desaparecida tras su salida de Valparaíso, intentaría depredar el importantísimo tráfico inglés del Río de la Plata. Por otra parte, los alemanes sabían que los cruceros de combate de la serie «Indefatigable», construidos precisamente para ser utilizados en el océano Índico y el mar de la China meridional, en cooperación con el *Australia* y el *New Zealand*, en defensa del comercio marítimo por tan distantes aguas, no estaban allí. Hasta entonces, la actitud de la Escuadra de Alta Mar —la *Hochsee Flotte*— había sido y seguía siendo absolutamente pasiva, y, puesto que la Gran Flota era muy superior a ella en efectivos, ¿no era probable que el sonrojado Almirantazgo hubiese destacado ya a varios de aquellos cruceros de batalla para cazar a los mucho más lentos y débiles buques de Von Spee? A mayor abundamiento, el gasto de municiones de los buques germanos en Coronel había sido considerable —637 proyectiles el *Scharnhorst*, 442 el *Gneisenau* y 407 el *Leipzig*—, de modo que a bordo de los cruceros acorazados sólo quedaban ahora 445 granadas de 210 mm. por buque, y si, como era de suponer, había unidades enemigas en las Malvinas y se tenía que librar un nuevo combate, los cruceros germanos quedarían con sus pañoles de municiones prácticamente vacíos. ¿Y cómo intentar así el regreso a Alemania, o siquiera la guerra al tráfico? Porque el almirante germano ya había recibido instrucciones de «abrirse camino hacia la patria, con todos sus buques». Para lo cual el Estado Mayor General había previsto «salidas enérgicas de la Escuadra de Alta Mar»; tomado medidas a fin de que dichas unidades pudieran hacer carbón para llegar a las Canarias, o al menos a Cabo Verde, y dispuesto la salida de un vapor con municiones para el *Scharnhorst*.

Por todo ello, creemos que tratar de repetir en las Malvinas, el 8 de diciembre, lo que el 22 de septiembre anterior había hecho el *Emden* en Madrás, fue, sin duda, el gran error de Von Spee.

Dejemos por ahora a los buques alemanes, que después de costear con muy buen tiempo Tierra del Fuego y de cruzar el estrecho de Le Maire, entre el cabo San Diego y la isla de Los Estados, han arrumbado directamente a las Malvinas, mientras el *Gneisenau* y el *Nürnberg* se preparan para bombardear los depósitos de víveres y de carbón y la estación radiotelegráfica de Port Stanley, y traslademonos ocho mil millas marinas hacia el norte, hasta la señorial avenida londinense de Whitehall, contigua al Támesis, por donde constantemente llegan a la capital británica los pulsos del mar, para enterarnos de las medidas tomadas por el almirante Fisher después del desastre de Coronel.

* * *

Este veterano y competente marino británico, antítesis y contrafigura del vulgar rutinario, secundado en todo por Winston Churchill, había enviado, el 4 de noviembre, el siguiente mensaje al almirante Jellicoe:

«Ordene *Invincible* e *Inflexible* rellenar inmediatamente de carbón y dirigirse a toda velocidad a Berehaven. Se necesitan urgentemente para servicio de ultramar. Almirante y comandante *Invincible* transbordarán al *New Zealand*. Comandante *New Zealand* al *Invincible*. Se ha ordenado al *Tiger* incorporarse cuanto antes. Dé las órdenes necesarias.»

Dos días después, es decir, el 6 de noviembre, entraba el formidable *Tiger* (28.500 toneladas estándar, 28 nudos, ocho piezas de 343 mm.) en Scapa Flow. Pero, en contra de lo que se ha dicho, Jellicoe no hizo objeción alguna a la citada orden del Almirantazgo (1), y muy pronto tendría que prescindir también del *Princess Royal*, enviado por Fisher a Jamaica, vía Halifax, por si la escuadra de Von Spee decidía cruzar el canal de Panamá y entrar en Nueva York para —según Fisher— «liberar la masa de paquebotes armados alemanes listos para salir al Atlántico», mientras que el *Invincible* y el *Inflexible*, al mando del almirante Sturdee, se trasladarían lo antes posible a las Malvinas.

En los astilleros del arsenal de Devonport (Plymouth), ambos cruceros de batalla tendrían que someterse a un rápido recorrido de servicios antes de iniciar su largo viaje al hemisferio austral. El 9 de noviembre, el almirante de dicho arsenal informó al Almirantazgo que la fecha más temprana posible para dejar listos a dichos buques de línea sería la medianoche del 13 de noviembre.

«¡Viernes y trece! ¡Vaya un día para salir!», exclamó Fisher cuando W. Churchill le mostró el mensaje que acababa de recibir. Y aquel comentario, ¡así es el destino!, iba a suponer, ni más ni menos, la aniquilación de la escuadra alemana del Extremo Oriente. Porque, al escucharle, Churchill dio inmediatamente, al almirante de Devonport, la orden inapelable de que los cruceros saliesen a la mar el miércoles día 11, si hacía falta, con los operarios del arsenal a bordo. Esta diferencia de tan sólo cuarenta y ocho horas en el momento de zarpar resultaría funesta para Von Spee y sus hombres.

La férrea y poderosa mano del Almirantazgo se cerraba ya sobre la escuadra germana que nos ocupa. En Suva (Fidji), por si Von Spee intentaba depredar las derrotas marítimas de Australia y Nueva Zelanda, había quedado basada una escuadra japonesa

(1) Los nuevos acorazados *Bembow, Emperor of India* y *Queen Elizabeth* ya estaban prácticamente listos. Los dos primeros se incorporarían a la 4.ª Escuadra de acorazados el 10 de diciembre de 1914.

compuesta por el acorazado *Kurama,* dos cruceros de combate y dos ligeros, además de un crucero acorazado francés y del ligero, británico, *Encounter.* Otra agrupación operativa nipona velaba en las Carolinas. En Montevideo se encontraba el acorazado *Albion,* los cruceros acorazados *Defence* y *Minotaur* y cuatro cruceros ligeros, todos ellos ingleses, a los que pronto se incorporarían el *Invincible* y el *Inflexible.* Junto a las islas de Cabo Verde montaba guardia el acorazado *pre-dreadnought Vengance,* los cruceros acorazados *Black Prince* y *Warrior,* y tres cruceros ligeros. En Jamaica velaban dos cruceros ligeros ingleses y uno francés, a los que pronto se uniría el de batalla *Princess Royal.* A Ciudad del Cabo había llegado el *Minotaur,* y a Port Stanley, el *Canopus.*

Es decir, para tratar de aniquilar a las cinco unidades de Von Spee, y sin contar los citados buques de guerra japoneses y franceses ni los numerosos cruceros auxiliares británicos que vigilaban por doquier, el Almirantazgo había movilizado treinta unidades de la *Royal Navy,* veintiuna de las cuales estaban acorazadas.

El 26 de noviembre, el *Invincible* y el *Inflexible* rellenaron de carbón en el archipiélago de los Abrolhos, próximo a las costas del Brasil y casi en los 18° de latitud sur, donde se incorporaron a la agrupación de Sturdee seis cruceros, tres de ellos acorazados, procedentes de Montevideo —aunque el *Defence* pronto marcharía a El Cabo—. Los dos buques de línea que llegaban de Devonport no habían avistado tierra alguna ni utilizado para nada la radio desde que dejaron el cabo Lizard, en Devon, por la popa, y de la misma guisa prosiguieron ahora, formando una amplia barrera rectilínea de exploración, hasta Port Stanley, donde la recién formada escuadra británica dio fondo en la mañana del 7 de diciembre e inmediatamente inició la pesada pero inevitable faena del carboneo. El vicealmirante Sturdee, que creía a la agrupación de Von Spee aún en las proximidades de Valparaíso, proyectaba hacerse a la mar dos días después —el 9—, para doblar el cabo de Hornos «antes de que lo hiciera el enemigo».

Casi simultáneamente se aproximaban a las Malvinas las unidades alemanas, que recalaron a las tres de la clara y despejada madrugada del 8 de diciembre. Es decir, Von Spee, tras un accidentado viaje de más de dieciséis mil millas marinas, y Sturdee, tras otro sin acaecimientos dignos de mención y hecho en el mayor secreto, de ocho mil, coincidían en las remotas y desoladas islas argentinas con una diferencia de poco más de doce horas.

A las 0600 del 8 de diciembre, el *Gneisenau* y el *Nürnberg* abandonaron la formación germana, forzaron máquinas y arrumbaron al norte para llevar a la práctica el proyectado bombardeo de Port Stanley. La mar estaba en calma; el cielo, intensamente azul, y tan sólo una ligera brisa del noroeste rizaba levemente la superficie.

Para cualquier navegante que proceda del sur, las colinas de la isla Soledad le impiden ver el interior de Port Stanley hasta llegar cerca de la bocana. Así que los marinos alemanes, cuyas dos unidades ya habían sido descubiertas por los ingleses, al principio sólo pudieron percibir la gran humareda que vomitaban por sus chimeneas las unidades de Sturdee y el *Canopus* al levantar precipitadamente presión en calderas. El acorazado inglés, que tenía averiadas las máquinas, desde hacía varios días se hallaba fondeado, por orden del Almirantazgo, en las aguas de poco brazaje del puerto interior, para defender la estación radiotelegráfica con sus baterías de 305 mm., puesto que en la perdida base naval no existían las de costa ni cable submarino.

Algunos historiadores señalan que hacia las nueve de la mañana del 8 de diciembre, cuando los marinos germanos pudieron ver por fin los palos trípode y las grandes cofas de los dos cruceros de batalla ingleses, «quedaron espantados». Pero no fue así. Inicialmente creyeron que sus enemigos habían incendiado los depósitos de carbón para impedir que pudieran caer en sus manos, y después: «Primero creímos ver dos buques, cuatro más tarde, y seis finalmente —relata Pochhammer—, y así se lo comunicamos por radio al almirante Von Spee. El enemigo parecía ser inferior a nosotros, lo mismo en potencia que en velocidad, y, en el caso de que nos persiguiese, era de esperar que pudiéramos romper el contacto con él antes de la noche.»

Se disponía, de todos modos, el comandante del *Gneisenau* a llevar a la práctica el previsto bombardeo, cuando llegó la primera salva de 305 mm. disparada por el invisible *Canopus,* y poco después la orden de Von Spee de suspender la operación y de incorporársele.

¿Pudo la escuadra alemana haber aprovechado la ocasión para inutilizar en sus fondeaderos al *Inflexible* y al *Invincible*? De haber conocido su presencia en Port Stanley, y como medida desesperada, es probable que Von Spee habría tratado de hacerlo. Pero lo único que sabía es que en el puerto había una escuadra enemiga, en la que figuraba algún lento acorazado inglés y de la que sin duda creyó poder librarse fácilmente a base de velocidad. De manera que cualquier reproche a Von Spee en ese sentido carece de valor. Los únicos cañonazos disparados en Port Stanley fueron los dos, de tono grave, del viejo y bien situado *Canopus*, en su ahora obligada misión de cancerbero.

El *Gneisenau* y el *Nürnberg* arrumbaron inmediatamente hacia levante a buena velocidad y una hora después se incorporaban a la escuadra, que había puesto la proa al sudeste, es decir, hacia los barcos de aprovisionamiento —*Baden, Santa Isabel* y *Seydlitz*—, mientras levantaba presión en calderas y se preparaba para un posible combate.

Mientras tanto, en Port Stanley, la actividad era ya más que febril. Como dijimos, los marinos británicos creían que la escuadra de Von Spee se encontraba aún en el océano Pacífico. Así que, el día anterior, los primeros en carbonear habían sido el *Bristol*, el *Glasgow* y el *Inflexible*, mientras que el *Invincible* y el *Kent* no comenzaron, por falta de otros barcos carboneros, a meter dicho mineral a bordo hasta la madrugada. De manera que a las 0750 del día 8, cuando la estación de señales de Sapper Hill comunicó que «dos buques sospechosos se aproximaban por el sur», el *Invincible*, el *Inflexible* y el *Bristol* se hallaban aún en plena ruidosa, polvorienta y desagradable faena. Nada tiene de extraño, pues, que, exceptuando al *Glasgow*, que salió en seguida, la agrupación de Sturdee no pudiera hacerse a la mar hasta poco después de las diez de la mañana.

Por razones confusas —parece ser que los buques alemanes, posiblemente debido a la corriente de las Malvinas, tenían un considerable error en su situación—, el *Gneisenau* y el *Nürnberg* arribaron a Port Stanley con sesenta minutos de retraso sobre el horario previsto. Lo que prácticamente en nada iba a alterar la situación. Pero lo que no se explica es por qué dichos buques no trataron de llegar antes de la amanecida, para sorprender a los ingleses. Todo en esta operación alemana sugiere un injustificable exceso de confianza (1).

Los marinos del Reich no tardaron en percatarse del irreparable error en que habían incurrido. «Dos buques se destacaron de los restantes perseguidores y parecían mucho más rápidos, potentes y grandes que los otros. Todos nuestros prismáticos esta-

(1) Téngase presente que el supuesto falso mensaje enviado por el Almirantazgo británico a Von Spee, en Montevideo, utilizando la clave y el código secretos germanos, para que atacase Port Stanley, es una de tantas fantasías propaladas durante y después de la guerra.

ban fijos en sus cascos, medio envueltos en humo —prosigue el segundo comandante del *Gneisenau*—, a fin de tratar de distinguir cualquier detalle que sirviera para identificarlos. ¿Serían japoneses? La única posibilidad verosímil era que se tratase de cruceros de combate británicos, y esta suposición era amarga, muy amarga; porque significaba que íbamos a tener que combatir a vida o muerte, acaso tan sólo para encontrar un final honroso.»

* * *

Como el lector seguramente sabe muy bien, las batallas navales pueden ser de «encuentro» o de «persecución». De «encuentro», cuando las escuadras enemigas buscan deliberadamente el combate; de las que un caso típico resulta la de Coronel. En las de «persecución», la fuerza más débil, o que circunstancialmente tiene otra misión —o distinta filosofía—, procura eludir la batalla y combate en retirada, mientras que la enemiga, haciéndolo en caza, trata de aniquilarla o de causarle los mayores daños. De este tipo resultó precisamente la de las Malvinas que nos ocupa. Los cruceros de batalla ingleses eran más veloces —26 nudos—, estaban mejor blindados —coraza de 178 mm., que en la torre de combate llegaba a los 254 mm.— y tenían una artillería muy superior —ocho cañones de 305 mm.— y de mayor alcance que el *Scharnhorst* y el *Gneisenau* —coraza de 174 mm., ocho cañones de 210 mm. y 20 nudos efectivos—. Con todo el despejado día, de verano, prácticamente por delante y unas condiciones de mar y visibilidad ideales para el combate, Sturdee tenía todos los triunfos en sus manos y, aunque no sin fallos, supo aprovecharlos.

Ordenó al *Bristol* y al crucero auxiliar *Macedonia* que diesen caza a los tres barcos mercantes alemanes señalados por la estación de Point Pleasant —situada al sur de la isla Soledad—, mientras él, con las restantes unidades, arrumbó en pos del *Glasgow*, que seguía a prudencial distancia a la escuadra de Von Spee. Éste, por su parte, comprendió que lo único que se podía hacer ya era intentar la salvación de los cruceros ligeros, sacrificando para ello al *Scharnhorst* y al *Gneisenau*. Lo que, con gran valor y generosidad, se dispuso a llevar a la práctica.

* * *

Levantar presión en calderas, aunque éstas se hallen retiradas a templones, lleva su tiempo. Así, pues, pese a que los cruceros acorazados germanos, probablemente debido a la suciedad de sus carenas tras varios meses en aguas tropicales y sin limpiar fondos, fueron incapaces de rebasar los 20 nudos, el combate no se inició hasta las 1255 horas, cuando Sturdee pudo, por fin, ordenar una velocidad de 25 nudos y la distancia entre el *Leipzig*, en cola de la formación alemana, y los cruceros de batalla británicos, que navegaban en línea de marcación, para intentar librarse de la imponente humareda del matalote, era de 16.000 metros.

«La gente almorzó a la hora de costumbre —relata Pochhammer—, las doce menos cuarto —una menos cuarto según el horario británico, que hemos seguido hasta aquí—, con un silencio desusado, cada cual sumido en sus propios pensamientos. Aún estábamos a la mesa cuando un gruñido lejano, sordo, llegó hasta nosotros, e inmediatamente cornetas y tambores tocaron zafarrancho de combate. Un adiós entre amigos, unas manos que se estrechaban, y la cámara quedó vacía en un instante.» Lo mismo hicieron —según relata el oficial Spencer-Cooper, a bordo del *Cornwall*— los marinos ingleses, pero en un estado de ánimo bien diferente.

Los buques británicos seguían acortando distancias, y sus grandes proyectiles —eran de 386 kilos de peso— empezaron a caer en las inmediaciones del *Scharnhorst* y del *Gneisenau*. La situación se hizo pronto insostenible, y, a las 1320, Von Spee dio a sus tres cruceros ligeros la orden de desperdigarse y escapar hacia el sur. Dichos buques metieron a estribor y aproaron hacia el austro, todavía en línea de fila, mientras el *Glasgow* —26 nudos— y los cruceros acorazados *Kent* y *Cornwall*— con una velocidad teórica de 23,5 nudos, pero que en esta ocasión lograrían rebasar los 24, es decir, superar la alcanzada en pruebas, sobre la milla medida, cuando eran nuevos— se lanzaron inmediatamente en su persecución, de acuerdo con lo que previamente les había ordenado Sturdee. El *Scharnhorst* y el *Gneisenau*, por su parte, arrumbaron ahora hacia el norte para evitar los humos propios y aceptar la batalla en beneficio de sus hermanos menores. Y cuando la distancia era de 15.400 metros, rompió el fuego el buque insignia alemán, con sus piezas de 210 mm. en el máximo ángulo de elevación, y a la tercera salva alcanzó al *Invincible*.

Sturdee, con dicho buque, el *Inflexible* —en el que arbolaba su insignia— y el *Carnarvon*, había caído también a babor y adoptó un rumbo sensiblemente paralelo al de Von Spee. De esta guisa se inició un duelo artillero que duraría tres cuartos de hora y que, sorprendentemente, resultaría favorable a los alemanes, pues el almirante germano, cayendo con estudiada lentitud hacia su enemigo, logró que el alcance fuera disminuyendo paulatinamente hasta los 11.000 metros, lo que permitió a sus buques utilizar también las piezas de 150 mm. y alcanzar repetidamente al *Invincible.*

Aceptar un desafío tal disponiendo de un buen margen de velocidad que le permitiera maniobrar a su conveniencia, y con superior alcance artillero, fue sin duda un grave error de Sturdee, pero que, por suerte para él, no tuvo importantes consecuencias, pues aunque la cubierta exterior del *Invincible* quedó hecha un colador —este buque recibiría un total de veintidós impactos directos, mientras que las granadas caídas en las proximidades ametrallaron profusamente su obra muerta, y dos impactos el *Inflexible*—, la casi totalidad de los proyectiles alemanes, disparados con gran ángulo de elevación, en el límite del alcance, llegaban sin suficiente velocidad residual para poder perforar la cubierta protectora de aquéllos, a los que causaron muchos destrozos, pero no graves averías (1).

En esta fase de la batalla recibió el *Gneisenau* dos impactos de grueso calibre: uno sobre la casamata de 210 mm. de popa, a estribor, cuyos cascotes atravesaron la cubierta protectora y llegaron hasta las carboneras, matando a un fogonero e hiriendo a varios hombres; el otro abrió un agujero en el costado de babor, a la altura de la cubierta principal, sin importantes consecuencias. Un cascote procedente de una granada que estalló cerca, en el agua, perforó el casco de dicho buque y llegó hasta un pañol de municiones de pequeño calibre, que tuvo que ser preventivamente inundado. Por su parte, el *Scharnhorst* recibió otros dos proyectiles, que, al parecer, tampoco le afectaron seriamente. Pero obtener cuatro blancos en tres cuartos de hora de combate, a costa de recibir muchos más impactos, obligó a Sturdee, a las 1400, a arrumbar al norte para romper temporalmente el contacto. Sin

(1) Fueron impactos de suerte para los ingleses, y, algunos, de curiosos efectos. Un proyectil alemán alcanzó el camarote del Habilitado (capitán de Intendencia) del *Invincible* y deshizo la caja de caudales, de donde escaparon mil relucientes «soberanos» de oro, que se esparcieron por la cubierta principal. Otro deshizo la cámara de oficiales y abrió un imponente boquete en el costado. Uno más seccionó la contera de un cañón de diez centímetros, atravesó tres cubiertas y terminó haciendo explosión en la despensa del almirante. Etcétera. Pero el único realmente grave para el *Invincible* fue el que abrió un irreparable boquete de uno por dos metros en la flotación e inundó una de las carboneras.

embargo, y aunque el tiro del *Inflexible* se vio seriamente perjudicado por la imponente humareda que vomitaba por sus tres chimeneas el matalote de proa, el tiro de estos buques británicos no debió de ser malo, ya que, según testifica Pochhammer, «los proyectiles de 30,5 centímetros que nos enviaban los ocho cañones de este calibre que montaban cada uno de nuestros perseguidores caían a derecha e izquierda, levantando enormes columnas de agua que se desplomaban a bordo al deshacerse». Y es que, aun con el mejor tiro, hay que tener también suerte.

Von Spee aprovechó el respiro que, por fuerza, le concedía el enemigo, para arrumbar inmediatamente al sursudeste, con la vana esperanza de que la visibilidad empeorase por aquella parte del horizonte y le permitiera escabullirse. Pero Sturdee pronto le siguió a toda máquina, y a las 1450, desde 17.000 metros de distancia, las unidades británicas volvieron a disparar sobre los cruceros acorazados alemanes. Cuando el alcance, inexorablemente en disminución, llegó a los 15.000 metros, el almirante germano cayó a babor y arrumbó al sudeste, para que pudieran entrar en fuego las piezas de 210 mm. de proa y de la banda de babor de sus buques, siendo imitado por Sturdee, que, escarmentado, esta vez no permitió que la distancia disminuyera más.

«Comprendimos que la batalla de aniquilamiento comenzaba; que la guerra al comercio había dado fin, y que el sol lucía para nosotros por última vez; pero nadie se desanimó por ello», escribe el segundo comandante del *Gneisenau*. Y así fue, porque los marinos alemanes combatieron en las Malvinas, hasta el mismo dramático final, que todos sabían inevitable, con un coraje que causó la admiración de sus adversarios.

Pero la suerte estaba echada, y los impactos en los cruceros acorazados alemanes comenzaron a sucederse en progresión creciente y con efectos muy pronto devastadores. Porque si los proyectiles ingleses de grueso calibre no dieron en la batalla de Jutlandia el resultado que cabía esperar de ellos contra buques bien blindados, en las Malvinas prácticamente deshicieron las más modestas unidades de Von Spee. Cedamos, una vez más, la palabra a un testigo de excepción, el capitán de fragata Hans Pochhammer:

«El cuadro era idéntico en todas las casamatas; hombres con la cara y los brazos ennegrecidos por el humo de la pólvora, cumpliendo tranquilamente las órdenes que recibían, en un ambiente cada vez más enrarecido por el humo; tronaban las piezas, reculando y entrando nuevamente en batería. En el intervalo entre dos disparos se escuchaban las voces animadoras de los oficiales; la voz rítmica, serena, de los sirvientes de las transmisiones, y el sonido agudo de los timbres que daban la orden de fuego. Cadáveres imposibles de reconocer yacían en cualquier parte, en algunos casos cubiertos con una bandera, y, en los mamparos, grandes manchas de sangre o pedazos de cerebro incrustados. Nadie ponía atención a tan triste cuadro; la batalla estaba en su apogeo, los nervios en tensión, y los blancos eran cada vez más frecuentes. A causa de la gran distancia a que combatíamos, los proyectiles enemigos caían con grandes ángulos de incidencia y atravesaban las cubiertas menos protegidas, en vez de herir en la coraza vertical. Por ello penetraban fácilmente en el buque, yendo a producir grandes daños en los compartimientos inferiores. A decir verdad, el jefe de las casamatas de 150 mm. y sus bravos artilleros no estaban menos expuestos que sus compañeros de arriba y devolvían al enemigo tiro por tiro. La estación radiotelegráfica, en cubierta, fue destruida, y un suboficial perdió allí la cabeza, que le fue arrancada por un proyectil; otro de éstos penetró en el puesto de socorro de popa, librando a los heridos de todos sus sufrimientos. El capitán médico y el capellán de la escuadra murieron allí en el acto.»

Aunque de la dotación del *Scharnhorst* no habría de salvarse ni un solo hombre para poder contarlo, sabemos que este buque sufrió también un castigo terrible. Hacia las tres y cuarto de la tarde, cuando Sturdee invirtió el rumbo para librar a su buque insignia de la gran humareda que producía el matalote de proa, es decir, el *Invincible,* Von Spee hizo lo propio, y al cruzarse ambos cruceros acorazados germanos, los del *Gneisenau* observaron que su gemelo navegaba ya muy hundido en el agua, tenía una pronunciada escora a babor y presentaba grandes agujeros a proa y a popa. Sus cuatro chimeneas y los dos mástiles habían desaparecido, el humo escapaba por todas partes y, a través de los portillos y de los boquetes abiertos por las granadas en el casco y en la cubierta exterior, salían grandes llamaradas. Pero el crucero seguía disparando.

Comprendiendo que su buque insignia estaba sentenciado, Von Spee ordenó caer a estribor y arrumbar hacia el enemigo, probablemente con la intención de atacarle con torpedos, al mismo tiempo que señalaba al *Gneisenau* que tratara de escapar. Un valeroso gesto que, una vez más, honra al almirante alemán.

A las 1604, el *Scharnhorst,* con la cubierta del castillo casi a la altura de la mar y grandes incendios que devastaban al buque de proa a popa, hizo su último disparo, con la torre «Anton». Luego las hélices, aún en movimiento, comenzaron a emerger, mientras el navío se acostaba sobre la banda de babor y se hundía de proa. Con un ángulo de inclinación muy pronunciado, siete minutos después, el maltrecho buque se sumergió de proa y desapareció en el abismo, en los 52° 30′ sur y 56° 50′ oeste, dejando en la superficie del mar a un puñado de náufragos que, aún en pleno combate, nadie pudo recoger y que perecieron en su totalidad.

Desde el *Gneisenau*, ya a unos miles de metros por el sur, los marinos alemanes pudieron contemplar la para ellos dolorosa y dramática escena, y sintieron una «angustiosa sensación de soledad». El capitán de navío Maerker, ahora con el mando táctico a flote, ordenó entonces caer tres cuartas a estribor, es decir, hacia el enemigo, para acortar distancias y tratar de causarle los máximos daños antes de que se produjera el que ya parecía inevitable final.

Otra vez pudo aproximarse al escenario del combate el crucero acorazado *Carnarvon*, más lento que los de batalla ingleses, que, por la popa del *Gneisenau* y con sus piezas de 190 mm., se unió al implacable cañoneo de sus compañeros de escuadra contra el ya solitario buque de la *Kriegsmarine*. El segundo comandante de éste, que precisamente entonces pasó una nueva ronda por los compartimientos inferiores del *Gneisenau*, escribe: «Los muertos y restos de todas clases se acumulaban por doquier; un agua heladora penetraba por las escotillas y los agujeros abiertos por los proyectiles; se intentaba disparar siempre, allí donde algún cañón se hallaba aún en estado de poder hacerlo; se llamó a las reservas para cubrir las bajas, y donde los ascensores estaban inutilizados, las municiones se servían a mano.»

«A las 1615 —escribe Cooper—, el *Invincible* rompió el fuego sobre el *Gneisenau*, que cambió de blanco y, a las 1625, logró centrar a dicho crucero de combate. Durante el cuarto de hora siguiente, nuestro buque fue alcanzado tres veces, pero el alemán sufrió un castigo terrible. Los proyectiles se habían llevado repetidamente su bandera, pero una y otra vez habían vuelto a izar otra. La mortandad y destrucción causada por nuestros tres buques en el *Gneisenau* era impresionante, y resultaba asombroso *(astonishing)* lo que aguantaba. Sin embargo, hasta las 1715 no mostró el maltrecho buque signos de estar herido de muerte. Pero seguía disparando, y todavía consiguió un blanco efectivo —el último que disparó— en este período.»

La del *Gneisenau* fue, en efecto, una agonía terrible. Con sus salas de máquinas averiadas o inundadas, el buque había ido perdiendo arrancada, y por fin, a las 1645, debido a un impacto directo en el timón, logrado por el *Carnarvon*, comenzó a navegar lentamente en círculo. La torre «Berta» había quedado fuera de combate debido a un impacto directo de 305 mm., y en ella murieron todos los presentes menos el oficial que la mandaba, mientras los cañones de las casamatas iban siendo destrozados uno tras otro. Los buques de Sturdee se habían aproximado para dar el golpe de gracia, y sus disparos no podían fallar. A las 1725, el *Gneisenau* lanzó un torpedo que se perdió, y poco después, por haberse agotado las municiones del pañol de proa, también la torre «Anton» quedó muda. La bandera alemana seguía ondeando en lo más alto del palo mesana del humeante despojo que era ya el buque germano, donde más de la mitad de su valerosa dotación había muerto. Pese a lo cual, es decir, a que no arriaba bandera, los marinos británicos, fuertemente impresionados por el insuperable valor desplegado por sus enemigos, detuvieron el tiro propio. Pero todavía la torre de proa del *Gneisenau* hizo un postrer disparo con uno de sus dos cañones, y aquel proyectil, que había sido trabajosamente trasladado desde los pañoles del combés, se incrustó en el costado del *Invincible*, por debajo de la flotación. Fue como si el indomable *Gneisenau* hubiera querido escupir al rostro de su inmensamente superior adversario; que, por supuesto, volvió a reanudar el machaqueo artillero.

A bordo del crucero acorazado germano, lo único todavía indemne era la torre de combate, y, poco antes de las seis de la tarde, el capitán de navío Maerker ordenó hundir y abandonar el buque; órdenes que se cumplimentaron disciplinadamente. En cubierta se entonó el *Deutschland Uber Alles* y se corearon con todo entusiasmo los patrióticos gritos dados por el comandante. Los ingleses detuvieron nuevamente el fuego. El *Gneisenau* comenzó a escorar a estribor, despacio, y hacia las seis de la tarde, siempre con la bandera al viento, dio la voltereta y quedó con la quilla al cielo, para terminar por hundirse, casi verticalmente, de popa, en los 52° 42′ sur y 56° 50′ oeste.

Unos cuatrocientos de sus hombres quedaron sobre las heladoras aguas —1° centígrado de temperatura—, de manera que fueron muchos los que sucumbieron debido a síncopes cardíacos, y los ingleses, que arriaron sus botes, sólo pudieron salvar a 187 náufragos —entre los que se encontraban 17 oficiales y 31 suboficiales—, pues todavía algunos marinos alemanes fallecieron después de ser recogidos.

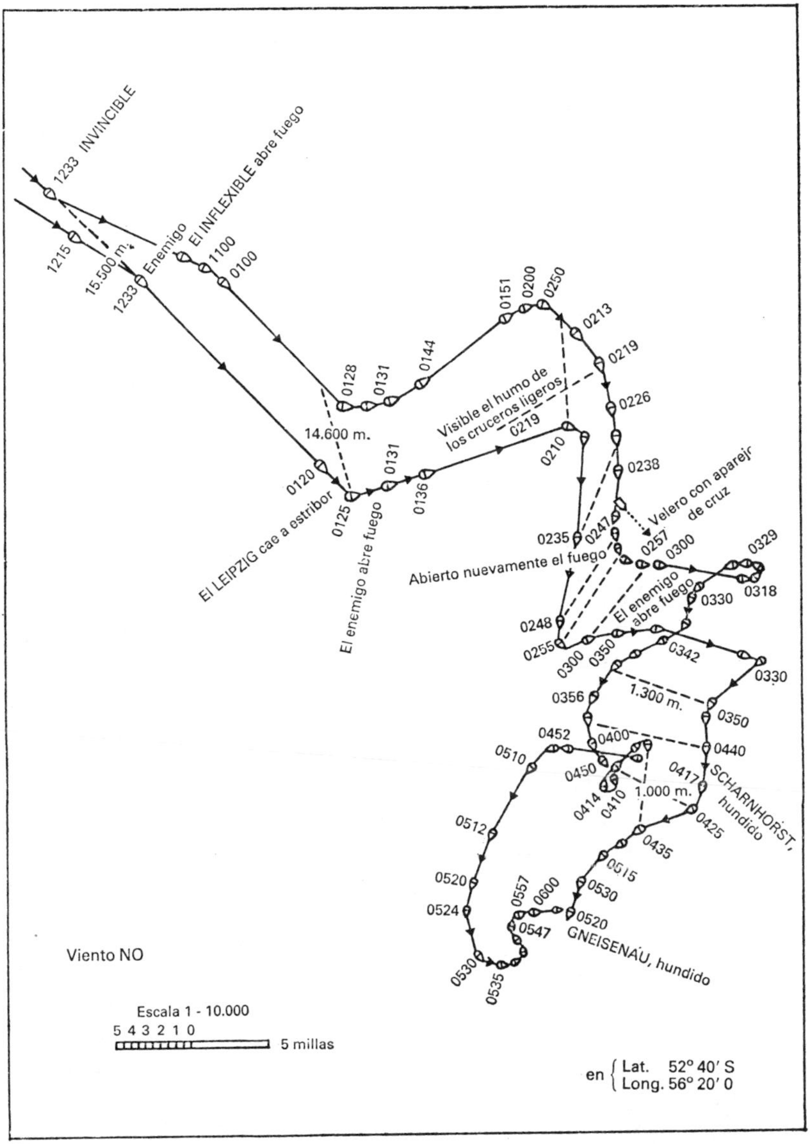

Gráfico británico que muestra las derrotas aproximadas seguidas por los cruceros de combate ingleses *Invincible* e *Inflexible* y por los cruceros acorazados alemanes *Scharnhorst* y *Gneisenau* durante la batalla de las Malvinas, el 8 de diciembre de 1914. Una aplastante victoria inglesa.

* * *

La incierta y peligrosa aventura iniciada por la escuadra alemana del Extremo Oriente cuatro meses atrás, en Ponapé, que había valido a la *Kriegsmarine* una rotunda victoria a la altura de Coronel, en el Pacífico Sur, terminaba aquella sangrienta tarde del 8 de diciembre de 1914 en el profundo y gélido Atlántico austral. Porque de los tres cruceros ligeros germanos que en el último momento había intentado salvar Von Spee, sólo el *Dresden*, debido a la inexplicable indecisión del comandante del *Glasgow* —capitán de navío J. Luce—, crucero inglés más veloz y mejor armado que el citado de la *Kriegsmarine*, lograría escapar hacia el cabo de Hornos.

El *Nürnberg* y el *Leipzig*, que inicialmente arrumbaron al SSE, fueron perseguidos por los cruceros acorazados *Kent* y *Cornwall*, a los cuales se incorporó poco después el *Glasgow*. Eran unidades bien blindadas, más veloces y mucho mejor armadas que los pequeños cruceros ligeros alemanes, a los que sólo la llegada de la noche o la mala visibilidad hubieran podido salvar de la catástrofe. No tuvieron esa suerte. Hacia las seis de la tarde rompió el fuego el *Glasgow* sobre el *Leipzig*, que quince minutos más tarde recibía un impacto de 152 mm. que echó abajo el mastelero del palo mayor. El buque germano se defendió valerosamente, pero fue perdiendo arrancada, y una hora después también disparaba contra él el *Cornwall*. Tras una lucha desesperada, en la que el crucero alemán consiguió alcanzar al *Glasgow* con dos proyectiles y al *Cornwall* con dieciocho, hacia las siete de la tarde, ya sin municiones, el comandante del destrozado *Leipzig*, que ardía de proa a popa, ordenó hundir y abandonar el buque. Como no había arriado bandera, los ingleses siguieron disparando contra él —parece ser que, como en el caso del *Bismarck*, en la segunda guerra mundial, y en tantas otras ocasiones, se excedieron—, de manera que, entre los muertos en combate y los ahogados en las glaciales aguas, pereció prácticamente toda la dotación del *Leipzig*, buque que terminó por dar la voltereta y hundirse a las ocho de la noche. Con él se fueron su comandante y unos 280 hombres, ya que los británicos sólo pudieron recoger a 18 náufragos —entre los que figuraban cuatro oficiales y dos suboficiales—. El *Leipzig* yace para siempre en los 53° 55′ sur y 55° 12′ oeste.

Por su parte, el *Kent*, en una dramática regata con el *Nürnberg*, poco después de las cinco de la tarde, consiguió llegar a distancia balística y rompió el fuego. Momento en el que el crucero germano, sabiendo la suerte que le esperaba, viró en redondo hacia su muy superior enemigo, sobre el que comenzó a disparar tan pronto pudo. En este desigual combate, librado a unos cinco mil metros de distancia, el *Kent* recibió treinta y ocho impactos de 105 mm. de calibre, pero, exceptuando el que le produjo un peligroso incendio de municiones en una de las casamatas, aquellos impactos sólo causaron, como era de esperar, menores averías, cuatro muertos y doce heridos al crucero acorazado británico, que, por su parte, literalmente destrozó a su adversario. El ardiente *Nürnberg* —los ingleses utilizaron contra él y el *Leipzig* muchas granadas incendiarias— se hundió, con la bandera arriba, hacia las siete y media de la tarde, en los 53° 30′ sur y 55° 00′ oeste. Spencer-Cooper nos dice que, «mientras el crucero se hundía, un puñado de alemanes se congregaron en la toldilla, donde permanecieron agitando de un lado para otro la bandera de su patria hasta hundirse con el buque». Con el *Nürnberg* se fueron 290 valerosos marinos alemanes, ya que sólo diez de sus hombres pudieron ser rescatados con vida, entre otras cosas porque la mayoría de los botes del *Kent* habían quedado deshechos por las granadas alemanas. Lloviznaba y la luz era ya escasa, «el viento gemía en la jarcia y la muerte estaba en el aire».

* * *

De los tres transportes que acompañaban a la escuadra de Von Spee, el *Bristol* y el *Macedonia* capturaron, ordenaron evacuar y seguidamente hundieron a cañonazos al *Baden* y al *Santa Isabel*, cuyos tripulantes fueron recogidos. Sólo logró escapar el *Seydlitz*, que más tarde sería internado en la Argentina.

En total, en esta primera batalla naval de las Malvinas (puesto que otra, no tan sangrienta pero mucho más igualada e interesante, tendría lugar entre argentinos y británicos en 1982), heroicamente librada por los marinos alemanes contra fuerzas británicas abrumadoramente superiores, la *Kriegsmarine* perdió dos cruceros acorazados del modelo *pre-dreadnought* y otros tantos cruceros ligeros. Si, materialmente, ello no tenía mucha importancia, supuso, en cambio, un precio terrible en vidas humanas, ya que su escalofriante total rondaba los 2.000 muertos —de 2.200 hombres que dotaban los cuatro buques alemanes hundidos sólo se salvaron 215, es decir, perecieron 1.985 marinos de todas las graduaciones.

Sin valor táctico alguno, es cierto, la batalla que comentamos sí lo tuvo estratégicamente para el Reino Unido, pues, librada tras el hundimiento del *Emden* y el bloqueo del *Königsberg*, supuso prácticamente el fin de la guerra de corso a cargo de las unidades regulares de la Armada alemana (1); la normalización del vital tráfico marítimo aliado; la posibilidad de reforzar a la *Grand Fleet* con todos los cruceros de combate hasta entonces obligadamente dispersos en ultramar, y, *last but not least*, haber podido vengar la humillante derrota de Coronel y restablecer el prestigio de la *Royal Navy* en la metrópoli y en el extranjero.

Respecto al conde Von Spee, la victoria lograda en Coronel y luego su entero y abnegado final, en el que perecieron el propio almirante y dos de sus hijos, oficiales de Marina embarcados en los cruceros acorazados de su escuadra, le redimen del grave error que supuso el intento de bombardear la base naval de Port Stanley; un paso en falso, cuyos trágicos resultados ya conocemos. Así lo comprendieron en Alemania, que con el nombre de este desaparecido y valeroso marino alemán quiso bautizar, en 1917, el último de los cruceros de batalla de la *Kaiserliche Kriegsmarine*, de 31.000 toneladas, que no llegaría a terminarse. Y después, ya entre las dos guerras mundiales, el del famoso crucero acorazado *Graf Spee*, de 12.300 toneladas, de cuyo interesante historial nos hemos ocupado en una obra anterior (2).

En la batalla de las Malvinas, los ingleses sólo sufrieron dos muertos y siete heridos, pero el *Invincible* tuvo que permanecer casi dos meses en Gibraltar, para entrar en dique, y no se reincorporaría a la Gran Flota hasta fines de febrero de 1915.

* * *

La batalla de las Malvinas tuvo un epílogo intrascendente. El *Dresden*, al mando del capitán de fragata Lüdecke, mantuvo en jaque a los cruceros británicos *Kent*, *Glasgow*, *Bristol* y el auxiliar *Orama* hasta el 14 de marzo de 1915. Siempre escaso de carbón

---

(1) El *Karlsruhe*, mandado por el capitán de fragata Köhler, que había logrado capturar a dieciocho vapores, con más de 70.000 toneladas, se hundió el 4 de noviembre de 1914, debido a una explosión interna, a 300 millas de Barbados, pereciendo en el terrible accidente 263 de los 392 hombres de su dotación.

(2) *La guerra naval en el Atlántico, 1939-1945*, del mismo autor. Editorial Juventud, Barcelona.

para intentar el regreso a Alemania a través de las derrotas veleras, como deseaba Berlín, trampeó por los desolados canales de Tierra del Fuego y las costas meridionales chilenas, tomando pequeñas cantidades de combustible —en Punta Arenas, del vapor alemán *Turpin*, y después, del *Sierra Cordova* y del *Amassis*, fletados desde Valparaíso—, y sólo pudo lograr una presa, el bricbarca inglés *Conway Castle*, cargado de maíz, no con el esperado y tan necesitado carbón.

A primeros de marzo, en las proximidades de Coronel, se libró del *Kent* gracias a que este crucero acorazado se encontraba en aquel momento muy escaso de combustible y apenas pudo perseguirle. En vista de lo cual, Lüdecke decidió trasladarse a las islas de Juan Fernández. Y al echar el ancla en la bahía de Cumberland, en las carboneras del *Dresden* sólo había 78 toneladas de hulla. Así que algunos días más tarde, el 14 de marzo, cuando los serviolas del crucero germano descubrieron al *Kent*, que llegaba con el *Glasgow* y el *Orama*, y poco después los ingleses —siempre tan desaprensivos respecto a las aguas territoriales neutrales— rompieron el fuego, Lüdecke, tras una inútil y breve resistencia, ordenó abrir los grifos de fondo, volar los condensadores, izar bandera blanca y abandonar el buque en los botes. Así que el *Dresden*, al que Berlín no había podido enviar el carbón que el crucero necesitaba y cuyo comandante había recibido un radio del kaiser, en la noche del 9 al 10 de marzo, dejándole en libertad para hacer internar a su buque, se hundió allí para siempre. Con él desaparecía el sexto y último buque de guerra de la escuadra alemana del Extremo Oriente (1).

(1) Las bajas sufridas por el *Dresden* en su breve y postrer combate fueron: 7 muertos, 15 heridos graves, 14 leves y un desaparecido.

CAPÍTULO IV

Se inicia la guerra submarina. — Hundimiento de los cruceros acorazados Aboukir, Hogue *y* Cressy. — *Con el hundimiento del vapor* Glitra *comienza la lucha contra el tráfico. — Hundimiento del* Lusitania. — *Los «buques-trampa».*

Al comenzar la contienda, todas las grandes potencias contaban con buques submarinos —Francia, por ejemplo, disponía de 35; Italia, de 11; Rusia, de 15, y Austria y el Japón, de 4 cada una—. El sumergible era entonces un arma prácticamente nueva y sin experimentar, y aunque se carecía de doctrina acerca de su empleo, estaba generalmente concebida para la defensa de costas, la exploración y, tal vez, el ataque a las grandes unidades militares del adversario. ¡Nadie pensaba en él como depredador del tráfico marítimo!

La Armada alemana disponía de 28 submarinos en servicio y tenía 24 en construcción, y la *Royal Navy,* de 54 en servicio y 21 en grada (1). Prescindiendo de cuatro pequeñas unidades costeras, de muy escaso valor militar, los alemanes sólo disponían de 24 submarinos de alta mar, oceánicos, de los cuales 14 estaban movidos por motores de petróleo, y los restantes —a partir del *U-19*—, más modernos, por diesel. Todos contaban con estación radiotelegráfica, de la que, en cambio, carecían aún sus contrapartes británicos. Hasta el *U-19,* fueron unidades de unas 400 toneladas de desplazamiento estándar, provistas de cuatro tubos de lanzar, interiores, a proa y a popa; sólo llevaban a bordo seis torpedos; tenían un radio de acción, en superficie, de 3.400 mi-

---

(1) Sin contar los diez que la compañía norteamericana «Bethlehem Steel» construyó, en cinco meses, al comenzar la guerra, por encargo del Almirantazgo británico, para la *Royal Navy,* que luego operaron en los Dardanelos. Otros once submarinos norteamericanos del tipo «Holland» fueron entregados a la Flota rusa en 1916, entrando en servicio en el Báltico y el mar Negro a mediados de dicho año.

llas, y se suponía que no podrían sumergirse a más de quince metros de profundidad, aunque más tarde se comprobó que eran capaces de rebasar los setenta. El *U-19* y siguientes, hasta el *U-40*, ya desplazaban 650 toneladas, andaban 12 nudos y llevaban 9 torpedos de 50 centímetros de diámetro. Respecto a los sumergibles británicos, 37 eran costeros y sólo 17 oceánicos.

De las precarias condiciones —que pueden hacerse extensivas a todos los demás y también a los submarinos ingleses— en que servían abnegadamente en las primeras unidades alemanas los 28 hombres que componían su dotación nos da una idea el teniente de navío Johannes Spiess, segundo comandante del *U-9:*

«Tanto la cámara del comandante como la camareta de suboficiales tenían que desmontarse cada vez que se cargaba un tubo de lanzar. Para poder vivir en la cámara de oficiales era preciso poseer ciertas habilidades. La litera del oficial de puente, por ejemplo, era tan chica que no permitía acostarse de espaldas. Debía el oficial echarse de lado, y así le era posible quedar acuñado entre el costado de estribor a su derecha y un armario a la izquierda, formando cuerpo con el submarino durante los bandazos. No podía ni aun estirar las piernas, pues sobre la litera, en la parte posterior, había una caja de fusibles, cuya tapa saltaba a veces si el durmiente movía los pies, corriendo el riesgo de sufrir una fuerte sacudida eléctrica.

»En la misma cámara de oficiales, a babor, estaba la litera del jefe de máquinas, y el centro servía de pasillo para el interior del buque. A cada banda había una pequeña caja o cofre, y entre ellas podía instalarse una mesilla plegable. Dos sillas, también plegables, completaban el mobiliario.

»Ningún compartimiento estaba revestido de madera, y como la temperatura a bordo era muy superior a la del mar, la humedad se condensaba sobre las planchas de acero de la cubierta y el agua caía en la cara de los que dormían, gota a gota, o la salpicaba con los balances. Había que cubrirse el rostro con tela impermeable o con cartas náuticas. Aquello era verdaderamente una cueva llena de humedad. Y si entraba algo de agua de mar en los acumuladores, se desprendían gases de cloro venenosos.

»Cuando no se tenía que navegar mucho tiempo en inmersión, se instalaba sobre la torreta el llamado puente. Era una balaustrada que se fijaba a tornillo y se cubría con tela engomada de color gris, cuya altura llegaba a la mitad del pecho de un hombre. Cuando se navegaba en situación de "¡Listos para la inmersión!", el personal de guardia en la torreta no tenía ninguna defensa contra los golpes de mar y corría peligro de caerse al agua. Cada inmersión resultaba al principio un acontecimiento, y aquella maniobra, que duraba unos cinco minutos, era muy compleja.»

Las condiciones en que tuvieron que vivir y luchar los submarinistas alemanes fueron, pues, sumamente difíciles y peligrosas, casi tanto en los primeros tipos de *unterseeboote* como en los que luego vinieron, pero, como señala un antiguo comandante de submarino durante la Gran Guerra, el después almirante Karl Doenitz, al recordar aquellos viejos tiempos (1):

«Formábamos parte de aquel puñado de marinos desterrados que componían la dotación del arma solitaria que eran los sumergibles, porque el tripulante de éstos ha de arreglárselas por sí mismo y se le da la inmensa anchura del océano para llevar a cabo una misión que exige fortaleza y un corazón animoso; formábamos parte de aquella camaradería única que se forjó en el yunque de un destino común, pues las mismas condiciones de vida, sin diferencia alguna, se le ofrecían a todos y cada uno de los que componen la comunidad de la dotación de un submarino, en la que forman un compacto engranaje y nadie puede considerarse indispensable. Por ello, cada submarinista tenía incrustada en el corazón aquella amplitud de su tarea en los grandes espacios y se sentía rico como un rey y no se habría cambiado por nadie.»

Así fue, y aquellos hombres, que se jugaron veinte veces la vida por su amada patria en cada día pasado sobre y debajo de las olas, a bordo de su «ataúd de acero»; que sufrieron estoicamente un porcentaje de bajas inigualable en ninguna otra arma —de 13.000 hombres que sirvieron en los sumergibles alemanes, perecieron 5.087, es decir, más del 38 %—; que fueron inmunes al engañoso virus de la revolución marxista; que a lo largo de cuatro eternos años permanecieron siempre fieles a la bandera a que habían jurado servir, a sus mandos y a su propio honor, se merecen toda la admiración y el respeto de cuantos aprecian el valor y el espíritu de sacrificio llevado a sus más altas cimas.

Como dijimos, de las posibilidades de esta arma novel, todavía tan rudimentaria en 1914, contra el tráfico marítimo enemigo,

---

(1) Karl Doenitz: *Diez años y veinte días*. E. Luis de Caralt. Barcelona.

nadie tenía la más remota idea al romperse las hostilidades. Sin embargo, los submarinos alemanes estarían a punto de ganar la guerra en el año 1917, hecho que, como veremos, sólo la intervención de los Estados Unidos de América lograría evitar.

* * *

Doce submarinos germanos zarparon de la isla de Heligoland en la madrugada del 6 de agosto de 1914, para efectuar un barrido por el mar del Norte hasta el paralelo de las Orcadas-Noruega, en busca de la supuesta línea británica del bloqueo. Resultó un crucero muy desafortunado, ya que dichos submarinistas no lograron torpedear a buque de guerra enemigo alguno, pero se perdieron dos unidades, con toda su gente. El *U-13* desapareció sin dejar rastro, tal vez víctima de una explosión interna, alguna falsa maniobra o quién sabe qué causa. Y el *U-15* fue descubierto en superficie por el crucero *Birmingham* —capitán de navío Duff— en la mañana del día 9, en los 58° 19′ norte y 01° 09′ este, y hundido al abordaje. Pronto sería vengado.

El crucero explorador británico *Pathfinder*, de 3.000 toneladas y 25 nudos de velocidad, patrullaba con la 8.ª Flotilla de destructores delante del Firth of Forth, en la tarde del 5 de septiembre de 1914, con marejadilla que hacía imperceptible la estela dejada por el periscopio del *U-21* —capitán de corbeta Otto Hersing—, cuando, desde una distancia de mil doscientos metros, fue torpedeado por dicho buque alemán. Un artefacto le alcanzó a la altura de los pañoles de pólvora proeles, y el crucero ligero voló en pedazos y se fue vertiginosamente a pique. Uno solo de sus botes pudo arriarse al mar, y en esta catástrofe perecieron 259 marinos, de una dotación de 360.

Por su parte, el submarino británico *E-9* —capitán de corbeta Horton— conseguiría torpedear y hundir, el 13 de septiembre, al veterano crucero ligero alemán *Hela*, de 2.000 toneladas, cerca de Heligoland. El buque se fue a pique a los veinticinco minutos de recibir el impacto submarino, llevándose consigo a diez hombres. Y es que la espoleta de los torpedos ingleses tardaba cierto tiempo en reaccionar, de manera que la explosión de la cabeza de combate del artefacto se producía cuando éste había rebotado y se hallaba a cierta distancia del blanco. Grave defecto que no sería corregido en mucho tiempo.

Pero el hundimiento más espectacular conseguido por submarinista alguno en toda la guerra lo obtuvo el teniente de navío

Otto Weddingen, con el *U-9,* en 1914. Cedamos nuevamente la palabra a Spiess:

«Cuando emergimos, en la mañana del 22 de septiembre, el tiempo había despejado, la visibilidad era grande y sólo quedaba alguna mar de fondo. Poco antes de la salida del sol, soplamos los lastres y pusimos en función los motores de petróleo, para recargar las baterías de acumuladores. Estábamos a 22 millas al ONO de Schweningen (Holanda) (1). Me encontraba de guardia en la torreta, mientras Weddingen y Schoen, el jefe de máquinas, estiraban las piernas en cubierta.

»Aquellas malditas nubes de humo que producían los motores de petróleo no sólo denunciaban desde muy lejos nuestra presencia (2), sino que hacían más difícil la observación; así que, para poder ver bien, comencé a navegar en zigzag. En toda la extensión del horizonte sólo se veían algunos pesqueros. Pero repentinamente, en la lejanía y en dirección al barco-faro del Mosa, divisé a través de mis prismáticos un mástil alto y fino; así que mandé parar los motores e informé al comandante, que había bajado a desayunarse. Subió en seguida y ordenó hacer inmersión. Yo estaba en la torreta detrás de Weddingen, y de vez en cuando zallaba el periscopio para que él pudiera observar. Al cabo de cierto tiempo dijo: "Son tres pequeños cruceros de cuatro chimeneas."

»Weddingen tomó por blanco el crucero que navegaba en medio y dio la orden de alistar los tubos para lanzar. Desatornillé el casquillo que cubría el botón eléctrico para el disparo del tubo número 1 y puse sobre él el pulgar, mientras en la otra mano tenía la palanca del motor con que había que izar o calar el periscopio. Poco antes de hacer fuego, el comandante dio esta orden: "Inmediatamente después del tiro, descender a quince metros y mantenerse a esta profundidad. Estamos muy cerca del blanco."

»A las 0720 salió el torpedo. El disparo se hizo desde quinientos metros de distancia y la explosión se oyó treinta y un segundos

---

(1) La misión de este buque era tratar de hundir a los transportes aliados que llevaban tropas y pertrechos a Bélgica.

(2) En efecto, aquellas traidoras humaredas originaron la pérdida de varios *unterseeboote;* el *U-6,* por ejemplo, fue descubierto gracias a ellas, el 15 de septiembre de 1915, por el sumergible británico *E-16,* que lo echó a pique con un torpedo, cuando aquél navegaba en superficie cerca de las costas meridionales noruegas y del que únicamente pudieron salvarse cinco hombres.

después. Ignorábamos los efectos que el estallido tan próximo del artefacto submarino produciría en nuestro buque, pero, una vez comprobado que el *U-9* estaba indemne y que los timones obedecían perfectamente, Weddingen dio la orden de volver a cota de ataque. A través del periscopio eché una breve ojeada sobre nuestro primer adversario: la popa se había hundido profundamente, las cuatro chimeneas arrojaban gran cantidad de vapor y se arriaban los botes salvavidas.

»Volví a la cámara de torpedos de proa para recargar el primer tubo. A la rueda de los timones de profundidad, situada a popa y que tenía que ser accionada a brazo, iba un contramaestre, quien, a causa del completo agotamiento, después tendría que ser auxiliado y relevado por el mecánico. Todos los que no se hallaban de servicio en los tubos de lanzar o en los motores se desplazaban incesantemente por el interior del submarino a las voces de: "¡Todos a proa!", "¡Todos a popa!"; de manera que al cabo de una hora estaban muertos de fatiga, a la que, sin embargo, no se rendían, pues sabían que la partida era de vida o muerte.

»Cuando volví a la torreta eché otro vistazo por el periscopio y pude ver que nuestro blanco tenía los cañones dispuestos en forma de abanico y que a su lado estaban los artilleros, vestidos de blanco. Si hubiéramos emergido en aquel momento, quedábamos servidos. Calé el periscopio y dije a Weddingen que no eran pequeños cruceros, sino cruceros acorazados. "Tienen torres dobles; lo he observado con precisión." El comandante no lo creyó, pero ya se disponía a atacar a otro crucero, y esta vez ordenó preparar dos torpedos. A las 0755 de la mañana, es decir, treinta y cinco minutos después del primer lanzamiento, disparamos, con breve intervalo, los dos torpedos de proa.»

En efecto, como Spiess había correctamente observado, se trataba del *Cressy*, el *Aboukir* y el *Hogue*, pertenecientes a la 7.ª Escuadra de cruceros acorazados de la Tercera Flota, basada en Nore «a fin de asegurar la presencia de buques acorazados en los accesos meridionales del mar del Norte y la entrada oriental del canal de la Mancha y de apoyar a las Flotillas 1.ª y 3.ª, que, con base en Harwich, operaban en la zona». Debido al mal tiempo, dichos cruceros británicos habían tenido que seguir patrullando sin escolta alguna de destructores durante los días 19, 20 y 21 de septiembre, pues el Almirantazgo creyó que el mal estado de la mar, que los *destroyers* no aguantaban, sería también una importante protección contra los submarinos.

El 21 mejoró el tiempo, y el comodoro Tyrwhitt se hizo de nuevo a la mar con ocho destructores, pero el *Cressy*, el *Hogue* y el *Aboukir*, en vez de navegar a su encuentro, prosiguieron hacia el norte a cuerpo limpio —«carnada viva», había sido denominada esta división inglesa por los oficiales de la *Royal Navy*, antes de que el Almirantazgo decidiera asignarle una escolta de destructores—, navegando a menos de 10 nudos y sin hacer zigzag... hasta que el primero de ellos fue alcanzado por los torpedos del *U-9*.

«Descendimos a quince metros, y Weddingen ordenó hacer ciaboga —prosigue Spiess—. Le pregunté la razón, y me dijo: "De lo contrario, sería posible que nos claväsemos contra él." En el mismo instante percibimos dos detonaciones. ¡Habíamos hecho blanco con ambos torpedos! Fueron lanzados desde unos 300 metros de distancia, y al describir un gran arco para librar a nuestra víctima, pasamos tan cerca de ella que casi rozamos su costado de babor con el periscopio.

»Ahora era el turno del tercer crucero. Se cargó el último torpedo de reserva, pero aún nos quedaban los dos de popa. Por el tubo acústico, el contramaestre preguntó cuánto iba a durar aquello, y el jefe de máquinas advirtió que necesitábamos parar pronto, pues los acumuladores apenas suministraban ya corriente. Pero Weddingen no cedió y empezó a maniobrar respecto al último crucero.

»A las 0820 y a unos mil metros de distancia lanzamos los dos torpedos popeles, sólo uno de los cuales hizo blanco. Y a las 0835 salió el último artefacto submarino que nos quedaba a bordo, que también hizo impacto. El tercer coloso enemigo, con sus cuatro altas chimeneas, escoró a babor lenta pero irresistiblemente, y como un negro hormiguero vimos a centenares de hombres que corrían por el costado del buque y luego sobre el inmenso pantoque, para ser poco más tarde devorados por la mar. ¡Triste espectáculo para un marino!»

Hasta aquí Spiess. El Almirantazgo británico reconoció muy pronto este para él impensable y fulminante desastre, que costó a la *Royal Navy* 1.459 muertos, y el valeroso Weddingen y sus hombres se enteraron en la mar, antes de alcanzar su base, de que habían hundido a tres cruceros acorazados de 12.000 toneladas estándar, cada uno de ellos armado con dos piezas de 234 mm. y doce de 152 mm.

Los marinos británicos creyeron que el primero de los cruceros alcanzados por el *U-9*, el *Aboukir*, había chocado con una mina; de modo que pararon las máquinas de los otros dos, echaron sus botes al agua y se dispusieron al salvamento de los náufragos. Después, cuando se avistó el periscopio e incluso parte de la torreta del *U-9*, ya era demasiado tarde para evitar el triple desastre.

Aunque este hundimiento no variaba prácticamente la diferencia de fuerzas navales en presencia, las consecuencias fueron estratégicamente importantes, tanto para ingleses como para alemanes. Los primeros renunciaron a utilizar en el mar del Norte a la escuadra del canal de la Mancha —que después marcharía a los Dardanelos—, compuesta por buques de línea ya superados por el tipo *dreadnought*, y los acorazados basados en el Humber no volvieron a utilizarse en el servicio de vigilancia; de manera que la parte meridional y central del mar del Norte quedó barrida de buques británicos anticuados y abierta, por tanto, a la Escuadra alemana, que después, como veremos, bombardearía por sorpresa los puertos ingleses de la costa oriental.

Los germanos, por su parte, creyeron que los sumergibles —y las minas— podrían lograr en plazo más o menos breve hundir los suficientes acorazados y cruceros de combate enemigos como para poder llegar a la ansiada paridad de fuerzas (teoría que pareció confirmar el hundimiento, logrado con dos torpedos por el *U-24*, mandado por el teniente de navío Schneider, en la noche del 1 de enero de 1915, en las proximidades de Portland Bill, en las costas inglesas del canal de la Mancha, del acorazado [de tercera clase] *Formidable*, que navegaba sin escolta de destructores y en el que perecieron 548 hombres), lo que les permitiría librar una batalla en que la Escuadra británica pudiera ser derrotada. Ello, ni que decir tiene, hubiera tenido consecuencias decisivas para la guerra. Pero no se quiso tener en cuenta que aquellos éxitos fueron casos aislados; que los ingleses tomarían inmediatamente sus eficaces contramedidas, y que el hecho no volvería a repetirse. En realidad, la Gran Flota no perdería ningún buque de línea moderno a causa de los submarinos alemanes en toda la guerra. Y aunque hubo algunos breves momentos, hasta abril de 1915, en que la superioridad de dicha Escuadra en buques inmediatamente disponibles no fue muy grande sobre la alemana de Alta Mar, cosa que, por otra parte, los alemanes ignoraron (por lo que, como ya señalamos, las críticas formuladas contra ellos por no haber sabido aprovechar tan efímeras ocasiones carecen de validez), la superioridad británica no dejó de aumentar hasta el final de la contienda, y ya en 1916, durante la batalla de Jutlandia, se vio que era realmente aplastante.

Pero es probable que sin el resonante éxito de Weddingen al principio de la guerra, se hubiera dado mayor libertad de acción a la Escuadra alemana para tratar de buscar, si no la batalla decisiva, por lo menos batallas parciales que hubieran podido resultarle favorables. Así que puede afirmarse que el hundimiento de los tres cruceros acorazados británicos fue, en realidad, contraproducente para los alemanes, que hasta 1917 tampoco desligarían de la Escuadra de Alta Mar a los submarinos afectos a ella para dedicarlos a la guerra al tráfico, que pronto se reveló como su verdadero papel y donde dichos buques tenían enormes posibilidades.

Y veamos ya cómo un casi accidente abriría los ojos al Alto Mando germano sobre las hasta entonces insospechadas e inéditas aptitudes y posibilidades de los *unterseeboote*.

* * *

En octubre de 1914, varios submarinos alemanes, entre ellos el *U-9* y el *U-17*, operaban en la zona comprendida entre las islas Shetland, las Orcadas y Noruega, con especial atención a la salida del estrecho de Pentland, al norte de Escocia.

El intrépido Weddingen pronto habría de cosechar un nuevo éxito por aquellas aguas. El día 15, poco después de las once de la mañana, el contramaestre de guardia al periscopio del *U-9* dio la voz de alarma: «¡Tres cruceros enemigos a la vista!»

¿Iba a repetirse la suerte del 22 de septiembre? No, por supuesto. Los buques británicos tenían ahora órdenes estrictas de navegar en zigzag, de hacerlo con la escolta de destructores y de no tratar de recoger a los náufragos de cualquier buque torpedeado; de ello se encargarían los destructores, patrulleros, etc. Pero el veterano crucero protegido *Hawke,* de 7.800 toneladas estándar, se puso a 400 metros de distancia a tiro de Weddingen, que sin dudarlo había hecho rumbo de ataque, y recibió un torpedo lanzado por el mortífero *U-9*. Con efectos demoledores para el viejo buque de guerra, donde el fatídico «¡Sálvese quien pueda!» (*«Every man for himself!»*) tuvo que darse casi inmediatamente, yéndose al abismo a los ¡cuatro minutos! de recibir el letal impacto submarino, en los 57° 40′ norte y 00° 13′ este. Según los mismos británicos, las escenas a bordo y en el agua resultaron verdaderamente dramáticas, y sólo pudieron salvarse, sobre una balsa, un oficial y veinte hombres, que fueron recogidos por el destructor *Swift*. Entre ellos figuraba un superviviente del recientemente hundido *Hogue* (1).

Los otros dos cruceros de la división del *Hawke* se alejaron a toda máquina, lo que posiblemente les libró de los torpedos del *U-17*, que ya se disponía a lanzarlos. Este submarino, mandado por el teniente de navío Feldkirchner, oficial sin duda de gran personalidad, navegó después hacia las costas noruegas y, no habiendo descubierto otros buques de guerra enemigos, detuvo al vapor inglés *Glitra*, a bordo del cual envió un trozo de abordaje para que, tras ordenar la evacuación del barco y puesto que los submarinos alemanes no montaban entonces artillería alguna ni llevaban cartuchos de dinamita, ni siquiera listas de contrabando de guerra o reglamento de presas, le abriese los grifos de fondo y lo echase a pique.

Fue el primero de los 5.554 barcos mercantes de todas clases de más de 100 toneladas, con 11.153.000 toneladas netas —según fuentes oficiales aliadas—, que hundirían los submarinos alemanes a lo largo de la guerra. Pero el teniente de navío Feldkirchner

---

(1) En los cinco cruceros ingleses hundidos hasta entonces por los *unterseeboote* habían perdido la vida un total de 2.246 oficiales, suboficiales y marineros. Aquellos desastres y una serie de ataques submarinos, reales o imaginarios, contra varios destructores ingleses, desencadenaron una impresionante psicosis entre los marinos de Albión, que veían periscopios y estelas de torpedo por doquier. El 16 de octubre, los destructores *Alarm* y *Nymphe* dieron aviso de haber sido atacados por sumergibles a levante del Pentland Firth. Ese mismo día, una de las baterías de costa de Scapa Flow señaló que había un submarino enemigo a la entrada de Switha. El 17, dicho *unterseeboote* ya estaba, al parecer, dentro de la gran base naval. «La escena era de lo más movida —relata Jellicoe—. Todos los barcos pequeños patrullaban a gran velocidad; se cubrían todos los cañones; se daban los tangones y las redes antitorpedo, y se adoptaban todas las precauciones para proteger a la flota. Durante el día se disparó frecuentemente contra cualquier cosa que pareciese un periscopio. Todos los grandes buques abandonaron el puerto aquella noche, reuniéndose el *Iron Duke* con la 1.ª y la 4.ª Escuadras, al oeste de las Orcadas.»

No considerándose seguro en Scapa, el 17 de octubre, Jellicoe decidió trasladar provisionalmente la Gran Flota a Lough Swilly y a Loch-na-Keal, en la isla de Mull, al oeste de Escocia, unas 240 millas al sudoeste de Scapa, es decir, en muy mala posición estratégica respecto al mar del Norte. Allí permanecería durante una quincena, perdiéndose, como sabemos, el magnífico acorazado *Audacious*.

no las tenía todas consigo al regresar a su base y dar cuenta de aquel hundimiento no previsto en su orden de operaciones. Porque hasta entonces la única «misión» de los sumergibles alemanes había sido explorar, y echar a pique a las grandes unidades militares del adversario.

Sin embargo, al jefe de su escuadrilla, y luego al de flotilla, aquel hundimiento les pareció bien, y el Alto Mando de la Marina avizoró inmediatamente nuevos horizontes para el arma novel e hizo equipar a todos los sumergibles con un cañón de 37 mm., se les proveyó de cartuchos de dinamita y se les dieron instrucciones para el ataque y hundimiento de barcos mercantes aliados, o neutrales a su servicio. Después, los submarinos alemanes montarían piezas de 88, de 100 y hasta de 150 mm. Porque si la Gran Bretaña ya había decretado el bloqueo marítimo de Alemania, bloqueo que a la larga provocaría el derrumbamiento, por hambre, de los imperios centrales, los alemanes estaban en su perfecto derecho a tratar de hacer lo mismo por otros medios, hasta entonces no convencionales: los submarinos. Y es que estos buques, debido a su escaso consumo de combustible y a la invisibilidad que les proporcionaba su capacidad para hacer inmersión y navegar sumergidos, no sólo podrían burlar el férreo bloqueo enemigo, sino alcanzar los accesos marítimos atlánticos de Gran Bretaña y aguantarse en la mar, sin necesidad de repostar combustible en unas bases para ellos inexistentes en dicho océano, poco menos que indefinidamente. Objetivos que, sin derrotar previamente a la Gran Flota, es decir, obtener el dominio del mar, de ninguna manera podrían conseguir las fuerzas alemanas de superficie. El Alto Mando de la Armada del kaiser vio la posibilidad de obtener dicho dominio del mar, aunque circunstancialmente de modo negativo, y, como es natural, en aquella decisiva partida, obró en consecuencia.

Por otra parte, los mismos ingleses justificarían en cierto modo la devastadora labor a que a partir de entonces se dedicarían los submarinos alemanes, al comenzar el febril artillado de sus unidades mercantes; al autorizarlas a navegar bajo falsa bandera, e incluso a enmascarar con apariencia de inofensivos mercantes a auténticos buques de guerra cuyo único fin era sorprender y echar a pique a los *unterseeboote:* los luego famosos «buques-trampa». Al mismo tiempo, comprendiendo que el implacable cerco submarino alemán podría llegar muy pronto a significar el hambre y la paralización total de la industria, es decir, el colapso y la pérdida de la guerra en curso, pues también Francia dependía de la importación constante de armas de todas clases, explosivos y proyectiles de cañón con que alimentar la terrible lucha en el frente del oeste, los ingleses montaron una hábil propaganda a escala mundial con el objetivo de hacer ver que el hundimiento por medio de submarinos de los barcos mercantes que llevaban toda clase de mercancías y material de guerra a los aliados era un inadmisible acto de piratería, un verdadero asesinato de inocentes civiles. Propaganda injusta, ridícula, pero que siempre, a corto y a largo plazo, daría excelentes resultados a sus promotores; que impediría a los alemanes decidirse a una guerra submarina sin restricciones en 1916, con la que tal vez hubieran podido ganar la contienda, ya que entonces los aliados no disponían del número necesario y especializado de buques para contrarrestarla con efectividad, ni de los detectores y las armas precisas, y que, finalmente, en 1917, arrastraría a la guerra a los Estados Unidos de América, cuando Inglaterra tenía inexorablemente perdida la lucha en el mar y en Londres no se divisaba otro sombrío panorama que el de la rendición.

A nosotros, españoles, neutrales durante aquel conflicto mundial, la guerra submarina desencadenada por Alemania nos costó la pérdida, ¡dolorosa pérdida!, de nada menos que 65 barcos mercantes, pero ello no puede cegarnos hasta el punto de olvidar que se trataba de barcos que ayudaban directamente al esfuerzo de guerra de los aliados en aquella terrible pugna de la que dependía no sólo la suerte de la contienda, sino la supervivencia de aquella nación como estado soberano. Y es que la campaña submarina alemana sin restricciones era, en realidad, tan perfectamente legal y ortodoxa, aunque los aliados tratasen de calibrarla a la luz de unas normas del Derecho Internacional ya superadas desde el hundimiento del *Glitra,* como la desencadenada precisamente por las flotas submarinas de la Gran Bretaña y los Estados Unidos en el Mediterráneo y el océano Pacífico durante la segunda guerra mundial. Porque a partir de 1914, las guerras ya no se limitarían al choque de unos ejércitos de profesionales, sino que tomarían inexorablemente un carácter total, que llegaría al verdadero paroxismo con los terribles bombardeos aéreos de la segunda contienda mundial y que hoy está totalmente aceptado, pero que entonces era un concepto nuevo y tardó en ser reconocido.

A la notificación de Londres, el 5 de noviembre de 1914, declarando zona de guerra la totalidad del mar del Norte, que quedaba así cerrado a la navegación incluso para los barcos neutrales (1), respondió el almirante Von Pohl, con el consentimiento del gobierno germano, el 4 de febrero de 1915, declarando zona de guerra todas las aguas que rodeaban a Gran Bretaña e Irlanda, incluido el canal de la Mancha. Y es que tras la batalla del banco de Dogger, en enero de 1915, donde, como veremos, resultó hundido el crucero acorazado alemán *Blücher* y sufrieron graves averías el *Derfflinger* y el *Seydlitz*, Von Pohl, entonces jefe del Estado Mayor de la *Kriegsmarine*, había propuesto al general Falkenhayn, jefe del Estado Mayor General, lanzar una ofensiva submarina que, para tener éxito, debería ser sin restricciones. El Mando supremo aceptó, pero esta primera campaña submarina sin limitaciones fue breve y fracasó, no tanto debido a la insuficiencia de buques como al temor de que los Estados Unidos declarasen la guerra a Alemania.

La *Kaiserliche Kriegsmarine* disponía entonces de treinta submarinos oceánicos, pero siete fueron dejados en el Báltico y sólo nueve podían permanecer constantemente en las zonas atlánticas de operaciones y en el mar del Norte. Así que los resultados fueron modestos, y también las pérdidas alemanas, pues aún no existían las cargas de profundidad, ni los medios acústicos de detección, ni habían hecho su aparición los buques «Q». El mejor método para hundir a un submarino era el abordaje, y así precisamente desapareció el héroe submarinista germano más famoso de entonces: Otto Weddingen.

El 18 de marzo de 1915, al mando del *U-29*, con la mar en calma pero ligeramente tendida, el capitán de fragata Weddingen avistó a toda la Gran Flota británica. Era ¡29 acorazados y cruceros de batalla —pues 7 *dreadnought* estaban en dique o reparando—, 24 cruceros y 22 destructores! El marino alemán no dudó en lanzarse valerosamente, casi nos atreveríamos a decir que temerariamente, al ataque. Los grandes buques navegaban en zigzag, a 15 nudos, arrumbados a la isla de Fair, al norte de las

---

(1) La Declaración de Londres, firmada en 1909 por Alemania, Francia, Gran Bretaña, Rusia y los Estados Unidos, no fue ratificada después por el gobierno inglés, al resultar vetada en la Cámara de los Lores, alegando que los intereses británicos no habían sido suficientemente tomados en consideración. El 20 de agosto de 1914, dicho gobierno anunció que había decidido aceptar la Declaración de Londres en general, pero con ciertos cambios y adiciones que consideraba imperativos «para poder llevar a cabo de forma efectiva las operaciones navales».

Orcadas. Weddingen había logrado colocarse entre las dos columnas de babor de los acorazados de la 1.ª Escuadra; ¡qué emoción no embargaría el ánimo del submarinista alemán! A las 1218, un torpedo lanzado por el *U-29* pasó rozando el codaste del *Neptune*, buque cola en la columna del ala de babor. Descubierta la estela de aire comprimido dejada por el artefacto, y también el periscopio del *U-29*, desde el *Iron Duke* se ordenó meter doce cuartas (135°) a estribor por giros simultáneos, es decir, hacia fuera del sumergible, y aumentar a 17 nudos. Aún no se había advertido del peligro a la 4.ª Escuadra, que navegaba por la popa de la anterior, a 15 nudos, arrumbada al OSO y sobre la cual Weddingen, cortando la estela del *Neptune*, ya buscaba una posición de ataque, cuando el oficial de guardia a bordo del *Dreadnought* descubrió un periscopio por la amura de babor, a corta distancia, y el capitán de navío Alderson, comandante del revolucionario buque de guerra —insignia entonces del vicealmirante Doveton Sturdee—, hizo inmediatamente rumbo de colisión y forzó la velocidad.

Instantes después, instantes de emoción para los marinos británicos y de angustia para Weddingen y su gente, la poderosa roda del acorazado abordaba y partía certeramente en dos, con un siniestro crujido, al *U-29*. La proa del infortunado sumergible emergió un momento fuera del agua, mostrando el número pintado en el casco, para hundirse luego. Burbujas, una mancha de petróleo, algunas prendas de vestuario y otros restos fue todo lo que pudieron ver los ingleses del histórico submarino germano y de sus bizarros tripulantes. Así de dramáticamente cayó Weddingen, un marino que ya tenía en su haber cuatro grandes cruceros enemigos, pero al que la diosa Fortuna, como a Prien en la segunda contienda mundial, como a tantos otros héroes de guerra, no quiso seguir favoreciendo.

Para tratar de desmoralizar al adversario, el Almirantazgo, a petición de Jellicoe, mantuvo en secreto la destrucción del *U-29*, cuya causa no se conoció hasta el término del conflicto.

Tres semanas después y por el mismo procedimiento, el destructor *Ariel* hundía frente a las costas de Aberdeenshire al *U-12* —teniente de navío Kratzsch—, que navegaba a cota periscópica y del que se salvaron y fueron recogidos diez hombres. En total, 23 submarinos alemanes serían hundidos al abordaje (1). Pero el

(1) Otro sistema utilizado entonces por los destructores y otros buques ingleses era el de remolcar por largo un torpedo que navegaba entre

11 de marzo de 1915 ya había sido echado a pique por el *U-27* —teniente de navío Wegener—, frente a Galloway, el crucero auxiliar inglés *Bayano,* de 5.950 toneladas, que se hundió como una piedra y entre cuya dotación se produjeron 174 muertos (1).

* * *

Las pérdidas oficiales británicas en barcos mercantes aliados y neutrales debidas a los submarinos y a las minas alemanas fueron las siguientes: en marzo de 1915, 80.700 toneladas; 55.700 en abril; 120.000 en mayo; 131.400 en junio; 109.000 en julio, y 185.800 en agosto, cuando la *Kriegsmarine* disponía ya de 44 *unterseeboote.* Pero aunque el número de estos buques aumentaba como consecuencia de los programas de construcción —11 nuevas unidades entraron en servicio entre agosto y diciembre de 1914, y 52 en 1915, por 23 submarinos perdidos en el mismo período—, las cifras de hundimientos no ascenderían sensiblemente hasta casi un año después, es decir, a partir de septiembre de 1916. Las razones fueron más bien políticas que militares y se debieron, como ya dijimos y veremos, principalmente a las presiones de los Estados Unidos sobre el vacilante gobierno alemán.

El 10 de abril de 1915, el Alto Mando germano tomó la decisión de evitar el paso de los *unterseeboote* por el canal de la Mancha, aunque ello suponía doblar la distancia entre Heligoland y el mar de Irlanda, pues las 700 millas por dicho canal se convertían ahora en 1.400 navegando por el norte de las islas Shetland. Esta medida no se debió tanto a las minas inglesas, que con la bajamar dejaban sus peligrosas boyas a flote, como a las redes metálicas, fijas y a la deriva, con dispositivos automáticos de

---

dos aguas. Así sucumbió, el 4 de marzo de 1915, en el canal de la Mancha, el *U-8.* El destructor *Ghurka* hizo detonar su torpedo, y el *U-8* se hundió diez minutos después, lo que dio tiempo a que toda su dotación se pusiera a salvo.

(1) Otro crucero auxiliar británico, el *India,* fue hundido, el 8 de agosto del mismo año, frente al fiordo noruego de Vest, por el *U-22* —teniente de navío Hopper—. Y el crucero acorazado francés *Leon Gambetta,* de 12.400 toneladas, que en la noche del 26 al 27 de abril de 1915 vigilaba en el canal de Otranto, fue torpedeado y hundido por el submarino austríaco *U-5* —teniente de navío Trapp—, pereciendo en él cerca de setecientos de sus hombres.

humo para señalar el rastro de cualquier sumergible por ellas atrapado. Para luchar contra dichas mallas se proveyó después a los sumergibles de cizallas proeles.

El 7 de mayo de 1915 fue torpedeado y hundido el trasatlántico inglés *Lusitania* —31.550 toneladas—, de la «Cunard», que con su gemelo, el *Mauretania,* era uno de los dos vapores más rápidos en el servicio del Atlántico Norte. Hasta después del torpedeamiento, hecho con un solo ingenio submarino, a la altura de Kinsdale, al sur de Irlanda, no se percató el teniente de navío Schwieger, comandante del *U-20,* zarpado del Ems el 30 de abril, de que se trataba del *Lusitania.* Antes de la salida de Nueva York de este magnífico barco, la Embajada alemana en Washington había publicado un aviso aconsejando a los ciudadanos norteamericanos que no embarcasen en dicho trasatlántico.

A pesar de ello, entre las casi mil novecientas personas que perdieron la vida en aquel desastre figuraban 115 norteamericanos. El gran buque llevaba a bordo 4.200 cajas de municiones de fusil, 18 cajas de espoletas y 125 de granadas rompedoras, sin cargar. Parece ser que la doble explosión que se produjo en el infortunado vapor se debió a la voladura de sus calderas, aunque si fueron éstas o aquellas municiones carece en realidad de importancia. El caso es que, por una u otra causa —posiblemente cedieron muchos mamparos estancos debido a la velocidad—, el gran navío se hundió muy rápidamente, en dieciocho minutos, y a ello se debió, sin duda, el gran número de víctimas (1).

---

(1) He aquí cómo Walter Schwieger, desaparecido luego al mando del *U-88,* con toda la dotación, en septiembre de 1917, en el canal del Norte, entre Escocia e Irlanda, por causas desconocidas, relató el hundimiento del *Lusitania:* «Estábamos cerca del canal de San Jorge; había mar gruesa. Una espesa niebla nos dejaba pocas esperanzas de poder atacar a barco alguno, y, con semejante tiempo, un torpedero podía venírsenos encima antes de que nos diésemos cuenta. Nos sumergimos, y una hora y media más tarde oí el ruido de unas hélices que no podían ser de ningún torpedero. Subí a diez metros de profundidad para echar una ojeada por el periscopio; un gran crucero acorazado acababa de pasar sobre nosotros y se alejaba a toda velocidad.

»Comprobé que la niebla era menos espesa, pudiéndose distinguir el azul del cielo; vine a superficie y continué nuestro viaje a Wilhelmshaven. Poco después avisté un verdadero bosque de palos y chimeneas, lo que me hizo pensar que tendría que habérmelas con varios barcos. Pero más tarde vi que se trataba de un gran vapor que venía hacia nosotros, y me sumergí con la esperanza de poder atacarlo.

La impresión que tan luctuoso desastre marítimo produjo a escala mundial, y sobre todo en los Estados Unidos, fue enorme. En una nota enviada el 14 de mayo, el gobierno norteamericano invitaba al alemán a «tomar inmediatamente medidas para evitar la repetición de hechos tan contrarios a las leyes de la guerra». Pero la guerra es la guerra, resulta de necios tratar de ignorarla, y es evidente que en una zona del tráfico marítimo tan focal como son los accesos al canal de San Jorge, donde aquel dramático hundimiento se produjo, ningún submarino alemán podía, en condiciones razonables para su seguridad, salir a superficie, detener a cualquier trasatlántico o vapor de carga, comprobar si llevaba contrabando de guerra y, en caso afirmativo, antes de torpedearlo o echarlo a pique al cañón o por otros sistemas más lentos, aguardar a que la totalidad del pasaje y la tripulación se pusieran a salvo en los botes. Por lo demás, y concretamente en el

---

»Al llegar a unas dos millas de nosotros cambió de rumbo. Aunque navegábamos a toda velocidad, nunca hubiese podido pensar que, sin esta maniobra suya, llegaría a quedar tan cerca; mandé venir a uno de los oficiales, antiguo capitán de la Marina mercante, para que mirase por el periscopio. Cuando llegó, el vapor cambiaba otra vez de rumbo, poniendo la proa exactamente donde nosotros nos encontrábamos.

»Ya habíamos lanzado nuestros últimos torpedos y sólo nos quedaban dos de bronce, viejos y menos seguros. Estaría el vapor a unos cuatrocientos metros cuando hice fuego; el torpedo dio en el blanco, produciendo una pequeña explosión, seguida casi inmediatamente por otra mucho más fuerte. El oficial estaba a mi lado y le dejé el periscopio; después de una rápida ojeada exclamó:

»—¡Dios mío! ¡Si es el *Lusitania*!

»Volví a ponerme al periscopio; el buque se hundía con increíble rapidez y en cubierta reinaba una confusión enorme. Los botes de salvamento, muy sobrecargados y arriados sin las debidas precauciones, daban la voltereta al llegar a la superficie del mar. Gentes enloquecidas corrían por todas partes; hombres y mujeres se arrojaban por la borda y trataban de izarse a los botes salvavidas. Era el más horroroso espectáculo que había presenciado en mi vida y yo no podía prestar ninguna ayuda; apenas podría salvar a un puñado de personas. Pero el crucero acorazado que acabábamos de ver no podía estar lejos y habría recibido las señales de auxilio. De modo que podía llegar de un momento a otro, y, siendo demasiado triste la visión, me sumergí a veinte metros y me alejé de allí.»

En su parte de campaña, Schwieger dejó escrito: «Como todo parecía indicar que el barco no permanecería mucho tiempo a flote, me sumergí a veinticuatro metros para alejarme. Por otra parte, no podía lanzar otro torpedo entre la masa de gentes que trataban de salvarse.»

caso del *Lusitania,* Schwieger no se excedió al ejecutar las órdenes recibidas; se limitó a cumplirlas.

Fuertemente presionado, el gobierno de Berlín decidió adoptar una serie de medidas restrictivas, secretas, para la guerra submarina, entre las que figuraban la prohibición de atacar a los grandes buques de pasaje —después, como veremos, también a los pequeños— y dejar escapar a los barcos neutrales..., ¡cuando prácticamente todos los vapores británicos arbolaban la bandera de cualquier país neutral!

El 6 de junio, el kaiser remachaba el clavo ordenando que «ningún gran trasatlántico, aunque fuese enemigo, sería hundido hasta nueva orden. Su Majestad el Kaiser ordena conservar el secreto más absoluto sobre la presente orden, de cuyo mantenimiento hace responsables a las autoridades militares». Von Tirpitz y el almirante Bachmann presentaron inmediatamente su dimisión al kaiser, que éste firmemente rechazó.

Así que, como también veremos más adelante, inevitablemente la guerra submarina alemana languidecería hasta el año 1917. Pero, mientras tanto, sus valerosos y tenaces adversarios fueron creando y perfeccionando las armas y medios antisubmarinos necesarios para poder afrontar con éxito aquella inesperada y grave amenaza, y entre ellos figuraron, los primeros, los que pronto serían conocidos por «buques-trampa» o buques «Q».

* * *

El nacimiento de los «buques-trampa» fue una consecuencia del sistema utilizado por los submarinistas alemanes para echar a pique a los barcos mercantes enemigos o neutrales al servicio de los aliados. Ateniéndose a las normas establecidas antes de la guerra para atacar al tráfico marítimo, los *unterseeboote* tenían que actuar como si de auténticos buques de superficie se tratase. ¡De ahí su gran vulnerabilidad! Salían bruscamente a superficie en las inmediaciones del sorprendido mercante, le disparaban un cañonazo cruzado por la proa y, una vez que el vapor se detenía, ordenaban al capitán que se acercara en un bote con la documentación. En caso de duda, se enviaba al mercante un trozo de abordaje y se le registraba. Declarado «buena presa», se ordenaba su evacuación y, una vez terminada, se le hundía a cañonazos o se le abrían los grifos de fondo y se le hacían estallar cargas de dinamita en los puntos vulnerables. Si la distancia a tierra era grande y no había barcos de guerra enemigos en la vecindad, el submarino solía remolcar hacia la costa a los botes del desaparecido vapor, para regresar después a su zona de acecho.

El acelerado armamento de las unidades mercantes británicas obligaría muy pronto a los alemanes a cambiar sus métodos, pero, de todos modos, tenían que economizar los torpedos, no sólo debido a que tales artefactos eran caros y escasos, sino porque, en realidad, limitaban la autonomía del submarino, es decir, su tiempo de permanencia en la zona de operaciones. Además, para que el Almirantazgo alemán reconociera oficialmente el proclamado hundimiento, el comandante del sumergible debía presentar pruebas: la documentación del vapor, prisioneros, etc. Y es humano desear que a uno se le reconozcan los méritos propios y que en base a ellos pueda recibir las condecoraciones o ascensos a que se considera acreedor; lo cual obligaba a correr ciertos riesgos en la mar...

De manera que los ingleses pensaron que, mezclando algunos buques «Q» entre los vapores de los convoyes —uno o más les acompañarían siempre a partir de 1917, destacados por la proa o la popa, en este caso simulando ser rezagados— o haciéndoles navegar en solitario por las zonas habituales de acecho de los submarinistas germanos, éstos les tomarían por presuntas y casi indefensas víctimas y tratarían de detenerlos.

Pero el «buque-trampa» no sólo iba armado hasta los dientes —con cuatro o seis piezas de 75 y de 105 mm., tubos lanzatorpedos y, más tarde, cargas de profundidad, todo perfectamente enmascarado, y llevaba sus bodegas y espacios de aire bien rellenos de madera, generalmente abeto del Canadá, para hacerlos prácticamente inhundibles—, sino que disponía de dos dotaciones, una de las cuales, la denominada *panic party*, es decir, el «trozo del pánico», abandonaba con la mayor celeridad y estudiado desorden el «inofensivo» vapor, barco de cabotaje, pesquero o velero, pues toda clase de barcos se emplearon en tal cometido, que quedaba al garete, aparentemente abandonado e inerme. Mientras tanto, la segunda dotación, que cubría las ocultas piezas de artillería, etcétera, y, por supuesto, el comandante del buque de guerra, pues en realidad de tal se trataba, aguardaban pacientemente, bien escondidos y a veces teniendo que aguantar un verdadero aguacero de proyectiles disparado por el submarino enemigo, que creía poder hundir fácilmente al supuesto mercante, a que el «lobo gris» se aproximara confiado y en superficie para enviar alguna gente que recogiera las necesarias «pruebas», hasta quedar en buena posición para poder aniquilarle.

Entonces, el comandante del «buque-trampa», tumbado en la cubierta del puente y que a través de algunas rendijas espiaba atentamente los movimientos de su mortal enemigo, daba por teléfono la orden de desenmascararse y abrir el fuego. Caían las dos mitades de unos botes salvavidas ficticios, o de unas cajas o paneles situados sobre las escotillas, se alzaban por medio de palancas hidráulicas unos cañones de tiro rápido, y un infierno de acero y explosivos se abatía sobre el sorprendido y hasta entonces confiado *unterseeboote*, que se iba rápidamente al abismo y del que, en el mejor de los casos, apenas sobrevivían algunos hombres, que pronto eran hechos prisioneros y quedaban totalmente incomunicados con el mundo exterior, de modo que la causa del hundimiento permaneciese en el más absoluto de los misterios para el Alto Mando alemán.

Por tan astuto y expeditivo sistema fueron hundidos trece submarinos germanos, si bien es verdad que a veces se llevaron consigo a sus victimarios, hasta que un sumergible más afortunado, aunque no sin sufrir graves destrozos, logró regresar a Alemania y dar la voz de alarma. Esto sucedió en abril de 1917, y a partir de entonces sólo un submarino alemán, el *U-34*, resultaría hundido por los buques «Q» en lo que quedaba de guerra; ya veremos en qué circunstancias.

Mas, para los alemanes, el daño ya estaba hecho, no sólo debido a que las trece unidades desaparecidas significaban en realidad un ahorro de unas 422.500 toneladas de barcos mercantes aliados o al servicio de éstos —teniendo en cuenta el promedio hundido durante la guerra por los submarinos alemanes—, sino porque se vieron obligados a variar de táctica, ya que el fácil y económico sistema seguido hasta entonces para hundir barcos mercantes tuvo que abandonarse.

El enmascaramiento de los «buques-trampa» ingleses fue tan perfecto como el de los cruceros auxiliares alemanes utilizados en ambas contiendas mundiales, hasta el punto de que, como relata el almirante norteamericano Sims, entre un enjambre de barcos mercantes fondeados en el puerto irlandés de Queenstown, ni los mismos almirantes británicos eran capaces de distinguirlos. Mandaron aquel casi centenar de buques «Q» almirantes retirados, capitanes de navío y de fragata, etc., y hasta guardias marinas. Todos ellos —porque mandar un buque de guerra que opere con independencia es una de las cosas que realmente merecen la pena en esta vida— y los restantes miembros de la dotación eran voluntarios y pertenecían a la *Royal Navy,* pero iban perfectamente disfrazados de marinos mercantes, y en puerto y en la mar empleaban los modales y hasta la jerga característica de tan magnífico y valioso personal. Y es que dichos buques constituyeron un secreto celosamente guardado por el Almirantazgo prácticamente hasta el final de la contienda.

Los primeros buques «Q» —*Prince Charles, Vala, Duncombe, Penshurst* y *Glen Isla*—, preparados por el capitán de navío Farrington, quedaron listos en 1915, y el 24 de julio de ese año ya se cobraron su primera víctima. En la tarde de dicho día, el *Prince Charles* —teniente de navío Mark Wardlaw— avistó, cerca del islote de North Rona, a unas 70 millas al noroeste del cabo Wrath, de Escocia, al vapor danés *Luise,* detenido por el submarino *U-36* —teniente de navío Graeff—, que pronto se dirigió hacia el recién llegado y, a unos 5.000 metros de distancia, abrió fuego de cañón contra él. Como tantas veces había sido ensayado, el buque «Q» paró sus máquinas, el «trozo del pánico» arrió los botes con cierta fingida precipitación y nerviosismo y, cuando un marinero disfrazado de capitán, portando ostentosamente una bolsa con la «documentación» de su barco, embarcó, el último, en ellos, todos se alejaron a remo.

Sin la menor desconfianza, el *U-36* se aproximó hasta unos 400 metros por el través del pequeño *Charles* —ex carbonero de 373 toneladas—, en cuyo momento el teniente de navío Mark Wardlaw ordenó desenmascararse, izar bandera y abrir el fuego, un fuego que resultó mortífero e inmediatamente alcanzó al sumergible bajo y sobre la flotación, matando a dos hombres en la torreta. Con grandes destrozos, el «ataúd de acero» se hundió de popa, con lentitud, pero de sus 28 tripulantes sólo pudieron salvarse 15, que fueron hechos prisioneros (1).

Otro de los primeros éxitos de los buques «Q», aunque lamentablemente empañado por la atroz conducta seguida por su dotación tras hundir al sumergible alemán *U-27,* lo obtuvo el *Baralong* —capitán de corbeta G. Herbert— el 19 de agosto de 1915, al sur de Irlanda.

El *U-27* —teniente de navío Wegener— había zarpado del Ems el 4 de agosto, y parece ser que entre las islas Scilly y el

---

(1) En su informe oficial, el comandante del *U-36* declara lo siguiente: «Tras la desaparición del submarino, el vapor no cesó de disparar, sino que se aproximó y continuó el fuego por lo menos durante quince minutos, con sus cañones y sus fusiles, sobre los hombres que estaban en el agua. Gran parte de la dotación fue muerta entonces.»

Fastnet hundió a los vapores ingleses *Gladiator* y *Ben Vrachie* y a los noruegos *Magda* y *Sverresborg*, estos últimos con contrabando de guerra para Francia. El 19 de agosto, a unas 70 millas al sur de Queenstown, el submarino germano detuvo al vapor inglés *Nicosian*, de 6.370 toneladas, portador de 300 mulos para el Ejército británico y despachado para Avonmouth. Tras ordenar la evacuación del barco y una vez que los botes del *Nicosian* se hubieron alejado, el *U-27* empezó a cañonear la línea de flotación del carguero.

Mientras tanto, habiéndose percatado el *Baralong* de lo que sucedía, se aproximó al *Nicosian* por la banda de sotafuego de éste, arbolando bandera norteamericana. Wegener debió de suponer que se aproximaba para recoger a los náufragos y no tomó ninguna medida contra él. Al quedar oculto por el vapor, el *Baralong* cambió de bandera y desenmascaró su artillería, y al asomar por la proa del *Nicosian* abrió un mortífero fuego de cañón y fusilería sobre los totalmente sorprendidos alemanes. Alcanzado por varias granadas, el *U-27* se hundió con rapidez, y sobre el agua quedaron doce de sus tripulantes.

Ahora empieza la única página negra, al menos comprobada, en la historia de los «buques-trampa». Enardecidos por el éxito o quién sabe qué motivaciones, que no razones —parece ser que Herbert temió que los supervivientes del *U-27* se apoderaran del *Nicosian*—, los ingleses comenzaron a disparar contra los indefensos náufragos alemanes, que ya nadaban hacia el abandonado vapor, matando a siete de ellos. Los cinco restantes, entre los que figuraba Wegener, pudieron trepar a bordo del *Nicosian*, siendo allí perseguidos por sus despiadados verdugos —diez soldados de infantería de marina— y, siguiendo órdenes de Herbert, asesinados en la cámara de máquinas, donde se habían escondido, excepto Wegener, que volvió a arrojarse al agua y fue allí muerto por los disparos de los hombres del *Baralong*...

El oficial inglés pidió a los del *Nicosian* que guardasen el secreto de lo que, mudos de asombro, acababan de presenciar. Pero fue inútil; el execrable asesinato, que no tenía justificación alguna, trascendió y fue publicado por la prensa norteamericana, pues varios marinos y muleros de esa nacionalidad componían la dotación o viajaban en el *Nicosian*. Basándose en sus declaraciones, firmadas ante notario, el gobierno germano dirigió una enérgica protesta, el 28 de noviembre de 1915, al de Londres, que la rechazó, alegando los hundimientos del *Lusitania* y del *Arabic* (del que luego nos ocuparemos) ; del carbonero *Ruel*, donde se produjeron un muerto y ocho heridos; del submarino británico *E-13*, cañoneado por el destructor alemán *G-132* en aguas territoriales danesas, etc. Pero éstos eran casos y circunstancias totalmente diferentes y que ningún crimen justificaban (1).

Herbert fue relevado del mando, el *Baralong* cambió su deshonrado nombre por el de *Wyandra*, y el 24 de septiembre de aquel mismo año consiguió hundir al *U-41* —teniente de navío Hansen—, que en las proximidades de las costas de Irlanda acababa de echar a pique al vapor *Urbino* y que poco después cayó en la trampa tendida por el buque «Q». Pero esta vez los supervivientes del *U-41* fueron recogidos y hechos prisioneros.

Los «buques-trampa» de la *Royal Navy* operaron inicialmente sobre las derrotas marítimas contiguas a las Orcadas, las Shetland y las Hébridas. Después en el mar de Noruega, la costa escocesa y el mar Blanco. En el golfo de Vizcaya más tarde, y por fin acompañarían a casi todos los convoyes que cruzaron el Atlántico a partir del año 1917.

---

(1) Acaecimientos tan lamentables como el citado fueron en realidad la rarísima excepción que confirma la regla general de caballerosidad que invariablemente presidió —en miles de casos— la conducta de todos los combatientes con respecto a los náufragos y prisioneros enemigos. Pero seríamos injustos y parciales si no citáramos aquí el también excepcional y atroz caso protagonizado por el submarino alemán *U-852*, durante la segunda guerra mundial, en el Atlántico Sur. Al mando del teniente de navío Heinz Eck, el 13 de marzo de 1944 hundió, al nordeste de Ascensión, al vapor griego *Peleus*, y después, «para que el enemigo no conociese nuestra presencia en aquella zona», los submarinistas asesinaron a los náufragos. Pero no a todos: tres supervivientes lograron escapar fingiéndose muertos, y seis semanas después alcanzaron Angola, lo que en octubre de 1945 costaría la vida a Eck y a dos de sus oficiales, juzgados por un tribunal militar aliado en Hamburgo y ejecutados.

Otro hecho tan lamentable se produjo el 9 de marzo de 1944 en el océano Índico. Ese día, el crucero pesado japonés *Tone*, que con otros dos buques de su clase, al mando del contralmirante Takasu, efectuaba un barrido contra el tráfico aliado, detuvo y echó a pique al vapor angloindio *Behar*, al sur de las islas Cocos. Los nipones recogieron a unos 80 náufragos, pero luego asesinaron a 65 de ellos, cumpliendo, al parecer, órdenes de Takasu.

Respecto al capitán de corbeta Herbert —¡la guerra es la guerra!—, que en 1914 había mandado el submarino *D-5*, mandó después el *E-22* y el *K-13*, y en 1917 ascendió a capitán de fragata. No obtuvo más ascensos, y poco después de la guerra pidió y obtuvo el retiro.

* * *

Varios veleros, entre ellos la goleta de 200 toneladas *Price* —teniente de navío W. Sanders, de la Reserva Naval—, fueron convenientemente modificados y convertidos en «buques-trampa». El 30 de abril de 1917, cuando el sol ya se acercaba al ocaso, el *Price* se topó con el *U-93*, al mando éste del capitán de corbeta barón Von Spiegel. La goleta se puso en facha y la *panic party* abandonó precipitadamente en los botes aquel que parecía romántico e inofensivo velero. Sin embargo, sospechando Von Spiegel que podría llevar algún submarino enemigo a remolque y que en realidad podía tratarse de un cebo, la cañoneó intensamente. Uno tras otro fueron cayendo mástiles y velas, el *Price* sufrió cuantiosos destrozos y entre los hombres que aún quedaban a bordo, bien escondidos y aguantando valerosamente la por el momento impune granizada de metralla y explosivos, se produjeron varios muertos y heridos.

Por fin, el *U-93*, ya sin recelo alguno, se aproximó a su víctima, momento que aprovechó Sanders para desenmascararse y abrir a su vez un fuego infernal. El sumergible resultó alcanzado inmediatamente, y la explosión de las granadas recibidas arrojó por la borda al comandante del escualo de acero, al jefe de máquinas y a un timonel. El segundo comandante, teniente de navío Ziegner, perdió el conocimiento. Al recobrarlo, el *U-93* ya se sumergía. No viendo por parte alguna al comandante y observando que la escotilla de la torreta había quedado destrozada y que, por lo tanto, la incipiente inmersión podría ser definitiva, Ziegner ordenó detenerla por todos los medios y volver a superficie.

La noche caía ya y la visibilidad era deficiente. Sanders y sus hombres quedaron convencidos de que el submarino enemigo, envuelto en humo, que se hundía y había desaparecido, bajaba para siempre al abismo. Ordenó recoger a los supervivientes y tratar de reparar las graves averías sufridas por su barco, y luego consiguió llevar la goleta, que se encontraba a 120 millas de tierra, primero a motor y luego a remolque, hasta un puerto de Escocia. Y como pudo presentar tres pruebas irrefutables de que había hundido al *U-93* y Von Spiegel y sus dos compañeros lo testificaron así, pues estaban también convencidos de ello, el teniente de navío australiano, igual que antes Mark Wardlaw, recibió la Cruz Victoria.

Pero el caso no estaba cerrado. El *U-93*, que había sufrido, en efecto, ocho impactos directos, que tenía varios heridos a bordo, uno de los cuales fallecería horas después, y no podía sumergirse, fue hábilmente llevado por Ziegner, haciendo una derrota muy alta hasta las proximidades de Islandia, navegando siempre en superficie, con muy mala mar y sorteando toda clase de buques, a Wilhelmshaven, donde el tullido *unterseeboote* arribó prácticamente sin gota de petróleo y ya se le daba por perdido. Traía a bordo, en calidad de prisioneros, a cinco capitanes de otros tantos vapores ingleses anteriormente hundidos, y, ni que decir tiene, al recibirse en Londres noticias de ellos, la sorpresa del Almirantazgo resultó mayúscula.

La heroica *Price* fue reparada y arbolada de nuevo y volvió a la mar, ahora para operar de consuno con un sumergible, pero resultó hundida poco después, durante la noche, con su dotación al completo, por un submarino alemán. Y es que aquella verdadera tragicomedia representada tantas veces en ese incomparable escenario que resulta la mar, pero donde no hay más público que las olas, por los buques «Q» británicos y los peces de acero alemanes, era en realidad una partida tan emocionante como peligrosa. Examinemos brevemente otro encuentro parecido, pero aún más accidentado si cabe.

* * *

Si, como dijimos, trece submarinos germanos fueron hundidos por los «buques-trampa», y, por supuesto, algunos más resultaron con averías de mayor o menor entidad, tres de ellos cayeron víctimas de un solo marino, un auténtico héroe de novela, el entonces capitán de fragata y luego vicealmirante Gordon Campbell.

Campbell mandó tres buques «Q». Con el *Farnborough*, ex carguero de 2.500 toneladas, armado con cinco cañones, echó a pique por sorpresa, el 22 de marzo de 1916, en los 51° 54′ norte y 10° 53′ oeste, al *U-68*, del que no hubo supervivientes. Con el mismo «buque-trampa», después de haber recibido un torpedo del *U-83* a la altura de la escotilla número 3, logró hundir a dicho submarino alemán el 15 de abril del mismo año, en los 51° 34′ norte y 11° 23′ oeste, lo que valió a Campbell la Cruz Victoria. El *Farnborough* fue remolcado a puerto, pero nuestro hombre tuvo que buscarse otro buque «Q».

Éste sería el *Pargust*, ex carbonero de 2.635 toneladas, armado ahora con cuatro piezas de artillería y dos tubos lanzatorpedos, con el que, el 7 de junio de 1917, en los 51° 50′ norte y 11°

50′ oeste y también después de recibir un torpedo, esta vez en la sala de máquinas, Campbell logró echar a pique a su adversario, el *U-29*, del que sólo se salvaron dos hombres. El destrozado *Pargust* pudo ser remolcado a puerto, pero Gordon hubo de agenciarse un tercer «buque-trampa»: el vapor *Dunraven*, de 2.909 toneladas, al que armó igual que al *Pargust* y que, como los anteriores, también llevó cargas de profundidad.

Veamos ahora más de cerca el ya legendario y largo combate librado entre el *Dunraven* y el *UC-71*, éste al mando del teniente de navío Reinhold Salzwedel, a la altura de Bretaña, en los 48° 00′ norte y 07° 37′ oeste, el 8 de agosto de 1917.

El marino germano conocía la existencia de los buques «Q»; así que al avistarse, hacia las once de la mañana de dicho día, un carguero que, como casi todos los vapores ingleses de entonces, montaba a popa un cañón, navegaba haciendo zigzag y parecía ir arrumbado a Gibraltar, se aproximó a él con las mayores precauciones y abrió el fuego desde unos 4.500 metros de distancia con una de las piezas de 100 milímetros.

En el *Dunraven*, Campbell y sus veteranos, que, como ya dijimos, tenían en su haber tres sumergibles alemanes y habían conseguido averiar a un cuarto, iniciaron la bien ensayada comedia. Contestaron al fuego con la ostentosa pieza montada a popa, disparando intencionadamente corto, y se alejaron echando mucho humo por la chimenea, pero a una estudiada módica velocidad. El cañoneo a distancia y sin efecto se prolongó por espacio de unas dos horas, y aunque el *Dunraven* arrojó bruscamente una humareda imponente por la escotilla de máquinas y se detuvo, como si hubiera recibido un impacto resolutivo, al mismo tiempo que abría las seguridades de las calderas, y la «dotación de pánico» arrió los botes y abandonó el al parecer inutilizado carguero, el *UC-71* se mantuvo a distancia y siguió disparando.

Y sucedió algo no totalmente previsto. Tres granadas alemanas alcanzaron al *Dunraven* precisamente a popa, en la parte más vulnerable del buque, pues era un verdadero arsenal de armas y municiones. La primera hizo estallar una de las cargas de profundidad, de 140 kilos, estibadas en la toldilla, y su explosión proyectó por los aires al alférez de navío Bonner, situado en la oculta dirección de tiro del «buque-trampa», y a un marinero. Aunque malamente heridos, ambos pudieron arrastrarse hasta sus puestos en combate y continuar en ellos. Los otros dos proyectiles alemanes provocaron un fuerte incendio en las proximidades del pañol de municiones del buque, que pronto amenazaba con volar y que, en efecto, terminó por hacer explosión parcial, precisamente cuando el *UC-71* ya se aproximaba confiado. Hombres —entre ellos Bonner—, cañones y municiones volaron por los aires, con gran sorpresa y alarma de los alemanes. Una pieza de 105 mm. pasó por encima del puente y vino a caer sobre el castillo de proa del *Dunraven*, y un marinero amerizó. Milagrosamente, aquel puñado de hombres sólo sufrieron mutilaciones y heridas de mayor o menor gravedad, pero de las que ninguno moriría. El heroico Bonner volvió otra vez a su puesto en combate, lo que le valdría la Cruz Victoria. Salzwedel, convencido ahora de que tiene delante a un buque «Q», se sumerge inmediatamente. Y Gordon Campbell, con unos nervios de acero y una tenacidad a toda prueba, organiza sobre la marcha ¡una segunda evacuación de su buque! Otro trozo seleccionado a toda prisa embarca precipitadamente en el único bote y en la balsa que aún quedan a bordo y, tras recoger al náufrago, se alejan a todo remo del humeante y en verdad destrozado *Dunraven*, cuya popa devoran las llamas y de donde de vez en cuando vuela por los aires algún enrojecido proyectil propio.

Con los ojos pegados al periscopio, el alto y rubio Salzwedel sonríe satisfecho, porque esta vez no hay duda: el enemigo ha perdido los nervios y abandona definitivamente su barco. Y le lanza un torpedo, que hace explosión en el centro del *Dunraven* y deja al «buque-trampa» casi partido por la mitad. Ahora Campbell está seguro de que el submarino saldrá a superficie para rematar a su inerme y abandonada víctima; así que envía un radio al éter para que ningún destructor, cazasubmarinos o barco mercante aliado se le acerque en un radio de treinta millas, pues sabe muy bien que, en otro caso, el sumergible alemán desaparecería de su vista para siempre. Aún le quedan dos cañones útiles y un tubo lanzatorpedos a cada banda, bajo la flotación, y, desde luego, está dispuesto a jugárselo todo para tratar de arrastrar consigo a su enemigo.

Pero Campbell y Salzwedel son dignos antagonistas, y siguen veinte largos minutos de acecho, tensión y espera. El alemán no se decide a emerger ni se aproxima, esperando que su baldado antagonista se hunda pronto. Así que, a lo lejos, demasiado lejos para Campbell, el periscopio del *UC-71* levanta un leve penacho de blanca espuma en la tranquila superficie del mar. Mientras que a bordo del ardiente, inmóvil y ya destrozado *Dunraven*, la flema británica y el humor no han desaparecido pese a lo dramático de la situación. Y aunque los cables telefónicos quedaron seccionados, Gordon, tumbado en el puente de mando y que no pierde un instante de vista a su mortal adversario, anima e intercambia con sus hombres, a través de los tubos acústicos, frases como las siguientes: «Si sabe usted de un sitio mejor, puede irse», le dice a uno de sus marineros, parafraseando a un conocido dibujante y humorista británico. Mientras que otro le pide permiso para quitarse las botas porque «es de buena familia y no le parece decoroso morir con ellas puestas»...

Por fin, el *UC-71* hace emersión, pero precisamente por la popa del *Dunraven*, que es ya una hoguera y desde donde nadie podría disparar contra él, porque los cañones hasta hace poco allí empernados han desaparecido. Salzwedel bombardea a placer al derrelicto y después vuelve a sumergirse para examinar más de cerca la situación de su coriácea víctima. Asomando sólo el periscopio, el submarino alemán desfila por el través del molido *Dunraven*, a unos ¡doscientos metros de distancia! Es una magnífica oportunidad para los ingleses, que Campbell aprovecha para lanzarle un torpedo. ¿Ha llegado el esperado final? A bordo del buque «Q», todos están convencidos de ello y siguen desde sus escondrijos, como hipnotizados, la burbujeante y rectilínea estela que el artefacto va dejando en la superficie y que... ¡se pierde rascando la popa del imperturbable submarino! Después de todo lo aguantado, era para llorar. Pero los alemanes no se han enterado de aquel lanzamiento subrepticio y siguen navegando tranquilamente en torno al «buque-trampa», que está al garete y se hunde poco a poco, pero que al tener al *UC-71* por el través de estribor le lanza otro torpedo.

Esta vez, Salzwedel se da cuenta del lanzamiento, aumenta la velocidad, cambia precipitadamente de rumbo y a duras penas consigue evitar un impacto que hubiera resultado funesto para los alemanes. Los británicos quedan desolados, y Campbell comprende que ya no hay nada que hacer y que él ha perdido por tercera vez la virada, como en términos marineros suele decirse. Así que envía al éter un mensaje de socorro:

«Me voy a pique lentamente. Hasta la vista. Hice lo que pude.»

¡Y a fe que lo había hecho!

Los destructores ingleses que se mantenían sobre el horizonte llegaron a toda máquina, recogieron a la molida y valerosa dotación y tomaron a remolque al *Dunraven*, que, sin embargo, se hundió pocas horas más tarde.

El combate resultó, pues, una brillante victoria para Salzwedel, a quien la suerte decididamente había sonreído y que, antes de desaparecer de forma bien dramática, a bordo del *UB-81*, en diciembre de aquel mismo año, hundiría más de 150.000 toneladas de barcos mercantes enemigos. Una noche, al tratar de cruzar, ¡como tantas veces!, el barraje de minas de Dover, un artefacto submarino hizo explosión y cercenó la popa del submarino. Los mamparos estancos resistieron; así que se soplaron los lastres, y el buque vino a superficie, pero asomando únicamente su parte de proa. Todas las escotillas quedaban bajo el agua; de modo que se descargaron los dos tubos lanzatorpedos proeles y la atrapada dotación trató de escapar por ellos. Cuando un oficial y un marinero ya habían logrado salir, uno de los buques ingleses que patrullaban el barraje, alertado por la explosión de la mina, se aproximó a toda máquina y embistió al mutilado e inerme sumergible. El *UB-81*, con una tremenda vía de agua, se hundió inmediatamente, siendo aquellos dos hombres los únicos supervivientes de la infortunada dotación.

Los submarinistas alemanes aprendieron bastante bien las desagradables lecciones de los «buques-trampa». Una tarde, en diciembre de 1917, el *Santee*, un buque «Q» británico y muy bien enmascarado bajo la dirección de Gordon Campbell, marinado por norteamericanos y al mando del capitán de fragata de la *U. S. Navy* Hanraham, recibió un torpedo lanzado por un submarino alemán poco después de salir de Queenstown. Las averías sufridas resultaron graves, pero, bien relleno de madera, el buque aguantó sin dificultad. Paró las máquinas y, en «perfecto desorden», fue abandonado por la *panic party*, mientras Hanraham y el resto de su gente aguardaban, bien agazapados y durante varias horas, a que el sumergible se les aproximase. Pero en vano, porque éste ya había identificado correctamente al carguero que se negaba a hundirse, y no sólo no salió a superficie, sino que ni siquiera se molestó en enviarle otro de sus torpedos. Y es que un buque «Q» no interesaba en lo más mínimo a los submarinistas germanos. «*Himmel, nein!*»

Pero... cuando la flotilla alemana basada en Cattaro salió rumbo a Alemania, en noviembre de 1918, el único de aquellos catorce submarinos que resultó hundido durante el viaje, en el estrecho de Gibraltar, el *U-34*, lo fue precisamente por un «buque-trampa», el *Privet*, al que había atacado confiadamente en superficie, tomándole por un inofensivo carguero. El *unterseeboote* recibió once proyectiles y se fue a pique en la noche del 8 al 9 de noviembre, dos días antes de firmarse el armisticio. Hacía el número trece de los hundidos por los buques «Q»...

Aquella misma aciaga noche y también entre las «columnas de Hércules», otro sumergible alemán perteneciente a la flotilla de Cattaro, el *UB-50,* al mando del capitán de corbeta Kukat, hundió con dos torpedos al acorazado inglés de segunda clase *Britannia,* que se llevó consigo a cuarenta hombres de su dotación.

* * *

Otro importante enemigo de los *unterseeboote* fueron los submarinos británicos, que enviaron al abismo a diecinueve de sus contrapartes alemanes, algunos valiéndose de una estratagema ideada por el almirante R. Lowry, capitán general de la zona marítima de Escocia. Un bou armado, que hacía de cebo, remolcaba a un sumergible inglés, que intervenía con sus torpedos cuando algún *unterseeboote* trataba de atacar o de hundir al citado pesquero.

Uno de los primeros éxitos lo consiguió el *C-27,* el 20 de junio de 1915. Este submarino británico operaba de consuno con el bou armado *Princess Louise,* que dicho día le remolcaba en inmersión y con el que iba enlazado por cable telefónico. Mandaba el bou el teniente de navío de la Reserva Naval Morton, llevando aquel día como asesor al de igual empleo, pero submarinista, Cantlie, comandante del *C-26.* Navegando de esta guisa, a la vista de las Orcadas, emergió bruscamente por la amura de babor del pesquero, a una milla y cuarto de distancia, el submarino alemán *U-23* —teniente de navío Schulthess—, que al estar a 1.800 metros abrió el fuego.

El *Louise* largó el remolque y paró la máquina, y su dotación inició un precipitado abandono del barco. El *U-23* cesó de disparar y se acercó hasta unos quinientos metros del *Louise,* donde se detuvo. Mientras tanto, el *C-27,* prematuramente privado de noticias debido al intempestivo corte de la comunicación telefónica con su remolcador, había percibido las explosiones de las granadas alemanas, de manera que su comandante, el capitán de corbeta Dobson, mandó arrancar los motores eléctricos y subir a cota periscópica, avistando poco después al *U-23,* al que se aproximó sin ser advertido por los alemanes. Desde unos 400 metros de distancia lanzó dos torpedos, uno de los cuales alcanzó al *U-23,* que hizo explosión y se hundió vertiginosamente. Sólo un oficial y cuatro marineros, de una dotación de treinta y cuatro hombres, pudieron salvarse.

Por idéntico sistema, el submarino *C-24*, a remolque del bou *Taranaki*, ya había hundido con un torpedo, en la mañana del 23 de junio anterior, a 50 millas al sudeste de Girdle Ness, cerca de Aberdeen (Escocia), al flamante sumergible alemán *U-40* —teniente de navío Fürbringer—, del que sólo pudieron recogerse tres supervivientes (1).

* * *

El arma que hundió mayor número de sumergibles alemanes a lo largo de la guerra fue la mina submarina, que se cobró 43 unidades (18 de ellas en 1917 y 19 en 1918—. Siguióle en importancia destructora la carga de profundidad, con 34 buques de dicha clase echados a pique, y ello pese a que tan mortífera herramienta no se generalizó hasta el año 1917. Lo mismo que el «buque-trampa», tampoco tiene una paternidad definida; surgió como consecuencia de una imperiosa necesidad.

Cierto día de 1915 en que la Gran Flota cruzaba por el mar del Norte, un intrépido submarinista alemán lanzó un torpedo contra uno de los cruceros de Jellicoe. Los serviolas del buque británico descubrieron a tiempo el periscopio del sumergible y la estela que dejaba el torpedo, de manera que el crucero pudo sortear el peligroso artefacto y, a toda máquina, se lanzó al abordaje de su enemigo, que ya buscaba velozmente el entonces saludable amparo de las profundidades. El buque de superficie, muy bien manejado, pasó exactamente por encima del submarino ale-

---

(1) Ya dijimos que los «buques-trampa» no siempre llevaron las de ganar. El *Stonecrop*, por ejemplo, de 2.000 toneladas, mandado por el capitán de fragata Blackwood, hundió en septiembre de 1917, en el golfo de Vizcaya, a un submarino alemán, pero al día siguiente fue víctima de otro *unterseeboote*. Al no poder utilizar la radio, de su dotación de 99 hombres —11 oficiales y 88 marineros—, abandonados a su suerte en balsas y botes durante seis días, perecieron cuarenta y cuatro.

También el *Zylpha* —teniente de navío MacLeod— fue hundido por un sumergible alemán en julio de 1917, al oeste del Fastnet. Y el *Candytuft* —capitán de fragata Cochrane— se topó, el 16 de noviembre del mismo año, a la altura de la costa argelina, cuando navegaba con un convoy despachado de Gibraltar a Malta, con un submarino germano que, en inmersión, le alcanzó sucesivamente con dos torpedos. Con bajas y grandes destrozos, el buque «Q» quedó al garete, sin proa a partir del trinquete, de manera que tuvo que ser abandonado y terminó por varar en la costa de África, resultando una pérdida total. Etcétera.

mán, pero sin poder rozarle siquiera debido a la cota ya conseguida por éste. Desde el puente, muchos oficiales y marineros ingleses pudieron ver perfectamente el casco oscuro de su adversario. Y cuando se informó de ello al vicealmirante Madden, éste hizo el siguiente comentario: «No hubiera salido tan bien librado si se hubiese dispuesto a bordo de una mina construida de tal modo que, arrojada al agua sobre el sumergible, hiciera explosión al alcanzar la profundidad a que éste se hallaba.»

La idea era buena; sólo habría que aprovechar el hecho de que la presión aumenta en el seno de las aguas a razón de un kilo por centímetro cuadrado por cada diez metros de sonda y diseñar un mecanismo de fuego basado en dicha propiedad (un muelle regulable, que la presión exterior, en aumento, fuese comprimiendo al aumentar el brazaje y que en el momento oportuno librara al percutor), y habría nacido un arma que muy pronto se revelaría mortífera en aquella primera guerra mundial y, más tarde, también en la segunda.

La Armada británica ya la había logrado a principios de 1916, pero, debido a la escasez de explosivos que se padecía en el Reino Unido (el ácido nítrico tenía que extraerse del guano importado de ultramar; sólo los científicos alemanes, acuciados por la imperiosa necesidad, pues, de no lograrlo a brevísimo plazo, Alemania habría tenido que poner fin inmediato a la guerra, lo conseguían del... ¡nitrógeno del aire!), a comienzos de 1917 los destructores o buques antisubmarinos sólo llevaban a bordo cuatro cargas: dos de 140 kilos de trinitrotolueno (TNT) y otras tantas de 55 kilos. Y la primera noticia que se recibió en Alemania de la nueva y temible arma antisubmarina pudo traerla, a fines de abril de 1917, el *U-47*, al dar cuenta de que el enemigo había arrojado contra ellos una «granada submarina».

Pero los buques aliados muy pronto lanzarían dichas cargas por salvas de hasta doce artefactos —con distintas regulaciones—, y no sólo dejándolas caer por gravedad desde la popa del buque antisubmarino, sino también impulsándolas por las bandas mediante morteros que las hacían volar hasta una distancia superficial de cincuenta o sesenta metros, con el resultado global, que ya conocemos, de 34 sumergibles alemanes hundidos y muchos más averiados, pues en un radio de 30 metros la explosión de una carga de 140 kilos de TNT era suficiente para dañar a cualquier *unterseeboote* en inmersión, lo que significaba un período más o menos largo de reparaciones. Ello, aparte que un ataque de esta naturaleza equivalía, en terrible estruendo y conmoción para el submarinista, al disparo simultáneo y próximo de varias andanadas de artillería del máximo calibre, capaz de deshacer los nervios de quienes, a ciegas e inermes en las profundidades, todo se lo jugaban valerosamente por su amada patria.

* * *

El avión, pese a estar aún en la infancia, y el dirigible, inicialmente sólo desarrollado por los alemanes, también fueron profusamente utilizados a partir de 1917 para vigilar y hostilizar a los submarinos de la *Kriegsmarine,* y aunque los resultados obtenidos no fueron espectaculares, ya que las bombas aéreas sólo consiguieron echar a pique a cuatro unidades, eran un enemigo más, que el submarinista germano hubo de tener en cuenta y que con frecuencia le impidieron iniciar o culminar sus ataques, al obligarle a sumergirse. Aparte señalarle a las unidades antisubmarinas de superficie o a los convoyes, que inmediatamente cambiaban de rumbo.

Otra herramienta aliada que resultó de la mayor importancia para combatir al arma submarina germana fueron los hidrófonos —especialmente los de fabricación norteamericana—, que recogían los ruidos de las hélices del sumergible en inmersión y proporcionaban una marcación muy precisa de éste. Como los buques antisubmarinos a la escucha —que tenían que permanecer parados— operaban en grupos de dos o más, el corte de las marcaciones por ellos simultáneamente obtenidas proporcionaba una buena posición instantánea del *unterseeboote,* aunque totalmente imprecisa respecto a la profundidad en que se movía el escualo de acero; profundidad, por otra parte, que tampoco podía ser superior a los 60 ó 70 metros, y movimiento sumamente lento. Era, pues, cuestión de regular escalonadamente, para distintas cotas, las cargas explosivas que se dejarían caer sobre el buque agazapado en las profundidades.

Los citados medios y el sistema de convoyes, adoptado por fin a mediados de 1917 y del que nos ocuparemos después, permitieron a los aliados, actuando a la defensiva, superar la gravísima amenaza que había llegado a ser el arma submarina germana y ganar la primera guerra mundial.

Luego veremos, paralelamente, la evolución, éxitos y fracasos del *unterseeboote.*

CAPÍTULO V

Los cruceros de batalla alemanes bombardean Scarborough y Hartlepool. — Previsiones adoptadas por el Almirantazgo. — «Celestial», ocasión perdida por Von Ingenohl. — Batalla del banco de Dogger. — Hundimiento del Blücher. — *La* Royal Navy *pierde la virada. — Relevo de Von Ingenohl y fallecimiento de Von Pohl. Scheer toma el mando. — La* Hochsee Flotte *pasa a la ofensiva.*

Como ya señalamos, a fines de 1914, el Alto Mando de la *Kriegsmarine* había llegado a la conclusión de que las minas y los submarinos alemanes, así como su defensiva estratégica para «causar pérdidas a la Escuadra inglesa mediante acciones ofensivas contra las fuerzas de vigilancia enemigas que ejercen el bloqueo del golfo alemán», no habían logrado, ni era ya de esperar que lograsen, reducir la gran desigualdad numérica existente entre las Escuadras de ambas potencias. Porque dichas armas no habían dado, al parecer, el resultado que de ellas se esperaba, y porque el Almirantazgo, no queriendo, naturalmente, hacer el juego a los alemanes, había establecido el efectivo bloqueo a distancia que ya conocemos.

Era, pues, necesario pasar a la acción a fin de arrastrar fuera de la lejana base de Scapa Flow a una parte de la Gran Flota y batirla después con fuerzas superiores, para llegar cuanto antes a una paridad de efectivos que permitiera librar la batalla decisiva; batalla que, de resultar victoriosa para las armas alemanas, proporcionara a la Flota del kaiser el «dominio del mar» y permitiese levantar el humillante y eficaz bloqueo marítimo inglés, que ya pesaba como una losa sobre los imperios centrales.

Hasta entonces, los intentos de la *Kriegsmarine* en tal sentido habían caído en el vacío, por las razones que ya señalamos en el capítulo anterior y porque «la Flota aligera al Ejército de la misión de proteger las costas y hace posible el empleo en el frente de las tropas que, en otro caso, serían necesarias para ello». Pero, en diciembre de 1914, la lucha en el frente del oeste hacía prever una guerra larga, que, debido al «bloqueo del hambre» impuesto por los ingleses, Alemania podría muy bien perder. Había, por lo tanto, que emplear a fondo a la *Hochsee Flotte,* y nada mejor para obligar al enemigo a basar bien al sur de Scapa Flow a una parte de su Escuadra que el bombardeo de ciertos puertos fortificados de la costa oriental inglesa.

Los escogidos fueron Scarborough y Hartlepool, a unas 150 millas al norte del ya bombardeado de Yarmouth, y los buques encargados de la operación, los cruceros de combate de la I División: *Seydlitz,* insignia de Von Hipper, que llevaría a bordo al comandante del *U-27,* quien previamente había reconocido las costas del Yorkshire; *Moltke, Derfflinger* y *Von der Tann,* el crucero acorazado *Blücher* (15.500 toneladas, doce piezas de 210 mm., 25 nudos teóricos), cuatro cruceros ligeros, uno de los cuales, el *Kolberg,* llevaría cien minas submarinas, y las Flotillas I y II de destructores. Como fuerza de cobertura sería utilizada toda la Escuadra de Alta Mar.

* * *

A las 0500 de la madrugada del 15 de diciembre de 1914 zarparon del Jade las fuerzas de Von Hipper; en la tarde de dicho día lo hizo desde Cuxhaven la II Escuadra de acorazados, y de Wilhelmshaven salieron la I y la III Escuadras de *panzerschiffe,* que deberían reunirse con la II en los 54° 30′ norte y 07° 42′ este. Dicho encuentro se hizo ya de noche, y la escuadra germana, ahora fuerte con 14 acorazados modernos, más 8 del tipo *predreadnought,* 2 cruceros acorazados, 6 cruceros ligeros y 50 destructores, arrumbó al ONO cuarta al O, a 15 nudos, en demanda del punto de *rendez-vous,* a las nueve de la mañana siguiente, con los buques de Von Hipper. Todas aquellas unidades —lo mismo que las de reconocimiento, que hacían una derrota bastante más alta en latitud— iban totalmente oscurecidas, y era la primera vez desde que se inició la guerra en que la escuadra al completo abandonaba el golfo de Heligoland. Lo que aquella despejada y tranquila noche ignoraban los expectantes y esperanzados marinos alemanes era que el avispado enemigo (aunque pasándose de listo) ya estaba en la mar y se dirigía a su encuentro con fuerzas... ¡inferiores!

En efecto, por primera vez desde el hundimiento del *Magdeburg,* el Almirantazgo británico iba a probar el grado de fiabilidad de los códigos y documentos secretos capturados al principio de la guerra por los rusos en dicho crucero. La sección de «Inteligencia» del Estado Mayor de la Armada británica acababa de sorprender algunos mensajes radiotelegráficos alemanes, por supuesto cifrados, referentes a la operación que nos ocupa. Dichos mensajes señalaban que los cruceros de combate saldrían de Wilhelmshaven en la madrugada del día 15 y regresarían en la noche del 16. Era, pues, probable que se dispusieran a bombardear algún puerto o puertos ingleses del litoral del mar del Norte, como ya habían hecho en Yarmouth el 3 de noviembre anterior. Dichos mensajes no hablaban para nada de la Escuadra de Alta Mar. «Los indicios eran oscuros e inciertos. Había lagunas en la información —escribe el Primer Lord del Almirantazgo—. Pero la conclusión alcanzada en la mañana del 14 de diciembre era que deberíamos actuar como si aquellas sospechas y suposiciones fueran ciertas.»

Puesto que, según parecía deducirse, la *Hochsee Flotte* no intervendría, el Almirantazgo decidió utilizar sólo una parte de la Gran Flota: la 1.ª Escuadra de cruceros de combate —*Lion, Tiger, Queen Mary* y *New Zealand*—, con la 1.ª Escuadra de cruceros ligeros, basadas en Rosyth; la 2.ª Escuadra de acorazados —*King George V, Orion, Ajax, Conqueror, Centurion* y *Monarch,* puesto que el *Thurderer* se hallaba en reparación—, en Scapa Flow; los cruceros ligeros y destructores del comodoro Tyrwhitt, apostados en Harwich, y los cuatro cruceros acorazados de la 3.ª Escuadra.

El litoral oriental inglés abarcaba unas quinientas millas, pero, teniendo en cuenta la distancia a él desde las bases alemanas, la posición de los campos de minas británicos y la de las bases navales inglesas, el Almirantazgo dedujo que, de producirse, el ataque sería contra los puertos comprendidos entre Harwick y Rosyth. De manera que apostó a las unidades de Tyrwhitt delante de Yarmouth, y señaló a Beatty y a Warrender, al mando de la 1.ª y de la 2.ª Escuadras citadas, un punto de reunión y espera para las 0730 de la mañana del 16, en los 54° 10′ norte y 03° 00′ este, donde deberían quedar «preparados para cortar la retirada del enemigo».

Obsérvese que la fuerza británica concentrada en dicho punto sería más que suficiente para aniquilar a los cuatro cruceros de batalla alemanes, pero resultaba inferior a los dieciocho *dreadnought* que, en conjunto, la *Kriegsmarine* había sacado al mar del Norte.

Tuvo, sin duda, muy buen olfato el Almirantazgo (aunque se quedó corto), y, al producirse el previsto bombardeo alemán, Winston Churchill pudo mostrar a sus colegas del Gabinete de Guerra una carta náutica donde figuraban las posiciones en aquel momento de los cruceros de combate alemanes, todavía con los cañones humeantes, y de los buques de Beatty y de Warrender; posiciones que hacían prever una batalla hacia el mediodía, puesto que «los cuatro cruceros de batalla ingleses y seis de los más potentes acorazados del mundo cortaban matemáticamente la retirada de los buques germanos».

* * *

Una fuerte borrasca atlántica barría el norte de Escocia el 15 de diciembre de 1914. La 2.ª Escuadra de acorazados zarpó de Scapa al amanecer de dicho día, y, como sabemos, en el Pentland Firth, un terrible golpe de mar se llevó por la borda el puente de mando del crucero ligero *Boadicea,* con toda su gente, teniendo dicho buque que entrar de arribada en el Clyde. También el crucero *Blanche* sufrió graves averías estructurales y tuvo que regresar a Scapa Flow, lo mismo que la totalidad de los destructores que acompañaban a dicha 2.ª Escuadra, incapaces de aguantar aquellas olas despiadadas.

Los buques de Beatty, zarpados de Cromarty, donde la mar no arbolaba tanto, pudieron llevar consigo a siete destructores, y se incorporaron a la escuadra de Warrender a las once de la mañana, a la altura del Firth de Moray. A las tres de la tarde lo hicieron los cuatro cruceros acorazados del contralmirante Pahenham —*Antrim, Argyll, Devonshire* y *Roxburgh*—, salidos también de Rosyth, adoptándose un dispositivo de marcha en el que los cruceros de batalla formaban la vanguardia, a cinco millas del grueso, mientras los siete destructores se movían diez millas a levante del mismo.

Durante la oscura noche del 15 al 16, cubierta y sin luna, los destructores ingleses perdieron el contacto, y a las 0520 de la mañana, cuando la oscuridad era de alquitrán, se toparon con la vanguardia de la *Hochsee Flotte,* en la que marchaban los cruceros acorazados *Roon* y *Heinrich,* con una flotilla de *zerstörer.* En el breve combate subsiguiente, librado a muy corta distancia, sufrieron bajas e importantes averías los destructores británicos *Lynx, Hardy* y *Ambuscade,* que tuvieron que retirarse.

De esta fiera escaramuza librada entre las sombras tuvieron noticia inmediata Warrender y Von Ingenohl. El almirante inglés continuó a rumbo, puesto que los mensajes recibidos sólo mencionaban a destructores y cruceros ligeros enemigos, y el germano ordenó a su escuadra, a las 0545, un cambio de rumbo al sudeste. Era una medida prudente para evitar cualquier posible ataque torpedero en plena oscuridad, puesto que la cuadrícula 105, donde se había producido el encuentro, quedaba a tan sólo unas 20 millas al sudeste del punto de reunión fijado para los cruceros de batalla alemanes y había, por lo tanto, tiempo de sobra.

Con las primeras luces, los cuatro destructores ingleses indemnes descubrieron a cinco buques enemigos similares; de manera que el capitán de fragata Loftus-Jones, a bordo del *Shark,* se lanzó al ataque. Los germanos se replegaron sobre el *Roon,* y al descubrir a este crucero acorazado alemán, la diezmada escuadrilla británica hizo lo propio sobre la 2.ª Escuadra de Warrender, entonces a unas 30 millas por el oeste.

A las 0730 se recibió en el *King George V* y en el *Lion* el mensaje del *Shark* señalando al *Roon;* de manera que Beatty, con la aprobación de Warrender —al mando táctico, por ser el de más graduación—, arrumbó velozmente hacia levante con sus buques de batalla y la 1.ª Escuadra de cruceros ligeros. ¿Iba a producirse el choque tan esperado por los alemanes, y precisamente con una importante pero inferior agrupación operativa de la *Royal Navy*?

A las seis horas de aquella mañana, las fuerzas de Warrender y de Von Ingenohl se encontraban a 50 millas de distancia. Pero diez minutos después, considerando el almirante de la *Kriegsmarine* que la Escuadra de Alta Mar ya había rebasado el arco de círculo que mediaba entre Terschelling y el Horns Reef, ordenó a todas sus unidades arrumbar al ESE cuarta al E, para regresar a las bases de partida. Como sabemos, la escuadra alemana ni siquiera había llegado al punto señalado en su orden de operaciones para aguardar a los cruceros de combate encargados del bombardeo de la costa inglesa, a fin de cubrirles la retirada y, ¡atención!, por si Von Hipper lograba arrastrar en pos de sí, hacia el grueso germano, a cualquier fracción de la Gran Flota; pues éste, y no el citado bombardeo, era el verdadero objetivo de la operación.

El encuentro de la vanguardia de Von Ingenohl con algunos destructores ingleses nada presuponía en realidad contra lo esperado por los marinos alemanes, más bien lo contrario, puesto que si dichos buques marchaban solos, nada importaban, y si precedían a una fracción de la Gran Flota, éste era precisamente el objetivo y no podía estar lejos. Así, pues, la única información sobre el enemigo de que disponía aquella mañana el almirante de la Escuadra de Alta Mar, lejos de ser alarmante, era en verdad esperanzadora. Sin embargo, Von Ingenohl, uno de esos individuos que llegan pero que no se lo merecen, suponiendo gratuitamente que toda la escuadra enemiga podía estar cerca, e interpretando a su manera las órdenes del emperador, decidió una retirada definitiva. Es decir, tiraba por la borda el plan tan cuidadosamente preparado por la *Kriegsmarine* y dejaba desamparados y en la brecha a los buques de Von Hipper, a punto de romper el fuego contra las baterías de costa asentadas en suelo enemigo.

Las órdenes del kaiser: «evitar acciones que puedan conducir a graves pérdidas», no sirven aquí de excusa o justificante, puesto que ya habían sido consideradas al planear la operación que nos ocupa. Pocas veces, en la historia naval, almirante alguno ha tomado decisión tan inoportuna y contraria a los vitales intereses nacionales. Nada tiene de extraño que días después, al conocerse en Alemania cuáles habían sido en realidad las fuerzas inglesas lanzadas contra los cruceros de batalla de Von Hipper, el gran almirante Von Tirpitz escribiese: «Cuando pienso que, el 16 de diciembre, Ingenohl ha tenido en su mano la suerte de Alemania, ardo en indignación.»

Aunque esta afirmación no puede ser tomada al pie de la letra, puesto que, exceptuando los cinco acorazados alemanes de la III Escuadra, los restantes *panzerschiffe* eran más lentos que sus seis contrapartes de Warrender, el gran almirante tenía fundadas razones para indignarse, pues, de haber proseguido Von Ingenohl a rumbo, las escuadras alemana e inglesa se habrían avistado entre las ocho y las nueve de aquella mañana. De manera que, con toda la jornada por delante y el resto de la Gran Flota fondeada aún en Scapa Flow —no podría hacerse a la mar hasta las 1215—, la señalada fue, si no una «ocasión celestial», por lo menos sí la única que se le presentaría a la *Kriegsmarine* en toda la guerra para haber podido obtener una victoria, siquiera parcial, sobre su muy superior enemigo (1).

Extrañamente, Von Ingenohl no fue relevado del mando, lo que probablemente este almirante, que no quería correr riesgos, debió a la intervención del canciller, Bethmann-Hollweg, quien deseaba preservar a toda costa la Escuadra hasta la conclusión del tratado de paz, para que Alemania no se encontrase en situación difícil en las negociaciones con Inglaterra, puesto que «los éxitos del Ejército se verían entonces comprometidos a menos que tu-

(1) «Nuestro prematuro cambio de rumbo al ESE nos robó la oportunidad de establecer contacto con ciertas divisiones enemigas, según el plan previamente establecido, que luego se demostró que había sido correcto», escribe Scheer, al mando entonces de la II Escuadra de acorazados.

viéramos a nuestra disposición una Flota intacta, capaz de ejercer presión sobre Gran Bretaña».

Era la lamentable, obtusa mentalidad continental...

* * *

La agrupación de Von Hipper había, como dijimos, hecho una derrota bastante alta, hasta el paralelo de los 56° norte, y durante el día 15 sólo avistó pesqueros holandeses. Al caer la tarde cambió el cariz del tiempo, refrescó el viento y comenzaron a desfogar fuertes chubascos. La noche se presentó oscurísima, y en los puentes de mando de las unidades germanas el silencio sólo era roto por alguna orden breve formulada en voz baja, como si se presintiera al invisible enemigo. El instinto parecía querer advertir a los marinos alemanes, pues, hacia la medianoche del 15 al 16, la agrupación de Von Hipper pasaba a tan sólo 15 millas por la proa de la de Warrender. Una hora después, el destructor *S-33* rompía imprudentemente el radiosilencio para llamar al *Strassburg:*

«Perdido el contacto. Déme su rumbo.»

El crucero le ordenó silencio, y suponemos que más de uno en la agrupación alemana debió de farfullar alguna maldición entre dientes.

Al aproximarse a las costas del Yorkshire, la mar y el viento, del noroeste, fueron aumentando, y los buques comenzaron a dar grandes bandazos. Facilitaron su recalada las llamaradas de los altos hornos y la iluminación urbana, como en tiempos de paz, de las ciudades inglesas. Pero los cruceros ligeros y destructores que se aproximaban a ellas se movían ahora desquiciadamente; con las grandes olas y el viento casi de través, los golpes de mar hacían temer por sus frágiles superestructuras. El capitán de fragata Retzmann, a bordo del *Strassburg,* que marchaba en vanguardia, señaló al almirante: «Debido estado de la mar no es posible el bombardeo de la costa; luces visibles por la proa; la costa no se distingue; por mor de la marejada arrumbo al este.»

Las unidades de la *Kriegsmarine* navegaban entonces a través del paso, de unas 20 millas de anchura, comprendido entre los campos ofensivos de minas anteriormente fondeados por los alemanes y que luego, como sabemos, habían sido complementados por los ingleses e incorporados por éstos a los defensivos propios. La situación era, pues, algo embarazosa para Von Hipper, que, en contra del parecer de su jefe de Estado Mayor, capitán de fragata Erich Raeder, decidió enviar a sus cruceros ligeros y destructores, menos al *Kolberg,* al encuentro de la *Hochsee Flotte.* Aunque el almirante germano ignoraba aún que Von Ingenohl se retiraba, y tampoco sospechaba ni remotamente que los ingleses conocían la operación en curso y ya estaban en la mar, dejar solos a aquel puñado de barcos, artillados únicamente con piezas de 105 y 88 mm., cuando el día estaba a punto de romper y la costa enemiga quedaba a la vista, era arriesgado. Sin embargo, aquella muy discutible decisión salvaría después a los cruceros de batalla teutones de un encuentro con fuerzas inglesas aplastantemente superiores.

A las 0735, tan pronto se retiraron los cruceros *Stralsund, Graudenz* y *Strassburg,* con las dos flotillas de destructores, las unidades de Von Hipper se dividieron, de acuerdo con el plan previsto. El *Von der Tann* —contralmirante Tapkin— y el *Derfflinger,* con el *Kolberg,* arrumbaron hacia el sur, mientras el *Seydlitz,* el *Moltke* y el *Blücher* aproaban al norte. Estos últimos se toparon poco después, en las proximidades de Hartlepool, con cuatro destructores ingleses de vigilancia —*Doon, Waveney, Test* y *Moy*—, que se lanzaron al ataque, pero que fueron violentamente rechazados y tuvieron que retirarse, con bajas y averías.

El bombardeo de las baterías de costa e instalaciones portuarias de dicha ciudad se inició hacia las ocho de la mañana, en pleno día, y duró una media hora. Las baterías —de 152 mm.— fueron silenciadas, no sin que lograsen cuatro impactos en el *Blücher* —que sufrió averías, nueve muertos y tres heridos—, tres en el *Seydlitz* y uno en el *Moltke.* Varios gasómetros ardieron; muelles, talleres de maquinaria, gradas, etc., sufrieron importantes destrozos, y la estación costera de Witby quedó deshecha.

El crucero británico *Patrol,* que al iniciarse el bombardeo trataba de salir a la mar, recibió varios impactos directos. Y para librarse del diluvio de proyectiles que le buscaban, el submarino *C-9* tuvo que hacer inmersión en plena barra. Al mismo tiempo, la mala visibilidad obligaba a los buques de Tapkin a tirar desde una milla de distancia a Scarborough, mientras el *Kolberg,* dando bandazos de doce grados, fondeaba sus minas delante de Filey. Pero aquí las baterías de costa habían sido desmontadas y no existían otros blancos que los ahora vacíos barracones y trincheras anexas.

Por supuesto, los objetivos alemanes fueron de interés militar, pero no es posible, y menos con mala mar, llevar la completa «rosa de tiro» de cualquier buque de guerra allí donde se quiere;

Baterías proeles de 381 mm. del acorazado *Queen Elizabeth*. Esta serie de acorazados ingleses fue, en conjunto, la más poderosa que combatió en Jutlandia; sólo comparables a los alemanes *Baden* y *Bayern*, de 28.000 toneladas, que entraron en servicio después de dicha batalla.

El potente acorazado alemán *Baden*, armado con ocho piezas de 380 mm., cabeza de una serie de la que sólo se construyeron dos unidades en la Gran Guerra. Fue precursora de la serie «Bismarck», que combatió en la segunda guerra mundial.

El acorazado ruso de la Escuadra del mar Negro *Imperatrica Marija* dando escolta a un convoy de tropas destinado al frente turco.

Los acorazados norteamericanos *Arkansas, Oklahoma* y *Nevada*, de 32.000 toneladas, que, con otros seis acorazados y 361 buques de guerra más, fueron enviados a Europa a partir de la entrada en la guerra de los Estados Unidos en abril de 1917.

En la noche del 23 de abril de 1918, las fuerzas de asalto del comodoro Roger Keyes forzaron Zeebrugge, base de los submarinos alemanes en Flandes, hundiendo tres viejos cruceros en el canal de acceso a las esclusas. Sin embargo, el canal no quedó infranqueable para los *unterseeboote*, como puede observarse en la fotografía.

La guerra de minas resultó muy dura en el mar Negro. En la fotografía, el crucero ligero turco *Medschidiye*, hundido por una mina delante de Odesa, que luego fue salvado por los rusos e incorporado a su Escuadra con el nombre de *Prut*.

El acorazado *Iron Duke*, buque insignia del almirante Jellicoe en Jutlandia.

El *Seydlitz* tardó dos días en llegar a Wilhelmshaven. Debido a sus incendios, había quedado sin cartas náuticas y agujas giroscópicas y varó dos veces. En la foto superior, varado en el canal de Amrum y con sus incendios reactivados. En la inferior, en dicha base naval, sin el carapacho de la torre «Anton». Detrás, el acorazado *Grosser Kurfürst*.

El pequeño submarino minador alemán *UC-61* embarrancado en el paso de Calais en junio de 1917. Obsérvense en la parte de proa los seis pozos de libre circulación para alojar otras tantas minas de contacto.

«*Rendez-vous*» de submarinos alemanes. Obsérvese el contraste entre el minador *UB-35*, de 168 toneladas, y el gran sumergible de «crucero» al que está abarloado, de 1.900 toneladas en superficie, artillado con dos piezas de 150 mm. y capaz de llevar 20 torpedos. (En cubierta, oficial inglés prisionero.)

El acorazado británico *Neptune*, de 27.500 toneladas, perteneciente a la 1.ª Escuadra de Combate de la Gran Flota. Las grandes cofas que pueden apreciarse sobre los mástiles servían para la observación del tiro y montaban un alza directora que permitía disparar eléctricamente todos los cañones al mismo tiempo y centralizar la puntería vertical de las piezas. Los buques alemanes no dispondrían de nada parecido hasta después de Jutlandia.

Detalle de la cubierta del combés y el alcázar del acorazado británico *Neptune* vista desde la banda de babor.

Los rusos sólo quisieron utilizar viejos buques de guerra en la defensa del golfo de Riga. En la fotografía puede apreciarse el estado en que quedó el acorazado *Slava*, de 14.000 toneladas, tras su combate con los alemanes *König* y *Kronprinz* el 17 de octubre de 1917.

Los acorazados rusos de la escuadra del Báltico *Petropavlovks* y *Poltava*, *dreadnoughts* de 23.360 toneladas, armados con doce piezas de 305 mm. Con otras dos unidades de la misma serie, fueron reservados para defender el golfo de Finlandia.

El pequeño acorazado austríaco *Wien*, hundido en el puerto de Trieste la noche del 9 de diciembre de 1917 por las lanchas torpederas italianas del teniente de navío Luigi Rizzo.

El teniente de navío Luigi Rizzo, que hundió también al moderno acorazado austríaco *Szent Istvan (San Esteban)*, de 21.000 toneladas (doce piezas de 305 mm.), en el mar Adriático, la noche del 9 al 10 de junio de 1918, cerca de Premuda.

La lancha torpedera italiana *MAS-15*, de 18 toneladas y 20 nudos de velocidad máxima, con la que Rizzo hundió al acorazado *Szent Istvan*.

El acorazado austríaco *Szent Istvan* ha zozobrado y se hunde en la mañana del 10 de junio de 1918 en el mar Adriático. Fotografía tomada desde su gemelo, el *Tegetthoff*.

El moderno acorazado italiano *Leonardo da Vinci*, de 22.000 toneladas, entrando en el mar Piccolo de Tarento; sería su tumba en la noche del 2 de agosto de 1916, cuando, víctima de un incendio provocado, volaron varios de sus pañoles de municiones y se fue a pique.

Este barco no es tan inofensivo como parece; bien ocultos, pero listos para su empleo inmediato, lleva: siete piezas de 150 mm., cuatro tubos lanzatorpedos, un hidroavión y 600 minas submarinas. Se trata del crucero auxiliar alemán *Wolf*, que permaneció en la mar durante 444 días consecutivos, habiendo echado a pique, directamente o con sus minas, 35 barcos mercantes aliados, con 210.000 toneladas.

«El último corsario», como le denominó su comandante, el conde Félix de Luckner, fue el velero alemán *Seadler*, magníficamente enmascarado, que hundió 14 barcos aliados y al que un maremoto destrozó en Mopelia, en las islas de La Sociedad.

Según las cláusulas del armisticio, los alemanes tuvieron que entregar a los aliados 176 submarinos. He aquí a uno de ellos, el *U-155*, llevado a Londres. La guerra submarina costó a Alemania la pérdida en combate de 178 sumergibles; otros 7 tuvieron que entrar por avería en países neutrales, donde quedaron internados, y 14 fueron destruidos por sus dotaciones al final de la guerra.

Autohundimiento de la Escuadra germana, en Scapa Flow, el 21 de junio de 1919. Once acorazados, cinco cruceros de combate (el *Hindenburg*, de 26.500 toneladas, en la fotografía), ocho cruceros ligeros y 46 destructores fueron hundidos por sus dotaciones cuando el almirante Von Reuter recibió la orden de David Beatty de arriar el pabellón alemán.

El flamante acorazado británico *Audacious*, de 23.000 toneladas, hundiéndose, en octubre de 1914, tras colisionar con una mina fondeada en las costas de Escocia por el crucero auxiliar alemán *Berlin*. Las minas submarinas germanas hundieron 1.220.000 toneladas de barcos mercantes aliados.

Final del crucero ligero alemán *Emden*, el 9 de noviembre de 1914, en las islas Cocos, tras una fulgurante carrera de corsario. Tras librar su último combate contra el crucero australiano *Sidney*, muy superior en artillería, su comandante, el capitán de fragata Von Müller, lo embarrancó en los arrecifes de coral.

El vapor inglés *Montezuma*, disfrazado para hacerse pasar por el acorazado *Iron Duke*. Fue uno de los 14 grandes vapores disfrazados por el Almirantazgo para hacerlos pasar por diferentes unidades concretas de la Gran Flota a fin de confundir a los alemanes.

El crucero de combate alemán *Derfflinger*, de 26.300 toneladas (ocho piezas de 305 mm.), que tomó parte en el combate del banco de Dogger el 24 de enero de 1915. Éste era su remozado aspecto en 1917, con mástil trípode para el alza directora situada en la cofa.

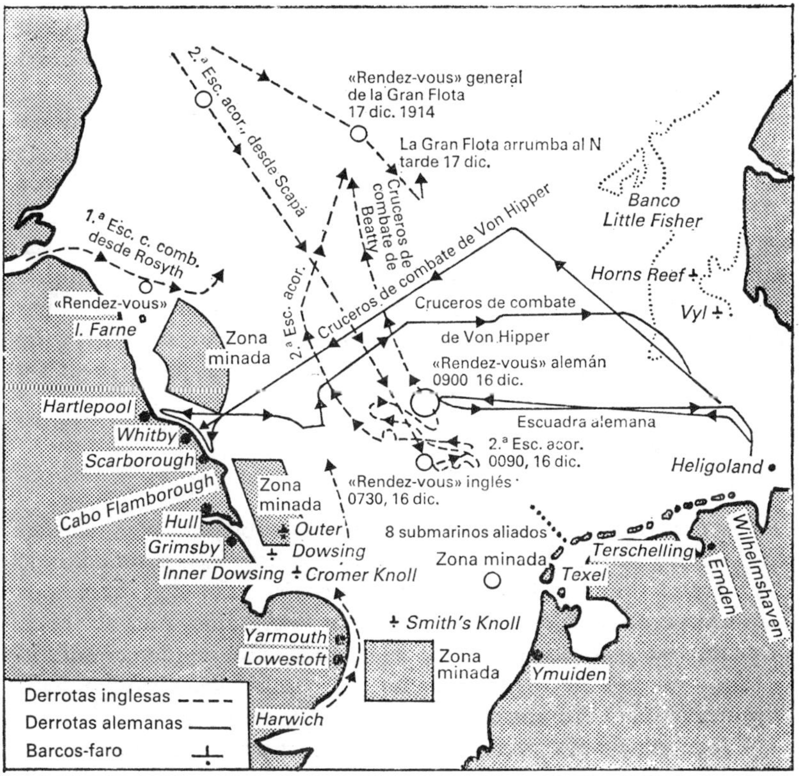

Derrotas aproximadas seguidas por las agrupaciones alemanas y británicas, en el mar del Norte, los días 15 y 16 de diciembre de 1914, a raíz del bombardeo alemán de Scarborough y Hartlepool, en la mañana de esta última fecha.

siempre se producen algunos disparos cortos y largos, y las bajas entre la población civil son, lamentablemente, inevitables. En la acción que nos ocupa se produjeron 122 muertos y más de 400 heridos.

Durante la Gran Guerra, debido a los traidores y errantes bajos de arena frente a la costa alemana del mar del Norte —cuyas balizas habían sido retiradas al romperse las hostilidades—, la Flota británica no se atrevió a bombardear los puertos germanos de dicho mar. Pero recuérdese que en el bombardeo de Génova y Vado, el 9 de marzo de 1941, durante la segunda guerra mundial, a cargo de la Fuerza «H», mandada por el almirante británico Sommerville, la población civil sufrió 144 muertos y 272 heridos. Y en el de Trípoli —norte de África—, el 21 de abril del mismo año, esta vez por los acorazados de Cunningham, hubo 100 muertos y unos 300 heridos, todos ellos civiles (1).

Hacia las 1030, los cruceros alemanes habían vuelto a reunirse, y Von Hipper arrumbó hacia levante para repasar los campos de minas. Poco después del mediodía, esta agrupación ponía proa al SE a fin de librar por el sur la laja occidental del banco de Dogger, pues aunque su profundidad mínima es de siete brazas, estaba plagada de pecios y, con mala mar, los grandes buques podían dar allí alguna «culada» de consecuencias imprevisibles. Von Hipper sabía ahora que la *Hochsee Flotte* se retiraba y que no podría prestarle ninguna ayuda. Por si fuera poco, se había quedado sin buques de descubierta. O... ¿tal vez no?

* * *

El contralmirante Beatty, que, como sabemos, poco después de las 0730 había arrumbado hacia el grueso de la Escuadra de Alta Mar, a las 0845 recibió tres mensajes radiotelegráficos, por los que supo que el destructor *Shark* era perseguido, más al norte, por cruceros ligeros alemanes; que el *Patrol* estaba siendo cañoneado por dos cruceros de batalla enemigos, y que Scarborough había comunicado al Almirantazgo, a las 0830, que era bombardeado.

Warrender había recibido los dos primeros mensajes citados, pero no el último; así que ordenó a Beatty que se le incorporara, mientras él se dirigía hacia el Humber, con la 2.ª Escuadra de acorazados y la 3.ª de cruceros acorazados, por el sur del banco de Dogger. Marchaba, sin saberlo, directamente al encuentro de Von Hipper, cosa que éste también ignoraba.

Consecuentemente, Beatty cambió de rumbo, pero, a las 0856, ambos almirantes recibieron un mensaje directo del Almirantazgo haciéndoles saber que Scarborough estaba siendo cañoneado. Así que Beatty, que ya había recogido a sus destructores, arrumbó con independencia hacia dicho puerto, y poco después, al enterarse de que Hartlepool era también bombardeada, dejó el banco de Dogger por babor y aproó hacia la última.

Así, pues, dos fuerzas británicas navegaban al encuentro de los cruceros de batalla alemanes, contorneando por el sur y el norte la extremidad occidental del banco de Dogger y, como es natu-

---

(1) Véase *La guerra naval en el Mediterráneo, 1940-1943*, del mismo autor. Editorial Juventud, Barcelona.

ral, ardiendo en deseos de aniquilar a los buques enemigos que tenían el atrevimiento de bombardear el sagrado suelo de la patria y a los que ya creían tener virtualmente acorralados (1).

Sir David, arrumbado a toda máquina hacia el mencionado paso, llevaba, a unas cinco millas en vanguardia, moviéndose parcialmente sobre la laja de Dogger y bien desplegados de sur a norte y por este orden, a los cruceros *Southampton, Nottingham* y *Falmouth,* buques artillados todos ellos con piezas de 152 mm. y que ahora partían velozmente las grandes olas, cuyos rociones caían a bordo como un trallazo y luego se perdían, cual huidizas exhalaciones, por encima de las cofas. Los furiosos chubascos de lluvia reducían frecuentemente la visibilidad a menos de una milla; de manera que ambas divisiones de Beatty perdieron el contacto y el almirante tuvo que reducir la velocidad a 18 nudos.

Bruscamente, a las 1125, al salir de un chubasco, el *Southampton* descubrió a los cruceros ligeros y destructores de Von Hipper, que, como sabemos, marchaban en solitario en pos de la elusiva Flota de Alta Mar. Desde el puente del buque insignia de Goodenough se parpadearon por semáforo luminoso las tres letras —en morse— de la señal inglesa de reconocimiento. En respuesta, el sorprendido *Strassburg* aventuró otras tantas, que nada tenían que ver con la contraseña; de manera que el *Southampton* abrió inmediatamente el fuego. Los buques germanos hicieron lo propio, tendieron cortinas de humo y arrumbaron a toda máquina hacia el SSE, siendo perseguidos por el citado crucero británico y por el *Birmingham,* atraído por el ruido de los cañonazos. Entre las desmelenadas olas y moviéndose todos a revientacalderas, los buques daban tales bandazos y cabezadas, que ninguno lograría un solo impacto.

Mientras tanto, el *Nottingham,* que había perdido el contacto

---

(1) Los deseos de atrapar a toda costa a las unidades alemanas eran tales, que Warrender ya había ordenado a Beatty que enviara a los cruceros ligeros de Goodenough a través de los campos de minas, para tratar de localizar cuanto antes al enemigo, y pedido autorización al Almirantazgo para pasar él, con los buques pesados, a través de dichos campos. Entonces el almirante Jellicoe, que seguía atentamente la marcha de los acontecimientos, intervino para aclarar que, al parecer, existía un paso de unas 20 millas de ancho a poniente del banco de Dogger, entre los campos de minas anteriormente fondeados por los alemanes frente al Yorkshire, a través del cual suponía él que probablemente intentaría retirarse la fuerza alemana. Importante aclaración inmediatamente aprovechada por Beatty y Warrender para enmendar sus respectivos rumbos.

visual con el *Birmingham*, aproó hacia el sur en busca del último, siendo avistado desde el *Lion*. Entonces Beatty, que suponía que el combate con los cruceros de batalla alemanes era ya inminente, ordenó a dicho crucero que volviese a su puesto en el dispositivo de exploración. Pero, por un error en las señales, éstas fueron dirigidas «a todos los cruceros ligeros», lo que decidió a Goodenough a suspender la persecución de las unidades alemanas, que muy pronto desaparecieron en la grisácea y alborotada cerrazón.

Los marinos germanos respiraron, pero no por mucho tiempo.

En efecto, a las 1210, los acorazados y cruceros acorazados de Warrender, que se movían a unas 15 millas al SSE de la división de Beatty e iban arrumbados al borde meridional del paso existente entre los campos de minas, descubrieron a los buques ligeros alemanes que, por el norte, bajaban dando grandes bandazos, pero con una sangre fría a prueba de sobresaltos. Porque al descubrir aquellas diez macizas siluetas enemigas, entre las que figuraban «los seis acorazados más potentes del mundo», capaces de pulverizar a las unidades germanas en un santiamén (con sus sesenta monstruosos cañones de 343 mm., puesto que su estabilidad de plataforma apenas se vería afectada por las olas) y que ya habían aproado amenazadoramente hacia ellas, el capitán de fragata Retzmann ordenó hacerles por semáforo la señal británica de reconocimiento, que, tres cuartos de hora antes, se había aprendido a la perfección.

La visibilidad era pésima; los borrosos, humeantes y como borrachos buques germanos quedaban a barlovento de las grandes unidades británicas y habían dado correctamente el «santo y seña»; de manera que Warrender supuso que serían los del comodoro Tyrwhitt, que sabía navegaban a su encuentro y le buscaban, y ordenó volver a rumbo. Pocos minutos después, ambas agrupaciones enemigas se perdían mutuamente de vista entre las empenachadas olas y las rastreras y plomizas nubes...

Al comunicar Warrender a Beatty el reciente avistamiento se aclaró el equívoco, pero una duda torturó ahora a sir David. ¿Constituirían aquellos buques la vanguardia de Von Hipper? Evidentemente, sí; pero entonces, dada la mala visibilidad reinante, que obligaría a los cruceros de batalla germanos a navegar próximos a su descubierta, y dado el tiempo transcurrido desde el primer encuentro con ésta, lo más probable era que dichas grandes unidades enemigas hubieran pasado ya, indetectadas, hacia levante y que ahora quedasen por la popa del *Lion*. De manera que Beatty ordenó a su agrupación invertir el rumbo, es decir, aproar al este verdadero, y forzar máquinas.

Fue una decisión perfectamente lógica —pues el almirante británico no podía sospechar que las unidades ligeras de Von Hipper navegasen, con aquel tiempo infernal, ¡60 millas! por delante de los cruceros de combate alemanes— y que probablemente cualquier otro en su lugar hubiera tomado, pero que resultó muy desafortunada para los ingleses, puesto que, de haber seguido a rumbo, los cruceros de batalla de Albión habrían entrado en contacto con los de Von Hipper antes de las 1300 horas. Veamos por qué.

Como ya dijimos, a las 1215, la división alemana había arrumbado al sudeste para librar el banco de Dogger por el sur. Después, al irse recibiendo en el *Seydlitz* los mensajes de los cruceros ligeros alemanes, que por dos veces se habían topado con las unidades inglesas que ya conocemos, Von Hipper llegó a la conclusión de que una fuerza británica «compuesta por unos once buques de línea» le cerraba el paso. El peligro era grave, puesto que el grueso de la *Hochsee Flotte* se encontraba entonces a unas 180 millas de distancia y seguía alejándose (1); así que, a las 1245, el almirante alemán resolvió virar decididamente hacia el norte. Rumbo que dicha división mantendría sensiblemente durante unas dos horas, para luego aproar al ENE y después, desoyendo Von Hipper la recomendación de los comandantes del *Derfflinger* y del *Moltke,* que le sugerían dirigirse al Skagerrak y entrar en Kiel, arrumbar al Horns Reef y, por fin, a Wilhelmshaven, donde recalaba sin más sobresaltos a las 0630 de la mañana del 17 de diciembre.

Algunas horas antes lo había hecho el grueso de la imperturbable *Hochsee Flotte,* con los tres cruceros ligeros y las dos flotillas de Von Hipper.

El Almirantazgo británico, por su parte, supo, a las 1425 del 16, gracias a sus radiogoniómetros, que toda la Escuadra enemiga se hallaba en la mar. Advirtió inmediatamente a Jellicoe, a Warrender y a Beatty, pero... ya no había nada que hacer.

Así, pues, pese a que los ingleses conocieron por anticipado, aunque sólo parcialmente, la operación montada por la *Kriegsmarine* que hemos seguido hasta aquí, ésta se llevó a cabo con absoluta impunidad y, para el gran público, aparentemente con resultados satisfactorios. En realidad fue un fracaso parcial, puesto que su verdadero objetivo no era el bombardeo de las ciudades inglesas ni el fondeo de un campo de minas —en el que, por

(1) Sin saberlo, las agrupaciones de Beatty y de Von Hipper se hallaban entonces a tan sólo 25 millas una de otra.

cierto, varios barcos mercantes británicos se hundirían muy pronto—. Lo que se perseguía era atraer y destruir a una fracción de la Escuadra enemiga; destrucción que, contra todo pronóstico, luego ni siquiera se intentaría, como ya vimos.

No obstante, el clamor popular levantado en el Reino Unido y la unánime indignación de la prensa inglesa por la aparente ineficacia de la omnipotente *Royal Navy*, obligaron al Almirantazgo británico, el 21 de diciembre de 1914, a basar permanentemente en Rosyth a la 1.ª Escuadra de cruceros de combate; que era lo que los alemanes en parte pretendían. Pero, por supuesto, los sesudos lores no dijeron ni media palabra acerca de las importantes medidas por ellos adoptadas antes del bombardeo —ya que habría puesto en guardia a los alemanes sobre la ruptura de sus claves—, que sólo el mal tiempo, como sabemos, desbarató luego; ni quisieron separar dichas unidades de batalla del mando de Jellicoe, cosa perseguida también por la *Kriegsmarine*. En realidad, habiéndose percatado de que sólo gracias a la «colaboración» de Von Ingenohl, la agrupación de Warrender había escapado a un posible grave percance —diferencia de acorazados aparte, recuérdese que, tras la primera escaramuza, en el bando alemán se alineaban setenta destructores, por tan sólo cuatro unidades de esta clase en el inglés— y que cualquier fracción de la Escuadra británica podía ser sorprendida en aguas meridionales del mar del Norte por toda la Flota alemana, el Almirantazgo decidió que, en similares circunstancias, la *Grand Fleet* sería empeñada al completo.

No habría, pues, nuevas oportunidades para la Escuadra de Alta Mar, que el 16 de noviembre de 1914 había, en verdad, perdido una excelente ocasión.

* * *

El 24 de enero de 1915 se libraría en el mar del Norte el primer choque habido en la historia naval entre buques de guerra del modelo *dreadnought*.

Este revolucionario y poderoso tipo de buque de batalla, concebido por lord Fisher e inmediatamente adoptado por las principales potencias marítimas del mundo, recibiría, muy cerca del borde oriental del banco de Dogger, su bautismo de fuego. El cómo respondería el *dreadnought*, en combate contra buques similares dotados de artillería de grueso calibre y largo alcance, a los impactos con gran ángulo de caída de proyectiles perforantes pesados, era una incógnita que preocupaba a los estados mayores navales y que convenía despejar cuanto antes.

En el encuentro del banco de Dogger, los marinos alemanes, fuertes en tres cruceros de combate y un crucero acorazado, al mando de Franz von Hipper, y los británicos, con cinco cruceros de batalla, conducidos por David Beatty, van a enfrentarse en el combate de persecución que sucintamente examinaremos. Los ingleses resultarían vencedores por puntos, y ellos y los germanos extraerían las correspondientes conclusiones sobre el material propio y enemigo, importantes para el futuro, sobre todo respecto a los dispositivos de seguridad en los pañoles de pólvoras y municiones de sus buques de línea.

Por lo demás, la batalla del banco de Dogger fue poco importante en lo que se refiere a los resultados y tácticas utilizadas y constituyó el primero de los tres grandes fallos, de las tres ocasiones perdidas por la *Royal Navy* en la primera guerra mundial.

* * *

Los bombardeos de Scarborough y Hartlepool causaron muy buena impresión en Alemania, puesto que prácticamente nada había costado a las unidades empeñadas contra las costas y puertos de Albión. De manera que, el 11 de enero de 1915, Guillermo II envió un comunicado al comandante en jefe de la Escuadra de Alta Mar concediéndole, al menos en teoría, mayor libertad de acción.

Ésta quiso ser inmediatamente aprovechada por el jefe del Estado Mayor de la *Hochsee Flotte,* contralmirante Eckermann, para, después de un largo período de tensión, provocada por el temor de que los ingleses tratasen de embotellar los estuarios de los ríos que conducían a las bases navales alemanas, pero, por lo demás, de completa inactividad (1), sacar a la mar a las Fuerzas de Reconocimiento.

No era un buen momento, puesto que la III Escuadra de acorazados —desde el 26 de diciembre al mando de Reinhard Scheer— había pasado al Báltico para efectuar ejercicios y el *Von der Tann* reparaba en dique seco. No obstante, Eckermann insistió, y Von Ingenohl, no viendo peligro alguno, dio su aprobación

(1) Exceptuando la salida, a mediados de enero de 1915, de dos cruceros ligeros para fondear un campo de minas a 50 millas de la costa inglesa, frente a la boca del Humber.

al plan, consistente en que los cruceros de combate disponibles cayeran al amanecer sobre el banco de Dogger, para destruir a las fuerzas ligeras inglesas de vigilancia que últimamente se habían detectado allí varias veces.

Se celebró una conferencia con Von Hipper y se le dieron las oportunas órdenes verbales. Pero a las 1025 del día 23, en mala hora para los marinos alemanes, se le envió por radio el siguiente mensaje, por supuesto cifrado:

«Grupos I y II de Reconocimiento, con dos flotillas de destructores seleccionadas por su almirante, reconocerán el banco de Dogger. Zarparán esta noche después del crepúsculo y regresarán mañana después de la anochecida.»

En Londres, tan sólo una hora y media más tarde, bien provistos de cartas náuticas, reglas y compases de puntas, el vicealmirante Oliver y el jefe de la Sección de Inteligencia del Estado Mayor de la Armada, almirante Wilson, llamaban al despacho del Primer Lord del Almirantazgo —John Fisher se hallaba indispuesto—. Porque la luego famosa «Admiralty Room 40» (de descriptación) había actuado de nuevo con la mayor rapidez y eficacia.

«—Primer Lord, estos individuos salen otra vez.

»—¿Cuándo?

»—Esta noche. Tenemos el tiempo justo para enviar allí a Beatty...»

* * *

A las 1745 horas del 23 de enero de 1915 se hizo a la mar Von Hipper, desde el río Jade, llevando consigo las siguientes unidades: cruceros de batalla *Seydlitz*, *Moltke* y *Derfflinger;* crucero acorazado *Blücher;* cruceros ligeros *Graudenz*, *Rostock*, *Stralsund* y *Kolberg*, y 19 destructores. Esta vez, ninguna fuerza naval le daría, ni siquiera simbólicamente, apoyo o cobertura.

Casi en la misma hora y fecha zarpaban de Rosyth la 1.ª y 2.ª Escuadras de cruceros de batalla británicos —*Lion*, *Tiger*, *Queen Mary*, *Princess Royal*, *New Zealand* e *Indomitable;* estos dos últimos componían la recién formada 2.ª Escuadra, a las órdenes del contralmirante Archibald Moore, que izaba su insignia en el *New Zealand*—; la 1.ª Escuadra de cruceros ligeros: *Southampton*, *Nottingham*, *Birmingham* y *Lowestoff* —comodoro Goodenough—, y 22 destructores. Aparejaron simultáneamente de Harwich los cruceros ligeros *Arethusa*, *Aurora* y *Undaunted*, con 35 destructores, al mando del comodoro Tyrwhitt, que a las siete de la mañana siguiente deberían incorporarse a la agrupación de Beatty en los 55° 13′ norte y 03° 12′ este, es decir, a 180 millas de Heligoland y supuestamente ya a retaguardia de Von Hipper, es decir, entre la agrupación alemana y las bases de ésta. Del Firth of Forth salieron también, en la tarde del 23, la 3.ª Escuadra de acorazados (ocho *pre-dreadnought*) y la 3.ª Escuadra de cruceros acorazados, que a la mañana siguiente deberían hallarse unas 40 millas al noroeste del citado punto de *rendez-vous* señalado para Beatty y Tyrwhitt, por si Von Hipper pasaba más al norte. Finalmente, tan pronto pudo levantar presión en calderas, zarpó de Scapa Flow todo el resto de la Gran Flota, a las órdenes del almirante Jellicoe.

Como puede observarse, pese a que los radiomensajes alemanes anteriormente descriptados en Whitehall ya habían señalado el paso al Báltico de la III Escuadra alemana, y al *Von der Tann* en dique, y que para nada hablaban ahora de la salida a la mar de la *Hochsee Flotte,* los escarmentados ingleses, temiendo un nuevo error de cálculo y el posible bombardeo de sus ciudades portuarias, no quisieron correr riesgos y movilizaron a toda la Gran Flota. Incluso situaron varios sumergibles entre Terschelling y Borkum, por si el enemigo se replegaba por aquella vía.

Gracias a los radios alemanes, la trampa inglesa volvía a estar astuta y dramáticamente preparada, sólo que esta vez se habían invertido los papeles, ya que las fuerzas en presencia serían ahora aplastantemente superiores en el bando británico...

* * *

Franz von Hipper sabía muy bien lo desagradable que resulta tener una fuerza enemiga más poderosa entre la suya y las bases propias y recordaba los momentos de ansiedad y peligro vividos tras el bombardeo de Scarborough y Hartlepool. Por ello, «al romper el día, deseaba evitar a toda costa —escribe en su relato de la batalla del banco de Dogger— tener fuerzas enemigas entre mi agrupación y la bahía alemana. Durante la travesía nocturna fue imposible estar seguro de que los numerosos pesqueros avistados no estaban hasta cierto punto al servicio del enemigo. Una cuchillada hacia el nordeste sacó a nuestros buques de la zona principal de la flota pesquera.»

Por lo demás, la noche del 23 al 24 de enero transcurrió sin novedad en las aceradas agrupaciones de ambas banderas, que, como sombras, navegaban al encuentro sobre la tranquila y oscura mar. Beatty llegó puntualmente, a las 0700 de la mañana del 24, todavía de noche, al lugar de reunión con Tyrwhitt, que estaba vacío; de manera que arrumbó hacia el sur, al encuentro del comodoro, que navegaba por meridiano.

Poco después, a las 0714, se avistaron fogonazos de cañón por el SSE, a los que siguió un mensaje del *Aurora* comunicando que combatía con un crucero enemigo. Era el alemán *Kolberg,* en el ala izquierda de la descubierta de Von Hipper. En el breve inter-cambio de disparos librado a unos seis mil metros de distancia, el crucero germano recibió dos impactos: uno sobre la línea de flotación y otro bajo ella, que le produjeron menores averías, tres muertos y dos heridos, ¡primeros caídos en la batalla que se iniciaba!

Amanecía ya, pero la visibilidad no era todavía buena; de manera que Von Hipper ordenó a sus unidades de batalla un cambio de rumbo a babor por giros simultáneos, es decir, hacia el *Kolberg,* que había señalado columnas de humo por el OSO. Casi al mismo tiempo le informaba el *Stralsund* de otras humaredas avistadas por el NNO, y, poco después, que en la misma dirección veía a ocho grandes unidades enemigas.

Y es que, al avistarse los fogonazos del *Kolberg,* Beatty había ordenado a todos sus buques una caída a babor en la dirección aproximada del enemigo, lo que muy pronto puso a los cruceros ligeros de Goodenough, que marchaban a unas cinco millas a levante del *Lion,* frente a los buques alemanes.

Von Hipper decidió entonces arrumbar al sudeste «para obtener una visión global de la situación». «Por el través de babor —prosigue— se observaron ahora cuatro "Chathams", con numerosos destructores por su popa, conducidos por tres cruceros del tipo "Arethusa". El *Blücher* señaló 7 cruceros ligeros y 26 destructores enemigos, y todavía más columnas de humo por la popa de éstos.»

La presencia de tantas unidades ligeras inglesas, que no sólo no se retiraban, sino que ya cerraban distancias, debió de hacer sospechar al almirante germano que se trataba de la descubierta de alguna importante agrupación de la Gran Flota, sobre todo después de «que la radio reveló la aproximación de la 2.ª Escuadra de batalla», escribe dicho almirante.

Aquí se produjo un infortunado equívoco para los alemanes. Von Hipper ignoraba la creación de la flamante 2.ª Escuadra de cruceros de combate ingleses y debió de creer que la recién identificada por sus radiotelegrafistas era la 2.ª Escuadra de acorazados de la Gran Flota, la misma con que se habían topado sus cruceros ligeros y destructores tras el bombardeo del 16 de diciembre pasado. De ahí que señalase a Von Ingenohl su intención de retirarse hacia el golfo de Heligoland, «atacando si fuera necesario para mantener el contacto», y de ahí también que tardase mucho tiempo, un tiempo que resultaría precioso, en ordenar a su división poner a la máxima velocidad a que el buque más lento, el *Blücher,* podía navegar en escuadra: 23 nudos. Ello permitió a Beatty, que, tan pronto Goodenough le señaló los cruceros de combate germanos, había ordenado a sus cruceros de batalla una velocidad de 29 nudos —es decir, ¡un nudo por encima de la máxima alcanzada en pruebas por sus unidades más rápidas!— y que a las 0800 pudo ver personalmente a los cruceros alemanes por la amura de babor del *Lion,* a 26.000 metros de distancia, con 150 millas por la proa hasta los campos de minas enemigos, acortar rápidamente el alcance. Y es que, debido a la gran humareda, hasta las 0840 no se percató Von Hipper de la verdadera identidad de su adversario. Es decir, aunque la trampa hábilmente preparada por el Almirantazgo no se cerró como él había planeado, por detrás de las unidades alemanas, éstas fueron totalmente sorprendidas en el banco de Dogger.

El día se presentaba despejado y de buen cariz, la mar estaba en calma, soplaba una brisa fresca del nordeste y la visibilidad era excelente, excepto por la gran humareda que vomitaban por sus chimeneas los buques pesados y ligeros de ambas agrupaciones enemigas. La diferencia de fuerzas en presencia era de cinco a tres favorable a los ingleses en cruceros de batalla, y mucho mayor en cruceros ligeros y en destructores. Los británicos disponían, además, de una velocidad netamente superior, al menos respecto al *Blücher;* gozaban de una posición táctica a sotavento, favorable para la observación del tiro propio, y, por si fuera poco, Beatty llevaba detrás, aunque todavía muy lejos, otras fuerzas sobre las que en caso necesario podría intentar replegarse, cosa de la que era huérfano Von Hipper. Tales son las ventajas que suelen proporcionar el conocimiento anticipado y unilateral de los planes del enemigo...

* * *

«Mientras tanto —prosigue Von Hipper—, por el oesnoroeste, es decir, por nuestra aleta de estribor, se avistaron cinco grandes columnas de humo, que pronto se materializaron y fueron identificadas como la 1.ª Escuadra de Combate, lo que confirmó el

Blücher, que ya combatía a discreción con un crucero ligero y varios destructores enemigos que se aproximaban velozmente por la popa. La rapidez con que el enemigo cerraba distancias resultó totalmente inesperada. Los cruceros de batalla ingleses debían de navegar por lo menos a 26 nudos.»

En realidad, los buques de combate de Beatty, que no fueron identificados por los alemanes hasta que la distancia era de 24.000 metros, navegaban ahora paralelamente a sus contrapartes alemanes —por la aleta de estribor de éstos, para interponerse entre ellos y las bases alemanas—, a 28,5 nudos de velocidad. «El personal de máquinas del *New Zealand* y del *Indomitable* —señala el almirante Beatty— merecen el mayor elogio, pues ambos buques rebasaron notablemente su máxima velocidad en pruebas.»

Había comenzado una dramática persecución. El viento, del ENE, perjudicaba a los marinos germanos, puesto que la propia humareda impedía una buena observación del enemigo, que les quedaba a sotavento. Pero Von Hipper decidió aceptar la batalla sin variar el rumbo, que apuntaba directamente al golfo alemán, «donde estaban las mayores posibilidades de recibir el apoyo de otras fuerzas germanas».

En efecto, a las 0750, al recibirse en Wilhelmshaven la primera noticia, dada por el *Seydlitz*, de que la agrupación de Von Hipper había descubierto fuerzas enemigas aún no especificadas, se ordenó levantar presión en calderas a todos los buques de la *Hochsee Flotte* surtos en dicha base naval; buques que, a las 0930, se fueron congregando en las radas de Schilling y que a las 1010, al recibirse un mensaje urgente de Von Hipper señalando que necesitaba apoyo inmediato, se hicieron a la mar. Pero cuando ya era, como veremos, demasiado tarde.

* * *

La división germana marchaba ahora a 23 nudos, con los cruceros de batalla en cabeza y por este orden: *Seydlitz*, *Moltke* y *Derfflinger*, seguidos por el *Blücher*, llevando en vanguardia a dos cruceros ligeros, con los 19 destructores, y por el través de babor a otros dos cruceros ligeros. Como vemos, Von Hipper no quiso perder tiempo alguno en cambiar el orden de sus unidades, de manera que el *Blücher*, el peor blindado, quedase en cabeza del dispositivo de combate. Lo que sin duda fue un grave error, pues, naturalmente, dicho buque sería el primero en recibir los disparos ingleses, con las consecuencias que eran de prever; aparte

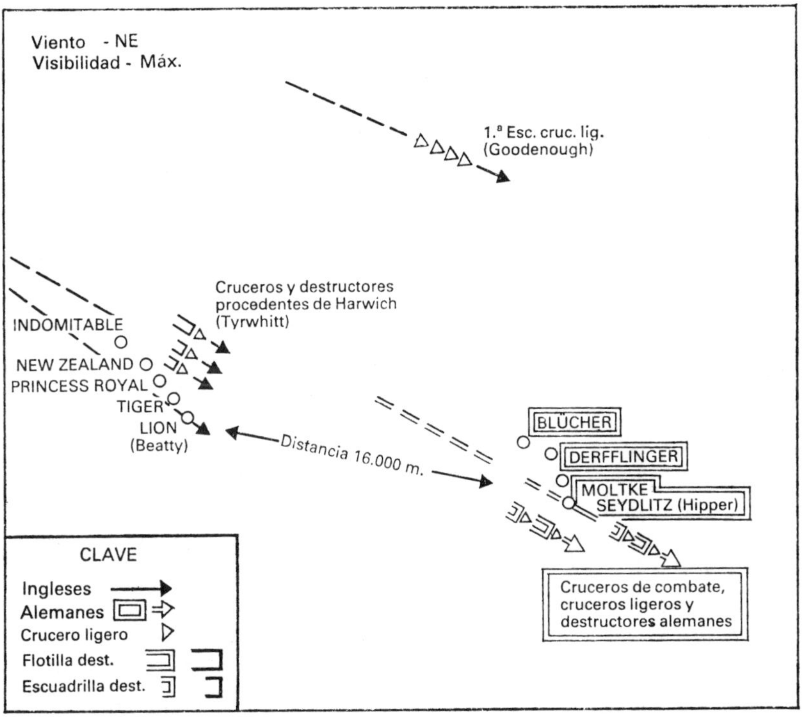

Posiciones aproximadas de los buques alemanes y británicos, a las 0925 horas del 24 de enero de 1915, al comenzar la batalla del banco de Dogger.

que el *Derfflinger* era el único que montaba artillería de 305 mm. y que, por lo tanto, debió situarse en cola.

En la agrupación británica, los cuatro cruceros de Goodenough se movían por el norte de la división alemana, lo que después les permitiría observar y corregir la caída de las salvas de los cruceros de batalla de su misma bandera. Estos últimos buques, trepidantes y lanzados a toda máquina, marchaban en línea de fila, con el *Lion* en cabeza, seguido por el *Tiger*, el *Princess Royal*, el *New Zealand* y el *Indomitable*. Los cruceros de Tyrwhitt y la totalidad de los destructores ingleses —57 unidades— navegaban por el través de babor de Beatty, pues éste había decidido destruir al enemigo al cañón y no permitió que las flotillas se lanzaran al ataque, para que sus humos no ocultasen el blanco a los telemetristas, apuntadores, etc., de los buques de batalla.

Con una diferencia de algo más de cinco nudos de andar entre ambas agrupaciones adversarias, la distancia iba acortándose rápida e inexorablemente, y poco antes de llegar a los 20.000 metros, Beatty ordenó a sus cruceros de combate pasar a una línea de marcación por estribor (capitana a estribor), a fin de librarles de los humos de los matalotes. A las 0852 disparó el *Lion* contra el *Blücher* con una de sus piezas proeles de 343 mm., cuyo proyectil, de 635 kilos de peso, cayó corto. Pero a las 0900, cuando la distancia era de unos 19.000 metros, el almirante inglés dio la orden general de abrir el fuego; cosa que los buques germanos, cuyas piezas tenían un alcance máximo de 18.000 metros, no pudieron hacer hasta once minutos después, cuando el *Blücher* ya había sido alcanzado dos veces por el *Lion*, aunque todavía sin importantes consecuencias. El combate que así se iniciaba iba a durar más de tres horas.

Von Hipper se hallaba en malas condiciones tácticas y era inferior en velocidad, número y, sobre todo, artillería: veinticuatro piezas de 343 mm. —proyectil de 635 kilos— y dieciséis de 305 mm. —proyectil de 386 kilos— en los buques ingleses, contra veinte de 280 mm. —proyectil de 300 kilos—, ocho de 305 mm. —proyectil de 386 kilos— y doce de 210 mm. —proyectil de 185 kilos— en los germanos. Pero no quiso lanzar todavía al ataque a sus destructores, «debido a la gran distancia y porque mi intención era arrastrar al enemigo hacia la bahía alemana hasta que sus pérdidas o las nuestras impusieran un cambio en la conducción táctica», dejó escrito el contralmirante alemán.

Inicialmente, los ingleses concentraron el fuego sobre el *Blücher*, que pronto empezó a recibir nuevos impactos, mientras los germanos lo hacían sobre el *Lion*. Pero al disminuir la distancia, Beatty ordenó distribuir el tiro buque por buque —las dos primeras unidades sobre el guía alemán, como en este caso, dada la diferencia numérica, era ortodoxo—. Sin embargo, debido a que el *Indomitable* marchaba ya muy rezagado y a tal distancia no podía hacer fuego, aunque el *Tiger* contó con él, se originó un desafortunado error para los ingleses, con el resultado de que nadie dispararía contra el *Moltke*, que no iba a recibir un solo impacto en toda la batalla. ¡Un buque con suerte el *Moltke*, suerte que no le abandonaría en Jutlandia! Por otra parte, los proyectiles del *Tiger* caían muy largos, después de pasar por encima del *Seydlitz*, y dicho buque británico tomó inicialmente por suyos los piques que levantaba el *Lion*. Además, los fogonazos de los disparos alemanes fueron tomados, desde las altas cofas de las unidades inglesas y a través de la humareda, por impactos. Después irían llegando las observaciones de Goodenough y mejoraría algo el tiro británico, que por las causas apuntadas, el trepidar de los buques y los rociones embarcados debido a la elevada velocidad a que se combatía sería bastante impreciso.

A las 0940, cuando la distancia entre ambas formaciones era de 16.000 metros, un segundo proyectil de 343 mm., también disparado por el *Lion*, alcanzó al *Seydlitz*. Esta granada perforó la cubierta de la toldilla e hizo explosión contra la barbeta acorazada de la torre de popa, que sólo perforó parcialmente, pero cuyos enrojecidos cascotes y las esquirlas igualmente incandescentes del blindaje produjeron el incendio de varios saquetes de cordita situados en las cámaras de maniobra, en los montacargas e incluso en el pañol de pólvoras (1). El resultado fue dantesco. Las llamas se propagaron vertiginosamente arriba y abajo, como malignas exhalaciones, y, tratando de escapar de aquel infierno, el personal de los pañoles abrió la puerta estanca de comunicación con la torre adyacente. La corriente de aire inmediatamente establecida propagó el fuego a los otros cuatro ascensores, y en total ardieron 62 cargas completas, unas seis toneladas de pólvora, que calcinaron en sus puestos de combate a todo el personal de las cámaras de maniobra, cámaras de interruptores, pañoles y ambas torres dobles de cañones de 280 mm., con el trágico saldo de 159 muertos y 33 heridos.

---

(1) A diferencia de la *Royal Navy*, que sólo utilizaba saquetes de seda para envolver la cordita, en la Armada alemana las cargas de pólvora iban, para todos los calibres, dentro de casquillos de latón. En los calibres superiores a los 210 mm., además de la carga principal, se empleaba en cada disparo una segunda carga alojada en doble saquete de seda. Éstos se guardaban en los pañoles dentro de jarras metálicas, pero en los montacargas altos y bajos, cámaras de maniobra, etc., hasta la recámara de la pieza, iban a cuerpo limpo y eran vulnerables a las llamas. Las municiones y las cargas de pólvora se izaban directamente desde los pañoles por medio de los montacargas inferiores hasta la cámara de maniobra alta o de transferencia, donde normalmente se almacenaba una reserva de seis, ocho o más proyectiles, casquillos y saquetes —para poder acelerar el ritmo de fuego cuando conviniese—, que luego los montacargas altos enviaban directamente a la plataforma de la torre. Dicha cámara de maniobra era, pues, un pequeño pañol de pólvoras y municiones situado en el interior de la barbeta, pero donde, si el carapacho de la torre, que era la parte más débil del conjunto, resultaba perforado por algún proyectil de grueso calibre, el fuego podría llegar con cierta facilidad.

Sobre la toldilla del *Seydlitz,* las llamaradas alcanzaron la altura de los mástiles y se alzó una formidable humareda. Un testigo presencial a bordo del destructor *G-7* escribe: «Resultaba sorprendente ver que la parte posterior del buque ardía furiosamente, mientras las tres torres de proa hacían fuego con toda rapidez.» Y es que, creyendo que el buque volaría ya en cualquier momento, el director de tiro había ordenado disparar a la máxima velocidad posible. Porque las municiones, ¡cientos de proyectiles!, se agazapaban, aún inertes, en los abrasados pañoles.

¡Las municiones! La peligrosa santabárbara, el arma de dos filos en los antiguos galeones y navíos, algunos de cuyos terribles estallidos han quedado ilustrados en los cuadros al óleo de tantos museos navales. Su voladura supondría ahora la pérdida fulminante del buque insignia alemán. Pero, a través de la humeante y destrozada cubierta de batería —la sala de máquinas de popa había tenido que evacuarse debido a los gases—, el segundo comandante, capitán de corbeta Hagedorn, seguido por un condestable y un ajustador, corrían a toda velocidad hacia los mandos a distancia de las válvulas de inundación de los pañoles poperos de pólvoras y municiones. Los volantes estaban al rojo, pero, de una u otra forma, aquellos marinos responsables y decididos lograron hacerlos girar. Seiscientas toneladas de agua de mar embarcaron a través de los grifos de fondo en dichos compartimientos, refrescando los ya enrojecidos proyectiles, a punto de estallar. Las bombas de achique vaciaron luego los citados compartimientos estancos, pero, de no ser por la oportuna intervención de Hagedorn y sus dos ayudantes, no hay duda de que el buque habría sufrido una catástrofe todavía mayor.

Von Hipper pidió ayuda inmediata a la *Hochsee Flotte,* es decir, a los acorazados, los *panzerschiffe,* los «perros de hierro» (siempre amarrados a la cadena del ancla), y el almirante Ingenohl le respondió, en claro: «Escuadra y flotillas están saliendo...», y en lenguaje cifrado añadió: «...tan pronto sea posible.» Mientras tanto, para tratar de librarse del letal chaparrón que escupían los cruceros de batalla británicos por sus formidables cañones, Von Hipper efectuaba pequeños pero eficaces cambios de rumbo entre el ESE y el SSE.

Para las 0950, también el *New Zealand* iba muy retrasado y dejó de disparar; de manera que Beatty se vio obligado a reducir la velocidad a 24 nudos. Ahora el tiro alemán se hizo más preciso, y entre las 1001 y las 1018 recibió el *Lion* tres impactos, el primero de los cuales deshizo el tanque de alimentación (agua destilada para las calderas) de babor. Pero el almirante no quiere que el inferior enemigo se le escape y ordena reorientar, al NNO, la línea de marcación de sus buques, para que no se interfieran mutuamente el tiro, y «navegar a la máxima velocidad».

* * *

¡El *Blücher*! Un buque sin suerte. En Hartlepool había recibido cuatro impactos de mediano calibre, que sólo le produjeron algunos muertos y heridos; pero su coraza resultaba ahora insuficiente para detener los terribles proyectiles de 343 mm. del *Lion*, del *Tiger* y del *Princess Royal*. El buque insignia británico ya le había alcanzado con dos de ellos al comenzar el encuentro, pero en el banco de Dogger iba a recibir más de cien impactos de todos los calibres, amén de siete torpedos. En la primera guerra mundial, sólo el crucero, también alemán, *Wiesbaden* sufriría, como luego veremos, un castigo semejante.

Blanco ahora del *New Zealand*, a bordo del *Blücher* se multiplican los destrozos por encima y debajo de la flotación. El buque pierde arrancada y empieza a rezagarse, y a las 1030 sufre una catástrofe parecida a la del *Seydlitz*.

Un proyectil de grueso calibre perforaba la cubierta protectora a la altura del combés, incendiando las cargas de pólvora situadas en el pasillo destinado a la transferencia de municiones entre las barbetas. Fue un impacto de mala suerte para los alemanes. Una siniestra lengua de fuego se alzó muy pronto sobre la cubierta exterior del *Blücher*. Ardieron cuarenta cargas completas de pólvora y las llamas abrasaron a todos los sirvientes de las barbetas y las dos torres situadas en el castillo y a estribor, que quedaron inutilizadas, lo mismo que la cámara de calderas número 3 y el aparato de gobierno. La velocidad cayó a 17 nudos, y una formidable humareda envolvió al infortunado buque.

El *Blücher* transmitió entonces una señal informando que todas sus calderas habían quedado fuera de servicio. Esta señal estaba equivocada, pero, en cualquier caso, el crucero acorazado se fue quedando atrás; de manera que Von Hipper ordenó a sus flotillas que se preparasen para el ataque torpedero.

Pese a que, debido a la dirección del viento, la gran humareda propia dificultaba el tiro de los buques de la *Kriegsmarine*, éstos habían conseguido centrar al *Lion*, que en total iba a sufrir diecisiete impactos directos. Sin embargo, las averías produ-

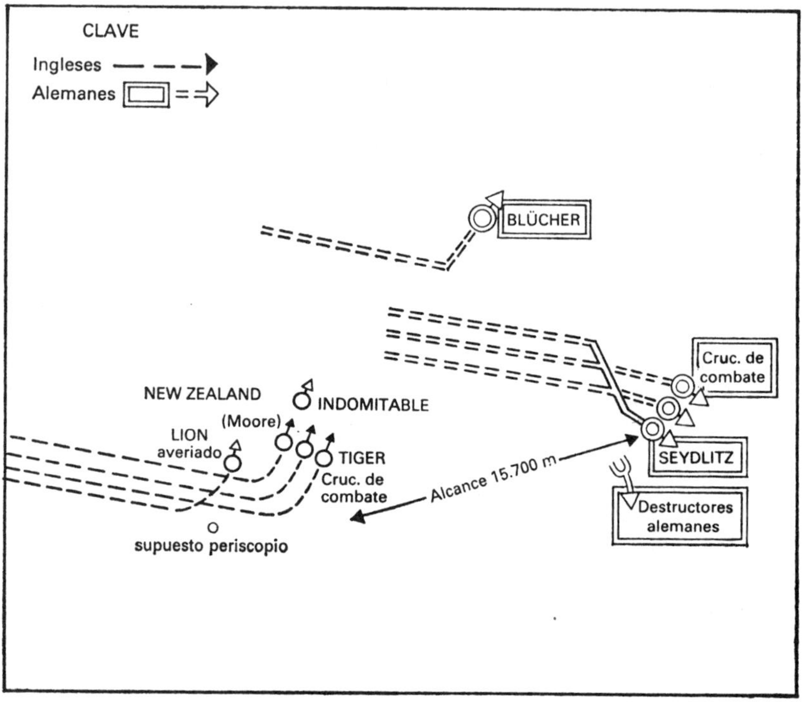

Batalla del banco de Dogger. Posiciones aproximadas del *Blücher* y los cruceros de combate ingleses y alemanes a las 1104 del 24 de enero.

cidas en el buque insignia británico no habían cobrado aún demasiada importancia, y, a las 1035, Beatty ordenó caer una cuarta hacia el enemigo. Diez minutos después efectuaba otra alteración de rumbo similar para cerrar distancias. Y es que, habiendo conseguido incendiar espectacularmente a dos buques alemanes —el *Seydlitz* y el *Blücher*, este último ya muy azorrado (hundido en el agua) y visiblemente fuera de combate, por lo que Beatty había ordenado al *Indomitable* que lo hundiera—, el almirante estaba convencido de que tenía ya el triunfo en sus manos.

Posiblemente, así pudo haber sido, pero el segundo eslabón en la cadena británica de mando carecía de la calidad y consistencia del primero; era un eslabón flojo y que, accidentalmente, pronto tendría que soportar todo el peso de la responsabilidad en la batalla. Un peso para el que no estaba forjado.

En efecto, el último proyectil recibido por el *Lion* a las 1050, al parecer disparado por el *Derfflinger*, incidió sobre la coraza vertical, de 229 mm. de espesor, por debajo de la flotación, arrancando una plancha del blindaje (de 5 × 1,7 metros) y provocando una grave inundación en las carboneras y salas de máquinas de babor. Aunque pudo controlarse la entrada del agua, ésta originó una escora a esa banda de 10°, obligó a detener las máquinas de babor y redujo la velocidad del buque a 15 nudos. La última dínamo que aún funcionaba en el *Lion* quedó inutilizada, y el crucero de combate, a oscuras y sin radio.

Lanzados a toda velocidad, el formidable *Tiger*, el *Princess Royal* y el *New Zealand* rebasaron al buque insignia británico, y al observar Von Hipper que el *Lion* se rezagaba y tomaba una gran escora, consideró que había llegado el momento de tratar de salvar al *Blücher* o, en el peor de los casos, recoger a su dotación. Así que a las 1058 ordenó arrumbar al sudeste por giros simultáneos, para cerrar distancias sobre los tres cruceros de combate enemigos.

Dos minutos después, el almirante germano lanzaba al ataque torpedero a sus flotillas de destructores, previamente situadas por la amura de babor del *Seydlitz*. Pero a las 1107, al observar un brusco giro hacia el norte de dichas unidades británicas, lo que dejaba ahora en mala posición táctica a los *zerstörer*, ordenó a éstos cancelar el ataque, mientras él, con sus tres cruceros de batalla, deshacía el giro anterior y seguidamente aproaba al sudoeste verdadero, en un movimiento de flanqueo respecto al *Blücher*. Un gesto que honra a Von Hipper, pero que pronto tendría que rectificar.

¿Qué había sucedido mientras tanto a bordo de los buques ingleses que ahora se alejaban a toda velocidad hacia el NNE? Sencillamente, habían sido víctimas de una falsa alarma. Alguien desde el puente alto del *Lion* señaló un periscopio —que, por supuesto, otros inmediatamente creyeron ver— por la amura de estribor. Beatty, encerrado en la acorazada y claustrofóbica torre de combate y, como todos los marinos británicos entonces, un tanto obsesionado por el peligro submarino y los espectaculares hundimientos logrados por los *unterseeboote* —recuérdese la intensa psicosis mencionada por el almirante Jellicoe, que recogimos en el capítulo anterior—, creyó que los buques alemanes le arrastraban hacia alguna trampa de submarinos y ordenó a sus unidades un giro simultáneo de 90° a babor.

«Personalmente observé la estela de un periscopio por la amura de estribor, abierto dos cuartas por la proa», señala Beatty, sin especificar la hora, en el parte oficial de campaña rendido tras el encuentro del banco de Dogger. No lo dudamos, pero ello tuvo que ser algo después de dar aquella orden, y lo que en realidad vio no fue precisamente un periscopio.

Al cancelarse el ataque torpedero ordenado por Von Hipper, el destructor germano *V-5* —capitán de corbeta Eichhorn— quedó rezagado y aprovechó la ocasión para lanzar dos torpedos contra el *Tiger* desde unos 7.000 metros de distancia. Y tuvo que ser uno de estos artefactos —puesto que no hubo otros y ningún sumergible alemán se encontraba aquella mañana en las proximidades de la zona de combate—, ya al final de su carrera, navegando en superficie y a poca velocidad, lo que vio Beatty y pudo haber confundido con la estela de un periscopio. Pero no deja de ser significativo que en la batalla siguiente, la de Jutlandia, no quisiera encerrarse en la torre de combate, alegando que en el encuentro del banco de Dogger no había podido ver bien a través de las pequeñas mirillas de aquélla. Por otra parte, a bordo del *Lion*, el equívoco debió de durar poco tiempo, pues de otra manera no tiene sentido el que, a continuación, el almirante inglés tratara por todos los medios de reanudar la persecución de los buques alemanes... hacia la supuesta «trampa de submarinos».

Regresemos ahora al puente del *Seydlitz*, buque que ya había recibido otro grave impacto bajo la flotación, en la coraza vertical. El proyectil no la perforó, pero hundió hacia dentro una de sus planchas —de 239 mm. de espesor— y produjo una inundación de tal calibre, que bombas y eyectores a duras penas lograban achicar el agua que entraba a borbotones; de manera que el buque navegaba muy hundido de popa. Por otra parte, el consumo de municiones a bordo de la capitana había sido elevado, y, teniendo en cuenta las cargas de pólvora inutilizadas en las torres «Emil» y «Dora», para los seis cañones de 280 mm. que seguían en servicio sólo quedaban disponibles doscientas.

El comandante del *Seydlitz*, capitán de navío Egidy, informó sin ambages a Von Hipper de que, a todos los efectos, las municiones en los pañoles poperos era como si no existieran, y que la vía de agua no podía estancarse. El almirante consultó entonces a su Estado Mayor, después de lo cual y no sin tener que violentarse, decidió abandonar a su suerte al *Blücher*. «Cualquier otra línea de acción —escribe—, cuando ahora no podíamos contar con la intervención del grueso de la *Hochsee Flotte*, nos habría conducido probablemente a nuevas pérdidas.»

A las 1114 cesó el fuego por ambas partes, y Von Hipper ordenó aproar nuevamente al sudeste, es decir, hacer rumbo directo a la entrada de los campos de minas propios. Pero si al almirante germano tuvo que resultarle muy doloroso tomar aquella difícil decisión (1), otro marino no menos atormentado era ahora su contraparte en el campo británico: sir David Beatty.

Minutos después del último cambio de rumbo de la agrupación inglesa, cuando el almirante consideró que el peligro submarino había pasado —o se deshizo el equívoco—, ordenó izar dos señales por banderas, puesto que en el *Lion* ya no quedaban otros medios de comunicación: «CB» («Rumbo NE») y «AF» («Atacar la retaguardia del enemigo»). Pero el buque insignia había recibido, como dijimos, diecisiete impactos directos, y otras muchas granadas alemanas caídas en sus proximidades le habían ametrallado profusamente; de manera que todas las drizas de señales menos dos habían desaparecido y, tal y como se izaron, aquellas cuatro banderas —la primera equivocada— tenían el significado siguiente: «Atacar la retaguardia enemiga en demora NE».

Precisamente al nordeste de los cruceros de batalla británicos quedaba entonces el destrozado y renqueante *Blücher*, plagado de incendios y todavía disparando espasmódicamente. Cualquier almirante dotado de rápida inteligencia —porque en combate, es cierto, las decisiones hay que tomarlas casi siempre en cuestión de segundos— no habría, desde luego, identificado el derrelicto alemán como «la retaguardia enemiga», a mayor abundamiento puesto que Beatty acababa de ordenar al *Indomitable* que destruyera al *Blücher*. Y cualquier almirante con cierta visión táctica y amor a la responsabilidad habría desestimado por errónea aquella absurda señal y, con sus tres poderosos y prácticamente indemnes cruceros de batalla restantes —sólo el *Tiger* había recibido dos impactos, sin graves consecuencias—, no empeñados aún contra el *Blücher*, se habría lanzado inmediatamente en persecución de los otros tantos y, según todos los indicios, ya muy castigados —el *Seydlitz* y el *Derfflinger* aún ardían— buques alemanes.

Pero el contralmirante Moore no pertenecía a tal clase de individuos. Era seguramente un buen subalterno —se distinguió en el Almirantazgo como Cuarto Lord del Mar, un destino burocrático—, que no había nacido para el mando. Tomó al pie de la letra aquella a todas luces equivocada señal y lanzó a sus cuatro

(1) Decisión plenamente respaldada después por Von Ingenohl, que en su informe al kaiser se expresaba así: «En mi opinión, las disposiciones tácticas fueron correctas, y la conducción del combate, irreprochable. Además, la difícil decisión de abandonar al *Blücher* a su suerte tiene que ser, dadas las circunstancias, aprobada.»

potentes buques de batalla contra el ya sentenciado y, por comparación, insignificante *Blücher,* al que el *Indomitable,* en solitario, habría podido fulminar en un santiamén. «Cualquier maldito imbécil puede obedecer órdenes» («*Any bloody fool can obey orders*»), escribiría después lord Fisher refiriéndose a Moore, que sería relevado del mando al llegar a Inglaterra, y no, por cierto, a petición de Beatty.

Un infierno se abatió, pues, sobre el infortunado crucero acorazado germano, del que muy pronto se alzó una humareda imponente, pero que siguió disparando hasta el mismo final, sin arriar bandera, y cuya dotación dio pruebas de un valor y espíritu de sacrificio insuperables. No sólo porque un buque de guerra no debe rendirse mientras quede a bordo algún arma con la que poder dañar al adversario; porque es necesario mostrar al enemigo la elevada moral propia y porque tan heroicas defensas sirven siempre de estímulo y alto ejemplo a otros combatientes, sino también porque, en este caso concreto, la dotación del *Blücher* creyó que su sacrificio permitiría la retirada de los tres buques de línea de su división.

Mientras los cuatro indemnes cruceros de batalla británicos, pronto relevados por los ligeros y los destructores de igual bandera, arrasaban al *Blücher,* Beatty, aún a bordo del muy retrasado *Lion,* se desesperaba viendo que el castigado enemigo se le escapaba. Mandó izar la tradicional señal utilizada por Horacio Nelson en Trafalgar: «Atacar al enemigo desde más cerca.» ¡No existía ya en el moderno código de señales! La única similar que allí figuraba era: «Mantenerse más cerca del enemigo», que fue izada, pero que la distancia y el humo no permitieron a Moore discernirla. El contrariado Beatty ordenó entonces que se abarloase alguno de los destructores que escoltaban al *Lion,* y el *Attack,* muy bien mandado por el capitán de corbeta Callaghan, efectuó una rápida y excelente maniobra, estrepó a toda máquina y dejó a sir David y su Estado Mayor en el *Princess Royal,* donde el chasqueado contralmirante —no ascendería a vicealmirante hasta el 9 de agosto siguiente —izó su insignia. Eran las 1220 de la tarde, y el enemigo... ¡había desaparecido por debajo del horizonte!

* * *

En efecto, Von Hipper se retiraba a la máxima velocidad que podía desarrollar ahora el *Seydlitz* —21 nudos—, con las bombas de achique y los eyectores del buque insignia constantemente en función. Pronto sabría por el comandante del dirigible *L-5* que el *Blücher* había zozobrado y que a las 1207 se había hundido. Debido a la escasez de combustible a bordo de sus destructores, el almirante germano descartó la posibilidad de enviarlos al ataque durante la noche, y la castigada agrupación de la *Kriegsmarine* entró sin más novedades en Wilhelmshaven a las 1630 horas de aquella tarde, en unión de los acorazados de la I Escuadra, tardíamente salidos en su apoyo.

Las averías del *Derfflinger* y del *Kolberg* no eran importantes, pero sí las del *Seydlitz*, que tardaría cuatro meses de intensivos trabajos en quedar reparado —hasta el 7 de abril no quedó listo el *Lion*—. Y en el fondo del mar, en los 54° 25′ norte y 05° 25′ este, quedaba el valeroso y destrozado *Blücher*. Cuando este crucero acorazado —el mayor de la *Kriegsmarine*— zozobró, sus supervivientes pudieron deshacer el rolido del buque, deslizándose sobre el resbaladizo pantoque y la aparadura, y por fin arrojarse al mar, siendo recogidos por los destructores ingleses, pese a que el dirigible *L-5* y un avión de la *Kriegsmarine* atacaron con bombas a dichos buques. Ochenta y cinco marinos alemanes fueron salvados, entre ellos el valeroso capitán de navío Erdmann, que, a consecuencia de la pulmonía contraída durante su larga permanencia en las glaciales aguas, fallecería después en un campo de concentración. En total, en el combate o batalla del banco de Dogger, los alemanes sufrieron 954 muertos y 80 heridos.

Al tomar nuevamente el mando, el chasqueado Beatty ordenó a sus cruceros de combate, que ahora se retiraban hacia el noroeste, invertir el rumbo y continuar la persecución hacia el sudeste. Pero la gran distancia al enemigo y la posibilidad de toparse con el grueso de la Flota de Alta Mar decidieron al almirante a ordenar la retirada general a las 1245, y al *Indomitable* que tomase a remolque al renqueante y muy escorado *Lion*, que hasta la mañana del 26 no llegaría a Rosyth, cuando a bordo del buque insignia de la 1.ª Escuadra no se movía una sola máquina, ningún ventilador funcionaba y la oscuridad y un raro silencio señoreaban todos sus compartimientos por debajo de la flotación. Había sido un largo y peligroso remolque, con ambos cruceros de combate ingleses constantemente rodeados por la totalidad de los destructores del comodoro Tyrwhitt, que tenían órdenes, si se avistaban submarinos, de disparar contra ellos y abordarles «sin consideraciones hacia sus vecinos en el dispositivo».

Los marinos de Albión sufrieron 13 muertos y 30 heridos —a bordo del *Lion*, del *Tiger* y del *Meteor*, éste alcanzado en las calderas por un proyectil del *Blücher*—, y las consecuencias deducidas por el Almirantazgo británico de aquel encuentro, que por lo demás confirmaba la plena fiabilidad de la información obtenida a través de los descriptados radiomensajes alemanes, puede resumirse en el discurso pronunciado por W. Churchill en el Parlamento el 15 de febrero de 1915:

«Este combate entre los mejores buques de ambas Marinas, por la luz que arroja sobre el sistema rival de diseño y armamento y la relativa eficacia artillera, tiene un significado y valor inmensos. Es la primera prueba que hemos tenido, y, sin confiar demasiado en ella, creo que resulta importante y esperanzadora. Ante todo, vindica, hasta cierto punto, las teorías de diseño, y especialmente del armamento con grandes piezas, siempre preconizadas por lord Fisher. El alcance de los cañones ingleses se ha revelado superior al de los alemanes. Aunque el proyectil germano es un formidable instrumento de destrucción, el poder perforante y explosivo del más pesado proyectil británico es decididamente superior, y, esto es lo importante, nuestro tiro es por lo menos tan bueno como el suyo... El cañón de 343 mm. no tiene igual en ninguna otra arma utilizada hasta el presente. Ahora disponemos del de 381 mm., con el que serán armados los cinco "Queen Elizabeth" y los cinco "Royal Sovereigns" que pronto entrarán en servicio. Este cañón iguala en calidad al de 343 mm. y es mucho más poderoso y destructivo.»

En realidad, el tiro británico había sido, por las causas anteriormente apuntadas, muy inferior al alemán, pero la impresión obtenida entonces por los marinos del Reino Unido era que el enemigo había sufrido grandes destrozos incluso en sus tres cruceros de combate. Y como ellos sólo habían padecido un pequeño incendio de pólvoras en una de las torres proeles del *Lion* —a consecuencia de un impacto en el carapacho—, no se tomaron medidas prácticas de ninguna clase para aislar las barbetas de los pañoles de pólvoras y municiones ni para proteger a éstos contra los proyectiles disparados desde mucha distancia y caídos con grandes ángulos de incidencia sobre la cubierta protectora, que era prácticamente de cristal.

Por el contrario, los desastres producidos en el *Seydlitz* y el *Blücher* debido a la deflagración —no explosión— de las cargas de pólvora que ya conocemos, llevaron a los alemanes a modificar en todas sus unidades acorazadas el sistema, idéntico al inglés, de separación entre barbetas y pañoles de pólvoras y de municiones y a reducir drásticamente la peligrosa costumbre de almacenar gran número de cargas en las cámaras de maniobra (para acelerar el ritmo de fuego). En Jutlandia, un año y pico después, unos y otros adversarios recogerían los frutos de su previsión o falta de ella.

* * *

Como resultado de aquel para los alemanes mal encuentro, el 2 de febrero de 1915 fue relevado del mando el almirante Ingenohl —también su jefe de Estado Mayor, el vicealmirante Eckermann—, por el de su mismo empleo Von Pohl, anteriormente jefe del Estado Mayor de la Armada. Éste era buen táctico y hombre de confianza del kaiser, pero no gozaba de la de Von Hipper y ya estaba minado por una grave enfermedad, que le llevaría a la tumba el 23 de febrero del año siguiente.

Todo lo cual, unido a los constantes temores de Guillermo II a sufrir pérdidas importantes y a la marcha al Báltico de los cruceros de batalla (entre el 2 y el 22 de agosto), condujeron, a lo largo de 1915, a una serie de tímidas salidas de la *Hochsee Flotte* —el 29 de marzo, el 17 y el 21 de abril, a mediados de mayo, el 11 de septiembre y el 25 de octubre— para efectuar operaciones de minado, que dificultasen la aproximación directa de la Gran Flota hacia el golfo alemán, y de vigilancia. Salidas que, al no rebasar nunca las 120 millas desde Heligoland, no darían lugar a nuevos choques con las fuerzas inglesas, a pesar de que éstas, casi siempre alertadas de una u otra forma, se movilizaron varias veces al completo y buscaron la batalla (la totalidad de la *Grand Fleet* se hizo a la mar el 17 y el 21 de abril, y también el 17 de mayo, en busca de la Escuadra alemana, que se sabía en la mar); porque la *Kriegsmarine* seguía creyendo en la invulnerabilidad de sus claves secretas...

El 9 de enero de 1916 tuvo que ser hospitalizado Von Pohl, y se nombró comandante general de la Escuadra al vicealmirante Reinhard Scheer. Fue un nombramiento tan necesario como acertado, pues, debido a dicha cautelosa actitud de su predecesor y a la práctica paralización de la guerra submarina —consecuencia de las fuertes presiones de los Estados Unidos sobre el gobierno del Reich a raíz de los hundimientos de los trasatlánticos ingleses *Lusitania* y *Arabic*—, entre el personal de la *Kriegsmarine* la moral era bastante baja, sobre todo después de la dimisión de Von Tirpitz el 18 de marzo (1).

Con la llegada de Scheer cambiaron los vientos, y la *Hochsee Flotte* pasó a la ofensiva: ofensiva que conduciría al mayor choque naval de la guerra, la batalla de Jutlandia.

La Escuadra alemana se hizo a la mar una vez más el 17 de enero de 1916, con la intención de que las flotillas de destructores llegasen hasta el Silver Pit (la «Hoya Silver», a unas 30 millas de la boca del Humber), pero el mal tiempo obligó al aplazamiento de la operación, operación que el Almirantazgo británico conoció previamente.

Scheer volvió a zarpar con toda la Escuadra el 5 de marzo, llegando hasta unas 70 millas de Zeebrugge, mientras los dirigibles *L-11, L-13* y *L-14* —capitán de navío Schulze— bombardeaban Inmigham y Hull (2).

---

(1) El 3 de diciembre de 1915, Von Tirpitz había repetido su oferta, hecha ya al comenzar la guerra, de tomar el mando de la Flota a condición de que se creara el puesto de comandante en jefe supremo, únicamente subordinado al kaiser, con absoluto control sobre la Marina, y que refundiese en su propio Estado Mayor a los Estados Mayores navales Imperial y de la Armada. Fue rechazada, pero en el verano de 1918, cuando ya era demasiado tarde, se creó dicho puesto, que recayó en el almirante Scheer.

(2) La *Kriegsmarine,* que al comenzar la guerra sólo contaba con tres dirigibles —del modelo «Conde Zeppelin»—, a lo largo de la contienda utilizaría 64 de tales aeronaves. Los primeros modelos, de cinco motores, alcanzaban los 110 kilómetros por hora y podían llevar una carga total de 38 toneladas; mientras que los últimos, mayores, portaban siete motores, volaban a 130 kilómetros por hora y cargaban 43 toneladas. Concebidos principalmente para la exploración aérea, fueron también utilizados como bombarderos, con bombas incendiarias de 11,4 kilos, y explosivas, de hasta 300 kilos. El primer ataque aéreo contra Inglaterra se produjo el 15 de enero de 1915, y en la noche del 18 de agosto de dicho año, tres dirigibles bombardearon los muelles de Londres. Operación que se repitió en septiembre, con seis «zepelines»; el 1 de enero de 1916, e innumerables veces más. Nueve de tales aeronaves atacaron Liverpool el 31 de enero de 1916, etc. Las pérdidas de los atacantes fueron, a la larga, considerables, puesto que las vulnerables aeronaves llevaban 55.000 ó 62.000 metros cúbicos de hidrógeno. Su último ataque sobre Inglaterra se produjo el 5 de agosto de 1918, y en él se perdió el *L-70,* con toda su tripulación, de 25 hombres, incluyendo al capitán de navío Strrasser, jefe y alma del Servicio de Dirigibles de la Armada alemana.

* * *

A los cada vez más frecuentes ataques de los dirigibles de la *Kriegsmarine* contra puertos y ciudades inglesas, la *Royal Navy* reaccionó con una operación cuyo objetivo era destruir los hangares que dichas aeronaves tenían en Hoyer y en Tonders, próximos a la costa del Schleswig, frente a la isla germana de Sylt.

Un vapor convertido en portahidroaviones, el *Vindex*, de unas 2.000 toneladas, escoltado por 5 cruceros ligeros y 18 destructores —comodoro Tyrwhitt—, salidos de Harwich el 24 de marzo de 1916, a los que daban cobertura los cruceros de combate de David Beatty —zarpados de Rosyth en la misma fecha—, llegaron al punto señalado para el lanzamiento de los hidros poco antes de la amanecida del 25. Tras echar a pique a dos bous armados alemanes de vigilancia y pese al mal tiempo, el *Vindex* arrió al mar cinco hidroaviones, que, entre ventiscas de nieve, lograron remontarse, pero de los que sólo uno conseguiría hallar después su objetivo. Las bombas arrojadas por dicho aparato a las 0830 no hicieron blanco, y los aviones alemanes salidos de List abatieron a tres hidros británicos, cuyos pilotos fueron hechos prisioneros.

Durante el encuentro nocturno con los citados bous germanos, el destructor *Laverock* había abordado al *Medusa*, que tuvo que ser tomado a remolque a la vista de la costa alemana, lo que originó la salida de Heligoland de algunos cruceros ligeros y destructores de la *Kriegsmarine*. Aquella misma tarde, a las 1940 y a unas 50 millas al oeste del Horns Reef, faltó —se rompió— el remolque del *Medusa*, y como la mar era ya imponente y el racheado viento seguía refrescando, Tyrwhitt ordenó recoger a la dotación del lisiado *destroyer* y abandonarlo a su suerte.

A las 2215 de aquella lóbrega y desapacible noche, los cruceros de Tyrwhitt descubrieron por la proa, a tan sólo setecientos metros de distancia y gracias a las chispas —quemaban carbón— que escapaban por sus chimeneas, a dos destructores alemanes, y el *Cleopatra* —capitán de navío Loder-Symonds—, que marchaba en cabeza, logró abordar y partir en dos al *G-194*, cuyas calderas

---

Dicho «zepelín» fue uno de los 17 abatidos por la artillería y los aviones ingleses. Otros 28 dirigibles de la *Kriegsmarine* se perdieron en diversos accidentes, lo que supuso un total de pérdidas de nada menos que el 70 % de los efectivos.

estallaron. El sorprendido buque se hundió rápidamente, llevándose a toda su dotación. A su vez, el crucero británico fue abordado por el matalote que seguía sus aguas, el *Undaunted*, que quedó con la proa destrozada y ya no podría dar más de seis nudos.

La situación se hizo, pues, crítica para Tyrwhitt, puesto que la agrupación de Beatty se movía a unas cincuenta millas por el norte y que Scheer, habiendo sorprendido y descriptado aquella mañana un mensaje del citado comodoro al Almirantazgo, dándole cuenta del accidente y de la posición del *Medusa*, se había hecho a la mar con toda la *Hochsee Flotte*. Cosa de la que pronto se enteraron en Whitehall; de manera que el Almirantazgo dispuso la inmediata salida de la Gran Flota, al mismo tiempo que, a las 0435 del 26, ordenaba a Tyrwhitt que hundiera al *Undaunted* y se retirara a toda máquina.

Sin embargo, Beatty acudió inmediatamente en apoyo del comodoro, y la tempestad, que ya barría furiosamente todo el mar del Norte y que los pequeños destructores alemanes no aguantaban, obligó a Scheer a retirarse —«a las 0430 del 26 me informaron los cruceros de que el estado de la mar hacía imposible cualquier combate», escribe—; de modo que el averiado buque británico pudo renquear, navegando de popa, hasta Inglaterra. Las grandes olas obligaron también a la formidable 5.ª Escuadra de acorazados de la Gran Flota a dejar atrás a todos sus destructores para marchar velozmente en auxilio del *Undaunted*, y destrincaron parcialmente las redes antitorpedo de los cruceros de batalla germanos, que tuvieron que ponerse a la capa para poder trincarlas. En la accidentada y tempestuosa noche, el destructor alemán *S-22* chocó con una mina, partiéndose en dos y desapareciendo en cinco minutos, de manera que de su dotación de 93 hombres sólo pudieron salvarse 17.

El Almirantazgo se percató de que, dada la tardía salida de la escuadra inglesa, sólo la tempestad había librado a las fuerzas propias de un posible desastre; así que el 4 de mayo siguiente repitió la operación contra los dirigibles alemanes, pero esta vez como cebo de una trampa preparada contra la *Hochsee Flotte*.

El comodoro Tyrwhitt, con 3 cruceros y 16 destructores, se hizo a la mar el 3 de mayo para escoltar a los portahidroaviones *Vindex* y *Engadine*. Con la amanecida del día siguiente y desde una posición próxima al Horns Reef, ambos transportes pusieron en el agua un total de once hidroaviones. Había fuerte marejada y durante el despegue las olas rompieron las hélices o inundaron las magnetos de ocho aparatos; otro chocó con la antena de un destructor y cayó al mar, y uno más tuvo que regresar minutos después por avería en el motor. El único hidro que consiguió llegar hasta Tondern nada pudo hacer, pues una espesa capa de niebla cubría aquella mañana el aeródromo alemán.

Mientras tanto, ya había zarpado toda la Gran Flota; de manera que, el día 4, los cruceros de batalla de Beatty aguardaban en las proximidades del Horns Reef, y algo más al norte velaban los acorazados de Jellicoe. La Escuadra alemana ni siquiera se movió, pues, como vamos a ver, sólo ocho días atrás, después de bombardear Yarmouth y Lowestoft, había estado a punto, en aquella especie de dramático juego del ratón y el gato, de ser atrapada por la *Grand Fleet.*

* * *

En efecto, para «obligar al enemigo a salir de sus bases» y poder batirle en detalle, Reinhard Scheer había decidido atacar los citados puertos, en combinación con los submarinos de Flandes y con ocho dirigibles de la *Kriegsmarine* encargados de bombardear Norwich, Lincoln, Harwich e Ipswich, puesto que, tras los ataques a los «zepelines», muchas unidades inglesas solían hacerse a la mar para tratar de derribarlos al regreso.

A las once de la mañana del 24 de abril aparejaron todas las fuerzas germanas disponibles —22 *dreadnoughts,* 5 acorazados de la II Escuadra, 12 cruceros ligeros y 48 destructores—, al mismo tiempo que despegaban los dirigibles más modernos de la Marina. Von Hipper se hallaba de permiso por enfermedad, y al mando de los cruceros de combate iba el contralmirante Bödicker. Su buque insignia, el *Seydlitz,* chocó con una mina cuatro horas después, y con once muertos en la cámara de torpedos y 1.400 toneladas de agua salada a bordo, tuvo que retirarse por sus medios. El almirante transbordó al *Lützow,* y la operación prosiguió sin retraso respecto al calendario previsto.

La Gran Flota británica se había hecho a la mar el día 21 para un ostensible acto de presencia en las proximidades del Horns Reef y, con ello, tratar de evitar que la *Hochsee Flotte* pasara al Báltico, donde, debido al término del deshielo, los rusos se disponían a reacondicionar sus campos de minas. En dicha salida fue cuando, debido a la niebla, se abordaron los cruceros de combate *Australia* y *New Zealand*, y también tres destructores ingleses, sufriendo graves daños el primero y el *Ardent*.

La Escuadra británica regresó a sus bases el día 24, y al conocer el Almirantazgo lo que preparaban los alemanes, la hizo tomar combustible a toda prisa y salir de nuevo aquella misma mañana. Era, por supuesto, demasiado tarde para tratar de cortar la retirada a la *Hochsee Flotte*, pero había que intentarlo, y, por su parte, el comodoro Tyrwhitt se apostó en las proximidades de Lowestoft, con 3 cruceros ligeros y 18 destructores.

La agrupación de Bödicker —4 cruceros de batalla, 4 ligeros y 2 flotillas de destructores— llegó al barco-faro de Corton a las cuatro de la mañana del 25. Poco después señaló el *Rostock* a varios buques enemigos por el oessudoeste, pero como la visibilidad era aún escasa, Bödicker arrumbó al nordeste, para, con las primeras luces, proceder al bombardeo. Éste se inició contra Lowestoft a las 0411, y contra Yarmouth a las 0440, desde distancias comprendidas entre los 10.000 y los 13.000 metros. Los objetivos fueron las instalaciones portuarias y los puentes giratorios, efectuándose en total 508 disparos de grueso y de mediano calibre, sin que esta vez las baterías de costa consiguieran alcanzar a buque alguno, pero sin poder evitar que se produjeran cuatro muertos entre la población civil y destrozos en unas doscientas casas.

A las 0448 se había lanzado Tyrwhitt al ataque, aproximándose desde la costa, pero el crucero *Conquest* fue casi inmediatamente alcanzado por una salva de 305 mm. del *Lützow*, que le causó 40 bajas, graves destrozos y un formidable incendio. Los destructores ingleses tuvieron que ocultar al *Conquest* con cortinas de humo, y poco después el submarino alemán *UB-29* torpedeaba al crucero *Penelope*; de manera que el ataque británico fracasó.

Poco antes, hacia las 0430, cuando el grueso de la Escuadra de Alta Mar se encontraba a unas 45 millas de los buques de Bödicker, llegaron tres de los dirigibles germanos que durante la noche habían bombardeado las citadas ciudades inglesas, haciendo saber a Scheer que no habían descubierto fuerzas navales enemigas. Y como el fuerte viento obligó a las aeronaves a regresar seguidamente a sus bases, el almirante germano, sin descubierta aérea y sabiendo que el bombardeo había terminado, a las 0500 ordenó la retirada general. Frente a Lowestoft, el submarino alemán *UB-18* había hundido al británico *E-22*.

Por lo demás, el choque que unos y otros adversarios buscaban decididamente ahora, aunque por supuesto en condiciones bien diferentes, habida cuenta de la inferioridad de la Escuadra alemana, no se produciría hasta el mes siguiente, en Jutlandia; batalla a la que concederemos toda la atención y el espacio que se merece.

CAPÍTULO VI

Evolución de los sumergibles alemanes. — Ataque aliado a los Dardanelos. — Las minas submarinas hunden a los acorazados Bouvet *e* Irresistible. *— El* Goliath *es echado a pique en Mudros. — Llega al Egeo el* U-21. *— Otto Hersing torpedea y hunde a los acorazados* Triumph *y* Majestic. *— Primer éxito de un avión torpedero. — Los aliados se retiran de Gallípoli. — Hundimiento del* Arabic *y sus consecuencias.*

A comienzos del año 1915, el Alto Mando alemán era ya perfectamente consciente de que su bien meditado plan para derrotar a Francia en el plazo de seis semanas y volverse inmediatamente contra Rusia, para aniquilar también al inmenso pero mal armado y supuestamente lento en movilizarse Ejército del zar, había fracasado irreversiblemente.

No es que el plan concebido en 1905 por el ya fallecido general Graf Schlieffen estuviera mal calculado o contuviese algún importante error. Fue, casi con toda seguridad, viable, pero el general Moltke, sucesor de Schlieffen, lo cumplimentó sólo parcialmente y mal, incurrió en graves desaciertos y, por fin, tras una batalla que en realidad no existió, la denominada «del Marne», decidió retirarse hacia el Aisne y, pese a no haber sido derrotado ni mucho menos y a que sus posibilidades reales eran aún buenas, abandonó el decisivo y grandioso proyecto.

Después, en octubre y noviembre del mismo año, el relevo de Moltke, Von Falkenhayn, fracasó también en la batalla de Ypres, al intentar volver a poner en marcha el ala izquierda de aquella poderosa rueda que, pasando por París, etc., debería, según Schlieffen, terminar aplastando a los ejércitos enemigos contra los fuertes de Lorena y la frontera suiza.

Aquellos dos fracasos alemanes terminaron prácticamente con la guerra de movimientos en el frente del oeste y dieron paso a una terrible y sangrienta guerra de trincheras que duraría cuatro eternos años y costaría a los beligerantes un total de ¡tres millones cuatrocientos ochenta y cuatro mil muertos! Guerra, por otra parte, que Alemania, deficitaria en alimentos para su población, perdería inexorablemente a menos de poder romper el férreo y humillante bloqueo marítimo a que Inglaterra la tenía sometida. Sólo entonces volvió la mirada al mar el Estado Mayor General alemán, comprendiendo que la única manera de derrotar a su principal enemigo, Inglaterra, y de ganar la contienda, era lanzarse a una campaña submarina a ultranza, para imponer a su vez el bloqueo, puesto que Gran Bretaña no disponía, ni dispondría prácticamente en toda la guerra, de reservas de víveres para resistir más de tres meses, pues tenía que importar las cuatro quintas partes de lo que consumía y todas las materias primas, excepto el carbón y la mitad del mineral de hierro.

De ahí que en Alemania la construcción de submarinos adquiriese muy pronto un carácter importante —pero que no llegaría a prioritario, a base de dedicar a ella la máxima capacidad industrial del país, hasta agosto de 1918, cuando ya era demasiado tarde—. Así que las entregas de tal tipo de buque a la *Kriegsmarine* fueron las siguientes: en 1914, como ya dijimos, entraron en servicio 11 nuevas unidades; 52 en 1915; 108 en 1916; 88 en 1917, y 84 en 1918, es decir, 343 submarinos en total. Pero en noviembre de 1918, al llegar el armisticio, se construían aceleradamente en Alemania otros 226 sumergibles, que serían destruidos en los mismos astilleros.

Los tipos de *unterseeboote* variaron considerablemente en desplazamiento, capacidad de torpedos, número de tubos de lanzar, autonomía, etc., desde los «UB», de 127, 260 y 520 toneladas de desplazamiento en superficie, con dos y cinco tubos, y los tipos «UC», minadores, de parecidos desplazamientos, con capacidad para llevar doce minas a bordo, en pozos de libre circulación que ocupaban toda la parte proel, hasta los grandes cruceros de 1.930 toneladas (2.480 toneladas en inmersión), que portaban veinte y más torpedos de 500 mm., montaban dos cañones de 150 mm., podían navegar más de 15.000 millas en superficie y tenían una dotación de cerca de ochenta hombres. Respecto a los «U», del *U-40* en adelante su desplazamiento en superficie fue ya de 700 toneladas, que a partir del *U-80* llegaría a las 800 toneladas; alcanzaban los 17 nudos en superficie y llevaban doce torpedos, que a partir del *U-90* ya serían dieciséis.

Técnicamente, los sumergibles alemanes fueron mejorando considerablemente al transcurso de la contienda. En 1916, los diesel de cuatro tiempos y seis cilindros tenían una potencia de 1.200 CV, que en 1918 llegaría a los 1.750 y hasta los 3.000, lo que proporcionaba al buque una velocidad de 16 y de 19 nudos en superficie, respectivamente. Los acumuladores «Hagen» eran de mayor capacidad para el mismo peso y permitían un andar en inmersión de hasta 9 nudos (durante una hora). Y los torpedos de 500 mm. de diámetro y una tonelada de peso, entrados en servicio a fines de 1914, portaban una cabeza de combate que alojaba 180 kilos de alto explosivo, en vez de los 100 kilos que llevaban los artefactos anteriores, de 450 mm.

En marzo de 1915 entró en servicio el primer submarino minador alemán, el *UB-11*, de 127 toneladas en superficie, que podía llevar seis minas, en pozos, al que pronto siguieron otros quince, algo mayores, de 168 toneladas. Los británicos, por su parte, siempre a remolque en este tipo de buques, no dispondrían de submarinos minadores hasta un año después, en junio de 1916.

Aquí convendrá recordar que las barreras y campos ofensivos de minas fondeados por los alemanes, inicialmente utilizando cruceros auxiliares y después submarinos, echaron a pique a lo largo de la guerra un total de 1.220.000 toneladas de barcos mercantes aliados —de las que 682.000 fueron de la marina mercante británica—, aparte hundir gran cantidad de buques de guerra, desde magníficos acorazados (1) hasta modestos patrulleros. Para no mencionar la gran importancia estratégica de esta arma estática y silenciosa, que, en cambio, los aliados tardaron varios años en hacer realmente eficaz; hasta fines de 1917, por ejemplo, los *unterseeboote* atravesaron fácilmente —al supuesto precio de tan sólo dos unidades perdidas— el importante barraje inglés de Dover, que bloqueaba el canal de la Mancha.

Los sumergibles alemanes que formaban parte de la Escuadra de Alta Mar —la mitad del total—, al mando del capitán de corbeta Bauer, con su Estado Mayor a bordo del crucero *Hamburg*, estaban basados en Wilhelmshaven, pero Heligoland servía de base a la 1.ª y 2.ª Escuadrillas, y el Ems, la rada de la isla de Borkum y Emden, a las Escuadrillas 3.ª y 4.ª

El 29 de marzo de 1915 se formó en Zeebrugge la denominada «Flotilla de Flandes», con cuatro pequeñas unidades, que en mayo de ese año ya serían nueve y mayores y utilizarían también Osten-

(1) *Audacious, King Edward VII, Ocean, Formidable* y *Russel,* británicos; *Bouvet, Kléber* y *Dupettit Thouars,* franceses; el ruso *Peresviet,* y el italiano *Regina Margarita.*

de. A las órdenes del almirante Schröder, como jefe de todas las fuerzas navales en Bélgica, estaba directamente mandada por el teniente de navío Bartenbach. Pero a partir del desembarco aliado en los Dardanelos, en febrero de 1915, primero el *U-21*, después los *U-34*, *U-35*, *U-39* y *U-33*, y luego otros varios, fueron siendo enviados a Constantinopla y a Pola, en el Adriático (1). Y tras la entrada en guerra de Italia junto a los aliados —en mayo de 1915, el gobierno de Roma declaraba la guerra a Austria—, otras varias flotillas de submarinos alemanes quedaron basadas en Cattaro, en la costa dálmata del Adriático.

El primero en llegar al Mediterráneo fue, como dijimos, el *U-21*, y su comandante, Otto Hersing, que ya tenía en su haber al crucero *Pathfinder*, pronto se convertiría en el submarinista más famoso del mundo. Examinemos brevemente la azarosa historia del *U-21* y de sus valerosos tripulantes.

* * *

El 3 de agosto de 1914, el gobierno británico había comunicado a Constantinopla que los dos modernos acorazados —el *Osman I*, de 27.000 toneladas, y el *Reshadieh*, de 23.000— que se construían en Inglaterra para la Armada turca serían requisados e incorporados a la *Royal Navy* (2). Esta medida causó enorme indignación en Turquía, entre otras cosas porque los fondos para la construcción de dichos poderosos buques de guerra habían sido recaudados por suscripción popular. Aquella supuesta afrenta; la llegada a los Dardanelos, tras burlar la vigilancia británica, el 10 de agosto de 1914, del moderno crucero de batalla alemán *Goeben* y el crucero ligero de la misma bandera *Breslau*; el la-

---

(1) Entre el 20 de marzo y el 15 de julio de 1915 se enviaron a Pola, despiezados y por ferrocarril, los pequeños submarinos alemanes *UB-7*, *UB-8*, *UB-3*, *UC-14*, *UC-15*, *UB-14*, *UC-12* y *UC-13*, que, remolcados desde Cattaro hasta el canal de Otranto por cruceros austríacos, luego ganaban por sus medios los puertos turcos de Boudroum, Orak y Esmirna.

(2) Con los nombres de *Agincourt* y de *Erin* fueron incorporados a la Gran Flota en agosto y septiembre de 1914, respectivamente. Lo mismo que el *Canada*, construido por encargo de Chile, que se incorporaría a la *Grand Fleet* en septiembre de 1915.

tente temor a un ataque de Rusia —el sueño ruso desde los días de Pedro el Grande era, y todavía sigue siendo, la toma de Constantinopla (hoy Estambul) y el dominio de los estrechos, que impedían a la Escuadra rusa el libre paso al Mediterráneo—; el gran influjo ejercido por el embajador alemán, Wangenheim, y, entre otras cosas más, la decidida actitud progermana del ministro turco de la Guerra, Enver Pasha, llevaron a Turquía a la guerra al lado de los imperios centrales.

En enero de 1915, lord Kitchener, ministro de la Guerra, había recibido una solicitud del gran duque Nicolás, hermano del zar, para efectuar una diversión que aliviase la presión turca sobre el Ejército ruso en el Cáucaso. Kitchener propuso al gabinete británico de guerra una demostración naval contra los Dardanelos, y Winston Churchill, Primer Lord del Almirantazgo, es decir, ministro de Marina, planteó el forzamiento del largo y estratégico paso situado entre los dos viejos continentes.

El intento de tomar Constantinopla, a fin de que Bulgaria y Grecia se decidieran a entrar en guerra a favor de la Entente; el deseo de abrir los estrechos turcos para poder obtener así, a bajo precio, el bloqueado trigo ruso; la acuciante necesidad de abastecer de municiones a los ejércitos del zar, y también la de poder disponer de las 350.000 toneladas de barcos mercantes inmovilizados en el mar Negro, decidieron al Reino Unido a emprender una operación combinada por mar y tierra, con la ayuda francesa, para forzar los Dardanelos. Operación que pronto se convertiría en un sangriento fracaso y que a la postre resultó contraproducente para los intereses aliados, ya que decidiría después a Bulgaria a entrar en guerra precisamente al lado de Alemania, y a Grecia a romper su tratado con Servia.

Y es que Rusia, celosa de que Constantinopla cayese en poder de los anglofranceses, no sólo se negó a colaborar directamente con sus aliados para atacar al mismo tiempo en el Bósforo, por mar y tierra, sino que rechazó tajantemente una propuesta de Atenas, hecha el 1 de marzo de 1915, para desembarcar tres divisiones griegas en la península de Gallípoli..., lo que, ni más ni menos, en 1917 le costaría la tan anhelada y luego decepcionante revolución bolchevique y también la pérdida de la guerra.

El telón de aquella tragedia, que va a durar diez meses, se alza el 19 de febrero de 1915, a la vista de las ruinas de la Troya homérica y de las playas donde tanto tiempo permanecieron varadas las «cóncavas» naves de Agamenón, a las 0950 de la mañana:

«Doce grandes buques comenzaron el bombardeo de los fuertes exteriores situados sobre ambas orillas de los Dardanelos (1), desde una distancia superior a la de los cañones turcos. La mar estaba como un espejo, apenas soplaban ventolinas y el espectáculo era enormemente impresionante. El tiro parecía ser bastante bueno; los fuertes resultaban repetidamente alcanzados y no respondían. Luego, hacia las dos de la tarde, cuando se ordenó a los cinco viejos acorazados británicos que cerraran distancias para acabar con ellos, dichos fuertes entraron bruscamente en actividad y abrieron el fuego, aunque con escasos resultados. Los buques franceses, arrojando grandes columnas de humo, acudieron en su auxilio, y la batalla prosiguió casi hasta la puesta del sol, cuando todos los buques fueron llamados por el vicealmirante Carden, a bordo del crucero de combate *Inflexible*.

»El resultado neto de aquel considerable gasto de municiones fue exactamente nulo, aparte, quizá, de matar algunos turcos. Realmente, para inutilizar los fuertes era necesario lograr impactos directos en sus cañones o en las basadas de éstos. Poco antes de la puesta del sol, nos entusiasmó la aparición del flamante acorazado *Queen Elizabeth* —29.000 toneladas—, con sus piezas de 381 mm.»

Debido al mal tiempo, los bombardeos no se reanudaron hasta el día 25. Luego prosiguieron el 1 de marzo, el 2, el 3, e infinitos días más... Aparte el formidable recién llegado buque de línea y el *Inflexible*, tomaron parte en el intermitente cañoneo de los fuertes turcos doce acorazados británicos de segunda y tercera clase y cuatro franceses.

Los Dardanelos estaban defendidos por una serie de fortalezas situadas en ambas orillas y que hoy todavía siguen allí, nostálgicas, sin duda recordando los viejos tiempos del Imperio otomano, y por varios campos de minas de fabricación alemana. De estos últimos se encargaron inicialmente, por parte aliada, unas flotillas de bous habilitados como dragaminas. Pero como pronto se vio que apenas podían avantear contra una corriente saliente, que procedía de los grandes ríos que vierten al mar Negro, de hasta cinco nudos, ni esquivar las salvas de las piezas turcas que defendían dichos campos de minas, tuvieron que ser reemplazados por destructores británicos equipados con rastras mecánicas.

Otros buques de guerra intervendrían también en aquella tras-

(1) Almirante británico A. B. Cunningham, entonces comandante del destructor *Scorpion* y testigo presencial, en *A Sailor's Odyssey*.

cendental pugna. Varios submarinos ingleses y franceses habían sido enviados a los Dardanelos para que actuasen en el mar de Mármara. Ya en diciembre de 1914, el *B-11* —teniente de navío Holbrook— había atravesado valerosamente el campo de minas exterior y torpedeado al viejo crucero turco *Messudieh,* que se hundió en poco fondo, con 37 muertos, lo que valió a Holbrook la Cruz Victoria. Pero de los dieciséis sumergibles británicos y franceses que intentaron o lograron atravesar los estrechos, sucumbieron ocho (1).

El 18 de marzo resultó un día particularmente aciago para los aliados. Dieciocho buques de línea anglo-franceses iniciaron por la mañana el bombardeo de los fuertes turcos. Las minas submarinas por donde los blindados tendrían que moverse habían sido teóricamente rastreadas, pero se ignoraba la presencia de las fondeadas recientemente, durante la noche —sólo diez días antes—, por un pequeño minador turco, el *Nousret.* De modo que los destructores ingleses equipados con rastras se quedaron aquel día fondeados tranquilamente en Tenedos... «Lo que, para decir lo menos —escribe Cunningham—, resultó exasperante.»

Los fuertes turcos aceptan aquel terrible desafío hecho prácticamente a quemarropa, y, en medio de un pandemónium de aquelarre, los acorazados franceses *Bouvet* y *Suffren* reciben una serie de impactos directos que les producen graves averías. Pero siguen bizarramente en sus puestos hasta que, poco antes de las dos de la tarde, el *Bouvet,* que tiene destrozada su torre doble proel de 305 mm., cae a babor para salir del estrecho, choca con una mina y... ¡cincuenta segundos después! ha desaparecido bajo las aguas, llevándose consigo a 739 hombres, de una dotación de 800.

El acorazado de igual bandera *Gaulois* es blanco de varios proyectiles y, a punto de hundimiento, a duras penas consigue su comandante vararlo en el islote de Drepano. El acorazado británico *Irresistible* es víctima de otra mina y también se va a pique, con 20 muertos, y el de igual clase y enseña *Ocean* sigue idéntica lamentable suerte. El crucero de batalla *Inflexible* ha chocado, asimismo, con otro artefacto submarino y tiene a proa una vía de agua de 50 metros cuadrados, lo que le obliga a retirarse con graves averías, 26 muertos y 2.000 toneladas de agua salada a bordo, logrando a duras penas llegar a Malta.

---

(1) Los ingleses *E-15, AE-2, E-7* y *E-20,* y los franceses *Saphir, Joule, Mariotte* y *Turquoise.*

No habían terminado los desastres para las flotas de ambos bandos contendientes. El 17 de abril embarrancó en la costa asiática turca, cerca del fuerte Dardanos, el submarino británico *E-15*. Acribillados a balazos, murieron el comandante del buque y seis de sus hombres, siendo hecha prisionera el resto de la dotación. El 30 de ese mismo mes se perdió en el mar de Mármara el australiano *AE-2*, que con averías anteriores y alcanzado después por los cañonazos del torpedero turco *Hissar*, tuvo que ser abandonado y hundido por su propia gente.

En la oscura noche del 12 de mayo, es decir, diecisiete días después de producirse los desembarcos aliados en la península de Gallípoli, el acorazado inglés *Goliath*, que se hallaba fondeado en la bahía de Mudros, en Lemnos, recibió tres torpedos lanzados por el destructor turco *Milich*, que, pegándose bien a la costa, había logrado burlar la vigilancia enemiga. Este buque llevaba a bordo varios marinos alemanes: el teniente de navío Firle, como comandante y jefe de la flotilla formada por aquellos modernos torpederos —de 600 toneladas y 33 nudos— construidos en Alemania; tres oficiales y seis marineros —apuntadores— de la *Kriegsmarine*. El *pre-dreadnought* zozobró rápidamente y, tras permanecer algún tiempo con la quilla al cielo, se fue a pique, llevándose a 571 hombres de su dotación (1).

El 8 de agosto, el anticuado acorazado turco *Barbarroja* —ex *Kurfürst F. Wilhelm*—, construido en 1893 en Alemania, fue torpedeado y hundido, a pleno día y en el mar de Mármara, por el submarino británico *E-11* —teniente de navío Nasmith—, desapareciendo a los siete minutos de recibir el impacto fatal y llevándose a su misma tumba a 253 tripulantes.

Mas para entonces ya había intervenido también en los Dardanelos el *U-21*, de Hersing, al que, tras esta necesaria digresión, volveremos ahora.

* * *

El *U-21*, que teóricamente no disponía de suficiente autonomía para llegar a Cattaro, en Montenegro, salió de Wilhelmshaven el 25 de abril de 1915 y entró una noche en la ría de Corcubión, donde subrepticiamente tomó combustible de un vapor enviado al efecto. Pronto se descubrió, no sin consternación, que el petróleo

(1) Este hundimiento decidió a lord Fisher a retirar inmediatamente al *Queen Elizabeth* del Mediterráneo y enviarlo a Scapa Flow. Con gran disgusto del general Kitchener.

recién embarcado no quemaba, ni bien ni mal, en los cilindros del sumergible. ¿Qué hacer? ¿Regresar a Alemania? ¿Proseguir a todo evento? Hersing celebró un pequeño consejo de guerra con el segundo y con el jefe de máquinas y, tras hacer sondar cuidadosamente todos los tanques no contaminados y efectuar una serie de precisas mediciones sobre las cartas náuticas, decidió seguir viaje, a velocidad económica y en superficie mientras se pudiera, hacia Cattaro. Y cuando el *U-21* hizo su entrada en ese precioso «trébol» de cuatro hojas que la caprichosa mar ha labrado en aquel escondido rincón de la costa dálmata, a bordo del sumergible alemán apenas quedaba media tonelada de combustible. ¡Qué gran peso se le quitaría de encima a Hersing, ya señalado por la diosa Fortuna!

Tras hacer el relleno de combustible y efectuar una serie de recorridos, porque, tras su tiempo de permanencia en la mar, los submarinos alemanes de entonces tenían que pasar otros tantos días o semanas en puerto para hacer reparaciones, el *U-21* sale por fin rumbo a los Dardanelos, donde llega el 25 de mayo. Cedamos la palabra a Hersing:

«Amanece; por la misma proa se divisa la costa, con sus playas, sus acantilados y sus colinas peladas y amarillentas. Callan los cañones; la batalla cotidiana no ha comenzado aún. La mar parece de aceite, circunstancia nada favorable para nosotros, porque es fácil ver el periscopio. Nos sumergimos a mayor profundidad y nos deslizamos hacia ese avispero bélico.

»Frente al cabo Helles vemos unos acorazados británicos, y puedo contar hasta tres; un breve vistazo al cuaderno de siluetas me permite apreciar que se trata de buques del tipo "Majestic", que disparan una salva tras otra y envían toneladas de explosivos contra las posiciones turcas. Cerca de ellos se halla un barco-hospital y en derredor rondan varias docenas de buques de patrulla, destructores y torpederos, vigilando. Así que arrumbo cautamente hacia los tres leviatanes que disparan.

»—¡Adentro el periscopio!

»Estamos a la vista de un destructor que viene hacia nosotros, y aunque no sé si ha descubierto nuestro "espárrago", hay que evitar la alarma antes de que lleguemos a posición favorable para el lanzamiento.

»Vamos a mayor profundidad y navegamos a ciegas, sin atrevernos a sacar el periscopio, hacia la extremidad de la península, aproados a Gaba Tepé. Nueva ojeada a través de la lente, que nos revela la presencia de otro acorazado, del tipo "Triumph", alrededor del cual hay el acostumbrado movimiento de buques menores.

»—¡Calad el periscopio!

»Descendemos a veinte metros de profundidad y nos dirigimos hacia el monstruo, pasando muy por debajo de su cortina de protección: las hélices de los buques de patrulla producen un ruido sordo, y durante las cuatro horas y media que transcurren desde el instante en que avisté este acorazado maniobro para llevar el *U-21* a buena posición de ataque, sin echar sino muy breves ojeadas a la superficie del mar.

»Mi corazón y el del segundo, que está conmigo en la torreta, baten fuertemente, y así ganamos una posición mortal para el gigante que tenemos ante nosotros.

»—¡Fuera el periscopio!

»El *Triumph* está ahora a unos trescientos metros solamente. ¡Nunca encontró tan buen blanco un submarino!

»—¡Fuego! —digo, mientras mi corazón parece como si quisiera saltar del pecho.

»Siguen unos instantes de un silencio impresionante; la angustiosa espera parece transformarnos en estatuas de mármol. En mi aturdimiento, me dejo fuera el periscopio y puedo apreciar la clásica estela de burbujas de aire que va dejando en su trayectoria el torpedo mientras se aleja velozmente del lugar en que nos encontramos; navega bien recto, no cabe duda, y va a dar en la parte proel del acorazado. Una espesa nube de humo brota de la mar y desde la torreta oímos primero un ruido metálico, seco, e inmediatamente una gran explosión que repercute profundamente. Es un espectáculo apasionante v quisiera continuar contemplándolo; pero lo que he visto es suficiente para costarnos la vida. Los torpederos acuden de todas partes y siguen nuestras huellas...»

El atrevido *U-21* escapó con facilidad y suerte, ya que, como sabemos, ningún buque británico llevaba aún cargas de profundidad. Hersing había torpedeado al acorazado británico de tercera clase *Triumph,* de 12.000 toneladas estándar, botado en 1903 y armado con cuatro cañones de 254 mm., en torres dobles, y catorce de 180 mm., en casamatas. El blindado se fue a pique después de una breve agonía de tan sólo diez minutos, llevándose consigo a 71 hombres.

Tras permanecer veintiocho horas seguidas en inmersión, temiendo ser avistado, si salía a superficie, por los numerosos buques de guerra enemigos que se movían por la vecindad como avispas enfurecidas, Hersing emergió al amparo de la tranquila y estrellada noche, para cambiar el aire viciado y ya casi irrespirable del submarino y cargar las exhaustas baterías de acumuladores, mientras navegaba en superficie hacia el norte, en demanda del golfo de Enez. Tras explorar por allí al día siguiente, sin resultado, el *U-21* arrumbó hacia el sur, para volver, el 27 de mayo, al lugar donde había hundido al *Triumph*. Cedamos nuevamente la palabra al valeroso, tenaz y afortunado submarinista alemán:

«Al amanecer había mar gruesa; veíamos la costa, con sus líneas de trincheras, pero ni un barco. Cruzamos por aquellos parajes y divisamos algunos buques en lontananza, mas ningún acorazado; no cabía duda de que estos gigantes de la mar no volverían a cruzar indolentemente por estas aguas, lanzando toneladas de explosivos contra las posiciones turcas. Navegando siempre hacia el sur, alcanzamos la extremidad de la península.

»—Allí veo algo —digo al segundo.

»Por el periscopio observo una inusitada animación en la playa y sus inmediaciones, mostrando que se trata de un desembarco de tropas. Hay unos cuantos transportes fondeados frente a la playa, y, a unos quinientos metros de ésta, un acorazado grande, del tipo "Majestic", fondeado como lo estaba el *Triumph,* protege la operación. Por casualidad, se trata también del prototipo de la serie, el propio *Majestic,* de 15.000 toneladas. Se halla rodeado por una tupida cortina de buques menores, que no sólo hacen difícil el aproximarse al acorazado, sino que puede suceder que el torpedo destinado al *Majestic* vaya a chocar contra alguno de ellos; la maniobra se complica, aunque, afortunadamente, la marejadilla impide que se vea la estela que deja el periscopio.

»El segundo comandante lo zalla ahora.

»—Está a seiscientos metros —le digo; no cabe hacer más.

»El acorazado se encuentra en buena posición para torpedearle, pero los buques de vigilancia cruzan sin cesar la trayectoria que ha de seguir el torpedo, y me enervan de tal suerte que, si alcanzo a uno de ellos, juro que me alegraré; me armo de paciencia, y al fin parece que la situación se despeja. Ahora sólo hay cerca un buque de patrulla, pero ha de navegar más rápido si quiere colisionar con el torpedo.

»—¡Fuego! —E inmediatamente añado—: ¡Calad el periscopio!

»Nos sumergimos a mayor profundidad y nos alejamos. Estoy

seguro de que no han visto el periscopio, y la mar está lo suficientemente agitada para que no se advierta la estela de burbujas de aire que va dejando el artefacto submarino. Espero el ruido de la explosión para echar otro vistazo por el "espárrago".

»Por fin oigo un ruido sordo, lejano... ¡Blanco!

»—¡Fuera el periscopio!

»Una rápida ojeada me muestra al *Majestic* muy escorado. No hay tiempo que perder, porque los destructores vienen sobre nosotros y sus proyectiles nos rodean cuando descendemos hasta veinte metros de profundidad, alejándonos de esas aguas peligrosas. Al cabo de una hora volvemos a cota periscópica; como el *Triumph*, el *Majestic* ha dado la voltereta y se halla con la quilla al sol. A media milla de distancia, los buques menores exploran la superficie y parecen venir hacia donde nos hallamos. Y como la perspectiva no es nada agradable, el *U-21* se aleja furtivamente de esos parajes...»

El *Majestic*, otro veterano acorazado inglés de tercera clase y 15.000 toneladas estándar, botado en 1895 y armado con cuatro piezas de 305 mm. y doce de 152 mm., sólo tardó siete minutos en hundirse, en aguas de poco brazaje, y sufrió 48 muertos. Al parecer, de nada le valieron las redes antitorpedo que pendían de los tangones del buque. Su quilla y aparadura quedarían al aire durante cerca de quince años, como énfasis elocuente de los imponentes monumentos funerarios levantados después de la guerra sobre el cabo Helles, en la extremidad meridional de la península de Gallípoli, por aliados y turcos, en honor de los soldados caídos en aquella aventura británica (1), poco meditada y mal preparada, que se llevó a la práctica en contra del parecer del almirante Fisher, Primer Lord del Mar, que presentó su dimisión el 15 de mayo y, acto seguido, se marchó a Escocia (2). Después, el fondo marino se tragó para siempre los restos del infortunado buque de guerra; al que, en cambio, sobreviviría el audaz y afortunado Otto Hersing, cuyos espectaculares y fulminantes hundimientos a la vista de los soldados turcos, y que causaron sensación a escala mundial, tanto habían levantado la moral de los otomanos (3).

---

(1) Los aliados sufrieron más de 100.000 bajas en Gallípoli, entre muertos y heridos, y algo más del doble de esa cantidad los turcos.

(2) Esta brusca dimisión hizo caer al gobierno británico y arrastró al ostracismo a W. Churchill.

(3) El *U-21* llegó a Constantinopla el 4 de junio y luego operó en

* * *

El sangriento forcejeo prosiguió, implacable, en la mar y en tierra. El 13 de agosto, el sumergible alemán *UB-14* —alférez de navío Von Heimburg— torpedeó al transporte británico de 11.000 toneladas *Royal Edward*, despachado desde Alejandría, que llevaba 1.400 soldados y pertrechos bélicos con destino a Mudros. Más de un millar de hombres perecieron en aquel desastre. De la misma forma fue hundido, el 2 de septiembre, también por el *UB-14*, a 30 millas de Mudros, el vapor *Southland*, de 12.000 toneladas, con 1.400 soldados australianos, de los que esta vez sólo perecieron cincuenta. Y el 23 de octubre siguió idéntico destino, víctima del *U-35*, el *Marquete*, de 7.000 toneladas, con 600 soldados, municiones y 540 caballos con destino a Salónica. En total, entre fines de septiembre y mediados de octubre de 1915, los submarinistas alemanes hundieron en el Mediterráneo 18 transportes aliados, pero no fueron capaces de cortar el fuerte cordón umbilical que nutría para sus enemigos la lucha que se libraba en Gallípoli y los Dardanelos.

Los submarinos británicos y franceses, por su parte, tampoco permanecieron inactivos. Pese a que atravesar las 36 millas marinas (67 kilómetros) de los Dardanelos, teniendo que navegar en contra de una corriente que varía entre los dos y los cinco nudos, sortear barreras de minas, redes armadas y cañonazos, era una faena ciertamente arriesgada y difícil, lograron hundir en el mar de Mármara varios buques de guerra turcos, 12 transportes, 44 vapores y 59 veleros y bombardear varias veces, con efectividad, el ferrocarril del litoral. También hay que señalar los primeros éxitos logrados, a escala mundial, por un arma inédita: el avión torpedero.

Poco antes de estallar la Gran Guerra, concretamente el 1 de julio de 1914, el Almirantazgo británico había reorganizado la aviación naval, como una nueva rama de la Armada, bajo la denominación de Real Servicio Aéreo Naval *(Royal Naval Air Service)*, al que pronto fueron asignados algunos barcos provistos de cortas cubiertas de vuelo y de grúas, que llevaban a bordo

---

el Egeo. En julio, navegando en inmersión frente a Gallípoli, chocó con una mina o un torpedo a remolque, pero pudo llegar a Constantinopla, donde se le reparó provisionalmente, teniendo que marchar después a Cattaro, el 21 de septiembre, para ulteriores reparaciones.

varios hidroaviones anfibios, con fines de exploración. Uno de tales buques, el *Ben-My-Chree,* de 2.600 toneladas y 24,5 nudos, llegó al Egeo en agosto de 1915, portando ya, en su hangar de cubierta, dos hidros biplanos «Short-184», cada uno de ellos armado con un torpedo submarino de 368 kilos de peso. El 17 de agosto, uno de estos aparatos, pilotado por el teniente de navío Edmons, echó a pique al torpedo a un vapor turco, cerca de Ak-Bashi-Liman, en el mar de Mármara, y el otro, tripulado por el alférez de navío Dacre, hundió por el mismo sistema y no muy lejos de allí a un remolcador de igual bandera (1). Había nacido un arma naval que, en la segunda guerra mundial, terminaría por arrinconar y prácticamente barrer de los mares al hasta entonces omnipotente y magnífico acorazado.

Pero, como cualquier cosa importante en esta vida, todo logro exige un sacrificio, una renuncia, tiene algún precio. El 1 de mayo se había hundido, tras chocar con una mina y con toda su gente, el sumergible francés *Joule.* El de la misma bandera *Coulomb* se salvó por muy poco. Al alcanzar el Egeo en viaje de regreso y salir a superficie, se descubrió que el afortunado buque llevaba ¡una gran mina submarina enganchada en cubierta! En cambio, el *Mariotte,* al tratar de remontar los estrechos el 26 de julio, quedó atrapado en una red metálica, igual que un formidable atún, y tuvo que salir a superficie delante del fuerte Chanak. Blanco de los cañones turcos, que le destrozaban la torre de mando, su dotación ya no pudo hacer otra cosa que quemar a toda prisa las claves y los documentos secretos y evacuar y echar a pique al infortunado sumergible.

El británico *E-7* —capitán de corbeta Cochrane— resultó víctima de las redes situadas frente a Nagara, a pesar de dejarse caer hasta las 40 brazas de profundidad para intentar librarse a la desesperada de dicha obstrucción, siendo hechos prisioneros todos sus tripulantes.

El *Turquoise* fue el único submarino francés que logró llegar al Mármara, pero el 20 de octubre varó en la costa europea de los

(1) No fue el primer torpedeamiento conseguido por algún tipo de aeronave. Ello había tenido lugar pocos días antes, en la parte septentrional del mar de Mármara, a cargo de un «Short-184» pilotado por Edmonds y lanzado desde el *Ben-My-Chree,* cuando este buque se hallaba en el golfo de Xeros. Sin embargo, la víctima, un transporte turco, parece ser que acababa de ser torpedeado por el submarino *E-11,* que, como sabemos, ya tenía en su haber al acorazado otomano *Barbarroja.*

Dardanelos y, blanco de la artillería otomana, tuvo que ser abandonado a toda prisa... Tanta, que a bordo quedó, íntegra, la orden de operaciones del buque, que fijaba la fecha, hora y lugar para un *rendez-vous* posterior con tres submarinos ingleses. Circunstancia inmediatamente aprovechada por el intrépido y expeditivo teniente de navío Von Heimburg, al mando del *UB-14,* para deslizarse solapadamente entre dos aguas el 6 de noviembre y, en el momento oportuno, lanzar dos torpedos contra el *E-20,* que ya aguardaba, confiado y en superficie, la llegada de los otros tres submarinos aliados y del que sólo se salvaron nueve hombres, que fueron recogidos por el *UB-14.*

Un nuevo desembarco británico efectuado a retaguardia de las líneas turcas en la noche del 6 al 7 de agosto de 1915, tampoco prosperaría después. De modo que prosiguió la estéril y fatigosa lucha, y por fin, cuando el nuevo y recién llegado general en jefe británico, sir Charles Monro, hizo una rápida visita a las tres cabezas de playa, recomendó inmediatamente la evacuación general. Como señala Winston Churchill —a quien la campaña de los Dardanelos había costado el cargo a mediados de mayo—, parafraseando a Julio César, Monro «llegó, vio y capituló». Y la evacuación, hecha en tres fases y que resultó el único éxito importante cosechado por los aliados en Gallípoli, terminó el 8 de enero de 1916.

Se había hecho tan diestra y calladamente, que los turcos sólo se enteraron de lo sucedido cuando ya no quedaba en la disputada y martirizada península, plagada de tumbas, ni un solo infante aliado.

* * *

En el verano de 1915 se produjo en el Atlántico otro torpedeamiento alemán al que, por las importantes repercusiones que tuvo en la conducción de la guerra submarina, tenemos que dedicar ahora nuestra atención.

El submarino *U-24,* al mando del teniente de navío Schneider, aparejó del Ems el 5 de agosto de dicho año, a fin de operar en las costas occidentales del Reino Unido. Tras hundir, a la altura de la isla de Fair, al vapor noruego *Geiranger,* que transportaba madera desde Rusia a Inglaterra, y a los vapores ingleses *Osprey* y *Cairo,* al oeste de Irlanda; bombardear una fábrica de benzol en Harrington, y echar a pique en el mar de Irlanda al vapor británico *Dunsle,* el 19 de agosto avistó Schneider «un gran barco, sin bandera, con una sola chimenea y cuatro mástiles», al que tomó por algún buque mixto de unas 5.000 toneladas.

Se trataba del paquebote británico *Arabic*, de 15.800 toneladas, y como el *U-24* había sido cañoneado algunos días atrás, a distancia, por un crucero auxiliar inglés «que parecía pertenecer a la *Royal Mail*», el escarmentado teniente de navío alemán decidió atacar al *Arabic* en inmersión. Un torpedo lanzado por el *U-24* a las 1130 horas alcanzó al paquebote bajo el alcázar. «El barco se hundió rápidamente —prosigue Schneider—. Después de la explosión del torpedo vi unos quince botes llenos de gente. El tiempo era bueno. Las embarcaciones izaron velas y se dirigieron hacia la costa.»

Lo que ignoraba el comandante del *U-24* es que a bordo del *Arabic* se habían producido 44 muertos y que algunos de ellos eran ciudadanos norteamericanos. Así, pues, aquel hundimiento, efectuado sin previo aviso y contraviniendo las órdenes que ya conocemos, daría lugar a otro grave incidente diplomático con los Estados Unidos, parecido al provocado a raíz del hundimiento del *Lusitania*. Porque, ni que decir tiene, la prensa británica lo aireó escandalosamente.

Previendo lo que se le venía encima, el gobierno germano se apresuró, antes siquiera del regreso del *U-24*, a enviar una nota al de Washington para quitar hierro al asunto; otra, el 27, explicando confidencialmente al gobierno norteamericano que los submarinos alemanes ya habían recibido anteriormente la orden de no atacar a los barcos de pasaje; y una más tras el regreso del *U-24*. Las cosas se pusieron, sin embargo, al rojo vivo, y el embajador alemán en Washington telegrafió a Berlín, el 14 de septiembre, exponiendo, entre otras cosas, que no podía haber la menor duda de que «un nuevo incidente del género del *Arabic* significaría inmediatamente la guerra».

Los pormenores de aquellos forcejeos diplomáticos sobre el mencionado incidente, que como veremos después no sería el último y que el gobierno americano dio por zanjado el 6 de octubre, no son de nuestra incumbencia, pero sí sus graves repercusiones en la guerra submarina que libraba Alemania. El 26 de agosto se celebró una conferencia en el Cuartel General, en el castillo de Pleiss, a la que, además del kaiser y del canciller, Bethmann-Hollweg, asistieron el almirante Bachmann, jefe del Estado Mayor de la Armada; el gran almirante Von Tirpitz; el almirante Von Müller; el general Falkenhayn, jefe del Estado Mayor del Ejército, y, en representación del Ministerio de Asuntos Exteriores, el general Von Treutler.

Tras señalar la emoción que el torpedeamiento del *Arabic*

había provocado en los Estados Unidos, el canciller propuso remitir a Washington una declaración en la que, entre otras cosas, se haría público que «los comandantes de los submarinos alemanes habían recibido órdenes expresas de no hundir paquebote alguno sin previo aviso y sin haber dado a pasajeros y tripulantes el tiempo necesario para ponerse en seguridad». Puesto que cualquier barco mercante podía llevar pasajeros, y ya que tal declaración supondría reconocer la «ilegalidad» de torpedeamientos anteriores, la *Kriegsmarine* rechazó la propuesta, alegando, además, que una conducta tal supondría un riesgo inaceptable para sus *unterseeboote* y proponiendo incluso la suspensión de la guerra submarina en aguas atlánticas y su prosecución sólo en el Mediterráneo, donde no viajaban ciudadanos norteamericanos. Pero no se llegó a un acuerdo; Von Falkenhayn se puso de parte del canciller, y Von Tirpitz presentó la dimisión. La cosa terminó con los relevos del almirante Bachmann —por el también almirante Von Holtzendorff— y del contralmirante Behncke, segundo jefe del Estado Mayor General —por el vicealmirante Koch—. El 30 de agosto, Von Holtzendorff envió el siguiente telegrama a los capitanes generales de los departamentos marítimos y al comandante general de la Escuadra:

«Su Majestad el Kaiser ha ordenado completar su orden del 6 de junio con la prohibición de hundir hasta nueva orden cualquier barco de pasaje, incluidos los de pequeño tonelaje, sin advertencia previa y sin asegurar el salvamento de pasajeros y tripulantes.»

Y otro, el 31, a la Flota de Alta Mar:

«Su Majestad ha pedido que se examine la oportunidad de no enviar submarinos a las costas occidentales del Reino Unido mientras las actuales restricciones sigan en vigor.»

Tras una enérgica protesta, que fue rechazada, el almirante Von Pohl, comandante general de la *Hochsee Flotte,* presentó su dimisión. Y el almirante Von Holtzendorff, en nombre del jefe supremo de las fuerzas armadas de Alemania (Guillermo II), envió al frente, el 18 de septiembre, la orden siguiente:

«La situación general exige que se excluya, durante las próximas semanas, toda posibilidad de contravenir las órdenes que han sido dadas respecto a la guerra submarina. Durante este período cesará, por lo tanto, toda actividad de los sumergibles en la costa occidental inglesa y en el canal de la Mancha. Se proseguirá la guerra submarina en el mar del Norte, conforme al derecho de presa. Será posible utilizar para misiones militares los submarinos que queden así disponibles. La presente orden se mantendrá rigurosamente en secreto y sólo será comunicada al menor número posible de personas.»

Aquello significó prácticamente el fin de la guerra submarina en las aguas que rodeaban al Reino Unido, proclamada, como sabemos, por Alemania el 4 de febrero anterior. A partir de entonces, únicamente prosiguieron sus actividades normales los submarinos minadores y los destacados en el Mediterráneo. ¿Fue un grave error? Más adelante volveremos sobre esta cuestión, pero ya queremos señalar que el crucero submarino por aguas británicas más fructífero de toda la guerra se produjo precisamente a mediados del año 1915. Echémosle, pues, un breve vistazo.

* * *

El *U-38*, al mando del teniente de navío Max Valentinier, que pronto se convertiría en uno de los mejores «ases» submarinistas alemanes de la Gran Guerra, zarpó de Heligoland el 4 de agosto. La «misión» que figuraba en su orden de operaciones era la de actuar en las costas occidentales del Reino Unido y, entre el 14 y el 16 de agosto, aguardar en el mar de Irlanda, próximo al cabo Great Ormes Head, al norte de Gales, a tres oficiales alemanes prisioneros, que habían podido comunicar que tratarían de evadirse en dichas fechas de su campo de concentración, cercano al mar.

El día 5, el *U-38* hundía al cañón en el mar del Norte al velero noruego *Vanadis* y al danés *Hans Emil*, con vigas de madera para las minas de carbón inglesas. El 6, cerca de las Shetland, echaba a pique a dos grandes bous ingleses, y a otro el día 9, ya al oeste de Irlanda. El 11 enviaba al abismo al vapor británico *Oakwood*, después de lo cual cruzaba el canal de San Jorge y esperaba infructuosamente, pegado a las piedras, durante las noches del 14 al 15 y del 15 al 16, a los citados oficiales germanos; que, en efecto, aguardaron detrás de una punta rocosa, pero que no pudieron ver al sumergible ni ser vistos desde éste. Y el mal tiempo impidió a Valentinier hacer lo propio en la noche siguiente. Rumbo al sur, en las proximidades del canal de San Jorge, con mala visibilidad y siempre en superficie, el *U-38* consiguió hundir diez vapores y bous, entre los primeros al español *Isidoro,* de 2.044 toneladas, con mineral de hierro para Inglaterra.

En la noche del 17 al 18, el *U-38* pasó del canal de San Jorge al de Bristol, donde no tuvo suerte. En cambio, cerca de las islas Scilly pudo atrapar y echar a pique a los vapores ingleses *Restormel, Baron Erskine* y *Samara.* El 20, a la altura de Ouessant, caían otros dos vapores y un velero, también ingleses, y el petrolero belga *Daghestan.* Valentinier se dirigió, el 21, al canal de la Mancha, hundiendo al cañón al vapor inglés *Windsor,* y con un torpedo al de igual bandera *Cober.* La intervención de varios patrulleros ingleses impidió a los marinos alemanes hundir a dos vapores enemigos, pero el *Ruel* marchó al bentos aquella misma tarde. Cerca de las costas de Irlanda, el submarino que nos ocupa hundía, el 22, a los vapores ingleses *Palmgrove* y *Diomed,* el último de los cuales no se detuvo hasta haber recibido diez impactos de cañón, y, el 23, al *Trafalgar* y al petrolero *Silvia,* también ingleses. Escaso ya de municiones, combustible y torpedos, Valentinier decidió regresar a Alemania, por el norte de las Shetland, llegando a Heligoland el día 29.

Es decir, en veinticinco días de crucero, en los que recorrió unas 4.000 millas, el *U-38* había hundido veintiún barcos ingleses, uno belga, tres neutrales y cinco bous enemigos, con un total de 71.389 toneladas. Fue, desde luego, un crucero excepcional, pero que claramente pone de manifiesto la impreparación de la *Royal Navy* para conjurar el creciente peligro submarino alemán. Impreparación que, como luego veremos, no tardaría en llevar al Reino Unido al borde de la derrota.

CAPÍTULO VII

Batalla de Jutlandia. — La Grand Fleet *zarpa antes que la* Hochsee Flotte. — *Superioridad de la Escuadra inglesa. — La presencia casual del vapor* Fjord *provoca la batalla. — Carrera hacia el sur. — Combate de los cruceros de batalla.—Voladura del* Indefatigable.— *Beatty lanza sus destructores al ataque. — Voladura del* Queen Mary. — *El grueso de la Escuadra alemana entra en acción. — Beatty invierte el rumbo.*

Las batallas navales de Leyte, en la segunda guerra mundial, y de Jutlandia, en la primera, son, sin duda alguna, las más importantes libradas hasta ahora en el siglo XX y, si no por los muertos, sí por los recursos humanos y sobre todo materiales en ellas puestos en juego, las más importantes de todos los tiempos.

Sin embargo, así como la de Leyte dio lugar a la práctica aniquilación de la Escuadra japonesa y puso punto final a las batallas libradas en el océano Pacífico en la última conflagración mundial, la del bajo de Jutlandia, o Skagerrak, según denominación alemana, aunque fue también la postrera que se libró durante la Gran Guerra entre fuerzas de superficie, por una serie de razones, que iremos brevemente examinando, quedó prácticamente en tablas y no alteró el gran desequilibrio ya existente entre el poder marítimo germano y el británico, netamente favorable al Reino Unido.

En este y los siguientes capítulos examinaremos cómo más de cien mil marinos —unos 60.000 ingleses y alrededor de 45.000 alemanes— combatieron encarnizadamente aquella tarde crucial del 31 de mayo de 1916, y también durante la noche del 1 de junio siguiente, con un despliegue tal de valor, abnegación, espíritu de sacrificio y amor a la patria, tan impresionante como ejemplar, dejando escrita una de las páginas más hermosas, brillantes y aleccionadoras en el libro de la historia naval.

Pero, sin menoscabo alguno de lo que acabamos de señalar,

tampoco pasaremos por alto o trataremos de disimular aquí, pues ello sólo sería una torpeza por nuestra parte, los diversos errores, de mayor o menor entidad y trascendencia, en que incurrieron los almirantes de ambos bandos que condujeron esta importante batalla. Errores que, aunque se compensaron mutuamente, muy bien pudieron haberse traducido en grandes pérdidas para la fuerza naval más débil: la *Hochsee Flotte* alemana. Lo cual, si a pesar de todo no llegó a producirse, se debió a una serie de imprevisibles fallos en el material artillero utilizado por la Gran Flota inglesa. Es decir, en Jutlandia, la suerte se mostró bien benévola con los marinos alemanes, que al poder retirarse durante la noche, con su escuadra prácticamente intacta, impidieron después, por la mera existencia de ésta como flota en potencia, que los británicos pudieran adueñarse del mar Báltico, como pretendían, lo que, entre otras cosas, seguramente habría impedido el colapso de Rusia; aparte que, en 1917, les permitió lanzar una ofensiva submarina que a punto estuvo, como veremos, de dar al traste con el Reino Unido.

* * *

Los primeros en zarpar fueron los submarinos germanos. Veintidós de estas unidades —tres de ellas minadoras— salieron el 15 de mayo de las bases navales situadas en la bahía de Heligoland y en la costa flamenca, a fin de tomar posiciones delante de Scapa Flow, el Firth de Moray, el Firth de Forth, el Humber y también al norte del banco Terschelling. Su misión sería minar los accesos de dichas bases navales, atacar a las grandes unidades militares del adversario que pudieran salir a la mar o que se aproximasen en dirección sudoeste y comunicar los movimientos del enemigo.

El plan inicial del almirante Scheer había sido bombardear, con los cruceros de combate, el puerto de Sunderland, dándoles cobertura con toda la escuadra. Sin embargo, en vista de que el mal tiempo impidió la prevista exploración del mar del Norte a cargo de diez dirigibles de la Flota —desde sus bases en Hoyer y Tonder, en el Schleswig-Holstein—, se decidió cancelar dicho bombardeo, cuya finalidad, una vez más, era tratar de atraer sobre el grueso de la *Hochsee Flotte* a una parte de la Escuadra británica, para destruirla, y, en vez de aquél, pero con idéntico fin, atacar con los cruceros de batalla el tráfico aliado en el Skagerrak y dejarse ver en la costa noruega; siempre con la cobertura de toda la *Hochsee Flotee*.

Scheer era algo más cauteloso que su predecesor, Von Pohl, en el empleo de la radiotelegrafía; de manera que los preparativos para la salida a la mar de la Escuadra alemana se hicieron por telégrafo. Sin embargo, en el último momento, el comandante general de aquélla cometió el error ya habitual: a media mañana del 30 de mayo dio por radio la orden de que todas las unidades designadas fondeasen a las ocho de la noche de aquel mismo día en las radas exteriores de sus bases (1). Al mismo tiempo comunicó a los submarinos al acecho los previstos movimientos propios y la posible salida a la mar, entre el 31 de mayo y el 1 de junio, de la Gran Flota británica. ¡Así que la primera en zarpar fue precisamente la Escuadra inglesa!

En efecto, el Almirantazgo, ya alertado por el anormal movimiento de tantos sumergibles enemigos, cuyas emisiones radiotelegráficas marcaban cuidadosamente los gonios ingleses, al poder descifrar aquella orden y mensajes de Scheer —recuérdese que a bordo del crucero ligero alemán *Magdeburg*, embarrancado de noche en el Báltico, el 27 de agosto de 1914, cañoneado durante su evacuación por los cruceros rusos *Bogatyr* y *Pallada*, y que tuvo que ser precipitadamente abandonado, los marinos del zar habían capturado los libros de señales y el cuadriculado germano del mar del Norte, de todo lo cual habían hecho entrega inmediata al Almirantazgo británico—, supuso acertadamente que la *Hochsee Flotte* se haría a la mar aquella misma noche, y, en consecuencia, ordenó por teléfono a la Gran Flota que aparejara inmediatamente y arrumbase hacia un punto situado a unas 90 millas al oeste de la entrada del Skagerrak, donde calculó que la Escuadra alemana se encontraría hacia las dos de la tarde del 31 de mayo.

Tras unas horas de febril actividad para preparar los buques a son de mar, la Gran Flota comenzó a salir de la desolada rada de Scapa Flow a las 2130 horas del 30 de mayo de 1916, sin luces de ninguna clase y con la complicidad de las sombras de la noche, para tratar de pasar inadvertida a los sumergibles enemigos que se sabía acechaban entre dos aguas. Sucesivamente fueron quedando en franquía la 4.ª y la 12.ª Flotillas de destructores y una escuadrilla de la 11.ª (40 unidades en total); la 4.ª Escuadra de cruceros ligeros (5 unidades); la 2.ª Escuadra de cruceros aco-

(1) Dicha señal, y otra captada por la noche, dijo a los radiogoniometristas ingleses que el buque insignia alemán se había trasladado de fondeadero.

razados (4 buques); los 16 acorazados pertenecientes a la 1.ª y 4.ª Escuadras de combate; el minador *Abdiel*, y la 3.ª Escuadra de cruceros de batalla: *Invincible*, *Inflexible* e *Indomitable*. A bordo del acorazado *Iron Duke* izaba su insignia el almirante Jellicoe.

Sólo un formidable buque, el acorazado de 29.150 toneladas *Royal Sovereign* —de la serie «Revenge»— armado con ocho piezas de 381 mm., pero que quemaba carbón, quedó en la perdida base naval de las Orcadas.

De Cromarty, en el Firth de Moray, zarparon los 8 potentes acorazados de la 2.ª Escuadra de combate, escoltados por 4 cruceros acorazados, 1 crucero ligero y 11 destructores, al mando del vicealmirante Jerram, que tenía órdenes de incorporarse al grueso a las 1430 del 31, en los 57° 45′ norte y 4° 15′ este. Y de Rosyth, en el Firth of Forth, lo hicieron las Escuadras 1.ª y 2.ª de cruceros de batalla (6 unidades), los 4 acorazados de la 5.ª Escuadra de combate (el *Queen Elizabeth*, de la misma serie y perteneciente a dicha escuadra, que había actuado en los Dardanelos y permanecido casi un año en el Mediterráneo, se encontraba en obras y tampoco pudo aparejar); 14 cruceros ligeros, 27 destructores y el transporte de hidroaviones *Engadine* (1). Atrás quedaba también el crucero de combate *Australia*, con averías tras su colisión en la mar, debido a la niebla, con el *New Zealand*.

El vicealmirante Beatty, que mandaba esta poderosa agrupación e izaba su insignia en el *Lion*, había recibido órdenes de Jellicoe de encontrarse en los 56° 40′ de latitud norte y 5° de longitud este, a las 1400 del miércoles 31 de mayo; es decir, exactamente a 60 millas —que luego, en la práctica, se convertirían en 80— al sudeste cuarta al sur del punto donde se suponía que se hallaría entonces el grueso de la Gran Flota. Una distancia que algunos críticos navales han considerado excesiva, puesto que la misión de la fuerza de Beatty era servir de cebo a la *Hochsee Flotte*, lo que supondría una navegación al encuentro de aproximadamente una hora y cuarto, y en ese largo período de tiempo, previsiblemente combatiendo contra los cruceros de batalla alemanes, podían suceder muchas cosas. Pero Jellicoe sabía muy bien que la superioridad artillera y numérica de la agrupación de Beatty

---

(1) La 3.ª División de cruceros de combate había marchado a Scapa Flow a fines de mayo para efectuar las prácticas habituales de tiro, por lo que, a petición de Beatty y puesto que el *Australia* no quedaría reparado hasta el 10 de junio, la 5.ª Escuadra de acorazados quedó a las órdenes de este almirante, en Rosyth.

sobre dichos cruceros alemanes —únicos en la *Hochsee Flotte* capaces, por su velocidad, de poder seguirla— era ahora, con la adición de los cuatro «Elizabeth» del contralmirante Evan-Thomas, más que suficiente para no tener absolutamente nada que temer.

Por su parte, Jellicoe no quería que el grueso de la Gran Flota pudiese ser prematuramente descubierto, desde la mar o el aire, por el enemigo, puesto que entonces la trampa que él le preparaba resultaría seguramente inútil. Sin embargo, no deja de ser significativo el hecho de que, al producirse la siguiente salida a la mar de la *Hochsee Flotte* en la noche del 18 de agosto de 1916, para atacar la costa del Yorkshire, el grueso de la Gran Flota, zarpada simultáneamente de Scapa Flow, estaba, al romper el día, a 30 millas por la popa de los cruceros de batalla de Beatty, no a 60 millas, como en esta ocasión.

Las Fuerzas de Reconocimiento alemanas, al mando del vicealmirante Von Hipper, que izaba su insignia en el flamante *Lützow*, con este buque y los también *schlachtkreuzern* (cruceros de batalla) *Seydlitz*, *Moltke*, *Derfflinger* y *Von der Tann*, 5 cruceros ligeros y 30 destructores, zarparon de la rada de Schilling, en el estuario del río Jade, hacia la una de la madrugada del 31 de mayo (1). Hora y media después se hacía a la mar el grueso, mandado por el vicealmirante Scheer, que izaba su insignia en el *Friedrich der Grosse*, con la I y la III Escuadras de acorazados (16 unidades), la IV Escuadra de cruceros ligeros (5 unidades) y 33 destructores, de las Flotillas III, V y VII y de una escuadrilla de la I. También aquí quedaba atrás un poderoso y moderno buque de guerra, el acorazado *König Albert*, de la III Escuadra, por avería en los condensadores, la pesadilla de todos los jefes de máquinas de los buques de vapor.

Después, procedente del Elba, se incorporó al grueso de la Flota de Alta Mar la II Escuadra de acorazados, con los *Deutschland*, *Pommern*, *Schlesien*, *Holstein*, *Hannover* y *Hessen*. De 13.200 toneladas y modelo *pre-dreadnought*, viejos, armados con tan sólo cuatro piezas de 280 mm. como artillería principal y diez de 150 mm., portando torpedos anticuados —menos de 6.000 metros de alcance—, y que a duras penas alcanzaban los 17 nudos —es decir, tres menos que el más lento de los restantes acorazados alemanes—, no sólo carecían ya de suficiente valor militar, sino

---

(1) Todas las horas de la batalla de Jutlandia están referidas al horario británico.

que serían un verdadero lastre para la *Hochsee Flotte* (1). Inicialmente, Scheer había decidido prescindir de la II Escuadra, pero el contralmirante Mauve, que la mandaba, había insistido tanto, que, en el último momento, aquél accedió a llevarla consigo. Fue un grave error; el mismo ya cometido cuando, en la salida de enero de 1915 contra la costa inglesa, para acompañar al *Derfflinger*, al *Moltke* y al *Seydlitz* se designó al crucero acorazado *Blücher*, ya sabemos con qué lamentable resultado. Y es que el sentimentalismo jamás ha de tener cabida en una decisión militar tan importante como la que se disponía a llevar a la práctica la *Hochsee Flotee*, aunque, como en este caso, Scheer hubiera mandado antes dicha II Escuadra.

* * *

En las Orcadas, cielo cubierto, oscura y húmeda la noche. Sobre la encalmada y silenciosa mar, sólo rondaban largas olas de leva. El aire estaba cargado de humedad y la atmósfera resultaba pesada, pero la visibilidad era buena, y desde los oscurecidos puentes de mando de los buques británicos que acababan de zarpar se divisaban bien los matalotes de proa y de popa y muchas otras unidades, cual sombras más oscuras. Y miles de marinos se preguntaban si aquélla no sería una rutinaria salida como tantas otras, sin consecuencias...

Para las diez y media de la noche del 30 de mayo, todos los buques de la Gran Flota —145 unidades, con más de 1.700 cañones de diversos calibres— estaban en franquía: eran 37 magníficos y modernos acorazados y cruceros de combate, 8 cruceros acorazados, 20 cruceros ligeros, 78 destructores, 1 transporte de hidroaviones y 1 buque minador.

Por su parte, la *Hochsee Flotte,* totalmente ignorante de que su muy superior contraparte británica estaba ya en la mar desde hacía varias horas y se dirigía precisamente a su encuentro, en la madrugada del 31 de mayo navegaba, después de haber atravesado los campos minados propios, paralelamente a la costa de Jutlandia, hacia el norte, es decir, hacia el Skagerrak. La componían 100 unidades de superficie, que montaban unos 900 cañones. Para estos marinos, «la noche era hermosa y clara», soplaba un viento suave del noroeste y había mar tendida del cuarto cuadrante.

---

(1) Los marinos ingleses los denominaban *five-minute-ships,* por suponer que ellos sólo necesitarían cinco minutos para echarlos a pique.

Dejemos ahora a las diversas agrupaciones de ambas poderosas escuadras enemigas, que entre la oscuridad surcan el mar del Norte a rumbos prácticamente convergentes, para echar un breve vistazo a las características de los principales buques que, dentro de muy pocas horas, van a librar una fiera batalla.

Frente a los 37 buques de línea británicos, todos ellos del modelo *dreadnought*, es decir, modernos y cuya artillería principal era monocalibre y estaba dispuesta para hacer fuego, por andanadas completas, indistintamente por cualquier banda, los alemanes sólo podían oponer 21 buques similares, ya que, como dijimos, los 6 anticuados y lentos acorazados de la serie «Deutschland» sólo eran en realidad un estorbo. Pero no se trataba únicamente de una diferencia numérica de casi dos a uno a favor de la Gran Flota. Los buques ingleses eran más veloces y estaban mucho mejor artillados que sus contrapartes de la *Kriegsmarine*. El máximo calibre de la artillería alemana era de 305 mm., con proyectil de 386 kilos y un alcance máximo de tan sólo 18.000 metros (1) —también la artillería secundaria alemana tenía un alcance máximo inferior a la británica: 13.000 metros—. Ciento cuarenta y cuatro cañones de 305 mm. montaban los acorazados y cruceros de combate alemanes, y 100 más de 280 mm., con proyectiles de 300 kilos. Mientras que los navíos ingleses llevaban a bordo 344 piezas de 305 mm. de calibre para arriba: 144 cañones de 305 mm., 142 de 343 mm., 10 de 355,6 mm. y 48 de 381 mm., con proyectil, respectivamente, de 386, 635, 726 y 885 kilos de peso, lo que suponía una andanada total —aunque más lenta— que exactamente doblaba a la alemana, y con un alcance, excepto en los de 305 mm., superior a los 20.300 metros.

Respecto a velocidad, los cinco acorazados ingleses más lentos andaban 21 nudos, mientras que los seis germanos de la serie «Deutschland» apenas llegaban a los 17. Los blindados alemanes más rápidos —los cuatro de la serie «König» —andaban 23 nudos, mientras que los cuatro «Barham» británicos, mucho más potentes en todos los órdenes, llegaban a los 25 nudos, que podían sostener indefinidamente, pues quemaban petróleo. También los cruceros de batalla ingleses eran algo más rápidos que sus contrapartes alemanes. Referente a cruceros ligeros y destructores, los de la *Royal Navy* eran, en general, mayores y estaban mucho me-

---

(1) Los dos potentes acorazados alemanes *Baden* y *Bayern*, armados cada uno con ocho piezas de 380 mm., no estarían terminados hasta algunos meses después.

jor armados que los de la *Hochsee Flotte*. Las direcciones de tiro inglesas contaban con un alza directora, denominada «Percy Scott», según el almirante que la había diseñado, que permitía disparar eléctricamente todos los cañones al mismo tiempo y llevar una puntería vertical —no la horizontal— centralizada. Cosa que los germanos no conseguirían hasta después de Jutlandia.

Pero no todo serían ventajas para la Gran Flota. Las unidades pesadas y ligeras alemanas y británicas llevaban casi el mismo número de tubos lanzatorpedos: unos 450 en total. Las pólvoras inglesas eran más inestables que las alemanas, y los proyectiles británicos eran deficientes. Sus espoletas, incluso las de las granadas perforantes, actuaban casi inmediatamente al producirse el impacto, a veces antes de que la granada terminase de atravesar el blindaje contra el que estaba calculada. Ello era, en parte, debido a que la cofia de los grandes proyectiles ingleses no había sido bastante endurecida y se rompía frecuentemente al hacer impacto, provocando la detonación de la carga iniciadora. Además, los cruceros de batalla alemanes estaban mejor blindados que sus contrapartes británicos, y su compartimentación estanca era también superior. Sin embargo, estas diferencias no existían prácticamente entre los acorazados de ambas Marinas. Por otra parte, como consecuencia de la falta en Gran Bretaña de diques secos de suficiente anchura —lo que, tratándose de la nación con la Flota más poderosa del orbe, resulta difícil de entender—, las grandes unidades militares habían tenido que construirse con una manga relativamente reducida —los acorazados ingleses tenían 2,4 metros menos de manga que los alemanes—, lo cual, si aumentaba su velocidad, impedía, en cambio, que los mamparos longitudinales pudieran colocarse a suficiente distancia del costado, en la obra viva —el mamparo antitorpedos de las unidades germanas iba a 4 metros del casco—, para aguantar bien las explosiones submarinas debidas a minas o torpedos. Respecto a telémetros, estereoscópicos en la *Hochsee Flotte* y de coincidencia en la *Grand Fleet*, tenían sus ventajas e inconvenientes, pero eran de parecida calidad y la precisión de sus mediciones dependió casi siempre de las condiciones de visibilidad imperantes.

Ya veremos cómo dichas diferencias y deficiencias, y otras de las que nos ocuparemos a su debido tiempo, para no fatigar más al lector, se dejarían sentir en los combates de la inminente batalla y pesarían en algunas de las decisiones que tomarían los almirantes respectivos.

En resumen, debido principalmente a la enorme diferencia numérica entre los buques de combate que se alineaban en ambas Escuadras —diferencia muy favorable también para los ingleses respecto a sus grandes unidades en construcción, lo que inevitablemente pesa en el ánimo de los almirantes que han de tomar decisiones y asumir riesgos (1)—, en teoría, la superioridad de la Gran Flota británica fue aplastante en Jutlandia, y, pese a la excesiva prudencia mostrada en todo momento por el almirante Jellicoe —cuya obsesión por los submarinos y trampas de minas fue constante—, que en realidad buscó la seguridad y no la victoria, de haber dispuesto entonces los marinos británicos de la calidad de proyectiles con que contarían después de dicha batalla, los alemanes habrían, sin la menor duda y tal como se desarrollaron los hechos, sufrido por lo menos la pérdida de la práctica totalidad de sus magníficos cruceros de combate. Es decir, su Escuadra habría quedado descabezada.

* * *

A las 0530 del 31 de mayo, Scheer recibió un informe del comandante del *U-32*, retransmitido por la estación de Neumünster, informándole de que había avistado, 70 millas al este del Firth of Forth, a dos acorazados, dos cruceros y varios torpederos, arrumbados al sudeste. A las 0630 llegó otro señalando que el mismo sumergible había interceptado varios mensajes radiotelegráficos ingleses, de los que deducía que dos grandes acorazados y grupos de destructores habían salido de Scapa Flow. Y, a las 0648, el *U-66* comunicaba haber descubierto, a unas 60 millas de Kinnaird Head, a ocho acorazados enemigos, con varios cruceros ligeros y torpederos, arrumbados al nordeste.

Al almirante Scheer, tales informaciones no le parecieron tener relación con alguna acción combinada de la Escuadra inglesa o con un avance de ésta hacia la bahía de Heligoland, sino que, por el contrario, como él mismo dice, «mostraban una posibilidad de que se cumplieran nuestras esperanzas de poder encontrar agrupaciones enemigas separadas».

---

(1) A lo largo de la guerra, y pese a que ya no se consideró necesario terminar la serie «Revenge», en la *Royal Navy* entraron en servicio doce nuevos buques de línea, por tan sólo cinco en la Flota alemana: *Lützow*, *Derfflinger*, *Hindenburg*, *Bayern* y *Baden*.

Sin embargo, la señalada presencia en la mar de diez, tal vez doce, acorazados enemigos, que podían ser muchos más, puesto que no hay peor lugar de observación, sobre todo de noche, que la baja torreta de un submarino, por lo menos podía haber puesto en guardia a Scheer. Tampoco le afectó el que la estación de Neumünster le comunicase, poco después del mediodía, que Rosyth había dado una señal de tiempo; señal que era bien sabido sólo se transmitía cuando había fuerzas inglesas en la mar. Es cierto que el despegue, entre las 12 y las 13 horas de aquella tarde, de cinco «zepelines» de la *Hochsee Flotte* para que efectuaran una exploración de larga distancia entre el norte y el oeste de la bahía alemana —obligadamente con un «factor de cobertura» pequeño—, no daría el menor resultado. Pero, como luego veremos inequívocamente confirmado, todo hace pensar que el almirante Scheer ya interpretaba, quizá de forma inconsciente, todos aquellos indicios conforme a sus más fervientes deseos de que la totalidad de la Gran Flota no se hallase en la mar. Y es que, en sus anteriores directrices para la conducción de la guerra en el mar del Norte, reconocía que la relación de fuerzas existentes «excluía la posibilidad de buscar la batalla decisiva contra toda la Flota británica reunida»...

El caso es que el despliegue de aquellos veintidós *unterseeboote* —dos de los cuales fueron descubiertos por las fuerzas inglesas, uno de ellos desde la agrupación de Beatty y el otro por la 2.ª Escuadra de acorazados salida de Cromarty—, en los que tanto había confiado Scheer, en la práctica no serviría para nada a los alemanes. Por lo demás, a las 1241, una señal del Almirantazgo a Jellicoe y a Beatty aclaraba que, aunque los alemanes habían hecho preparativos para salir a la mar, a las 1110 de aquella mañana del 31, los radiogoniómetros ingleses seguían marcando al buque insignia de la Flota de Alta Mar en el río Jade. Así que, durante cierto tiempo, en la Gran Flota se creyó que su salida a la mar se debía a una falsa alarma. La sencilla razón era que, como de costumbre antes de zarpar, el *Friedrich der Grosse* había cambiado su indicativo radiotelegráfico de llamada por el de la estación radio de la Marina en la entrada del Jade. Cosa que ya sabía el Almirantazgo, pero no Jellicoe y tampoco Beatty.

La Escuadra germana marchaba hacia el Skagerrak formada en dos agrupaciones, separadas unas cincuenta millas. En vanguardia, los cruceros de batalla del vicealmirante Von Hipper, seguidos a dicha distancia por el grueso. Éste, con sus veintidós acorazados en línea de fila, lo que les permitiría entrar en combate sin necesidad de efectuar despliegue alguno, una maniobra siempre difícil, que Scheer prefirió ahorrarse.

Por el contrario, la agrupación de Beatty se había movido en tres columnas, con los cruceros exploradores en vanguardia, éstos formando una amplia barrera en línea de frente que abarcaba unas cien millas. Y el grueso, al mando directo de Jellicoe, a partir del mediodía del 31, en que se le había incorporado la 2.ª Escuadra de acorazados y demás unidades salidas de Cromarty, adoptó una formación de marcha en seis columnas, de cuatro acorazados cada una, con los buques guía en línea de frente y el *Iron Duke* en cabeza de la tercera columna por babor.

Teniendo en cuenta la dirección general en que, según los cálculos del Almirantazgo, podría presentarse el enemigo, aquél era un dispositivo de marcha tan bueno como cualquier otro. Sin embargo, mantenerlo después, cuando ya se supo con mucha precisión por dónde se aproximaba la *Hochsee Flotte,* a la que Beatty arrastraba hacia el grueso de la Gran Flota, fue sin duda un error. Probablemente, una formación de marcha en cuña, o en columnas, pero con los guías de cada una de éstas en línea de marcación de unos 45° por babor, hubiera permitido a Jellicoe un despliegue mucho más rápido y que, al mismo tiempo, le dejase cruzando la «T» al enemigo, es decir, situase inmediatamente a éste en una posición insostenible, en el sector de «máxima ofensa» artillera de los abrumadores acorazados de la Escuadra británica.

Pero Jellicoe no era un buen táctico. Especialista en artillería y tiro naval, inteligente, dotado de gran sangre fría y con mucha capacidad de organización, había sido designado para el mando de la *Grand Fleet* sólo por el decidido empeño de lord Fisher, cuya consideración se había ganado anteriormente. Y no deja de ser significativo que, al enterarse Jellicoe de su nombramiento de comandante general de la Escuadra, ya en camino, por tren, hacia el norte de Escocia, para hacerse cargo del destino de segundo jefe de aquélla, intentase varias veces la anulación de dicho importante nombramiento. «Durante las cuarenta y ocho horas siguientes —escribe dicho almirante— telegrafié repetidas veces al Primer Lord del Mar y al Primer Lord del Almirantazgo, tratando de disuadirlos del relevo, extemporáneo a mi juicio, de un comandante en jefe acostumbrado al mando de la Flota e identificado con su personal y material, por otro que forzosamente carecía de aquella experiencia. También les manifesté que consideraba más prudente el servir yo como segundo jefe, a las órdenes de aquél, a bordo del buque insignia...»

Si bien esta franqueza por su parte demuestra que Jellicoe no se sentía bien preparado para un mando tan importante, en relevo del vicealmirante Callaghan —pues casi todos sus destinos como capitán de navío y contralmirante habían sido burocráticos—, es también una prueba de su inteligencia, ya que sólo las mentes vulgares se sienten perfectamente capacitadas para todo, aunque, como en el caso que nos ocupa, no lo estén en realidad. Y no digamos cuando se trataba de ocupar el puesto de más categoría y mayor responsabilidad de la Armada británica de entonces.

Y es que, en Jellicoe, lord Fisher y Winston Churchill habían creído detectar a un Nelson del siglo XX. Así que, como ya sabemos, no darían su brazo a torcer. Pero vaya por delante que Jellicoe no tenía absolutamente nada de Nelson. En realidad, era la contrafigura, la antítesis de un Nelson. Porque, sin la menor duda, un Nelson habría derrotado decisivamente a la Escuadra alemana aquel 31 de mayo de 1916. Con la casi segura, inevitable y muy importante consecuencia, entre otras varias, de un drástico acortamiento de la primera guerra mundial.

* * *

A las dos de la tarde, la agrupación de Beatty llegaba al punto en que, según las órdenes de Jellicoe, de no haberse avistado aún a la *Hochsee Flotte,* debería virar hacia el nordeste, al encuentro de la Gran Flota, en aquel momento retrasada unas 20 millas, debido a que los destructores habían tenido que reconocer a varios pesqueros y barcos neutrales avistados durante la travesía, por si se trataba de buques espía alemanes. Y, para no hacerles estrepar después, es decir, gastar más combustible del previsto, el grueso había moderado su andar. De ahí que la agrupación salida de Cromarty hubiera podido incorporársele antes.

Acababa Beatty de arrumbar al nordeste, a las 1415, cuando uno de sus cruceros exploradores —la barrera de descubierta estaba orientada ahora sobre una línea dirigida del nordeste al sudoeste, es decir, dispuesta ya para explorar después por la proa de la Gran Flota, una vez avistada ésta y arrumbada hacia el barco-faro *Vyl,* del Horns Reef, como estaba previsto—, el *Galatea,* en la extremidad nordeste de dicha barrera —a unas 30 millas del *Lion*—, observó una blanca columna de vapor que se elevaba sobre el horizonte. Así que, seguido por el *Phaeton,* se dirigió hacia ella para investigar.

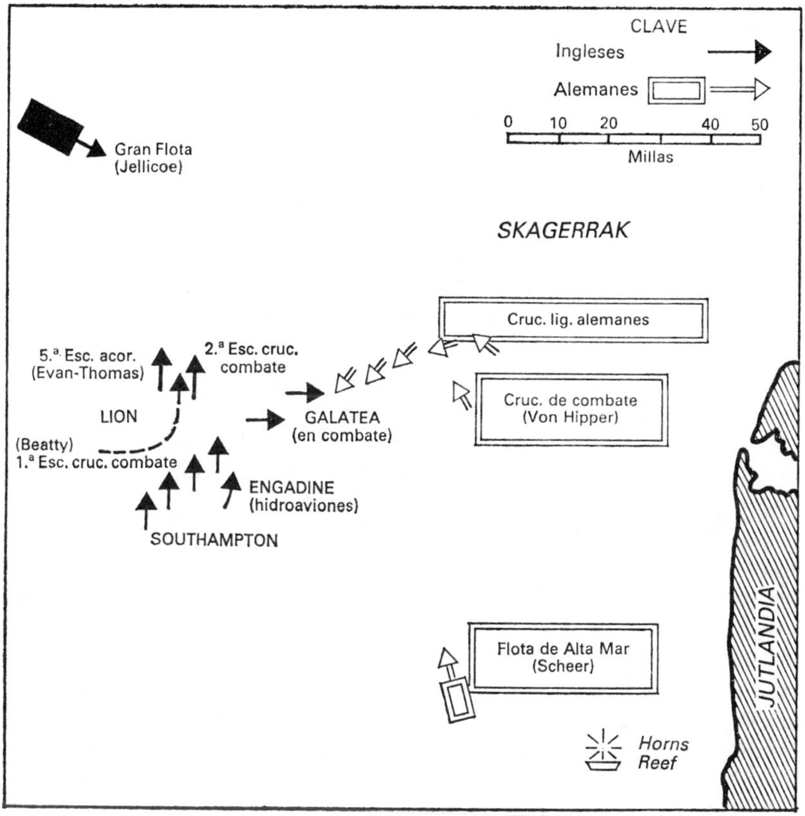

Posiciones de los buques y agrupaciones inglesas y alemanas al iniciarse la batalla de Jutlandia, a las 1430 horas del 31 de mayo de 1916. Primer contacto.

Pronto se hizo visible el vapor danés *N. J. Fjord,* al pairo, que estaba siendo registrado por los destructores alemanes *B-109* y *B-110,* pertenecientes a la agrupación del vicealmirante Von Hipper. Y es que en aquel preciso momento, las 1415 de la tarde, los buques insignia de los vicealmirantes Beatty y Von Hipper se hallaban, sin sospecharlo ni remotamente, a 45 millas de distancia sobre el mismo paralelo geográfico. Y los cruceros ligeros de ambas agrupaciones enemigas, a tan sólo 16 millas.

A las 1420, el comodoro inglés Sinclair, jefe de la 1.ª Escuadra de cruceros ligeros, lanzó al éter el siguiente histórico mensaje radiotelegráfico: «Urgente. Dos cruceros, probablemente enemigos, a la vista, en demora ESE. Mi posición, 56° 48′ norte, 5° 21′ este.»

Es muy posible que, de no haberse encontrado casualmente allí aquel vapor danés, ambos adversarios no se hubieran avistado hasta más tarde —pues dadas las direcciones en que se movían no cabe pensar que no lo hubieran hecho—, en peores condiciones para los alemanes, más adentrados en el Skagerrak, es decir, alejados de sus salvadores campos de minas.

Los destructores germanos recogieron rápidamente a su gente y se dirigieron hacia el oeste para reconocer a los buques que llegaban: el *Galatea* y el *Phaeton*, como ya sabemos, que a las 1428 abrieron el fuego sobre aquéllos. Eran los primeros cañonazos de una batalla en la que habrían de dispararse más de diez mil —8.195 de ellos con proyectiles de 200 mm. de calibre para arriba—; de una de las mayores batallas navales de todos los tiempos. Cosa que aún no sospechaba nadie.

El *B-109* y el *B-110* invirtieron el rumbo, perseguidos por los dos cruceros británicos, hasta que en su apoyo intervino el crucero alemán *Elbing*, situado en la extremidad del ala oeste de la barrera de descubierta de Von Hipper. Entonces el *Galatea* arrumbó al noroeste, para arrastrar a los buques enemigos hacia los cruceros de batalla de Beatty, pues ya se habían visto otros humos sobre el horizonte, y poco después recibía un proyectil alemán debajo del puente de mando: primer impacto que se lograba en la batalla que daba comienzo.

El *Elbing*, rompiendo el silencio radio mantenido hasta entonces en la mar por los alemanes, comunicó a Scheer y a Von Hipper, a las 1428, la presencia y posición de los buques británicos. De manera que los cruceros ligeros del contralmirante Bödicker, primero, y los de combate de Von Hipper, momentos después, forzaron máquinas y arrumbaron al oeste, hacia el enemigo. Aquella señal radiotelegráfica fue también captada por los vigilantes radiogoniómetros asentados en el Reino Unido.

Para los alemanes, la visibilidad era buena por la proa, soplaba una brisa ligera del noroeste, de fuerza 3, y la mar estaba en calma. Pero las largas olas de leva hacían que, con aquel rumbo, los destructores a duras penas pudieran mantener sus posiciones respecto a los cruceros de combate *Lützow, Derfflinger, Seydlitz, Moltke* y *Von der Tann*, mientras todos los buques, en zafarrancho de combate, trepidaban y arrojaban espesas columnas de humo por las chimeneas.

Por su parte, Beatty, ignorando aún la entidad de las fuerzas enemigas, a las 1430 ordenó al *Engadine* que pusiera en el aire un aparato de observación. Poco después era arriado al mar y despegaba un hidroavión «Short». El teniente de navío Rutland tuvo que volar a unos 300 metros de altura por mor de la baja capa de nubes, pero pronto avistó a cuatro cruceros ligeros alemanes —eran los *Frankfurt, Pillau, Elbing* y *Wiesbaden*—, que le recibieron con un intenso fuego antiaéreo. El agujero abierto en una tubería de gasolina obligó a Rutland a un amerizaje de emergencia; de manera que la embrionaria aviación naval de la *Royal Navy* no aclaró mucho las cosas aquella tarde para Beatty, que a las 1432 ordenó a su agrupación arrumbar al SSE, es decir, hacia el Horns Reef, para cortar la retirada de los cruceros ligeros alemanes hacia sus bases.

Aquí se produjo un fallo que después tendría funestas consecuencias para los británicos. Hasta aquel momento, los buques de línea de Beatty habían navegado, como sabemos, hacia el norte cuarta al nordeste, al encuentro del grueso de Jellicoe, en formación de cuña, o en V, con la 1.ª Escuadra de cruceros de combate —*Lion, Tiger, Princess Royal* y *Queen Mary*— a retaguardia, y la mermada 2.ª Escuadra —*New Zealand* e *Indefatigable*— y la 5.ª Escuadra de acorazados —*Barham, Malaya, Warspite* y *Valiant*—, respectivamente, por las amuras de estribor y de babor, a tres y a cinco millas, del *Lion;* es decir, bien dispuestas para su próxima incorporación al grueso de Jellicoe. Pero todos aquellos buques y los destructores de la cortina ya levantaban presión en calderas, lo que les obligaba a arrojar una imponente humareda. De modo que la señal de banderas izada en el *Lion* para ordenar dicho cambio de rumbo no fue vista en el *Barham*, buque insignia del contralmirante Evan-Thomas, que, por otra parte, tampoco había recibido aún la señal radiada por el *Galatea*. Así que, al arriar aquellas banderas —es decir, darse la ejecutiva—, el *Lion* y el *New Zealand* metieron simultáneamente el timón a estribor, siendo seguidos después, por contramarcha, por los restantes buques de ambas escuadras de cruceros de combate y sus catorce destructores. Pero la 5.ª Escuadra de acorazados prosiguió a rumbo, y a medida que transcurrían los minutos aumentaba rápidamente la distancia entre ella y los cruceros de combate de su agrupación, ya que ahora navegaban a rumbos casi opuestos. Extrañamente, aquella señal no se repitió ni por proyector de arco ni por radio. El fallo, desde luego, no era de Beatty, sino de su Estado Mayor. Pero el caso es que hasta unos ocho minutos después no se decidió Evan-Thomas, que en vano pero por demasiado tiempo había esperado recibir alguna señal, a cambiar de rumbo para seguir a su almirante. Cuando por fin lo hizo, la distancia entre su división y la de Beatty era ya de unas diez millas marinas.

Sea porque a Beatty le molestó el referido fallo, sea porque no deseaba de ninguna manera que se le pudieran escapar los cruceros enemigos, el caso es que no aguardó a que se le incorporara Evan-Thomas y prosiguió hacia el SSE, a 23 nudos.

Mientras tanto, a las 1430, el comandante general de la Gran Flota había ordenado a la 3.ª Escuadra de cruceros de combate —*Invincible, Indomitable* e *Indefatigable*—, al mando del contralmirante Hood y entonces destacada 26 millas por la proa del *Iron Duke,* que arrumbara hacia el este, es decir, el Skagerrak, para tratar de cortar por allí la posible retirada hacia el Báltico de los señalados cruceros ligeros alemanes.

Esta decisión, y la ya citada y casi simultánea de Beatty, eran de dudoso acierto, puesto que, según todas las previsiones del Almirantazgo británico, la Escuadra alemana debería de hallarse en aquel preciso momento muy cerca de los buques ingleses —el hecho de que alguien transmitiera desde el río Jade con el indicativo del *Friedrich der Grosse,* en realidad nada presuponía—, y dichos cruceros y destructores enemigos muy bien podían ser precisamente los heraldos de la *Hochsee Flotte,* en cuyo probable caso los dos almirantes británicos vulneraban uno de los principios básicos en el arte de la guerra: el de la oportuna concentración de fuerzas. De manera que si anteriormente al almirante Scheer le había faltado «intuición», como señalan algunos críticos británicos, para interpretar correctamente los mensajes que le enviaron aquella mañana sus *unterseeboote,* exactamente lo mismo puede decirse ahora, y por idénticas razones, de Beatty y de Jellicoe. Era como si, de repente, ambos almirantes británicos hubiesen olvidado la única razón de su precipitada salida a la mar; resultaba, en verdad, un inexplicable caso de amnesia. Pero, como pronto veremos, aquello no sería más que el comienzo de la larga serie de errores, de mayor o menor entidad, en que incurrirían los almirantes de ambos bandos a lo largo de toda la batalla, diurna y nocturna.

Para las 1500, el *Lion* y el *Lützow* estaban a 25 millas de distancia y se movían a rumbos convergentes, y la II División de cruceros exploradores del contralmirante Bödicker combatía intensamente con sus contrapartes ingleses del comodoro Sinclair. De manera que Von Hipper cambió de rumbo hacia el norte, en demanda y apoyo de aquéllos. Y los humos y vagas siluetas de los cruceros de batalla alemanes pronto fueron descubiertos y señalados al *Galatea*, que transmitió a Beatty y a Jellicoe el siguiente electrificante mensaje: «Siete buques mayores que, al parecer, gobiernan hacia el norte.»

En consecuencia, Beatty arrumbó inmediatamente hacia el este, y a las 1515 cayó al nordeste, siendo avistado desde la cofa del *Seydlitz* cinco minutos después. He aquí cómo describe este emocionante momento el capitán de fragata Von Hase, director de tiro del *Derfflinger:*

«Ajusté mi periscopio a su máxima potencia, pero nada pude distinguir del enemigo. Sin embargo, se había producido un cambio en la situación: nuestros cruceros ligeros y destructores se habían situado a estribor de los cruceros de batalla. Por la proa, el horizonte se iba aclarando de humos, y ahora pudimos ver algunos cruceros ligeros ingleses que también habían virado. Bruscamente, el periscopio me descubrió varios grandes buques. Negros monstruos, seis altos gigantes de mucha manga, navegando en dos columnas. Aún estaban muy lejos, pero destacaban claramente sobre el horizonte, e incluso a tan gran distancia parecían poderosos, macizos.»

El hecho era que la visibilidad, asimétrica, era muy buena hacia poniente y bastante mediocre por levante, circunstancia que pronto aprovecharía Von Hipper y que luego le iba a favorecer extraordinariamente. Pero, a las 1525, desde el *New Zealand* se vieron por fin los cinco cruceros de batalla alemanes. Beatty ordenó entonces adoptar el dispositivo de combate, en línea de fila, con los destructores de la 13.ª y la 9.ª Flotillas en vanguardia, y aumentar la velocidad a 25 nudos.

Mientras tanto, estrepando todo lo que podía y moviéndose siempre por el interior de la línea poligonal que los cruceros de Beatty, con sus cambios de rumbo, iban dibujando sobre la azulada mar, Evan-Thomas había conseguido que sus acorazados llegasen a una distancia de cinco millas del *Lion*.

A las 1530, ambos antiguos enemigos, pues ya se habían enfrentado en el combate del banco de Dogger, estaban a catorce millas de distancia, a poniente y próximos al bajo de Jutlandia. A sesenta millas por el norte se encontraba el grueso de la Gran Flota, y a cincuenta millas por el sur, el de la *Hochsee Flotte*. Pero de la presencia y movimientos de estas dos poderosas escuadras nada sabían aún los respectivos antagonistas, que creían haber sorprendido a una importante pero reducida fracción de la Flota enemiga, a la que pensaban arrastrar hacia el grueso propio para atraparla entre dos fuegos y aniquilarla.

Von Hipper y Beatty informaron ahora por radio a sus respectivos comandantes en jefe; información que, por parte inglesa, sería poco después complementada por el crucero *Falmouth.* Pero las señales radiotelegráficas han de redactarse, cifrarse, transmitirse, recibirse, descifrarse y enviarse al puente del almirante, lo que lleva su tiempo. Jellicoe no recibió el mensaje de Beatty señalándole el avistamiento y la posición de los cruceros de batalla alemanes hasta poco antes de las 1540. Entonces el grueso británico cambió de rumbo para dirigirse en apoyo de aquél y aumentó la velocidad a 20 nudos. Scheer hizo lo propio respecto a Von Hipper, pero a 17 millas por hora. A las 1600 ordenó Jellicoe a la 3.ª Escuadra de cruceros de combate, inútilmente destacada, como sabemos, una hora y media antes, hacia el Skagerrak, que marchase a reforzar a Beatty. Una lamentable pérdida de tiempo que supondría el que los tres veloces cruceros de batalla del contralmirante Hood no pudieran entrar en liza, ya veremos con qué trágico pie, hasta las 1815.

He aquí cómo apreciaba la situación, en el momento del contacto, el almirante Beatty:

«A las 1530 aumenté el andar a 25 nudos y metí al ESE, convergiendo ligeramente con el enemigo, que se hallaba entonces a 21.000 metros de distancia, y formé en línea de marcación para librarme de los humos. La 5.ª Escuadra de combate, que había seguido nuestros movimientos, demoraba en aquel momento al NNO, a unas cinco millas. La visibilidad era buena, el sol estaba detrás de nosotros y el viento soplaba del SE. Y como nos encontrábamos entre el enemigo y sus bases, ocupábamos una posición favorable, tanto táctica como estratégicamente considerada.»

En efecto, así era, y, sin embargo...

Von Hipper, por su parte, que había aguardado a que el superior enemigo se le aproximara más, antes de virar hacia el sur y arrastrarle sobre el grueso de la Escuadra alemana, comprendió que ya no había momento que perder, pues, en otro caso, aquél le cortaría la retirada. Así que, a las 1533, el *Lützow* invirtió el rumbo y aumentó a 26 nudos, seguido por contramarcha por las restantes unidades de batalla alemanas, mientras los cruceros ligeros y destructores de la misma bandera adecuaban sus movimientos a los de las unidades mayores.

Los rumbos de ambas agrupaciones eran ligeramente convergentes y la distancia que las separaba fue disminuyendo progresivamente. Y es que Beatty estaba decidido a entablar combate sin esperar a que se le incorporara Evan-Thomas. Este proceder ha sido duramente criticado, pero el vicealmirante británico pensó, razonablemente, que si aguardaba por la 5.ª Escuadra, el enemigo, el considerado inferior enemigo y al que suponía solo, se le escaparía irremediablemente.

Ahora bien, ¿era la diferencia de un solo crucero de combate a su favor garantía suficiente de superioridad? Para Beatty no se trataba únicamente de dicha exigua superioridad numérica; como ya sabemos, los buques británicos eran algo más veloces y montaban una artillería superior en calibre y de mayor alcance que los alemanes, lo que, sin duda, le permitiría a él poder machacarlos con cierta impunidad. Ya vimos, en el capítulo V, las consecuencias deducidas por los expertos del Almirantazgo británico, luego expuestas al Parlamento por Winston Churchill, tras el encuentro del banco de Dogger, a las que remitimos al lector.

¿Qué tenía, por lo tanto, que temer Beatty? En el improbable caso de que las cosas no marchasen bien para sus cruceros de combate, a la mano estaban los acorazados de la 5.ª Escuadra: los buques de guerra más poderosos entonces del mundo —ahora sin hipérbole—, y por el noroeste se aproximaba a toda velocidad el grueso de la Gran Flota.

El mismo almirante Jellicoe justifica de forma incontrovertible la actitud de su subordinado en Jutlandia, cuando en su libro *La Gran Flota británica* (1), al referirse a las instrucciones en vigor para los cruceros de combate, escribe: «Su misión primordial era la destrucción de los buques similares del enemigo, y, una vez logrado este fin, o en ausencia de dichos buques, el ataque a la vanguardia de los acorazados; antes de la acción, su deber era informarse acerca de la flota enemiga e impedir que ésta recibiera análogas informaciones. Dentro de estas líneas generales, el almirante de la escuadra de cruceros de combate debía mandarlos con entera autonomía.»

Jellicoe no habla para nada del número relativo de buques, y esta su decidida defensa de Beatty resulta tanto más valiosa

(1) John R. Jellicoe, *La Gran Flota británica,* págs. 70 y 71. Seix y Barral Editores. Barcelona, 1920. Traducción de Manuel O'Felan.

cuanto que el prestigio del referido y controvertido sir David había subido tanto en el Reino Unido, después de la batalla de Jutlandia, como descendido el del comandante en jefe de la Gran Flota. De manera que el error de Beatty no estuvo, como algunos suponen, en lanzarse ahora decididamente al combate contra los cinco cruceros de batalla de Von Hipper. Lo que se le reprocha es el haberse distanciado antes —cuando nada se sabía aún de la *Hochsee Flotte*— de los acorazados de Evan-Thomas, es decir, haber dividido sus fuerzas, ya que, en otro caso, al llegar al contacto balístico habría contado con una superioridad aplastante y resuelto rápidamente el combate a favor de las armas inglesas. Pero este reparo carece también de valor, pues Von Hipper nunca habría permitido que la muy superior pero más lenta agrupación británica así formada se le aproximara a tiro de cañón.

Por otra parte, Beatty se enfrentaba a los cruceros de combate alemanes sin saber que, tras el peligrosísimo impacto sufrido en dicho encuentro por el *Seydlitz* en una de sus torres poperas, los alemanes habían corregido parcialmente, en todos aquellos buques, un fallo de diseño existente en la comunicación entre barbetas y pañoles —idéntico al de los cruceros de batalla británicos—, para impedir que cualquier incendio en las cargas de proyección situadas en las cámaras de maniobra pudiera propagarse a los pañoles de municiones y provocar su voladura (1). En cambio, los victoriosos ingleses quedaron muy satisfechos del resultado del encuentro y nada hicieron para remediar la misma grave debilidad potencial en sus cruceros de batalla. A mayor abundamiento a favor de Beatty, también hay que reconocer que la suerte volvió decididamente la espalda a los ingleses desde el comienzo mismo del combate, pues, por un capricho de la variable visibilidad reinante entonces hacia levante, los telemetristas de sus buques subestimaron enormemente la verdadera distancia al enemigo, cuyas unidades iban pintadas de un color gris claro que se difuminaba con la calima de fondo, y que así pudo librarse impunemente de la mortífera zona, de más de dos mil metros de anchura, en que los buques alemanes perfectamente podían haber sido batidos por los grandes cañones británicos, de cacareado mayor alcance que los «Krupp», como ya sabemos, pero sin que éstos

(1) Puesto que los planos del *Indefatigable* habían sido —como ya dijimos— robados en 1908 y, al parecer, entregados a los alemanes, cabe preguntarse si éstos no habrían copiado aquel deficiente sistema de comunicación entre barbetas y pañoles.

pudieran hacer lo propio con el adversario. De no ser por dicha imprevisible circunstancia, sin la menor duda, el curso del subsiguiente combate habría cambiado por completo.

Y tras estas consideraciones preliminares veamos cómo se desarrolló la lucha entre los cruceros de batalla de ambas flotas rivales. Las dos líneas formadas por aquellos poderosos y veloces buques, de magnífica estampa, eran ligeramente convergentes, casi paralelas, aunque los ingleses marchaban algo más adelantados, ya que, habiendo sido los primeros en virar hacia el sur, habían «ganado demora», lo cual era siempre importante, en cualquier combate entre unidades de superficie, para poder cruzar luego la «T» al enemigo.

Los respectivos almirantes señalaron los blancos: el *Lion* y el *Princess Royal*, en cabeza, deberían tirar sobre el *Lützow*, y los demás buques de Albión, sucesivamente sobre las restantes unidades alemanas. Pero el *Queen Mary* cometió un error, y, al tomar por blanco al *Seydlitz*, resultó que nadie dispararía sobre el *Derfflinger*. Por su parte, la señal alemana fue: «Tomar los blancos por la izquierda.» Mas el comandante del *Von der Tann* decidió saltarse al *New Zealand* y tirar sobre el *Indefatigable*, en cola de la formación británica, puesto que los buques más débiles solían marchar siempre a retaguardia. Pero, por el momento y con gran extrañeza de los alemanes, la totalidad de las piezas de la agrupación enemiga seguían mudas. Y es que, por las razones ya expuestas, los telemetristas británicos medían muy por exceso; de manera que, como dijimos, los buques de Beatty no pudieron aprovechar a tiempo el mayor alcance de sus cañones, y, paradójicamente, los primeros en abrir el fuego fueron los marinos germanos, a las 1548, con un alcance de unos 15.700 metros.

A los rojizos fogonazos que bruscamente esmaltaron al buque insignia de Von Hipper, el *Lützow*, siguieron inmediatamente los arrojados por las demás unidades del kaiser. Al divisarlos, Beatty, que durante toda la batalla permanecería en el puente alto del *Lion*, desafiando a cuerpo descubierto el letal volar por sus alrededores de los cascotes de metralla, pues —como sabemos— en el combate del banco de Dogger encontró que desde la torre acorazada de mando la visibilidad era muy deficiente, ordenó inmediatamente romper el fuego; de manera que, respecto al alemán, sólo hubo una diferencia de segundos.

Alrededor de medio minuto de vuelo llevó a las pesadas granadas inglesas y alemanas salvar la distancia que separaba a los dos adversarios. Los germanos las vieron llegar como «alargados trazos oscuros»; parecidas a «botellas de champán», los marinos británicos. Todos aquellos proyectiles, de acero al níquel, bien rellenos de explosivos, pasaron, rugiendo pavorosamente, por encima de los buques de Beatty y de Von Hipper y cayeron largos. Desde las elevadas cofas, los observadores del tiro de cada buque señalaron la posición de los piques levantados por las salvas propias. Los directores de tiro corrigieron entonces el alcance, la deriva y la ley de variación en distancia. Y muy pronto otro trueno terrible sacudía de quilla a perilla a los grandes buques de batalla de ambas escuadras.

A ocho o diez metros por debajo de la línea de flotación, en las cámaras de calderas, donde hay que penetrar a través de esclusas, pues en su interior la presión de aire es superior a la atmósfera para impedir que el tiro de los hornos se invierta, los sudorosos y robustos fogoneros, que no se daban punto de reposo en palear carbón, pues los buques se movían a elevada velocidad, quedaron un instante en suspenso, con las palas inmóviles, tratando de discernir si la fuerte conmoción sentida en toda la cámara sería debida a los disparos propios o a los impactos logrados por el enemigo. En las trepidantes y calurosas salas de máquinas, donde todo vibraba rabiosamente; en los ajetreados pañoles de pólvoras y de municiones, donde el chirriar de cadenas y aparejos era continuo; en las casi silenciosas centrales calculadoras del tiro; en las chazas, allí donde se agrupaban los trozos de seguridad y de contraincendios, etc.; es decir, donde nadie veía absolutamente nada del enemigo, también se había percibido la fuerte sacudida experimentada por todo el buque. Los hombres callan y observan; del techo ha caído algo de pintura, se apagó momentáneamente o se hizo añicos alguna bombilla, y ciertos metales y efectos entrechocaron, tal vez como con un estremecimiento de miedo. Pero, por lo demás, todo seguía igual. ¡Habían sido los disparos propios! Las temidas explosiones internas, los destrozos, los gases irrespirables, los incendios, las voladuras y las bajas vendrían después. Por ahora, las cosas marchaban perfectamente. Sobre todo a bordo del *Derfflinger*, del que los británicos aún no se habían ocupado para nada.

«Observé con gran atención las torres artilleras de nuestro blanco —escribe Von Hase— y deduje que este buque no disparaba contra nosotros; lo hacía también sobre el *Lützow*. Examiné un momento el tercer crucero de combate de la línea enemiga; debido a algún error, nos habían saltado. Reí para mis adentros y comencé a disparar con toda calma, como en un ejercicio de tiro, cada vez con mayor precisión. Nuestros proyectiles levantaban cascadas de agua de 80 a 100 metros de alto, el doble de la altura de los mástiles del adversario. Pero nuestro contento duró poco tiempo. En el otro bando habían advertido el error, y ahora éramos frecuentemente ahorquillados por las salvas. A través del periscopio pude comprobar que las torres de los ingleses estaban orientadas directamente hacia nosotros. Y todavía hice otro descubrimiento que me asombró. Podía ver indistintamente a cuatro o cinco proyectiles que se acercaban volando por el aire. Parecían alargados trazos negros. Gradualmente se iban agrandando, y después, "¡crash!", aquí los teníamos. Estallaban con terrible estampido, al tocar en el agua o al buque. Los que caían en el mar levantaban imponentes surtidores. Algunas de aquellas columnas de agua presentaban, desde la base a la mitad de su altura, un venenoso tinte amarillento-verdoso, y todas se sostenían en pie sus buenos cinco o diez segundos antes de desplomarse por completo. Más adelante, cuando el enemigo logró centrar mejor su tiro, aquellos surtidores se desharían sobre el buque, anegándolo todo, pero al mismo tiempo apagarían cualquier incendio.»

Exceptuando al *Derfflinger*, donde inicialmente los telemetristas midieron mal, hasta el punto de que Von Hase tuvo que ordenar a la central de tiro después de la caída de sus cinco primeras salvas, todas ellas largas, cuatro correcciones de «menos 400 metros» y una de «menos 800», antes de poder ahorquillar al *Princess Royal* —de 26.350 toneladas estándar y 27 nudos, con ocho piezas de 343 mm.—, los cruceros de combate alemanes llevaron rápidamente su «rosa de tiro» sobre los buques ingleses.

A las 1550, el *Moltke* alcanzaba en el castillo de proa al imponente *Tiger* —de 28.500 toneladas y 28 nudos—. A partir de ese momento, cada veinte segundos, con fatídica precisión, relampagueaban los cañones de 280 mm. del citado crucero germano, que pronto obtendría nuevos blancos y dejaría temporalmente inutilizadas las dos grandes torres proeles de su enemigo. A las 1551, el *Lützow* alcanzaba con una granada de 305 mm. al buque insignia de Beatty, que, por su parte, hasta las 1609 no lograría el primer blanco en su contraparte alemán. A las 1605 ya había conseguido el *Queen Mary* su primer impacto en el *Seydlitz* y, tras dos salvas más, logró el segundo. Ambos impactos tuvieron serias consecuencias. El primer proyectil perforó el castillo e hizo explosión en el cuadro de distribución eléctrica de proa, que quedó deshecho. El segundo atravesó la coraza —de 280 mm.— y estalló en la cámara de maniobras de una de las torres centrales. Se produjo un terrible incendio de pólvoras, que calcinó a todos los sirvientes de dicha torre y obligó a inundar los correspondientes pañoles. Sólo las modificaciones llevadas a cabo después del combate del banco de Dogger impidieron ahora que el crucero de batalla alemán volara en pedazos; como lo haría poco después el británico *Indefatigable.*

Los tres impactos citados fueron los únicos logrados por los marinos ingleses en los veinticinco primeros minutos del encuentro. Ambas escuadras se movían a alta velocidad y navegaban en zigzag para dificultar el tiro del adversario, alejándose o aproximándose a fin de variar la distancia, librarse de las silbantes salvas enemigas o mejorar las condiciones tácticas propias. La visibilidad favorecía decididamente a los alemanes, y el viento, del noroeste, llevaba la humareda producida por los cañonazos ingleses hacia la línea germana, dificultando aún más, durante cierto tiempo, la observación inglesa del tiro. Así que, con un personal magníficamente adiestrado, los buques de Von Hipper hacían un tiro que, en conjunto, resultaba soberbio. Veamos cómo se desarrollaban las cosas a bordo del *Lion.*

«Las primeras salvas alemanas nos pasaron por encima —escribe el capitán de navío Chalmers—, pero en cuatro minutos fuimos alcanzados dos veces. En el puente éramos felizmente ignorantes de que dos grandes proyectiles habían entrado a bordo: el fuerte viento y otros ruidos causados por la alta velocidad a que navegábamos, unido al estampido de nuestros propios cañones, que disparaban en salvas de a cuatro, ahogaban por completo el ruido de la explosión de cualquier proyectil. Sin embargo, no había duda de que estábamos sometidos a un fuego muy violento, porque todo alrededor de nuestro buque brotaban formidables columnas de agua, de mayor altura que las chimeneas. Algunos de tales gigantescos piques se curvaban, y un diluvio de agua nos anegaba entonces. De vez en cuando, por encima del estruendo de la batalla se oía el amenazante silbido de algún cascote de granada, y fugazmente entreveíamos un brillante y acerado rastro que surcaba el puente como una exhalación. Uno de estos cascotes entró en la caseta de derrota y golpeó contra el reloj de bitácora, que, no obstante, siguió alegremente su marcha, como si nada anormal hubiera sucedido.

»A las cuatro de la tarde, el alcance había caído a 12.800 metros y combatíamos duramente con el enemigo. Su tiro era fenomenalmente preciso y nos alcanzaba con frecuencia. Eché un vistazo hacia popa y pude ver cómo uno de nuestros botes, situado bajo las plumas, se convertía en una nube de astillas. Confiábamos en que el adversario sufriría un castigo parecido, pero las cinco oscuras formas, de cuyos cañones brotaban esporádicas lenguas de fuego, no parecían estar peor que antes, y tampoco podíamos saber el daño que les causábamos, porque los piques de nuestros proyectiles eran difíciles de ver entre la blanquecina calima reinante.

»Por entonces, un ensangrentado sargento de Infantería de Marina apareció en el puente del almirante. No llevaba gorra, tenía la ropa quemada y parecía algo conmocionado: al verme, se acercó y me preguntó si yo era el comandante. Mientras le señalaba hacia la plataforma de la aguja magistral, situada encima, la curiosidad pudo más que yo y le pregunté qué sucedía. Con voz cansada me contestó: "La torre 'Q' está liquidada, señor. Toda su dotación ha muerto, y hemos inundado los pañoles." Miré por encima del quitavientos. No era necesaria otra confirmación: el carapacho acorazado de la torre "Q" (central) había sido plegado hacia atrás igual que una abierta lata de sardinas, por el hueco escapaban nubes de humo amarillento y los inmóviles cañones apuntaban hacia las alturas. Lo extraño era que esto hubiera sucedido a pocos metros de donde Beatty se encontraba de pie y que ninguno de nosotros en el puente del almirante hubiéramos escuchado la detonación.»

En efecto, una granada alemana de alto explosivo —pues con tal tipo de proyectil tiró siempre el *Lützow*— y 305 mm. de calibre había incidido precisamente donde el carapacho de la torre se unía a la parte superior del escudo frontal, ambos de 229 mm. de espesor. El proyectil penetró por la vulnerable unión y estalló en el interior de la torre, donde murieron o quedaron malheridos todos los presentes. Al mismo tiempo se abrió uno de los cierres de los cañones y al pozo cayeron los saquetes de cordita ya en la recámara de la pieza. Brotó un terrible incendio que amenazaba propagarse a la cámara de maniobra superior y, a través de los montacargas, a los pañoles de municiones.

El heroico comandante de la torre «Q», mayor Harvey, de la Infantería de Marina —póstumamente condecorado con la Cruz Victoria—, al que la explosión había arrancado ambas piernas, tuvo la presencia de ánimo, poco antes de morir, de ordenar a través del tubo acústico el cierre inmediato de las puertas que comunicaban pañoles y barbeta y la inundación de aquéllos. Y al herido sargento, que subiese al puente a informar al comandante. Aquella orden salvó al buque insignia de Beatty de una pérdida segura, pues momentos después el fuego se propagó a las cargas de cordita situadas en los ascensores y una formidable llamarada descendió por la barbeta, abrasó a los que acababan de cerrar las puertas estancas, algunos de los cuales tenían aún las trincas en las manos, subió velozmente hasta el sollado por el tronco de escape del personal y, tras matar a un teniente médico y a todo su equipo de socorro, se disipó por fin. Dicho vulnerable sistema de comunicación entre pañoles y cámaras de maniobra inferiores, que los alemanes ya habían en parte corregido, iba a causar la pérdida, como pronto veremos, de varias unidades británicas.

Las distancias seguían cayendo mientras tanto y los cruceros de batalla hacían un fuego terrible incluso con su artillería secundaria, sobre todo los alemanes. Éstos, entre cada dos salvas de 305 mm., disparadas cada veinte segundos, intercalaban otras dos con la mitad de las piezas de 150 mm. de la banda de estribor. Es decir, cada siete segundos vomitaba el buque una nueva salva. El esfuerzo que para ello tenían que sostener los artilleros era terrible, y el estruendo, impresionante. Cuando por un instante callaban todos los cañones de la línea germana, aún era perfectamente audible el grave, lejano e incesante tronar de las salvas y andanadas enemigas.

Para los buques ingleses, la situación era comprometida; de manera que, a las 1553, Beatty ordenó caer hacia fuera por giros simultáneos. A las 1600, el alcance promedio había pasado de los 11.300 metros a los 15.200. Pero, dos minutos después, en la línea británica se produjo un fulminante desastre.

En efecto, a las 1602, el *Von der Tann* —cuyo director de tiro era el capitán de fragata Mahrholz—, que llevaba disparados 52 proyectiles de 280 mm. y 38 de 150 mm. contra el *Indefatigable,* último buque en la línea británica, alcanzó con una salva a este infortunado crucero de batalla de 19.000 toneladas de desplazamiento estándar. Desde el *New Zealand*, que le precedía, le vieron estremecerse bajo el brutal desplome de los proyectiles alemanes y arrojar mucho humo por las superestructuras. El *Lion* acababa de recibir otros seis proyectiles procedentes del implacable *Lützow;* de manera que Beatty había ordenado otra caída a estribor para abrir nuevamente las distancias. Pero el *Indefatigable* ya no pudo cumplimentarla; siguió navegando en línea recta y llegó a estar a 460 metros por la aleta de estribor del *New Zealand*. Los alarmados observadores a bordo de este buque vieron que otros dos proyectiles alcanzaban al matalote de popa en el castillo y en la torre proel. Medio minuto después eran horrorizados testigos de la terrible explosión que se propagó velozmente de proa a popa y arrasó y deshizo al *Indefatigable*, que quedó envuelto en una impresionante nube de humo negro, a través de la cual surgían rojas llamaradas y eran lanzados a gran altura planchas de acero, cañones y botes. Instantes más tarde llegó a sus oídos un bramido formidable, apocalíptico, que en el *New Zealand* logró incluso apagar durante cierto tiempo el estruendo de la batalla.

La destrozada unidad británica zozobró rápidamente y se hundió de popa. Desde el *Lion* se vio, con asombro, que detrás del quinto buque británico sólo quedaba un «colosal palio de humo gris». Y es que, a los tres minutos de recibir los primeros impactos, del *Indefatigable* no restaba nada. Mil quince oficiales y marineros perecieron a bordo del malhadado crucero de batalla, prácticamente su dotación al completo, ya que sólo pudieron salvarse dos hombres, que horas más tarde serían recogidos por un destructor alemán.

Pero a bordo del hasta entonces indemne *Von der Tann* no tuvieron mucho tiempo para felicitarse. Poco después de iniciarse el combate, Beatty había moderado a 21 nudos, y Evan-Thomas, a revientacalderas y buscando siempre la cuerda de los arcos descritos sobre la piel del mar por los cruceros de batalla ingleses, se había aproximado lo suficiente a la extremidad de la línea alemana como para poder abrir el fuego sobre ella con las formidables piezas de 381 mm. Y un verdadero infierno se abatiría pronto sobre el *Von der Tann*, que resultó varias veces alcanzado y al que, probablemente, sólo salvó el defecto, ya citado, de los enormes proyectiles que le caían encima.

Por otra parte, no sólo los acorazados de la 5.ª Escuadra quedaban muy por fuera del alcance de las piezas alemanas. A las 1605, la distancia entre las dos líneas de cruceros de combate era de 18.000 metros y seguía aumentando rápidamente; de modo que los buques de Beatty también quedaron fuera del alcance de los de Von Hipper. En vista de lo cual, el almirante alemán ordenó, a las 1610, meter varias cuartas a estribor, hacia el enemigo. Y Beatty, alarmado por las estelas dejadas por cuatro torpedos, que a las 1600 había lanzado el *Moltke* y que los ingleses supusieron procedentes de algunos *unterseeboote* que se hallaban por estribor (1), a las 1611 ordenó caer decididamente a babor por giros simultáneos. Así que, para las 1619, la distancia que mediaba entre el *Lion* y el *Lützow* era otra vez de 16.000 metros.

La alarma de Beatty es bien comprensible (no se olvide lo ya expuesto sobre la reducida manga de los buques británicos), ya que, al fin y al cabo, era el enemigo quien le arrastraba a él hacia el SSE, por alguna, aparte buscar la defensa de los campos de minas alemanes, tal vez peligrosa razón, quizás hacia una trampa de submarinos. Pero el no tratar de mantenerse bien por fuera del máximo alcance de las piezas germanas, sobre todo ahora, cuando el número de las torres inglesas de grueso calibre en estado de funcionar había quedado reducido a diecisiete —por veintiuna alemanas—, pronto lo pagarían otra vez muy caro sus vulnerables cruceros de batalla.

Inesperadamente, poniendo un hermoso contrapunto a la sangrienta batalla, entre las dos líneas formadas por aquellos buques que no cesaban de arrojar humo y de vomitar fuego de cañón, desfiló de pronto un gran velero escandinavo con aparejo de cruz y todo su velamen al viento. ¡Qué contraste! Para los asombrados y pacíficos marinos nórdicos, sobre los que muy pronto volaba la granizada de pesados y aulladores proyectiles con que se obsequiaban ambas fuerzas enemigas, resultó un emocionante espectáculo, tan extraordinario como jamás soñaron presenciar. Pero de la poética estampa, de aquella romántica visión del pasado, apenas pudieron gozar un instante fugaz quienes se afanaban por aniquilar al enemigo situado más allá del raro testigo de los tiempos de la marina vélica, que muy pronto desapareció por la agitada estela que dejaban los grises y trepidantes buques de guerra.

Si inicialmente el tiro de los cuatro acorazados de Evan-Thomas sobre el *Von der Tann* y el *Moltke*, en la retaguardia de Von Hipper, resultó inefectivo debido a la distancia, el humo y la calima, pronto «el nuevo enemigo —escribe Scheer— disparaba con extraordinaria rapidez y exactitud y con la mayor facilidad, puesto

(1) En el parte oficial rendido por Beatty se dice lo siguiente: «El destructor *Landrail*, que, con el *Lydiard*, se hallaba por el través de estribor del *Lion* y trataba de pasar a proa, vio el periscopio de un submarino por su aleta de babor. A su vez, el crucero ligero *Nottingham* avisó también de la presencia de un sumergible por el través de estribor.» Tales avistamientos fueron imaginarios y sólo obedecían a la fuerte psicosis creada por los *unterseeboote*, pero, naturalmente, influyeron en Beatty.

que no encontraba oposición». A las 1608 recibió el *Von der Tann* la primera gigantesca granada de 381 mm. de calibre. La gran energía cinética que traía el proyectil le permitió atravesar fácilmente la débil coraza que protegía la línea de flotación en la parte de popa del buque alemán. El artefacto estalló en el compartimiento del gobierno, aparato que, sin embargo, pese a las seiscientas toneladas de agua de mar inmediatamente embarcadas, siguió funcionando. Pero aquel choque brutal fue sentido en todo el barco, de 19.100 toneladas. También el *Moltke*, muy bien centrado por los acorazados ingleses, recibió, cuatro minutos después, un proyectil en una carbonera. Se incendió la pólvora de uno de los ascensores de 150 mm. que la atravesaban, y las llamas inutilizaron la pieza de la correspondiente casamata.

Si los dos *schlatchkreuzern* en cola de la retaguardia alemana tuvieron que serpentear constantemente para librarse de los demoledores proyectiles de la 5.ª Escuadra inglesa, con lo que el tiro propio perdió casi toda su eficacia, la magnífica lucha sostenida, mientras tanto, por los tres buques germanos en cabeza era de nuevo —con alzas de 16.000 metros— sumamente eficaz. El *Lion* resultó otra vez alcanzado, quedando envuelto en humo y plagado de incendios, sin antenas radiotelegráficas y con muchas bajas. El *Princess Royal*, que seguía sus aguas, tuvo a partir de entonces que retransmitir las órdenes del almirante, pasadas visualmente a dicho buque.

Tratando de librarse de la intensa y peligrosa presión germana, a las 1615, Beatty lanzó al ataque a los destructores situados a una milla por la proa del *Lion*, conducidos por el crucero *Champion*, al mismo tiempo que los buques de batalla británicos caían 45° hacia el enemigo, por giros simultáneos, para cerrar distancias. Ello daría lugar a una fiera escaramuza librada entre los cruceros y los destructores de ambas agrupaciones, mientras las unidades mayores seguían combatiendo; es decir, a otra batalla dentro de la batalla. Ocho destructores de la 13.ª Flotilla británica, dos de la 10.ª y otros dos de la 9.ª forzaron máquinas y cayeron a babor para efectuar un rumbo de aproximación hacia la amura de estribor de los cruceros de combate de Von Hipper; que luego sería de ataque, y, tras el lanzamiento de los torpedos, de retirada. Todo esto en teoría, porque, en la práctica, las cosas suelen tomar, como luego veremos, un giro bastante diferente.

Por su parte, algunos minutos después, Von Hipper lanzó al contraataque a la IX Flotilla de destructores, con algunas unidades de la II —quince buques en total—, conducidos por el crucero ligero *Regensburg,* en el que izaba su gallardetón el comodoro Heinrich. Dejemos por un momento a todos aquellos buques alemanes y británicos, que convergen rápidamente a más de 30 nudos de velocidad, levantando con sus rodas imponentes cascadas de agua; que ya llevan abiertas las válvulas de retención de sus torpedos y los tubos de lanzar orientados por ambas bandas; que se disparan con la artillería, y que van a cruzarse a unos quinientos metros de distancia —con alzas a cero—, para, siguiendo un cierto orden cronológico, volver a la lucha que libran mientras tanto sus gigantescos hermanos de flota, pues en la línea inglesa pronto va a producirse un segundo y terrible desastre.

Las distancias seguían cayendo y el tiro era ahora muy bueno por ambas partes. A las 1617, el *Queen Mary* logró un impacto en el *Derfflinger.* Algo después conseguiría otro, aunque ninguno de los dos causó daños importantes en el buque alemán. El *New Zealand* alcanzó también, con dos proyectiles, al *Von der Tann.* Uno de ellos atravesó el blindaje de la torre de 280 mm. de proa y estalló parcialmente en su interior. Aunque sólo produjo algunos heridos, dejó dicha torre fuera de servicio. El otro perforó la barbeta de la torre del mismo calibre de popa, que también quedó inutilizada. El humo que envolvía ahora al crucero alemán era tan intenso, que obligó al *New Zealand* a cambiar de blanco. El *Moltke* resultó asimismo alcanzado dos veces, y «sólo la mala calidad de los proyectiles británicos —diría después Von Hipper— nos salvó entonces de un desastre». Pero los buques germanos seguían disparando muy bien y alcanzaron nuevamente al *Tiger,* al *New Zealand* —a éste una sola vez en toda la batalla—, al *Lion* y al *Princess Royal.*

En aquel duelo, generalizado y de variable fortuna, hay un combate particular que merece examinarse de cerca, pues va a poner luto en bastante más de un millar de familias inglesas: el librado entre el *Queen Mary,* por una parte, y el *Derfflinger* y el *Seydlitz* —cuyo director de tiro, el capitán de corbeta Foerster, era campeón de su especialidad en la Armada alemana—, por el otro. El buque británico disparaba ahora sobre el *Derfflinger* por andanadas completas con sus ocho grandes piezas de 343 mm. Este crucero británico tenía fama de ser uno de los que mejor tiraban en la Flota inglesa; de hecho, había ganado la última competición de tiro anterior a la guerra, y Von Hase reconoce que su tiro sobre el *Derfflinger,* al que, como sabemos, ya había alcanzado dos veces, «era soberbio». Se trataba, pues, de un mano a mano entre tres directores de tiro excepcionales, que pronto acabaría de la forma más dramática y espectacular.

Los dos buques germanos hacían fuego concentrado, por salvas de a cuatro piezas; gracias a sus relojes de piques, sin confundir éstos. El rumbo que sostenía el timonel del *Derfflinger* era magnífico, ya que, entre las 1622 y las 1626, las cuatro torres del buque mantuvieron la misma invariable orientación: 52°. En este intervalo, las distancias siguieron cayendo rápidamente, desde los 14.000 hasta los 13.200 metros. A las 16 horas, 24 minutos y 20 segundos, habiendo centrado el tiro, Von Hase ordenó: «¡En salva rápida!»

Más arriba, en el «nido de corneja», a 35 metros sobre el nivel del mar, el capitán de corbeta Von Stosch enviaba por teléfono sus informes, con la mayor sangre fría: «¡Centrada, dos impactos!... ¡Centrada, toda la salva en el buque!»

En realidad, en aquella última salva del *Derfflinger,* sólo tres proyectiles alemanes habían hecho impacto en el *Queen Mary;* pero instantes más tarde, es decir, a las 1626, «del castillo de este buque brotó una intensa llamarada roja. Después se produjo una explosión a proa, seguida de otra mucho mayor en el centro del buque. Oscuros trozos del crucero de batalla volaron por los aires, e inmediatamente todo el buque reventó, con una terrorífica explosión. Se alzó una gigantesca columna de humo y los mástiles se rindieron hacia dentro. La formidable humareda lo ocultó todo, mientras seguía alzándose más y más, y calculo que llegaría a los 300 ó 400 metros de altura», diría Von Hase.

Así observaron los alemanes aquella catástrofe. Uno de los supervivientes del malhadado buque, el entonces guardia marina Lhoyd-Owen, describe lo que vio al salir de la torre de 343 mm. de popa: «Mis ojos percibieron una asombrosa visión. No pude ver chimeneas ni mástiles. Una enorme columna de humo negro y amarillo, esmaltada por llamaradas, colgaba como un crespón fúnebre sobre la parte de proa del buque y daba a la escena un espeluznante aspecto.» Desde el *Tiger,* que seguía las aguas del *Queen Mary* y al que tuvo que gobernar para evitar la colisión, pareció «como si algún huracán hubiese derribado todos los árboles de un bosque». El malherido crucero de batalla, que escoró despacio a estribor, presentaba un enorme agujero en el costado de aquella banda y zozobró por completo. Al cabo de un minuto y medio, ya sólo asomaba la quilla, e inmediatamente desapareció, con sus 26.500 toneladas de acero. Sólo hubo dieciocho supervivientes, que después serían recogidos por el destructor británico *Laurel.* Mil ciento cincuenta y ocho hombres se fueron con el *Queen Mary,* en el mayor desastre sufrido por la *Royal Navy* en la primera guerra mundial.

Pero el implacable y terrible duelo artillero proseguía, y Beatty, al ver que otro de sus grandes buques desaparecía fulminado, hizo el siguiente comentario al comandante del *Lion*, capitán de navío Chatfield, en aquel momento a su lado:

«Hoy parece que algo va mal en nuestros puñeteros barcos.» (*«There seems to be something wrong with our bloody ships today.»*) Eran palabras gruesas —mi traducción es eufemística—, dichas probablemente pensando en los proyectistas de aquellas al parecer frágiles unidades. Pero, en cierto modo, el vicealmirante tenía razón para quejarse, ya que tan sólo cinco proyectiles alemanes habían bastado para fulminar al *Indefatigable*, y otros tantos al *Queen Mary*. Sin embargo, el dolido y chasqueado David Beatty, al que sus propios buques parecían querer traicionar precisamente ahora, en el momento cumbre, no quiso alterar el rumbo. Prácticamente ya se le habían incorporado los poderosos acorazados de Evan-Thomas, y, pese a todo, su probada tenacidad, su «voluntad de vencer», su espíritu decididamente ofensivo, su amor a la responsabilidad y su fe en la victoria seguían inconmovibles.

* * *

Otro combate no menos porfiado, aunque quizá no tan espectacular, llegaba ahora a su apogeo, simultáneamente, entre las macizas líneas de los cruceros de batalla de ambas agrupaciones enemigas. Cruzándose de vuelta encontrada a una velocidad relativa de sesenta nudos, veintinueve pequeños buques de guerra se disparaban furiosamente cañonazos y torpedos, y para las 1636 arrojaban tal cantidad de humo por sus múltiples chimeneas y piezas de artillería, al que ya se sumaba el procedente de algunos incendios, que los cruceros de batalla de ambas líneas apenas podían verse, y durante cerca de diez minutos tuvieron que hacer alto el fuego con la artillería principal; aunque las piezas de la secundaria no cesaban de vomitar granadas de alto explosivo contra los peligrosos destructores enemigos.

En aquella vertiginosa refriega librada poco menos que a bocajarro, parece ser que el destructor británico *Petard* torpedeó al alemán *V-29*, de 640 toneladas, que poco después se iría a pique. Y el de la misma bandera e igual tonelaje *V-27* recibió varios impactos en las máquinas y quedó al garete, a punto de hundimiento. El *V-26* recogió a las dotaciones de ambos sentenciados buques

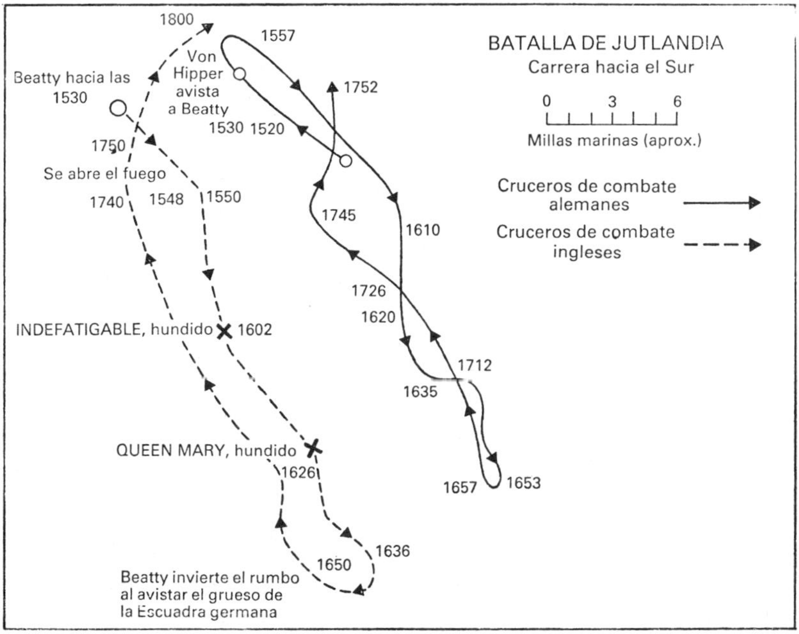

Primera fase de la batalla de Jutlandia: Beatty trata de cortar la retirada a las fuerzas de reconocimiento alemanas; pierde el *Indefatigable* y el *Queen Mary* y, al avistar al grueso de la *Hochsee Flotte,* invierte el rumbo.

alemanes, mientras los demás se alejaban como exhalaciones, igual que habían llegado, sorteando piques y buscando una buena posición de lanzamiento.

Los germanos fueron recibidos por un vendaval de metralla procedente de los cruceros de batalla de Albión y tuvieron que arrojar sus peces mecánicos —doce en total— a una distancia de aquéllos comprendida entre los 8.000 y los 9.500 metros, iniciando inmediatamente una veloz estrepada hacia las líneas propias. Estos torpedos obligaron poco después a la 5.ª Escuadra inglesa a caer a estribor, es decir, hacia fuera.

Por su parte, la mayoría de los destructores británicos hicieron lo mismo respecto a las grandes unidades de Von Hipper, desde parecidas distancias, para volver grupas y cruzarse de nuevo, en otro veloz y peligroso combate con sus contrapartes germanos, que también volvían.

Acerca del empleo táctico de las flotillas de destructores de la *Royal Navy,* entre Jellicoe y Beatty existía una diferencia radical de concepto. Para el comandante en jefe, en combate, la misión primordial de dichas flotillas era la neutralización de las enemigas lanzadas al ataque torpedero —Jellicoe buscando siempre la seguridad—. Para Beatty, era el torpedeamiento de las grandes unidades de batalla del adversario —la ofensiva a ultranza—. De manera que el capitán de fragata Bingham, plenamente identificado con su almirante, se lanzó resueltamente contra el enemigo con su escuadrilla, compuesta por el *Nestor,* el *Nomad* y el *Nicator,* y, según quedó registrado por el guardia marina Hauth, del *Derfflinger,* cronista de la artillería secundaria de este crucero de combate, los tres intrépidos buques, pintados enteramente de negro, como todos los *destroyers* ingleses, con vistas al ataque nocturno, llegaron, hechos una criba y a través de un terrorífico huracán de proyectiles, hasta los 5.500 metros de la línea germana, desde donde lanzaron casi todos sus torpedos. Pero sólo el *Nicator* pudo escapar e incorporarse después a su flotilla. El *Nestor* y el *Nomad,* incendiados y con las máquinas tocadas, quedaron al garete, aunque, como luego veremos, no fuera de combate, pues a Bingham y sus hombres, que tenían el rojo corazón bien templado, aún les quedaba algún torpedo en los tubos.

Otra furiosa pasada a contrabordo de las flotillas que regresaban, aunque esta vez sin demasiado graves consecuencias, pues los artefactos submarinos ya habían volado y muchas piezas de artillería estaban inutilizadas, y de nuevo se despejó el brazo de mar momentáneamente definido por los buques mayores de ambas escuadras adversarias, de donde el viento fue arrastrando lentamente la gran humareda. Igual que Evan-Thomas, Von Hipper también había tenido que meter hacia fuera, a las 1645, para librar los torpedos ingleses. Cinco minutos después arrumbaba al nornoroeste. ¿Qué había sucedido?

Sencillamente, que desde las elevadas cofas del *Lützow* se habían avistado los humos y mastelerillos de los acorazados en vanguardia de Scheer, quien, dada la comprometida situación de Von Hipper tras la intervención de las 5.ª Escuadra, había renunciado a su plan de atenazar a Beatty entre dos fuegos y hecho rumbo directo en apoyo de aquél; es decir, había pasado, de gobernar al noroeste a las 1605, y al oeste a las 1620, a poner la proa al norte momentos después.

Por su parte, el comodoro Goodenough —uno de los jefes que más brilló en la primera parte de la batalla, en una misión poco espectacular, pero de la máxima importancia: la descubierta—, con su insignia en el crucero *Southampton*, que marchaba a unas cinco millas por la proa del *Lion*, ya había detectado, a las 1635, al crucero alemán *Rostock* y varias flotillas de destructores, es decir, a la vanguardia de Scheer, y a las 1638 al grueso de la *Hochsee Flotte*, que se aproximaba por el sudeste, rumbo al norte, dando inmediatamente cuenta de ello, por proyector luminoso, a Beatty, al mismo tiempo que comunicaba su propia situación, que tenía un sensible pero explicable error.

Profunda emoción a bordo de los buques británicos, pues, por fin y por sorpresa, parecía haber llegado el durante tanto tiempo ansiado día: el de la gran batalla, aquel por el que unos y otros futuros adversarios tantas veces habían brindado juntos, en las visitas de cámara, durante las estancias en algún puerto del previsible enemigo, de las unidades navales del otro. La Escuadra alemana, más lenta y débil, iba a caer ahora en la trampa, pensaron los ingleses. De arrastrarla a ella se encargaría Beatty, y de hacerla después pedazos, Jellicoe. Por su parte, los alemanes creyeron que no tenían más enemigo que los cuatro acorazados de Evan-Thomas y los otros tantos, supervivientes, cruceros de combate de Beatty; así que —escribe Von Hase— «sentíamos la orgullosa alegría de la victoria y esperábamos poder destruir a la completa fuerza que se nos oponía».

A las 1642, desde el *Lion* se vio a la *Hochsee Flotte:* un bosque de mástiles y chimeneas que se alzaba sobre el horizonte meridional. A través del *Princess Royal*, tres minutos después pasaría Beatty la importante noticia a Jellicoe. «Se cambió de rumbo sucesivamente dieciséis cuartas (180°) a estribor —escribe Beatty— y arrumbé al norte, para conducir al enemigo hacia la Gran Flota.» Otra vez fallaron las señales hechas a la 5.ª Escuadra para que variase oportunamente de rumbo, lo que dio origen a un breve duelo entre los cuatro acorazados de Evan-Thomas y los cruceros de batalla de Von Hipper y los cuatro blindados del contralmirante Behncke —los poderosos «König»—, que, a revientacalderas, habían logrado aproximarse peligrosamente. Así que una catarata de granadas de grueso calibre se desplomó sobre los buques del por un momento desorientado Evan-Thomas, quien a las 1657 cayó a estribor y, a toda máquina, arrumbó en pos de los buques de Beatty, que, por su parte, ya habían reanudado el cañoneo con sus similares alemanes.

Dos proyectiles de 305 mm. alcanzaron al *Barham*, sin importantes consecuencias, y el *Malaya*, que navegaba en cola, tuvo que salirse de la línea para poder librar la feroz concentración artillera germana. ¡Seis salvas de grueso calibre por minuto caían alrededor de él!, y un proyectil provocó un incendio de cordita que dejó fuera de servicio todas las piezas de 152 mm. de la banda de estribor y produjo más de un centenar de bajas. Pero la 5.ª Escuadra inglesa pronto empezó a distanciarse de sus enemigos, al fin y al cabo más lentos y propulsados por carbón, es decir, indirectamente por los músculos de los fogoneros de la *Kriegsmarine*, no por las incansables bombas de petróleo, a vapor. Igual que Beatty anteriormente, Evan-Thomas también había perdido ahora la oportunidad de cañonear impunemente a la vanguardia alemana aprovechando el mayor alcance de sus formidables piezas.

Comenzaba la carrera hacia el norte. La primera sangrienta etapa de la batalla, en que los británicos habían llevado con gran diferencia la peor parte, daba fin. Esta carrera al encuentro de la Gran Flota acabaría también trágicamente para los ingleses y resultaría un verdadero calvario para los alemanes, y, como pronto veremos, la batalla posterior defraudaría a ambos por el momento confiados adversarios y causaría una decepción inmensa en el Reino Unido.

Y es que, siempre en mala posición táctica y consciente de su inferioridad material, Scheer rehuiría por dos veces el combate abierto con los acorazados de Jellicoe; lo que, por supuesto, sólo consiguió gracias al obsesivo temor del comandante en jefe británico a caer en alguna imaginaria trampa de submarinos.

CAPÍTULO VIII

La carrera hacia el norte. — Jellicoe y Beatty establecen el contacto. — Interviene la 3.ª Escuadra del contralmirante Hood. — Beatty cruza la «T» a Von Hipper. — Vacilaciones de Jellicoe. — Polémico despliegue de la Gran Flota. — Voladuras del Defence *y del* Invincible. — *Scheer efectúa su primera inversión de rumbo. — Jellicoe no persigue a la* Hochsee Flotte *en retirada. — Segunda y tercera inversiones de rumbo de Scheer.*

Entre las dos líneas de aceradas moles enemigas que ya navegaban hacia el norte a toda máquina, disparándose mutuamente con la artillería de grueso calibre, vomitando torrentes de humo por las chimeneas y grandes llamaradas por las bocas de sus cañones, se hallaban, rotos y al garete, separados entre sí unas cinco millas, los destructores británicos *Nomad* y *Nestor,* de 1.025 toneladas de desplazamiento estándar. Ambos buques tenían a bordo algunos muertos y heridos, y todas sus piezas de artillería habían quedado fuera de servicio de una forma u otra. Utilizables sólo les restaban algunos torpedos y tubos de lanzar.

En el *Nomad,* el capitán de fragata Bingham, encaramado en el puente alto de su buque, observaba atentamente la veloz aproximación de la *Hochsee Flotte,* al mismo tiempo que oía el rugir de los grandes proyectiles alemanes e ingleses que, en busca del enemigo, se cruzaban por encima del destructor. Sabía perfectamente que había sonado la hora de la verdad para él y sus hombres, la prueba suprema, pues los formidables acorazados alemanes navegaban prácticamente a rumbo de colisión con el inmóvil montón de hierros en que había quedado convertido su antaño veloz conductor de flotilla. Pero no había dudado un solo instante sobre la línea de acción a seguir. Su deber estaba meridianamente claro. Mientras les quedase a bordo algún arma útil, no había ni que pensar en hundir el barco o en rendirse. Había tomado todas las disposiciones pertinentes y ya sólo cabía esperar que el enemigo siguiera aproximándose, confiado, para arrojar contra él, a la menor distancia posible, el último y único torpedo que quedaba a bordo.

Con el fuerte e incesante ruido de fondo del tronar del cañón y el graznido de los giratorios y pesados pájaros explosivos, mecidos por la mar de leva, los marinos ingleses podían percibir ya, a través de sus prismáticos, los menores detalles de los poderosos buques alemanes, formando una interminable y humeante línea que se perdía en la distancia entre la calima. Era una magnífica, impresionante visión, un poco de pesadilla para los casi reducidos a la impotencia marinos de Albión. Las fuertes rodas de los acorazados germanos levantaban una formidable onda de cabeza, cuya destellante blancura contrastaba con el azul oscuro de la mar y el gris de las imponentes obras muertas. Pero la alba cascada que sobre la mar pintaba cada buque no era precisamente una bandera de paz. Aquellas unidades no llegaban en auxilio de los pequeños buques ingleses a la deriva. Las acorazadas moles disparaban continuamente, en caza, y el rojizo relampagueo que intermitentemente brotaba de las piezas proeles era seguido por borbotones de humo oscuro-amarillento, que en seguida se llevaba en sus invisibles alas el viento relativo. El grave estampido de los cañonazos retumbaba sobre la encalmada mar como un eco potente, amedrentador. Los silenciosos ingleses pronto pudieron prescindir de sus prismáticos. Las grises siluetas enemigas parecían hincharse más y más y ya ocupaban cerca de un cuarto del horizonte. Y los menores detalles de las superestructuras eran perfectamente discernibles a simple vista. El *Nestor,* casi atravesado a las largas olas de la mar tendida, daba lentos bandazos, pero presentaba parcialmente el costado al enemigo, y los apuntadores del montaje de tubos lanzatorpedos seguían muy bien la ahora rápida variación en demora del gigantesco buque enemigo que navegaba en cabeza: el *König.* Y cuando este acorazado alemán se hallaba a tan sólo una milla de distancia, Bingham ordenó lanzar contra el que le seguía su guijarro submarino. Después se asomó por la borda y, con alivio, pudo ver que el último de sus torpedos saltaba al agua entre una pequeña nube de humo. Con el fuerte y próximo tronar de fondo de la artillería alemana, la explosión de la carga impulsora del artefacto del *Nomad* apenas pudo escucharse desde el puente. El pez mecánico, bien hocicado de proa, se sumergió por completo, afloró luego un instante y por fin desapareció en las azules profundidades. Bingham sabía que sus dos hélices se pondrían en función momentos después. En el tope del mástil de proa del *Nomad* seguía ondeando, imperturbable, la bandera británica de combate, aquella enseña por la que el capitán de fragata y sus hombres estaban dispuestos a sacrificarlo todo.

A bordo de los buques alemanes se advirtió el disparo del torpedo lanzado por el inmóvil destructor enemigo. Y la momentánea admiración que este hecho produjo no impidió que un alud de proyectiles arrojados por medio centenar de cañones de 150 mm. se abatiera raudo sobre el tullido pero intrépido y desafiante *Nomad,* que, hecho una criba, muy pronto se hundió de popa, con los colores arriba, dejando sobre la piel del mar a cerca de un centenar de hombres, algunos de ellos heridos, y llevándose consigo a ocho cadáveres. Una hora después, aquéllos serían recogidos por un destructor alemán. Entre los supervivientes del bizarro buque figuraba Bingham, más tarde condecorado con la Cruz Victoria.

Escarmentados, los marinos alemanes no darían facilidades al *Nestor.* Tan pronto desapareció el *Nomad,* rompieron el fuego sobre aquél, a unos diez mil metros de distancia. Los ingleses comprendieron que no había instante que perder y arrojaron al mar, contra el enemigo, los pocos torpedos que les quedaban. Y entre el aullar de un diluvio de granadas y el bosque de géiseres levantado por las que estallaban en las proximidades, procedieron al rápido abandono del destructor, que, también con la bandera arriba, pronto fue alcanzado y quedó con la proa apuntando patéticamente al cielo de la tarde, para hundirse al fin, con seis muertos a bordo, entre remolinos y los gritos de adiós de sus tripulantes, que nadaban en las proximidades y que después serían igualmente rescatados por los alemanes.

Ésta fue la pequeña pero ejemplar y bizarra odisea de las dotaciones del *Nomad* y del *Nestor.*

* * *

Si para el almirante Franz von Hipper la «carrera hacia el sur» había sido poco menos que una marcha triunfal, ya que a costa de perder a dos pequeños *zerstörer* y de recibir algunos impactos no resolutivos en sus cruceros de combate había logrado desmantelar a un par de *destroyers* ingleses, pronto rematados, como ya sabemos; pulverizar a dos magníficos cruceros de batalla enemigos, y causar considerables daños a otras grandes unidades británicas, la «carrera hacia el norte» iba a resultar en verdad decepcionante para los marinos alemanes.

Porque sir David Beatty, habiéndose aprendido muy bien la dura y sangrienta lección, y gracias a su superior velocidad, se mantendría ahora casi constantemente fuera del alcance de la artillería gruesa de Von Hipper, y porque los acorazados alemanes en vanguardia de la *Hochsee Flotte*, pese a todos sus esfuerzos por mantener una velocidad superior a la de pruebas y concentrar el fuego de su artillería de grueso calibre sobre los cuatro coriáceos y robustos blindados de Evan-Thomas —hubo momentos en que pudieron disparar contra éstos hasta nueve buques de línea alemanes—, no lograron disminuir apreciablemente la velocidad de ninguno de ellos, como pretendieron, lo que habría significado el irremediable final del infortunado, muy pronto blanco de prácticamente toda la Escuadra del kaiser. Así que, como dijimos, el período aproximadamente comprendido entre las 1650 y las 1830 horas de aquella tarde dramática fue, en verdad, más que decepcionante, un verdadero calvario para los alemanes, quienes durante la mayor parte del tiempo ni siquiera podrían disparar contra el más veloz y, por el momento, elusivo enemigo, que, en cambio, hacía fuego y les alcanzaba a ellos impunemente. Por otra parte, como los acorazados en la vanguardia de Scheer habían logrado mantener una velocidad ligeramente superior a los 20 nudos, pero los viejos «Deutschland» nunca rebasaron las 17 millas horarias, el grueso de la *Hochsee Flotte* fue distendiéndose, hasta alcanzar una longitud, de cabeza a cola, de unas ocho millas (casi quince kilómetros), lo que a las 1745 obligaría a Scheer a reducir la velocidad de su vanguardia a 15 nudos, es decir, a tener que decir adiós al enemigo en fuga.

Cierto que Reinhard Scheer ignoraba aún la presencia en la mar de la Gran Flota, en parte porque seguía confundiendo sus fervientes deseos de atrapar a aquella fracción de la Escuadra enemiga que parecía huir a revientacalderas, con la realidad, pero también porque ya actuaba mediatizado, casi podríamos decir que obsesionado, por el recuerdo de la —según Von Tirpitz— «celestial» ocasión perdida por Von Ingenohl en enero de 1915; por las duras críticas llovidas inmediatamente sobre este almirante alemán, y por su prematuro relevo como comandante en jefe de la Escuadra. Fue, en cierto modo y salvando el tiempo y la distancia, algo parecido a lo que sucedería más de veintiocho años después al almirante norteamericano Halsey durante la batalla de Leyte, en octubre de 1944, igualmente abrumado por las despiadadas críticas —esta vez injustificadas— anteriormente vertidas sobre su compatriota el almirante Spruance tras la batalla librada por éste contra la Escuadra japonesa en el mar de las Filipinas, en junio de aquel mismo año (1).

Y es que, pese al dicho popular, la historia no siempre se repite, y, como pronto veremos, quien ha quedado en cierto modo traumatizado por alguna decisión ajena trascendental, realmente o sólo en apariencia errónea, es difícil que pueda actuar con la independencia de juicio o de criterio que las acuciantes circunstancias del momento exigen. Son los inconvenientes de haberse aprendido demasiado bien, infantilmente, como la tabla de multiplicar, algunas de las lecciones del pasado...

* * *

Al invertir el rumbo hacia el norte, los cruceros de batalla británicos habían pasado a barlofuego de los acorazados de Evan-Thomas, lo que obligó a éstos a detener momentáneamente su tiro y permitió a los buques de Von Hipper virar a su vez hacia el septentrión, sobre estribor, para no aumentar el alcance balístico, y por contramarcha. Fue una virada muy inoportuna. Porque puso al *Seydlitz* en la trayectoria submarina de los últimos torpedos ingleses, lanzados diez minutos antes, por el *Nomad*, el *Nestor* y el *Nicator*. La colisión con uno de dichos artefactos fue inevitable, y su explosión, aunque retardada —después de rebotar contra el casco— debido a un grave defecto de los torpedos ingleses, abrió una vía de agua bajo el castillo de proa del crucero de batalla alemán, cuya velocidad máxima, que a partir de ese momento sería por fuerza la de los restantes buques de Von Hipper, quedó reducida a 25 nudos.

Por el contrario, Beatty había ordenado poner a régimen de 28 nudos, y Evan-Thomas, de 25, pues la situación, con toda la *Hochsee Flotte* a los talones, era muy comprometida para las unidades británicas. El primero no sólo deseaba mantener a sus cuatro supervivientes y castigados cruceros de combate fuera del alcance de la artillería de sus contrapartes germanos, que ahora navegaban de la misma vuelta y a unas tres millas por la proa del grueso de Scheer, sino aproximarse cuanto antes a la *Grand Fleet* y, al mismo tiempo, «ganar demora» para, en el momento oportuno,

(1) Véase *La guerra naval en el Pacífico, 1941-1945*, del mismo autor. Editorial Juventud, Barcelona.

poder cruzar la «T» a Von Hipper y servir en bandeja de plata la Escuadra alemana a Jellicoe. El que lo lograse plenamente, como luego veremos, habla muy alto de la habilidad táctica de este almirante británico.

Mientras tanto, el comodoro Goodenough seguía vigilando con toda atención y relativamente de cerca al grueso de la Escuadra alemana y enviaba sus informes al almirante y al comandante en jefe, consiguiendo librarse del intenso fuego enemigo por el sencillo expediente de arrumbar inmediatamente hacia la última salva alemana recién caída. Estos incesantes cambios de rumbo del *Southampton* y los cruceros ligeros de la 2.ª Escuadra, que seguían sus aguas, desconcertaron a los directores de tiro de los acorazados alemanes y permitieron a dichos buques británicos escapar indemnes, pero complicaron hasta tal punto la labor de los oficiales de derrota ingleses, que resultaron inevitables los grandes errores sobre su posición geográfica. Por otra parte, las derrotas estimadas del grueso de la Gran Flota y de los buques de Beatty, salidos, como sabemos, de puertos distintos y que durante unas diecisiete horas no habían tenido contacto visual ni logrado situación astronómica, presentaban, poco antes de llegar ambas fuerzas británicas al mutuo avistamiento, un considerable error: el *Lion* se hallaba caído siete millas más hacia el este de su pretendida posición geográfica, y cuatro millas al noroeste de la suya el *Iron Duke;* es decir, tenían un error acumulativo de unas once millas.

Cierto que, a las 1705 y a las 1733, el Almirantazgo había enviado a Jellicoe una posición bastante exacta del grueso de la Escuadra alemana, deducida de las demoras tomadas por sus radiogoniómetros —entre otras señales radiotelegráficas, a las 1721, Scheer había enviado a Von Hipper la señal de «Perseguir enérgicamente a los cruceros de combate»—, pero, en vista del fallo en que había incurrido el Almirantazgo aquella misma mañana, Jellicoe no quiso tomarlas en consideración. Lo que tendría las importantes consecuencias que luego veremos.

«Únicamente hacía fuego con disparos aislados de una sola torre, para asegurarme de que el enemigo seguía aún fuera de nuestro alcance y para ahorrar municiones —escribe Von Hase—. Aunque sus salvas caían bien agrupadas, el tiro inglés tampoco era muy bueno, pero en esta fase sufrimos dos o tres impactos de grueso calibre. Nuestro único medio de defensa era salir de la línea por breves intervalos de tiempo, cuando veíamos que el enemigo

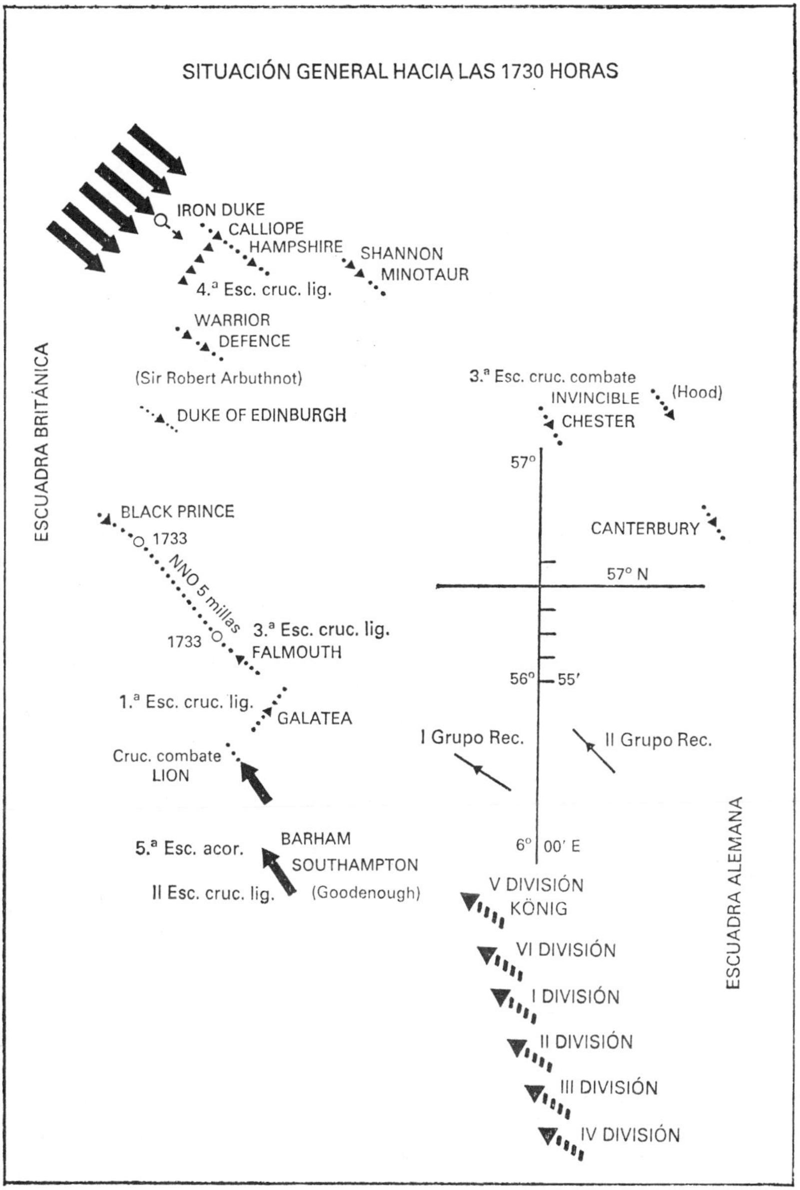

Segunda fase de la batalla de Jutlandia: «la carrera hacia el norte». El almirante Beatty arrastra en pos de sí, hacia el grueso de la Gran Flota, a la totalidad de la Escuadra alemana de Alta Mar.

conseguía centrarnos. Como esta maniobra resultaba imperceptible para él, nos librábamos regularmente de la granizada de fuego.»

Además del *Derfflinger*, otros varios cruceros de batalla alemanes resultaron alcanzados en esta etapa, así como los acorazados *Markgraf* y *Grosser Kurfürst*. El *Seydlitz* recibió siete granadas y quedó con la mitad de su artillería principal y secundaria inutilizadas, muy hocicado de proa y con cuantiosas bajas. En el *Von der Tann* resultó con sus cañones fuera de batería, por recalentamiento, la única torre de 280 mm. capaz de disparar aún, pero el comandante del buque, capitán de navío Zenker, decidió «permanecer con el crucero en su puesto, de manera que el enemigo, teniendo que contar con él, no pudiera concentrar su tiro sobre las demás unidades alemanas, para mayor castigo de éstas». Una granada inutilizó las dos estaciones radiotelegráficas del *Lützow*, buque insignia de Von Hipper; de modo que este almirante quedó sin más medios de comunicación que los ópticos. En aquel duelo desigual, que duró hasta las 1730, los cuatro acorazados de Evan-Thomas recibieron catorce impactos de 305 y de 280 mm., consiguiendo precisamente otros tantos blancos, pero de 381 milímetros, en los buques alemanes, que no estaban proyectados para resistir semejantes proyectiles y cuyas piezas de grueso calibre tenían un alcance menor que las inglesas, pero cuyos hombres, ignorantes aún de la rápida aproximación del grueso de la *Grand Fleet*, aguantaban valerosamente el mortífero huracán de fuego, con la esperanza, pese a todo, de poder detener y luego destruir a alguno de sus potentes y veloces antagonistas en aparente desbandada.

Mientras tanto, el tiempo había ido cambiando. «Hacia las 1720 —relata Scheer—, la atmósfera, hasta entonces clara, comenzó a arrumarse; el viento roló del noroeste al sudoeste, y la humareda procedente de la pólvora y de las chimeneas colgaba sobre el mar y nos impedía toda visibilidad entre el norte y el este. Sólo de vez en cuando podíamos divisar a nuestras fuerzas de reconocimiento» (Von Hipper). Este cambio del tiempo lo corrobora con mayor precisión el *Indomitable:* «En ciertas direcciones, la visibilidad era de hasta 16.000 yardas (14.630 metros), pero en otras no pasaba de las 2.000 (1.892 metros).»

Mientras Scheer reagrupaba a sus muy dispersas unidades y Von Hipper se esforzaba en no perder el contacto visual con la fuerza de Beatty, la 3.ª Escuadra de cruceros de combate (contralmirante

Hood) se aproximaba a toda máquina al lugar de la acción, por el nordeste, y el grueso de la *Grand Fleet* lo hacía por el nornoroeste, a 20 nudos —en formación elástica de columnas, para evitar el efecto de frenado de los remolinos producidos por el matalote de proa—; ésta, al parecer, con absoluta confianza en su aplastante superioridad. «La noticia de haberse avistado a la flota de combate alemana no me produjo inquietud alguna respecto a la seguridad de nuestras fuerzas avanzadas —escribe Jellicoe—, ya que los buques de la 5.ª Escuadra de acorazados tenían asignada una velocidad de 25 nudos. Estaba seguro de que los acorazados y cruceros de batalla a las órdenes de sir David Beatty podrían muy bien mantenerse fuera del alcance de la flota de combate alemana, si era preciso, hasta que pudiera llegar yo en su apoyo.»

La realidad, como sabemos, era algo diferente, pero el caso es que el comandante en jefe no conoció la voladura del *Indefatigable* y del *Queen Mary* hasta la mañana siguiente, la del 1 de junio —ignorancia que, sin duda, fue una suerte para los ingleses—, ni la peligrosa situación que habían atravesado Beatty y Evan-Thomas. Aquella falta de malas noticias creó, tal vez, un clima de excesiva confianza en el ánimo de Jellicoe, que, como pronto veremos, desplegaría con cierto retraso al grueso de la *Grand Fleet* y, probablemente (aunque esta cuestión siga hoy todavía debatiéndose), no con el acierto que cabía esperar de él.

A falta de los cruceros de batalla del contralmirante Hood, anteriormente destacados, como sabemos, y entonces a unas veinticinco millas a levante del grueso, Jellicoe llevaba en vanguardia, a seis millas —que anteriormente habían sido dieciséis— por la proa del *Lion* y desplegadas en línea de frente, a las ocho unidades de las 1.ª y 2.ª Escuadras de cruceros acorazados —la 1.ª ya sellada por el infortunio—, y uno de estos buques, el *Black Prince*, avistó, a las 1733, al crucero ligero *Falmouth*, el explorador más avanzado de Beatty —inicialmente tomado por alemán—, con lo cual se estableció, veinte minutos antes de lo previsto, el contacto visual entre ambas agrupaciones de la Gran Flota, que tenían los errores de posición que ya conocemos, errores que harían creer falsamente a Jellicoe que la derrota del enemigo iba caída unas doce millas más hacia levante.

A las 1730, Beatty, considerando que había llegado el momento oportuno, señaló a sus unidades: «Prepararse para reanudar el combate.» Cinco minutos después metía el *Lion* 45° a estribor, hacia el, por el momento, invisible enemigo. Sir David había esperado que a las 1740 se le incorporasen los tres cruceros de combate de Hood, pero estas unidades, debido a un error acumulativo en su situación de unas veinte millas, ni siquiera se habían avistado aún. Sin embargo, casi simultáneamente, acababa de producirse otro importante avistamiento.

* * *

El contralmirante Horace Hood navegaba hacia el SSE desde las 1612, a 25 nudos, con sus tres cruceros de batalla: *Invincible, Inflexible* e *Indomitable,* en línea de fila y por este orden, precedidos de cerca por una cortina antisubmarina formada por cuatro destructores —*Shark, Cristopher, Ophelia* y *Acasta*—, en línea de frente y flanqueados por los cruceros ligeros *Canterbury,* que marchaba a cinco millas en vanguardia, y *Chester,* a seis por la banda de estribor del *Invincible.* Esta 3.ª Escuadra de cruceros de combate se hallaba, a las 1730, prácticamente por el través de las unidades de batalla de Von Hipper, pero a tal distancia que, a no ser por el *Chester,* nunca las hubiera descubierto.

Dicho crucero ligero británico avistó, a las 1736, a varios destructores y cruceros alemanes pertenecientes a la II División de Reconocimiento, del contralmirante Bödicker. Entre la bruma, los buques germanos no se distinguían bien y, además, hicieron por semáforo la señal inglesa de reconocimiento, lo que les permitió aproximarse hasta unos siete mil metros y abrir por sorpresa el fuego sobre el perplejo *Chester,* que pronto resultó alcanzado por diecisiete proyectiles y tuvo que retirarse a toda máquina, perseguido por dichos cruceros alemanes, que le inutilizaron tres piezas de 152 mm. y le produjeron cuatro agujeros en el casco, sobre la flotación, 31 muertos y 50 heridos. Por su heroico comportamiento durante aquel desigual combate, le sería póstumamente concedida la Cruz Victoria al marinero Jack Cornwell, de dieciséis años.

Tan pronto los alemanes atacaron al *Chester,* Hood arrumbó al oeste en su apoyo, y, a las 1750, sus tres cruceros de batalla rompían el fuego con las piezas de 305 mm. y alzas de unos 11.000 metros, pues la intensa calima reinante no permitía otra cosa, sobre los buques germanos, logrando en cinco minutos alcanzar al *Wiesbaden,* al *Pillau* y al *Frankfurt.* Los dos primeros resultaron gravemente dañados: el *Pillau,* con el puente de mando deshecho, averías en varias calderas y la velocidad mermada, y el *Wiesbaden* —capitán de fragata Reiss—, al garete, tras recibir

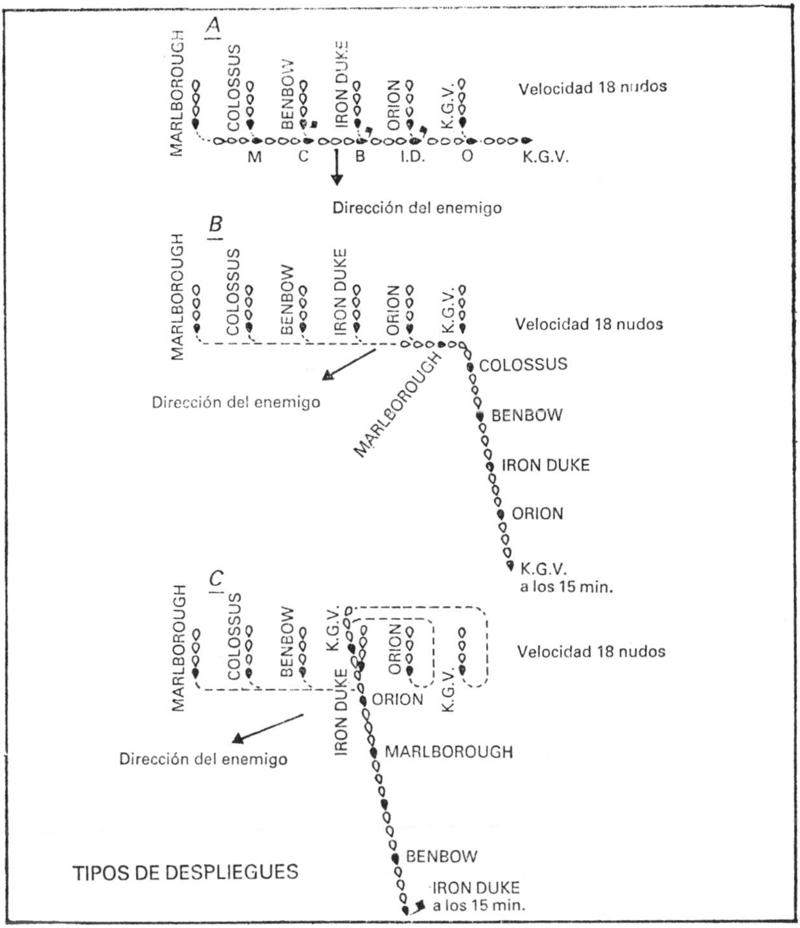

A) Despliegue sobre el ala de estribor; aplicable cuando el enemigo está por la proa de la columna central y despliega en la misma dirección. Sin alterar la velocidad, todos los buques en cabeza de las columnas giran 90° y los demás les siguen por contramarcha. Tiempo empleado: 4 minutos. — B) Despliegue sobre el ala de babor, tal y como el que efectuó la Gran Flota en Jutlandia. El enemigo abre 60° por la amura de estribor del *Iron Duke,* a siete millas. No se altera la velocidad. Tiempo: 22,5 minutos. — C) Despliegue sobre el centro. Las dos columnas de babor maniobran con independencia para colocarse por la popa de la columna del ala de estribor. Pueden disminuir la velocidad o invertir el rumbo 180°. Este despliegue habría situado la línea inglesa de batalla unos 3.660 metros más cerca de la Escuadra alemana.

un impacto directo en la cámara de máquinas, que deshizo el colector de vapor principal y afectó a las turbinas de propulsión.

En vista de ello, las flotillas alemanas XII y IX, que marchaban en pos de los cruceros de Bödicker, tendieron cortinas de humo y se lanzaron resueltamente al ataque de los que habían sido tomados por «acorazados» enemigos, logrando, entre un diluvio de proyectiles de todas clases y tras sortear a los cuatro destructores ingleses y al *Canterbury*, enviados por Hood al contraataque, arrojar sus torpedos, desde unos 6.000 metros, contra los cruceros de batalla, que más tarde tendrían que gobernarlos, pasando tres de dichos artefactos submarinos a menos de veinte metros del costado del *Indomitable*. Pero aquella errónea identificación de los cruceros de Hood tendría después graves consecuencias para la *Hochsee Flotte*, que los tomó por la vanguardia de Jellicoe.

Atrás quedaba, desmantelado y al garete, el *Shark* —de 935 toneladas—, cuyo heroico comandante, el capitán de fragata Loftus Jones —póstumamente condecorado con la Cruz Victoria—, rechazó el auxilio que le brindaba el también averiado *Acasta* y, pese a que el estallido en su tubo de uno de los torpedos propios, debido a un impacto directo, le había cercenado una pierna, siguió ayudando a disparar el único cañón ya utilizable, cuya dotación estaba diezmada, hasta que dos torpedos alemanes fulminaron al buque, de cuya tripulación de 89 hombres sólo pudieron salvarse seis, que a la mañana siguiente serían recogidos por un vapor danés y a quienes se concedería la medalla de los Servicios Distinguidos. También quedaba atrás el *Wiesbaden*, cuya dramática historia seguiremos después.

Simultáneamente con estos furiosos combates librados entre la agrupación de Hood y el grupo de vanguardia de Bödicker, «nosotros, a bordo del buque insignia —escribe Scheer— debatíamos durante cuánto tiempo deberíamos continuar la persecución, en vista de lo avanzado de la hora. Quedaba descartado el crucero contra la navegación mercante enemiga por el Skagerrak, puesto que el encuentro con fuerzas navales inglesas que tal acción perseguía ya se había producido. Pero había que tener en cuenta que la Escuadra británica, si se hallaba en el mar, lo que resultaba obvio por los buques que habíamos encontrado, presentaría batalla al día siguiente. También tendríamos que tomar algunas medidas para desembarazarnos de las fuerzas ligeras enemigas antes de que cayera la noche, para evitar cualquier pérdida en la *Hochsee Flotte* debida a los ataques nocturnos de los destructores».

Como dijimos, el almirante Scheer suponía entonces que los

tres cruceros de batalla del contralmirante Hood, que acababan de entrar en acción y habían sido tomados por acorazados —el radio del *Pillau* decía: «Estoy bajo el fuego de acorazados enemigos»—, pertenecían a la vanguardia de Jellicoe, lo que le hizo calcular mal la posición real de la *Grand Fleet.*

Simultáneamente también con aquellos combates y con las cavilaciones del almirante alemán y su Estado Mayor a bordo del *Friedrich der Grosse,* se había reanudado el duelo entre titanes. A las 1740, avistados nuevamente los buques de línea de Von Hipper, los cruceros de batalla de Beatty, en muy favorables condiciones de visibilidad y también tácticas, habían roto el fuego, desde unos 14.000 metros de distancia, sobre dichos buques alemanes. Esta acometida de sir David supondría otro duro castigo para los cruceros de combate germanos. Sin embargo, esta vez, el duelo sería algo más breve.

Von Hipper, en pésimas condiciones de visibilidad para el tiro propio y muy cerrado en niebla por la amura de estribor, no tendría más remedio que caer pronto hacia levante, no sólo porque los buques de Beatty ya le cruzaban prácticamente la «T» y porque los dos acorazados en la vanguardia de Evan-Thomas también disparaban sobre él —mientras el *Warspite* y el *Malaya* lo hacían sobre la *Hochsee Flotte*—, sino para evitar ser atenazado entre dos fuegos, puesto que ya sabía que los «acorazados» de Hood cerraban por la otra banda sobre su agrupación. El *Lützow* resultó alcanzado dos veces; a las 1755 sufrió el *Derfflinger* diversos impactos a proa y empezó a hocicar pronunciadamente debido a la entrada de agua, y el *Seydlitz* fue blanco de varios proyectiles, que le produjeron un formidable incendio. A las 1755, Von Hipper cayó al este verdadero, y, a las 1800, los abrumados cruceros de batalla alemanes arrumbaron —por giros simultáneos— momentáneamente al sur, en línea de marcación, buscando el amparo del grueso propio y también librarse de los torpedos lanzados por el destructor británico *Onslow* —capitán de corbeta J. C. Tovey—. Con lo cual los buques germanos pronto se perdieron de vista para los de Beatty y cesó momentáneamente el violento cañoneo (1). Como luego veremos, fue un cambio muy oportuno para los cruceros de batalla alemanes.

(1) «Recuerda lo que te digo, Harder —había comentado poco antes Von Hipper al comandante del *Lützow,* señalando hacia el nordeste—; algo feo se cuece por allí. Sería mejor no dejarnos arrastrar demasiado lejos en esa dirección.»

Por su parte, «a las 1750 vimos cruceros ingleses por la amura de babor —relata Beatty—, y a las 1756 se hicieron visibles los primeros acorazados de la Gran Flota, que demoraban cinco millas al norte. En consecuencia, cambié de rumbo al este y seguí a toda velocidad, quedando a unas 12.000 yardas (10.972 metros) del enemigo. Comuniqué al comandante en jefe que los cruceros de combate alemanes, de los cuales en aquel momento sólo eran visibles tres, demoraban al sudoeste e iban seguidos muy de cerca por acorazados del tipo "König"».

Respecto al grueso de la *Grand Fleet*, el *Black Prince*, que, como sabemos, marchaba en el ala derecha de la vanguardia formada por la 1.ª Escuadra de cruceros acorazados, a las 1740 señaló que veía cruceros de combate demorando al sur, a unas cinco millas de distancia. Jellicoe supuso, acertadamente, que se trataba de las unidades de Beatty, pero no se decidió a ordenar el despliegue, pues aún no sabía exactamente por dónde se aproximaba la *Hochsee Flotte*.

Detrás de dichos cruceros acorazados navegaba, a tres millas por la proa de la *Grand Fleet*, la 4.ª Escuadra de cruceros ligeros, y uno de estos buques, el *Comus*, señaló, a las 1745, que se oía el tronar del cañón en dirección sur, y, poco después, que veía fogonazos hacia el SSO. Mientras que, a las 1750, el jefe de la 1.ª Escuadra de cruceros exploradores ingleses comunicaba que hacia el SSO combatían varios buques no identificados, que navegaban al NE.

Jellicoe no tomó aún decisión alguna, limitándose a preguntar, a las 1755, al vicealmirante Burney, con su insignia en el acorazado *Marlborough*, buque guía de la división situada en el ala derecha, qué veía. Éste respondió que «fogonazos y nutrido fuego por la amura de estribor». Es decir, hacia el sur, puesto que la Gran Flota seguía navegando al sudeste cuarta al sur. Embrolló el poco claro panorama un mensaje de Goodenough, transmitido por error, señalando que la escuadra de combate alemana navegaba al nordeste —es decir, por delante— de los cruceros de batalla de Von Hipper. Pero esto resultaba un absurdo, que Jellicoe debía haber desestimado sin vacilar.

El comandante en jefe británico seguía sin decidirse, puesto que «la incertidumbre aún existente respecto a la posición de la flota de combate enemiga y a su formación me indujo a continuar a rumbo», explica. Lo que no resulta tan explicable es por qué no destacó algunos de los numerosos cruceros ligeros que llevaba consigo —cuatro de los cuales, los «Caroline», andaban

29 nudos—, para que le aclararan el embrollo, puesto que principalmente para eso, es decir, para actuar como los ojos de la escuadra, disponía de tales buques.

A las 1800 llegó al puente del *Iron Duke* otro mensaje de Burney, señalando que los cruceros de combate británicos, con el *Lion* a la cabeza, demoraban al SSO, a unas tres o cuatro millas, y que navegaban al este. Poco después se vieron dichos buques de batalla desde el insignia de Jellicoe, aunque «no fue posible determinar cuántos seguían al *Lion*». Por el rumbo a que tan violentamente combatían aún, el comandante en jefe dedujo que no lo hacían con los acorazados de la *Hochsee Flotte*, cuya posición «seguía siendo muy incierta, pues se veían fogonazos en todo el cuadrante comprendido desde la proa del *Iron Duke* hasta el través de estribor, y el ruido era muy fuerte y continuo».

En efecto, el buque insignia de la Gran Flota tenía por la proa a los cruceros de batalla de Hood, que precisamente entonces rechazaban el ataque de las Flotillas alemanas XII y IX; algo abiertos por estribor y más próximos, a los cruceros de combate de Von Hipper; después, en el sentido de giro de las manecillas del reloj, a los de Beatty; luego, a la vanguardia de Scheer, y, casi por el través de estribor, a los acorazados de Evan-Thomas. Pero la humareda que aquellos buques vomitaban por cañones y chimeneas, sumada a la producida por las respectivas y nutridas cohortes de cruceros ligeros y destructores, incluyendo las cortinas de humo tendidas para ocultar al tullido *Wiesbaden*, y a las bardas de niebla y la pesada humedad atmosférica, hacían que, por el momento, Jellicoe sólo pudiera distinguir a través de sus prismáticos a las que creyó parte de las unidades de sir David, pues de la voladura del *Indefatigable* y del *Queen Mary* no tenía aún, como ya dijimos, ni la menor idea.

«Para ganar espacio a estribor, a fin de aclarar la situación», Jellicoe ordenó a los guías de sus divisiones que gobernasen al sur por giros simultáneos —las demás unidades les seguirían por contramarcha—, y a la escuadra, moderar a 18 nudos. Pero, como sabemos, Beatty ya le había informado, a las 1802, de que los cruceros de combate alemanes contra los que combatía iban «seguidos muy de cerca» por acorazados del tipo «König», es decir, por la vanguardia de la *Hochsee Flotte*. ¿No justificaba esta importante información el despliegue inmediato de la escuadra británica, aunque no cortase matemáticamente la «T» del enemigo, a fin de presentar cuanto antes una barrera infranqueable al grueso de la alemana, que pusiera a ésta, mucho más débil —dieciséis modernos acorazados teutones contra veintiocho ingleses, también del tipo *dreadnought*, incluyendo los de Evan-Thomas—, en una situación insostenible y que permitiera a la Gran Flota poder aniquilarla?

Para cualquier almirante británico del temple de un David Beatty o de un Roger Keyes, probablemente sí. Podrá argüirse que el informe de Beatty no era muy preciso. Es cierto. Sir David no veía a la *Hochsee Flotte* desde hacía más de una hora, pero Evan-Thomas sí lo hacía, y este contralmirante no había señalado que Scheer hubiese efectuado cambio alguno de rumbo. Es decir, en aquellos momentos decisivos, cuando los minutos contaban ya, pues se aproximaba la noche y el despliegue llevaría su tiempo, en que los gruesos de ambas Escuadras enemigas se habrían avistado de no ser por la mala visibilidad reinante y se movían prácticamente a rumbo de colisión, Jellicoe se mostraba excesivamente cauteloso y lento en reaccionar. El precio sería, desde luego, la victoria, aunque no es seguro que él la buscara. Porque para conseguirla es casi siempre preciso correr ciertos riesgos calculados, que el almirante británico de ninguna manera estaba dispuesto a aceptar ahora. Sus apologistas alegan que en aquella dramática tarde la suerte del Imperio gravitó sobre los hombros de sir John (1). Cierto; un desastre como el de Rodjensvensky en Tsushima habría supuesto, sin la más mínima duda, el final de la guerra. Pero aquí no se trataba de bajar la cabeza y cerrar a ciegas contra el enemigo. Las condiciones en que ya se libraba la batalla de Jutlandia y los efectivos de que disponían ambos adversarios eran tan diferentes a los de aquélla, que casi podría decirse que Jellicoe no hubiera podido perderla ni aun proponiéndoselo.

Por otra parte, en pos de una victoria decisiva, que desde luego tuvo al alcance de la mano, Jellicoe muy bien podía permitirse arriesgar la suerte de alguno o varios de sus *capital ships*. Alemania carecía prácticamente de reservas de tales buques —sólo los que se hallaban en construcción, mucho más numerosos también en los astilleros del Reino Unido—, pero la *Royal Navy* tenía en servicio, aunque sometidos a rutinarias obras de menos cuantía, otros seis magníficos acorazados y un crucero de combate, todos ellos modernos: *Remillies, Resolution, Royal Sovereign, Queen Elizabeth, Emperor of India, Dreadnought* y *Australia*, para no

(1) Winston Churchill ha dejado escrito: «Jellicoe era el único hombre en ambos bandos que podía perder la guerra en una tarde.»

citar a varios *pre-dreadnoughts* (1). Por otra parte, de la relativa mala calidad de los grandes proyectiles ingleses nada se sabría hasta varias semanas después de Jutlandia, gracias a la investigación pedida por Beatty.

Mas volvamos a la batalla, donde la «seguridad» que el comandante general de la Escuadra inglesa buscaba por encima de todo se pondría muy pronto y repetidamente de manifiesto.

* * *

La 3.ª Escuadra de cruceros de combate, mandada por el contralmirante Hood, que tras gobernar a los torpedos alemanes había arrumbado al noroeste y luego al norte cuarta al este, avistó, sobre las 1810 —recuérdese que Von Hipper se había quitado muy oportunamente de en medio diez minutos antes—, a las unidades pesadas de Beatty, recibiendo de éste la orden de incorporársele y quedar en cabeza de la formación, para ahorrar tiempo, dada la dirección en que Hood llegaba. Maniobra ejecutada con rapidez y precisión por la 3.ª Escuadra y que finalizó a las 1821. Ahora sir David contaba con siete cruceros de batalla, y, restablecido el contacto con el enemigo, arrumbó al sudeste.

Mientras tanto, Von Hipper había avistado a los acorazados alemanes en cabeza de la *Hochsee Flotte;* de manera que, a las 1812, volvió a invertir el rumbo para colocarse en vanguardia de la escuadra de combate alemana y quedó gobernando al NNE. Muy pronto se vería envuelto en un terrible combate, pero por el momento dejaremos también a los buques alemanes para, siguiendo un orden hasta cierto punto cronológico, ocuparnos de los de Jellicoe.

La visibilidad, que, como dijimos, resultaba asimétrica, era entonces de unas siete millas hacia el sur, por lo que Jellicoe, comprendiendo que el enemigo podría aparecer ya en cualquier momento, a las 1805 había deshecho el giro anterior de los buques guía de sus divisiones, que quedaron así en línea de frente y arrumbados ahora el 120° verdadero.

A las 1814, el comandante en jefe británico recibió un mensaje, transmitido por semáforo, de Beatty, señalando que la escuadra alemana de combate demoraba al SSO. Un minuto después,

(1) Entre ellos, el *Agamenon* y el *Lord Nelson,* de 16.750 toneladas estándar y 18,5 nudos, armados con cuatro piezas de 305 mm. y diez de 224 mm.

Evan-Thomas le informaba de que la *Hochsee Flotte* estaba a la vista y demoraba al SSE. Puesto que, a las 1807, el contralmirante Burney, a bordo del acorazado *Marlborough*, le había comunicado que veía a los buques de Evan-Thomas por el sudoeste, Jellicoe dedujo que la para él todavía invisible *Hochsee Flotte* quedaba abierta unos 60° por la amura de estribor del *Iron Duke*, 31° por la misma amura del *Marlborough* y, teniendo en cuenta las malas condiciones de visibilidad, «al parecer, a corta distancia» —no tan corta: el *König* estaba tres millas más lejos de lo que supuso Jellicoe—. «Era evidente —escribe— el riesgo que corría nuestra columna del ala derecha de ser atacada por la totalidad de la escuadra de combate alemana antes de que pudiéramos efectuar el despliegue, y por esta razón, a las 1816, ordené formar en línea de batalla sobre la columna del ala de babor, al rumbo ESE, suponiendo que el del enemigo sería aproximadamente el mismo que el de nuestros cruceros de combate.» Y así llegamos, lector, a uno de los momentos cruciales de la batalla de Jutlandia:

¡El despliegue de la Gran Flota!

Fue la maniobra de buques de línea de cualquier bandera sobre la que más se ha escrito y polemizado en la historia de la guerra naval, desde Salamina hasta nuestros días.

Como sabemos, los veinticuatro acorazados de la *Grand Fleet* habían navegado hasta entonces en un dispositivo de marcha compacto, que permitiera el fácil empleo de las señales visuales, los cambios inmediatos de rumbo y el rápido despliegue en línea de batalla —de seis columnas de a cuatro, en este caso divisiones—, con una distancia entre buques de 400 yardas (366 metros) y un intervalo —de despliegue— de una milla entre las columnas (1).

Ya señalamos que no se puede combatir en una formación tal; los buques se estorbarían o imposibilitarían el tiro unos a otros y también la visibilidad, y, al mismo tiempo, presentarían un blanco, artillero y torpedero, magnífico para el enemigo. Antes de entrar en combate hay, pues, que efectuar el despliegue, es decir, pasar a la línea de fila (fila india) o dispositivo de combate, que resulta fácil de mantener, es seguro si cualquier buque queda bruscamente detenido, presenta gran elasticidad y donde las uni-

(1) El «intervalo» entre columnas se denomina «cerrado» cuando es igual a la distancia entre buques, y «de despliegue» cuando, como en este caso, equivale a la longitud de una alineación (aquí división) completa, más una distancia. Recuérdese que una milla equivale a dos mil yardas.

dades pesadas pueden emplear toda su artillería principal; con tal, por supuesto, que la maniobra deje al adversario en las proximidades del través propio. He aquí el quid de la cuestión.

Dicho despliegue o paso de un dispositivo a otro puede hacerse sobre la columna de estribor, sobre la de babor o sobre cualquiera de las centrales, tal y como se indica en el gráfico de la página 225. Si ambas escuadras enemigas llegan al contacto balístico navegando de vuelta encontrada, es decir, sensiblemente aproadas una a la otra, pasar del dispositivo de marcha al de combate llevará —moviéndose a 18 nudos, con 24 acorazados— tan sólo cuatro minutos. Pero si no sucede así y hay que maniobrar para alcanzar la posición fundamental que se pretende (cortar la «T») respecto al enemigo, durará veintidós minutos. Éste es el caso más frecuente con mala visibilidad y falta de una buena exploración y el que precisamente se produjo en Jutlandia.

Jellicoe descartó el algo más engorroso despliegue sobre el centro, que ni siquiera menciona y que tampoco figuraba en los cuadernos tácticos de la Gran Flota. «La cuestión a decidir era si debería formarse la línea de batalla sobre la columna de babor o sobre estribor», dice. Pero el despliegue sobre el centro habría sido el más conveniente para ganar tiempo y espacio sin correr riesgos y para poner bruscamente en gravísimo aprieto a la Escuadra alemana, ignorante aún, debido a la oportuna interposición de las unidades de Beatty, de la inmediata presencia de la Gran Flota.

Asimismo, descartó Jellicoe el despliegue sobre el ala de estribor, la más próxima al enemigo. En sus «Memorias» —y no hay que olvidar que las «memorias» de cualquier hombre público que ha desempeñado cargos de responsabilidad constituyen, prácticamente sin excepción, un justificante del autor ante sus detractores y la sociedad en general— señala Jellicoe que suponía que los *destroyers* alemanes marcharían en vanguardia y que a causa de la bruma podrían haber efectuado un ataque torpedero ventajoso durante el despliegue. El caso es que, en el momento de ordenarse dicho despliegue, la *Grand Fleet* llevaba una flotilla completa de destructores a tres millas y abierta 45° por la amura de estribor del *Marlborough;* buques que, naturalmente, se habrían lanzado de inmediato al contraataque de sus mucho más débiles contrapartes germanos. Por otra parte, los cuatro potentes «Barhams» se encontraban entonces precisamente a unas cinco millas por la popa de los cruceros de combate de Beatty, es decir, en situación óptima para haber desbaratado o hecho abortar un ataque torpedero tal. (Véase el gráfico, página 245, que presenta el propio Jellicoe) (1).

También aduce el comandante en jefe británico que la división del contralmirante Burney era la más débil. Puesto que, en las líneas de batalla, las divisiones más débiles marchaban invariablemente a retaguardia, hay que pensar que Jellicoe tenía, por lo menos desde que se le incorporó la 2.ª Escuadra de combate salida de Cromarty, la preconcebida idea de desplegar en cualquier caso sobre el ala de babor, nunca sobre la de estribor, ya que entonces no habría llevado allí a dicha división. Pero las que imperativamente mandan en la batalla son las circunstancias, las imprevisibles posibilidades favorables —que tienen que aprovecharse de inmediato—, los fallos inesperados del enemigo, etc., y no las ideas fijas, estereotipadas y, en el momento cumbre, probablemente ya superadas (2). Por otra parte, la debilidad de la división de Burney era sólo relativa, por lo menos en cuanto a su artillería se refiere, pues montaba en total ocho piezas de 381 mm., veinte de 343 mm. y diez de 305 mm., es decir, estaba mucho mejor armada que cualquiera de sus contrapartes en la *Hochsee Flotte*.

El comandante en jefe de la *Grand Fleet* señala también que, «dada la supuesta posición de la escuadra de combate alemana, su vanguardia hubiera quedado cruzada en una considerable extensión por delante de nuestra línea». Es decir, que la *Hochsee Flotte* habría, como en términos marineros suele decirse, cortado la «T» a la Escuadra británica. Dada la «supuesta» posición del enemigo, el razonamiento de Jellicoe es correcto, pero dicha suposición, aceptada también por los apologistas del comandante en jefe británico, no era exacta.

---

(1) En su libro, Jellicoe presenta también otro gráfico, aproximativo, mostrando la supuesta posición de la *Grand Fleet* y de la Escuadra alemana, si él hubiera desplegado sobre el ala de estribor. Se dibujan los destructores alemanes a poco más de cuatro millas de los acorazados británicos más próximos, pero no figuran las posiciones de los *destroyers* y cruceros ligeros ingleses ni los acorazados de Evan-Thomas. En cambio, no existe gráfico alguno que muestre las posiciones respectivas si el despliegue se hubiera hecho sobre la columna encabezada por el acorazado *Benbow*, por ejemplo, o por el *Iron Duke*.

(2) Corrobora hasta cierto punto esta suposición mía el hecho de que, a las 1808, Jellicoe ordenase a dos de sus flotillas de destructores ocupar posiciones de combate por la amura de babor del ala izquierda del dispositivo de marcha de los acorazados británicos, y sólo a una flotilla de tales buques que lo hiciera por la amura de estribor del ala derecha.

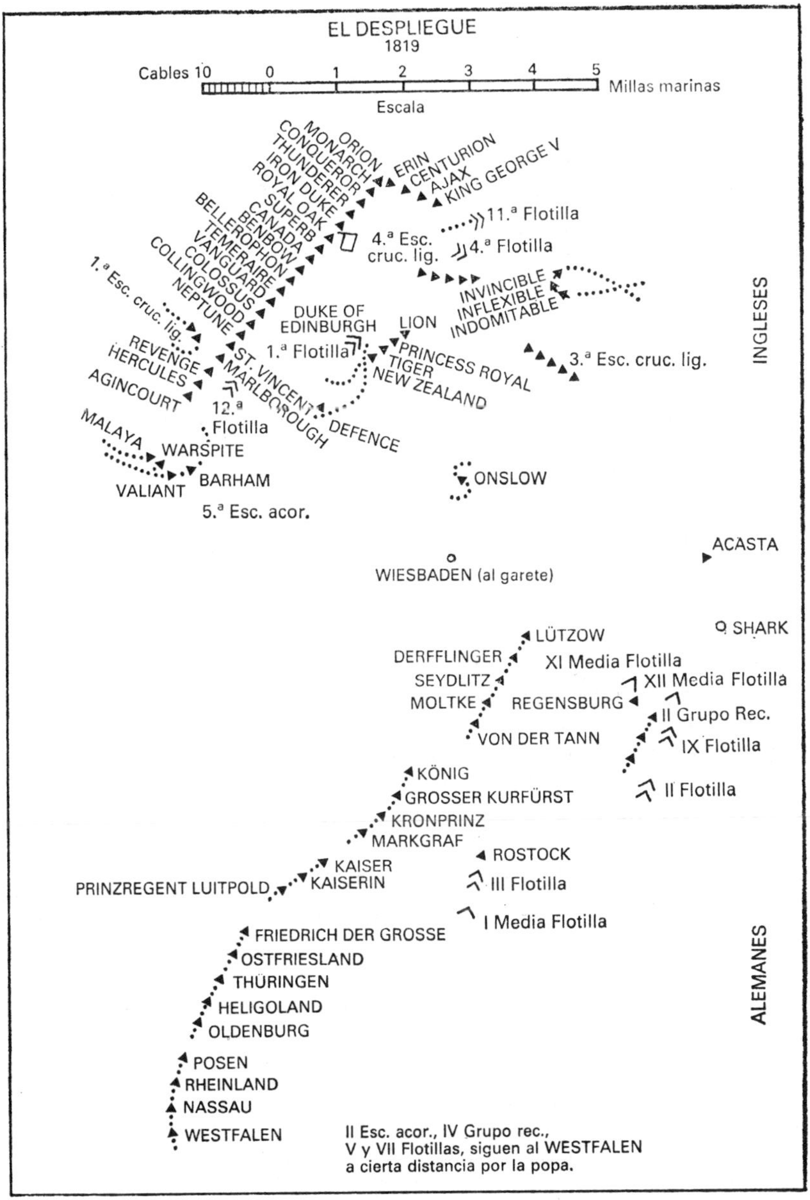

Tercera fase de la batalla de Jutlandia. Situación general hacia las 1820 del 31 de mayo, poco después de comenzar el despliegue de la Gran Flota.

Veamos lo que ha dejado escrito Winston Churchill —es decir, el Almirantazgo británico, aunque no oficialmente— al respecto:

«Lo que hoy sabemos nos lleva a la conclusión de que pudo (Jellicoe) haber desplegado sobre el ala de estribor sin sufrir contratiempos. La 5.ª Escuadra (Evan-Thomas), con sus inigualables cañones, coraza y velocidad, estaba de hecho a punto de ocupar su puesto en cabeza de la división de los "Marlborough". Los cruceros de batalla de Beatty ya se hallaban en vanguardia y navegaban al rumbo exacto. Aún más adelantado, Hood, con rápida visión, se disponía a integrarse en la línea de combate. La Gran Flota habría desplegado armónicamente en línea de batalla y con alcances (balísticos) decisivos, llevando a sus grandes unidades más veloces en la extremidad adecuada para poder cortar al enemigo la retirada hacia sus bases. El comandante en jefe escogió la alternativa más segura. Pero nadie puede decir que, con los elementos de juicio de que disponía en aquel momento, su decisión fue errónea.»

Probablemente así es, pero ello alejaba a la Gran Flota cinco millas —9.266 metros— del enemigo, y también es verdad que, con dichos mismos elementos de juicio de que dispuso Jellicoe, hubiera sido mucho más conveniente para él desplegar sobre el centro.

Como la distancia entre el *Marlborough* y el *King George V*, buque guía del ala de babor de la Gran Flota, era de cinco millas marinas, y la velocidad se había reducido a 14 nudos, para que Beatty —a 26 nudos— tuviese tiempo de colocarse en cabeza de la división de babor, el despliegue de la *Grand Fleet*, iniciado a las 1816, duró veintidós minutos y medio, quedando finalizado a las 1838. Pero los destructores ingleses no terminaron de ocupar sus puestos hasta las 1910.

Al acabar —a las 1838— aquella larga y accidentada maniobra, pues los acorazados en la vanguardia de Scheer pudieron disparar en su momento, como veremos, sobre el punto de giro de los buques del ala derecha de Jellicoe, en el denominado «Rincón del Viento», aunque sin efectividad, hacía tiempo que muchos *dreadnoughts* de la Gran Flota ya habían roto el fuego sobre las unidades alemanas. Mas para entonces, entre las fuerzas británicas se habían producido otras dos terribles catástrofes.

* * *

Recordemos que Von Hipper, tras avistar —por segunda vez— al grueso de la *Hochsee Flotte,* se había puesto en cabeza de ésta y aproado al NNE, en busca de los cruceros de combate de Beatty, que entonces navegaban hacia el este y que luego lo harían al este cuarta al sudeste. Fue seguido por Scheer, y a las 1802, al recibir el comandante en jefe germano un mensaje del contralmirante de la 2.ª División de cruceros ligeros comunicándole que el *Wiesbaden* había quedado al garete, ordenó a Von Hipper meter dos cuartas a babor (22,5°) para aproximarse a dicho crucero y prestarle auxilio. Cosa que, hasta cierto punto, lograría.

Y es que dicho aboyado buque germano, de 5.500 toneladas, actuaría durante cierto tiempo como un verdadero imán para los acorazados de Scheer y también para otras unidades inglesas. En efecto, no sólo navegaba ya hacia él toda la Flota de Alta Mar alemana; las Escuadras 1.ª y 2.ª de cruceros acorazados de la Gran Flota, que, como sabemos, marchaban en cabeza de ésta, a las 1740 habían percibido por su proa el fuerte tronar de cañón del combate que libraban entonces el *Chester* y los cruceros alemanes de Bödicker; así que el contralmirante Heath, el más antiguo de la agrupación, con su insignia a bordo del *Minotaur,* ordenó a dichas escuadras que formaran tras este buque, en línea de batalla. Las sospechosas unidades que avistaron después entre la calima resultaron ser los cruceros de combate de Hood, que ya habían acudido, como sabemos, en defensa del *Chester,* pero desde la cola de aquella formación inglesa se hizo visible el *Wiesbaden,* sobre el cual el impulsivo contralmirante Robert Arbuthnot, jefe de la 1.ª Escuadra, sin pensarlo dos veces, se lanzó inmediatamente y a toda máquina con el *Defence* —su buque insignia—, el *Warrior,* el *Duke of Edinburgh* y el *Black Prince.*

Arbuthnot no dudó en cortar muy de cerca la proa del *Lion* —otra vez en pleno combate, desde las 1815, con los cruceros de batalla de Von Hipper—, cuyo comandante, según relata un testigo presencial a bordo del buque insignia de Beatty, tuvo dificultades para evitar la colisión con el *Defence* y el *Warrior.* El *Duke of Edinburgh* y el *Black Prince* no pudieron materialmente hacerlo, viéndose obligados a caer a babor y a arrumbar paralelamente a la línea de Beatty. Y es que cortar a semejante distancia la derrota de los cruceros de batalla fue, sin duda, una maniobra tan peligrosa como atrevida, que interrumpió el tiro del *Lion*, y proseguir después hacia el sur, proa al *Wiesbaden*, sabiendo que precisamente por allí, difuminada entre la bruma, el humo y las bardas de niebla, se aproximaba la totalidad de la Escuadra alemana, resultaba casi temerario.

Pero, al parecer, a bordo del *Defence*, los marinos ingleses ya no tenían ojos más que para el solitario, inmóvil y llameante *Wiesbaden*, que, cañoneado entonces por el *Canterbury*, resultaba un bocado ciertamente tentador. Era como si alguien agitara a lo lejos y provocativamente un trapo rojo frente al agresivo *Defence*. Éste y el *Warrior* pronto disparaban con furia, desde 4.600 metros y con sus piezas de 234 y de 152 mm., contra el derrelicto alemán, sin duda prometiéndose una fácil y rápida victoria. Los marinos del *Wiesbaden*, que replicaron valientemente con las piezas que les quedaban en servicio, sufrieron un castigo terrible. Pero si los hombres de Arbuthnot sólo tenían ojos, como dijimos, para el acribillado *Wiesbaden*, desde más al sur otros marinos alemanes acababan de descubrir a los buques de Albión.

En efecto, los cruceros de combate germanos acababan de caer al nordeste, tras avistar al *Wiesbaden*, porque «a las 1815 —escribe Von Hase—, nos vimos sometidos a un fuego muy intenso. Relampagueaba desde todas partes y apenas lográbamos distinguir los cascos de los buques ingleses, pero sobre el horizonte que mi vista podía abarcar, el enemigo nos rodeaba por doquier. Comenzó una lucha terrible y en muy poco tiempo la batalla llegó a su apogeo. Estaba perfectamente claro que nos enfrentábamos con toda la Escuadra británica. Entre ambas líneas luchaban aún algunos cruceros ligeros y destructores. A través de mi periscopio de quince aumentos vi de pronto desfilar, envuelto en llamas, a un crucero alemán. Reconocí al *Wiesbaden*. Casi totalmente oculto por el humo, su toldilla era la única parte despejada del buque, y desde allí se le veía disparar incesantemente, con su cañón de popa, contra un crucero ligero enemigo».

El director de tiro del *Derfflinger* cambió ahora de blanco, centró inmediatamente al *Canterbury* y le obligó a retirarse a toda máquina. Y entonces se hizo bruscamente visible para él un gran buque de cuatro chimeneas y dos mástiles. Era el *Defence*, a 6.000 metros de distancia. El *Lützow* había roto el fuego sobre dicho infortunado crucero acorazado británico, y con la segunda salva «sucedió algo terrorífico —prosigue Von Hase—. Con una tremenda explosión, el buque inglés se partió en dos; una llamarada inmensa lo envolvió por completo, y se hundió ante nuestros propios ojos. Señalando el lugar donde un momento antes flotaba un orgulloso buque de guerra sólo quedaba una gigantesca columna de humo».

En efecto, un número indeterminado de proyectiles pertenecientes a las dos salvas disparadas por el *Lützow* habían fulminado, a las 1816, al *Defence,* de 14.800 toneladas —precisamente las mismas que tenían nuestros acorazados de la serie triple «España»—, armado con seis piezas de 234 mm. y diez de 152 mm., en el que perecieron, víctimas de aquella explosión colosal, seguramente producida al mismo tiempo en varios pañoles de pólvoras y municiones, la totalidad de los 893 hombres que componían su dotación, incluyendo al contralmirante Arbuthnot y su Estado Mayor.

«Un rudo golpe para nosotros», confiesa Jellicoe. Pero el *Warrior* tampoco se fue de vacío. Recibió 21 impactos de varios calibres, tuvo 71 muertos y 27 heridos, sufrió graves averías y quedó con las cámaras de máquinas inundadas. Consiguió escapar momentáneamente —luego veremos por qué— a una suerte que ya parecía sellada, y más tarde sería tomado a remolque por el *Engadine;* pero se hundiría a las ocho de la mañana del día siguiente.

El *Duke of Edinburgh* metió entonces doce cuartas a babor para incorporarse a la 2.ª Escuadra —contralmirante Heath—. Desde el puente de dicho buque se observó que el *Black Prince* hacía lo propio por la popa, pero luego este infortunado crucero acorazado se perdió de vista, y ningún marino británico volvería a verle jamás, ni a él ni a sus 857 tripulantes (1). Mas los alemanes sí lo harían, entre las tinieblas, aquella misma noche. Nunca se sabrá si, en el intervalo, el *Black Prince* sufrió averías en sus máquinas o calderas o fue blanco de algún torpedo o de un proyectil fatal. Es seguro que durante la noche renqueaba por la popa de la Gran Flota y que luego se cruzó de cerca y en mala hora con los acorazados alemanes *Türingen* y *Ostfriesland,* de la I Escuadra.

---

(1) Entre las 20 y las 21 horas de aquella tarde, en el *Iron Duke* se recibió un radio del comandante del *Black Prince* —capitán de navío Bonham— señalando la posición de un submarino enemigo. Es posible que hubiera detectado estelas de torpedos. Pero no volvió a tenerse noticia de este infortunado buque de guerra.

* * *

Si el despliegue de la *Grand Fleet* se hubiera efectuado sobre la columna de estribor, la 5.ª Escuadra británica de acorazados, como ya vimos, habría llenado inmediatamente el hueco existente entre los cruceros de combate de Beatty y la división encabezada por el *Marlborough,* que era lo que Evan-Thomas ya pretendía hacer. Pero, al darse cuenta este contralmirante de que la Gran Flota desplegaba sobre babor y que colocarse a su cabeza le hubiera supuesto navegar un larguísimo tramo en diagonal hacia el *King George V* (1), entre ambas escuadras enemigas y dificultando la visibilidad y el tiro de los restantes acorazados ingleses, con muy buen acuerdo, a las 1819 decidió incorporarse a la cola de dicha Gran Flota.

Pero los acorazados alemanes en vanguardia ya disparaban contra la 6.ª División de Jellicoe, que, por su parte, a las 1817, rompió el fuego sobre aquéllos. Por entonces, el *Kaiserin* alcanzó al *Warspite* en el compartimiento del timón cuando este buque había metido toda la caña a estribor. Las inundaciones y averías consiguientes obligaron al gran acorazado a caer peligrosamente hacia la escuadra alemana, describiendo un gran círculo alrededor del entonces inmovilizado *Warrior,* que trataba de dominar sus incendios y al que sin duda salvó, accidentalmente, de una inmediata destrucción. Pero antes de poder superar dicha avería, el *Warspite* se vio envuelto en un verdadero bosque de piques levantado por la granizada de proyectiles disparados contra él por siete acorazados alemanes, que le alcanzaron con once impactos directos de 305 mm. Aunque, gracias a su fuerte blindaje, sólo sufrió 14 muertos y 16 heridos, quedó muy hundido de popa debido a las inundaciones en el compartimiento del tornillo y en las salas de máquinas y con su magnífica velocidad máxima reducida a 16 nudos; de manera que Evan-Thomas tuvo que enviarle directamente a Rosyth para reparar. Era el primer acorazado, y precisamente uno de los cuatro buques de esta clase más potentes

---

(1) Las «órdenes de batalla» de Jellicoe señalaban que la 5.ª Escuadra de acorazados «debería formar a la cabeza de los restantes buques de la flota cuando el despliegue se efectuara hacia Heligoland, y a la cola si el despliegue se hacía alejándose *(away from)* de Heligoland»; evidentemente, por si el enemigo invertía el rumbo.

de ambas Escuadras contendientes, que quedaba fuera de combate en aquella terrible pugna.

Sí, terrible, como inmediatamente vamos a ver.

Hacia las 1820 horas y por parte británica, la batalla se había generalizado y cobraba cada vez mayor intensidad y virulencia, mientras que para los cruceros de combate alemanes se reanudaba el sangriento calvario. Los acorazados de Jellicoe, tanto los que habían desplegado ya y navegaban al ESE, como los que seguían haciéndolo al 37° verdadero, en busca de las estelas de aquéllos, disparaban contra sus contrapartes en cabeza de la *Hochsee Flotte* y sobre los cruceros de combate de Von Hipper, con cierta intermitencia debido a la fluctuante visibilidad, pero cada vez en mayor número. Lo mismo hacían los tres blindados que le restaban a Evan-Thomas. Y los cruceros de batalla de Hood, ya en cabeza de la línea de Beatty y que cerraban decididamente distancias sobre Von Hipper, efectuaban, para entusiasmo de quienes lo observaban desde el *Lion*, un terrible fuego concentrado sobre el *Lützow* y el *Derfflinger*.

«Era obvio —escribe Scheer— que nos enfrentábamos con una gran parte de la Escuadra británica. Todo el arco que se extendía entre el norte y el este era un mar de fuego. A través de la bruma y del humo, los fogonazos de las bocas de los cañones enemigos se distinguían con toda claridad sobre el horizonte, aunque los buques mismos no eran perceptibles.»

Pero el *Friedrich der Grosse*, insignia del almirante alemán, ocupaba la octava posición en la línea de combate de la *Hochsee Flotte*, y aunque desde las unidades más avanzadas tampoco se distinguía mucho mejor al enemigo, pues la visibilidad favorecía ahora decididamente a los ingleses, los efectos de la granizada de proyectiles disparados por los buques de línea británicos sí se dejaban sentir con la mayor contundencia. El *König*, en cabeza de la III Escuadra y envuelto por un hirviente mar de piques, recibió cuatro proyectiles de grueso calibre, y el *Markgraf*, en el tercer puesto de la misma línea, también fue alcanzado. En vista del peligroso cariz de la situación, el contralmirante Banke decidió caer a estribor, en seguimiento de las unidades de Von Hipper, que, por su parte, atravesaban una nueva y grave crujía. A las 1825, el *Lützow* fue blanco de cuatro grandes proyectiles, todos los cuales cayeron a proa. Una de sus torres artilleras fue lanzada por la borda, se le declaró un formidable incendio y el buque, muy hocicado y con una gran escora, quedó envuelto en una humareda imponente, que sólo le permitía disparar con grandes dificultades e intermitencias. Cinco minutos después era alcanzado el *Derfflinger* por tres granadas. Una de ellas inutilizó dos piezas de 150 mm. de la banda de babor, y otra le arrancó dos planchas del blindaje del castillo, abriéndole un agujero, justo sobre la línea de flotación, de treinta metros cuadrados.

Mientras tanto, desde las 1820, el *Iron Duke* y otros varios acorazados británicos, al observar que el desmantelado *Wiesbaden* arrojaba varios torpedos contra la línea de combate inglesa que desfilaba por el norte, sometieron al indomable crucero ligero germano a un furioso cañoneo con las piezas de grueso calibre. Los marinos de Albión lo dieron por hundido, pero el buque alemán seguiría a flote hasta la madrugada siguiente. Pudo ser uno de sus artefactos submarinos el que alcanzó debajo del puente, a las 1854, al acorazado *Marlborough*, que quedó con una escora de 7° a estribor y el andar reducido a 17 nudos, pero que por el momento siguió en su puesto, sin merma de la capacidad combativa. Otro torpedo, que no hizo explosión, colisionó con el *Revenge*, cuyos hombres creyeron haber abordado a un submarino (1).

En esta fase de la batalla, el fuego germano resultó en general espasmódico e ineficaz, siendo únicamente alcanzado por un proyectil el acorazado *Colossus*. Y es que la situación de la Escuadra germana era ya insostenible, porque la muy superior *Grand Fleet* no sólo había conseguido sobre ella una posición táctica inmejorable, sino que amenazaba con envolverla y aniquilarla. Paradójicamente, fue entonces, cuando Scheer ya había dado la orden de virar en redondo, el momento en que se produjo el segundo de los desastres británicos a que antes nos referimos. Saltemos nuevamente al puesto blindado del director de tiro del *Derfflinger*, testigo de excepción y protagonista del hecho, que vívidamente nos lo describe así:

«La visibilidad cambiaba de un minuto al otro. A las 1824 empecé a disparar contra grandes acorazados que demoraban al nordeste. Aunque las distancias eran cortas, entre los 6.000 y los 7.000 metros, los buques desaparecían con frecuencia entre las bardas de niebla que avanzaban lentamente hacia nosotros,

---

(1) En realidad, se ignora si dichos torpedos procedían del *Wiesbaden* o del destructor alemán *V-48*, inmovilizado entre ambas líneas enemigas y que pronto sería hundido.

mezclándose con la humareda de cañones y chimeneas. Resultaba casi imposible observar la caída de nuestras granadas, pero, mientras tanto, nos veíamos sometidos a un fuego rápido, preciso e intenso de varias unidades enemigas al mismo tiempo. Algunos grandes proyectiles perforaron nuestro buque con terrible fuerza, estallando luego con ruido atronador y sacudiendo, de quilla a perilla, cada costura y cada remache. Para librarle de aquel diluvio de acero, el comandante tuvo que sacar varias veces al buque de la línea. Así seguimos hasta las 1829.

»En ese momento, el velo de niebla frente a nosotros se rasgó bruscamente, con el efectismo con que se descorren las cortinas de un teatro. Clara y perfectamente silueteado contra la parte despejada del horizonte pude ver a un poderoso acorazado, con dos chimeneas entre los mástiles y una tercera pegada al palo trípode de popa. Navegaba a toda máquina y hacía un rumbo paralelo al nuestro. Llevaba los cañones apuntados contra nosotros, e inmediatamente llegó otra de sus rugientes salvas, que nos ahorquilló por completo.

»—¡Distancia, nueve mil! —aulló entonces mi fiel telemetrista Hänel, en el puesto director de proa, que había servido conmigo durante cinco años.

»—¡Nueve mil, en salva, fuego! —ordené, y con febril ansiedad tuve que aguardar por nuestros piques.

»—¡Larga, dos impactos! —llegó desde la cofa la voz del capitán de corbeta Von Stosch.

»—¡Menos cien, salva rápida! —ordené, y treinta segundos después de la primera partió nuestra segunda salva.

»Observé dos piques cortos y dos impactos. Von Stosch comunicó:

»—¡Impactos!

»Cada veinte segundos se escuchaba el trueno de una nueva salva, y, a las 1831, el *Derfflinger* lanzó la última contra aquel buque enemigo. Luego, por tercera vez en la tarde, fuimos estremecidos testigos del espantoso espectáculo que ya habíamos presenciado antes, en el caso del *Queen Mary* y del *Defence*.

»Igual que en estos dos buques, se produjo una rápida sucesión de grandes explosiones, los mástiles se rindieron, restos de todas clases saltaron por los aires, una gigantesca columna de humo negro se alzó hacia el firmamento y nubes de polvo de carbón brotaron por doquier. Las llamas envolvieron al buque, siguieron nuevas explosiones y, envuelto en aquella triste mortaja, perdimos de vista a nuestro enemigo.»

Unos momentos antes, a bordo del *Invincible*, de 17.250 toneladas estándar, armado con ocho piezas de 305 mm. y dieciséis de 101 mm., el contralmirante Hood, en el puente alto, había animado así al director de tiro, capitán de fragata Dannreuther: «Siga tirando con toda la rapidez que pueda; cada disparo es un blanco.» Dicho capitán de fragata, uno de los contados supervivientes del crucero de batalla, achacaría después la pérdida de su buque al proyectil alemán que, tras perforar el carapacho de una de las torres del combés —la «Q»—, estalló en su interior y produjo la voladura de los dos pañoles de pólvoras y municiones de 305 mm. del centro. Dannreuther, que se hallaba en la cofa del *Invincible* en el momento de la catástrofe, perdió el conocimiento y, con mástil y cofa, cayó al mar, donde recobró el sentido. Este marino, con el oficial torpedista y otros cuatro hombres, se encaramaron a una balsa que flotaba en las proximidades, y momentos después, cuando el *Lion* desfiló muy cerca, a gran velocidad, los seis únicos supervivientes del fulminado crucero de batalla británico aún tuvieron ánimos para proferir gritos patrióticos a todo pulmón.

Aquellos seis marinos pronto serían recogidos por el destructor *Badger*. Atrás quedaron ambas mitades de su desventurado buque, de 173 metros de eslora —que no se hundirían hasta el día siguiente—, con gran parte de la proa y de la popa apuntando verticalmente al cielo, cual gigantescas y oscuras laudas de acero simbólicamente clavadas a la piel del mar en honor de los 1.026 muertos de la dotación del *Invincible;* del *Invincible*, que, con el *Inflexible*, había destrozado, en diciembre de 1914, a la escuadra de Von Spee en las Malvinas.

* * *

Los alemanes creyeron haber echado a pique a un acorazado de la serie «Queen Elizabeth», lo que ratificó a Scheer en su idea de que aquélla era la vanguardia de Jellicoe.

El despliegue de la *Grand Fleet* había proseguido mientras tanto y estaba a punto de terminar. Una inacabable línea de grandes buques, encabezada ya por las seis unidades de batalla de Beatty, algo adelantados pero a los que daban continuidad y servían de enlace los cruceros acorazados del contralmirante Heath, seguía extendiéndose hacia el ESE y formaba una muralla de fuego inexpugnable para la *Hochsee Flotte*, cuya situación era en verdad insostenible.

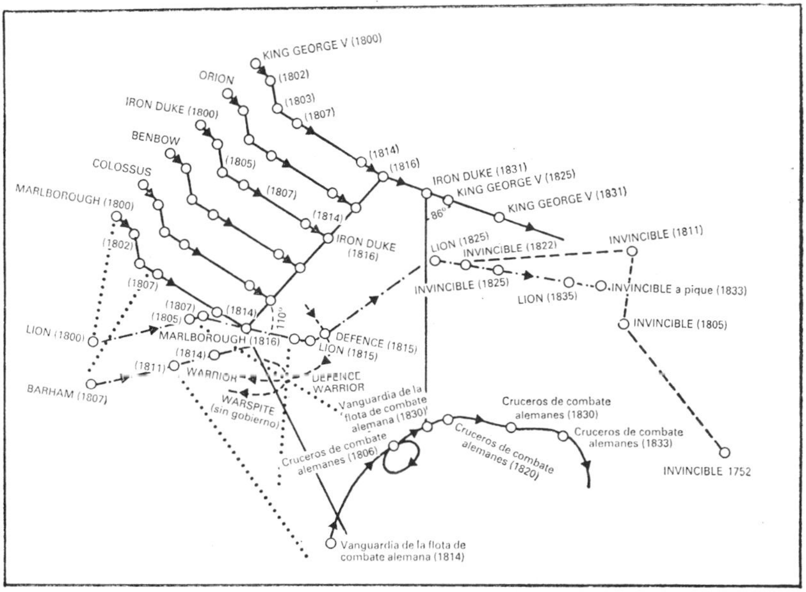

Batalla de Jutlandia. Evoluciones de la Gran Flota antes y durante el despliegue (según el almirante Jellicoe).

«Nada podía yo ver de nuestros cruceros de combate —señala Scheer—, que estaban aún más lejos por la proa. Debido a su giro a estribor, inevitable al acortarse las distancias, se hallaban entre la línea de fuego de ambas escuadras. Por esta razón decidí invertir por giros simultáneos el rumbo de toda la línea de combate. De otra manera —se refiere a una inversión de rumbo por contramarcha— se hubiera producido una situación muy incómoda en el punto de giro, ya que los disparos a gran distancia del enemigo habrían ciertamente alcanzado a nuestros buques de retaguardia. Respecto a la efectividad de la artillería, el adversario estaba mejor situado, puesto que nuestras unidades destacaban contra el despejado horizonte occidental, mientras que las suyas se escondían entre la calima y el humo de la batalla. Un combate hacia el sur no habría sido, por lo tanto, ventajoso para nosotros.»

Como puede deducirse, Scheer justifica su primera inversión de rumbo aduciendo únicamente razones tácticas, sin mencionar para nada la aplastante superioridad, que todavía dudaba, de la Escuadra inglesa. Y es que, con anterioridad, aquella para los alemanes tan inoportuna aparición por levante de los buques de Hood; la presencia a poniente de los acorazados de Evan-Thomas, y de los buques de Beatty por la proa, había impedido a los cruceros ligeros germanos efectuar cualquier exploración o descubierta que permitiera aclarar la composición, formación, velocidad, rumbo, etc., de la Gran Flota, luego parcialmente entrevista cuando ya se encontraba muy próxima y había iniciado el despliegue. De manera que Scheer seguía creyendo que se enfrentaba con sólo una importante fracción, pero fracción al fin, de la Escuadra inglesa, aunque los destructores del contralmirante Bödicker, que marcharon con el 2.º Grupo de Reconocimiento, le informaron que «habían avistado más de veinte acorazados enemigos moviéndose hacia el sudeste».

La visibilidad era mala, escasos los informes recibidos por el comandante en jefe alemán, y la situación, muy desventajosa para la Escuadra del kaiser y ciertamente confusa. Ahora bien, a las 1825, Scheer había recibido un radio del conductor de la V Flotilla de destructores, que, como sabemos, había recogido a los náufragos del *Nomad*, informándole que del interrogatorio de los prisioneros se deducía que «en las cercanías se encontraban cerca de 60 unidades pesadas inglesas, con 29 acorazados modernos y 6 cruceros de batalla».

Desde siempre, desde las primeras insensatas guerras libradas por la humanidad, se sabe muy bien que una de las mejores fuentes de «inteligencia» acerca del enemigo procede del inmediato interrogatorio de los prisioneros, puesto que el momentáneo choque psicológico que éstos sufren produce el hundimiento de ciertas barreras mentales del recién capturado, lo que suele traducirse en su buena disposición para colaborar con sus captores y facilitarles toda la información que poseen sobre las fuerzas propias. Éste es un hecho bien conocido por los militares, y también por la policía cuando se trata de terroristas. Sin embargo, pese a todos los concluyentes y ya claros indicios en su poder, el almirante Scheer seguiría creyendo, al parecer, que sólo tenía enfrente a una parte de la Escuadra británica...

A las 1835, es decir, dos minutos después de producirse la espectacular voladura del *Invincible*, Scheer dio por radio a todos sus buques de línea la ejecutiva a su orden de invertir el rumbo —180°— por giros simultáneos sobre estribor («*Gefechtskehrtwendung nach Steuerbord*»). A esa hora, las grandes unidades alemanas, incluidos los cruceros de batalla, cayeron a la banda ordenada, en una maniobra bien ensayada en tiempos de paz e

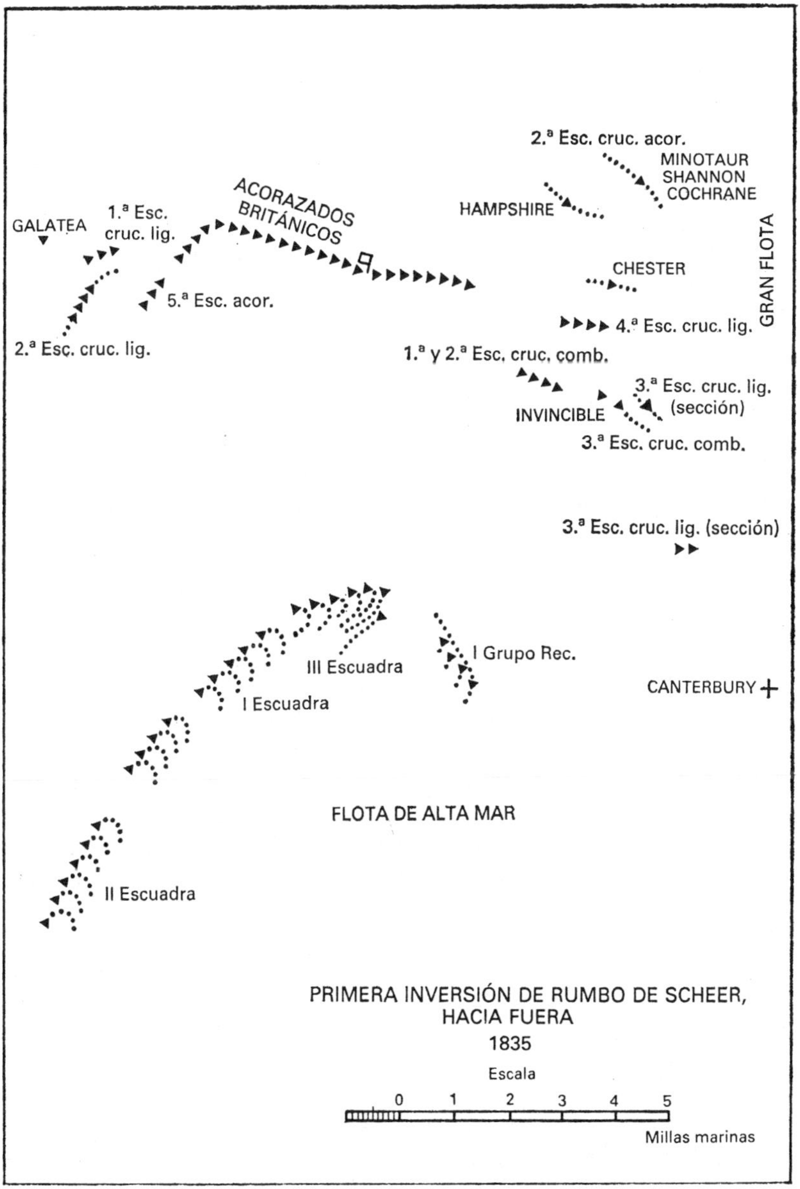

La Gran Flota ha cortado prácticamente la «T» a la Escuadra alemana, que se ve obligada a invertir el rumbo para librarse de una situación insostenible.

impecablemente llevada ahora a la práctica frente al muy superior enemigo, y quedaron arrumbados al sudoeste, librándose, por el momento y gracias a la «colaboración» del enemigo, de la mortal tenaza que les amenazaba.

Mientras los buques de la *Hochsee Flotte* viraban, los destructores *G-88*, *V-73* y *S-32* se lanzaron al ataque y tendieron cortinas de humo. Sin más consecuencias que ocultar durante algún tiempo, para los ingleses, la maniobra de la Escuadra alemana.

A las 1838 había dado fin el despliegue de la Gran Flota. El último de los acorazados de Evan-Thomas, el *Malaya*, cerraba la imponente línea de batalla inglesa, formada ahora por 27 grandes acorazados y 6 cruceros de combate, todos del tipo *dreadnought*, haciendo fuego cuando divisaban bien al enemigo y que un testigo presencial describe como «el espectáculo más grandioso que he visto en mi vida» (1).

Jellicoe ordenó aumentar a 17 nudos, y la vanguardia, sin previa señal del almirante, cayó al sudeste para aproximarse al adversario.

Los marinos británicos tardaron en darse cuenta de la inversión de rumbo efectuada por la Escuadra alemana, entre otras cosas porque no se la esperaban. A los ingleses, semejante maniobra les parecía impracticable tratándose de una formación tan numerosa, y, debido al grave riesgo de que se produjeran colisiones, no la utilizaban. Ni siquiera estaba prevista en los cuadernos tácticos y órdenes de combate de la Gran Flota. Por otra parte, la variable visibilidad prevaleciente ahora resultaba muy peligrosa ante un enemigo capaz de centrar inmediatamente su tiro, como lo demostraba la suerte corrida por el *Defence* y el *Warrior;* así que los cruceros exploradores británicos se habían vuelto mucho más cautelosos y circunspectos. Y el terrible duelo artillero cesó por completo a las 1850; un respiro muy necesario para los castigados cruceros de combate de Von Hipper, que prácticamente habían llevado el peso de la batalla desde el inicio de ésta, más de dos horas y media atrás.

Poco antes de las 1850, el destructor *G-39* —teniente de navío Loefen— se abarloó al *Lützow* para recoger al vicealmirante Von Hipper y su Estado Mayor, obligados a cambiar de buque insignia, pues dicho torpedeado crucero de batalla ya tenía a bordo varios miles de toneladas de agua salada, no daba más de ocho nudos y estaba virtualmente destrozado. Todavía, momentos después de

(1) John Buchan, *La batalla de Jutlandia.*

que abriera de su costado el *G-39*, el *Lützow* recibió un impacto directo en la torre «Bruno» (la número 2), donde se declaró un gran incendio de pólvoras. Envuelto en humo, el crucero de combate arrumbó seguidamente hacia el sudoeste, escoltado por cuatro destructores, para tratar de llegar a Alemania; cosa que, como luego veremos, no lograría.

Pero los restantes buques del I Grupo de Reconocimiento germano, excepto el *Moltke*, no se hallaban en mucho mejor estado que el *Lützow*. Por una u otra causa, el *Von der Tann* seguía con todos sus cañones de grueso calibre inutilizados. El *Seydlitz*, muy hocicado y con una gran escora, tenía destrozadas la mitad de sus torres principales. El *Derfflinger*, que también luchaba con una plaga de incendios, presentaba graves averías y su estación radio sólo podía recibir mensajes, pero no transmitirlos. Al ser rebasado por el *G-39*, ahora con la insignia de Von Hipper, éste comunicó por banderas al comandante del buque, capitán de navío Hartog, que tomara el mando de la división hasta que él pudiera embarcar en el *Moltke*, cosa que no lograría hasta dos horas más tarde.

Momentos después, el *Derfflinger* tuvo que parar sus máquinas para recoger las redes antitorpedo estibadas en la toldilla, que se habían destrincado y amenazaban inmovilizar la hélice de babor. Durante algunos minutos, que se hicieron interminables para toda la dotación del buque alemán, los artilleros de las torres «Dora» y «César» trabajaron denodadamente para izar a cubierta y volver a trincar las pesadas redes de acero (1).

Mientras el *Lützow* se alejaba hacia el sudoeste, como dijimos, el *Derfflinger* aproó al oeste para colocarse en la retaguardia del grueso de la *Hochsee Flotte*, siendo seguido, sin necesidad de señal alguna, por los restantes cruceros de batalla alemanes, pues en aquél habían quedado destrozados todos los proyectores de señales, semáforos y heliógrafos, y, los códigos de banderas, convertidos en ceniza por los incendios. Pero la relativa tranquilidad duraría poco tiempo.

---

(1) En tiempo de guerra y estando fondeados, los grandes buques arriaban hasta la profundidad de la quilla unas redes antitorpedo de acero, que quedaban bien abiertas de los costados mediante una serie de tangones firmes al buque, igual que los barcos mercantes cuando navegaban por aguas infestadas de submarinos enemigos. La aparición, en la segunda guerra mundial, de las espoletas magnéticas hizo inútil aquel engorroso sistema para detener torpedos bien dirigidos.

Como dijimos, el fuego cesó en absoluto, por ambas partes, a las 1850, y «como parecía que la distancia iba aumentando», dice Jellicoe, la Gran Flota había arrumbado por divisiones al sur verdadero. Faltaba una hora y media para la puesta del sol, y si la Escuadra británica hubiese aproado hacia el oeste, por divisiones, a 20 nudos, Jellicoe quizás habría conseguido alzarse aún con la victoria. Pero, aparte alterar el orden de la 1.ª y 2.ª Escuadras de combate, a fin de que aquélla se colocase en cola de la formación y ésta por la proa del *Iron Duke,* nada absolutamente se hizo para perseguir al inferior enemigo en retirada.

A las 1855, es decir, aproximadamente un cuarto de hora después de su primera virada de 180°, Scheer, sin disponer aún de suficientes elementos de juicio sobre el enemigo —composición, formación, situación, rumbo y velocidad—, ordenó a toda la escuadra alemana una nueva inversión de rumbo.

El crucero ligero *Falmouth* había observado anteriormente el cambio de proa, hacia el oeste, de los cruceros de combate alemanes, y aunque después se lo comunicó a Beatty, éste no hizo saber tan importante noticia al comandante en jefe hasta las 1900 horas. pero Jellicoe no reaccionó. Después sería Goodenough, con la 2.ª División de cruceros ligeros, inmediatamente cañoneada por los acorazados de Scheer, quien, a las 1904, señaló que la escuadra alemana ¡se aproximaba de nuevo, arrumbada al ESE! Los ingleses se frotaron las manos: por propia iniciativa, el enemigo hacía el juego a la *Grand Fleet;* la reanudación de la ansiada batalla era inminente.

¿A qué obedecía aquel arranque nelsoniano de Scheer? ¿Cuáles eran sus razones? La historia oficial alemana sobre la batalla de Skagerrak señala que el almirante Scheer no supo hasta las 1932 que tenía enfrente a toda la *Grand Fleet.* ¡Ver para creer! Y, por su parte, el comandante en jefe alemán expone las siguientes consideraciones:

«Era aún demasiado pronto para efectuar cualquier movimiento nocturno. Si el enemigo nos seguía, mantener la iniciativa tras la inversión de rumbo recién efectuada tomaría el carácter de una retirada, y, en caso de sufrir daños en los buques de retaguardia, la Escuadra se vería obligada a sacrificarlos o adoptar una línea de acción forzada por la presión del enemigo, no voluntariamente elegida, y que resultaría en detrimento nuestro desde el mismo comienzo. Menos factible era aún tratar de romper el contacto con el adversario, dejándole la iniciativa de atacarnos a la mañana siguiente. Sólo había un medio de evitarlo: forzar al enemigo a una segunda batalla, mediante otro avance resuelto, que le obligara a lanzar sus destructores al ataque. El éxito logrado anteriormente al invertir el rumbo en pleno combate me animó a intentarlo y a decidir volver a utilizar las ventajas de dicha maniobra, que sorprendería al enemigo, desbarataría sus planes para el resto del día y, si el golpe resultaba contundente, facilitaría la rotura del contacto durante la noche. La lucha que sostenía el *Wiesbaden* contribuyó también a mi decisión de hacer un esfuerzo para prestarle ayuda y, por lo menos, rescatar a su dotación.»

Se comprende perfectamente que Scheer, en muy mala posición respecto a sus bases y a la Gran Flota, temiendo que ésta cerrara sobre la *Hochsee Flotte* al descubrir su cambio de rumbo y doliéndole también dejar abandonado a su suerte al valeroso *Wiesbaden*, a bordo del cual se hallaba el poeta alemán Gorch Fock, hubiera decidido lanzar al ataque a sus flotillas de destructores, conducidas, como era ortodoxo, por algunos cruceros ligeros. Lo que no se entiende muy bien es que arrojara a los cruceros de combate de Von Hipper, y que tratara de estrellar sus propios acorazados, contra el centro de la imponente formación enemiga, en posición táctica fundamental respecto a la suya. Tanto es así, que ciertos expertos navales rechazan de plano las razones esgrimidas por Scheer para justificar su segunda inversión de rumbo y suponen que, en realidad, el almirante germano pretendió pasar por la popa de la Gran Flota, a la que creía bastante más adelantada y también de más exiguas proporciones, para cruzarle la «T» por retaguardia, causándole con ello los previsibles destrozos, y, al mismo tiempo, ganar vía libre hacia los confortables campos de minas alemanes. Sólo imaginando que ésa fuera, en efecto, su verdadera intención estaría justificada aquella nueva inversión de rumbo.

Surge entonces el interrogante de por qué Scheer y el Estado Mayor de la *Kriegsmarine* ocultaron la verdadera intención del primero. Sencillamente, porque ello habría supuesto el reconocimiento del craso error del almirante alemán acerca de la posición y entidad de la Escuadra enemiga contra la que ahora se arrojaba ciegamente. Error imputable en gran parte al muy deficiente reconocimiento por parte de los cruceros alemanes, cierto, pero también a la idea fija, obsesiva, de Scheer que ya señalamos y a su poco meditada decisión, tomada sin suficientes elementos de juicio sobre el enemigo y que, en resumidas cuentas, conduciría a la Escuadra del kaiser a una situación tan desesperada como inútil, costaría a los alemanes tantas vidas y les pondría al borde de la derrota.

El caso es que ya tenemos a la Escuadra alemana gobernando al nordeste cuarta al este, a 15 nudos, y que en vez de pasar por la popa de la *Grand Fleet*, como sin duda pretendió, se estrelló bruscamente, en la peor posición táctica imaginable y para inmensa satisfacción de los marinos británicos, contra el centro de Jellicoe. Otro infranqueable mar de fuego volvió a surgir por la proa de los buques alemanes. Los acorazados ingleses hacían fuego por andanadas completas, y puesto que ahora marchaban en formación escalonada, es decir, en línea de marcación por divisiones, formaban un arco de círculo, casi un semicírculo, alrededor de la vanguardia alemana, que quedaba casi encerrada en una trampa mortal.

Scheer pronto se dio cuenta del gravísimo error que había cometido, y, como la situación era desesperada y estaba en juego nada menos que el aniquilamiento de la Flota de Alta Mar, decidió recurrir a un expediente heroico, aunque equivocado por lo excesivo.

«Esta vez —escribe el comandante en jefe alemán—, a pesar de que el enemigo nos cruzaba la "T", nuestro deliberado propósito fue descargar un golpe contra el centro de la línea de combate enemiga.» Esta aclaración, hecha *a posteriori* y sin duda con vistas a la galería, es decir, al vulgo, resulta en verdad chocante. Era pretender dar marcha atrás a la historia; recorrer a la inversa el túnel del tiempo hasta el año 1866, cuando el almirante austríaco Tegethoff, en Lissa, espolonea y echa a pique al buque insignia de la Escuadra italiana, en el centro de la formación latina. Era ignorar que la moderna artillería de grueso calibre tenía alcances de veinte kilómetros y una precisión deletérea. Era «descargar un golpe» totalmente a ciegas. Era, en fin, un disparate de un calibre como pocas veces se ha cometido en batalla naval alguna desde los albores de la historia. De manera que no, no podemos creer que aquél fuese el «deliberado propósito» de un marino tan competente y de la inteligencia de Reinhard Scheer. Este almirante tuvo que ser víctima de la errónea identificación anterior de los cruceros de batalla de Hood, tomados reiteradas veces por «acorazados» pertenecientes al grueso de la Gran Flota, lo que le hizo calcular mal la verdadera posición de ésta. Ello y la deficiente exploración, unido tal vez al omnipresente recuerdo de la «celestial» ocasión perdida por Von Ingenhol, a la reconocida acometividad del mismo Scheer y a sus fervientes deseos de infligir un duro golpe al adversario, le hicieron tomar aquella decisión funesta, que le condujo precisamente a una situación que cualquier marino de su tiempo habría tratado de evitar a toda costa.

«El fuego del enemigo se centró principalmente sobre nuestros cruceros de combate y la 5.ª División de acorazados. Los buques sufrieron todavía más porque prácticamente sólo podían distinguir el resplandor de cada salva enemiga, mientras que ellos mismos ofrecían, al parecer, un buen blanco a los cañones del adversario», prosigue Scheer.

¡Había que escapar de aquel infierno, aunque para ello hubiera que sacrificar a los cruceros de combate! A las 1912, el abrumado comandante en jefe alemán ordenó a su Escuadra invertir por tercera vez el rumbo sobre estribor. Puesto que prácticamente ningún daño, absolutamente ninguno, había podido causar al enemigo, esta orden de Scheer era el reconocimiento de la inutilidad de su anterior inversión de rumbo y del hecho de haber llegado a una situación límite. Tal decisión era ahora obligada, pero... al mismo tiempo, Scheer envió por radio a los cruceros de batalla su ya legendaria orden de cerrar sobre la vanguardia del enemigo: «*Ran an den Feind...*»

En el ennegrecido y acribillado puente de mando del *Derfflinger*, el contramaestre señalero leyó en alta voz el mensaje recién llegado, añadiendo las palabras que, en el anticuado código de señales alemán, figuraba junto a él: «¡Y abordarlo! ¡Los buques lucharán hasta la muerte!» Von Hase, que se hallaba junto al capitán de navío Hartog, comandante del crucero de batalla y accidentalmente al mando de la división, nos dice que éste, sin pestañear, dio inmediatamente la orden de poner a régimen de avante toda y de arrumbar al sudeste. Así que, a las 1915, los cruceros de combate de la *Kriegsmarine*, seguidos por sus flotillas de destructores, aproaron directamente hacia la vanguardia de la Gran Flota, a rumbo de colisión, iniciando así lo que muy pronto habría de convertirse en una auténtica, dramática y sangrienta «carga de la muerte».

El jefe del Estado Mayor de Von Hipper, capitán de fragata, más tarde gran almirante, Erich Raeder, todavía a bordo del *G-39* con Von Hipper, escribe: «Nos pareció a todos que tal orden estaba fuera de lugar a aquellas alturas de la batalla y dadas las condiciones imperantes.» Y Von Hipper hizo el comentario de que «habían pasado los días de las tácticas de abordaje».

Las distancias cayeron rápidamente, desde los 12.000 metros

hasta cerca de los 7.000. «Salva tras salva se desplomaban a nuestro alrededor —escribe Von Hase, a bordo del *Derfflinger,* que ahora marchaba en cabeza—, e impacto tras impacto sacudían al buque (de 26.300 toneladas estándar). Fueron unos minutos emocionantes. Mi comunicación con el capitán de corbeta Von Stosch quedó cortada; los cables telefónicos y los tubos acústicos que iban hasta la cofa habían quedado deshechos. Para corregir el tiro de nuestras cuatro torres principales tenía que confiar en mi propia observación de los piques. Pero a las 1913, un proyectil de 38 centímetros de calibre perforó el blindaje (de 280 mm.) de la torre "César" e hizo explosión en su interior. El comandante de la torre, capitán de corbeta Von Boltenstern, perdió ambas piernas, y con él pereció casi toda la dotación de la torre. Se incendiaron dos saquetes de pólvora, ya fuera de sus jarras metálicas, y el fuego se propagó a las cámaras de maniobra. Entonces, por encima de la torre, las llamas alcanzaron gran altura. De los 78 hombres en el interior de la misma y de su barbeta sólo se salvaron cinco, que consiguieron escapar a través del registro para vaciar casquillos... Momentos después, otro proyectil similar perforó el carapacho de la torre "Dora". Se repitieron los mismos horrores. Ochenta hombres, incluidos los del pañol de municiones, murieron instantáneamente.»

El *Derfflinger,* que había tenido que inundar sus pañoles de municiones poperos, seguido por el *Seydlitz,* el *Moltke,* el *Von der Tann* y los destructores, aproó ahora al sur verdadero, todavía a rumbo convergente con el enemigo. De sus dos torres sobre la toldilla brotaban grandes llamaradas mezcladas con nubes de humo amarillento. Un alud de proyectiles ingleses de grueso calibre se desplomaba sobre los cruceros de batalla alemanes, y para los tripulantes de éstos pareció que había llegado el fin del mundo, el Apocalipsis. En el *Derfflinger,* una granada estalló de refilón contra el puesto blindado de mando. «Un rugido terrorífico, una tremenda explosión, y luego la oscuridad, en la que sentimos un golpe colosal —dice Von Hase—. Toda la torre de mando pareció alzarse en el aire, como levantada por las manos de algún portentoso gigante, y luego caer, vibrando, a su posición anterior.» La puerta acorazada quedó abierta, y resultó imposible volver a cerrarla, hasta que otro proyectil inglés «tuvo la cortesía» de hacerlo. Los acorazados *König, Grosser Kurfürst, Friedrich der Grosse, Kaiser, Markgraft* y *Heligoland* recibieron también uno o varios impactos y sufrieron importantes averías. El primero, habiendo «encajado» un total de quince impactos de grueso calibre, tenía destrozado el castillo y hocicaba tanto, que la cubierta de aquél quedaba a tan sólo dos metros sobre el agua.

A las 1918, el capitán de navío Hartog recibió un nuevo mensaje de Scheer ordenándole actuar contra la vanguardia enemiga; de manera que, para cumplimentarla, los cruceros de batalla alemanes cayeron a estribor y arrumbaron hacia el sudoeste. La valerosa, heroica «carga de la muerte» había terminado, pero ello no libró al *Derfflinger,* al *Von der Tann,* al *Seydlitz* y hasta al *Lützow* —éste, en retirada, había sufrido 24 impactos de grueso calibre y tenía más de un centenar de muertos a bordo— de ser nuevamente alcanzados. Sólo el *Moltke,* con cuatro impactos en total, se libró ahora del mortífero aguacero. Sin embargo, gracias a la cortina de humo tendida por el acorazado *König,* en cola de la formación, y al ataque de los destructores alemanes, la tercera inversión de rumbo de la *Hochsee Flotte* pudo llevarse a la práctica sin nuevos daños, aunque no sin dificultades.

Mientras tanto, el almirante Von Hipper trataba desesperadamente de abordar alguno de sus maltratados buques de línea para izar en él su insignia. A toda máquina, el *G-39* se aproximó al *Seydlitz,* que navegaba muy hocicado de proa y estaba plagado de incendios y de cuya torre doble proel de 280 mm. aún salían grandes llamaradas. Su comandante informó a Von Hipper que la radio del buque estaba destrozada y que éste tenía a bordo varios miles de toneladas de agua de mar. Nueva y larga estrepada posterior del *G-39* hasta el *Moltke.* A punto estaba Von Hipper de transbordar, cuando el crucero de batalla, que había parado sus máquinas, quedó bruscamente envuelto en tal diluvio de proyectiles —era la última acometida de Beatty, de la que luego hablaremos—, que el capitán de navío Von Karpf ordenó dar avante a toda máquina. El almirante tuvo que permanecer en el destructor. Siguió otra inútil regata hasta el *Derfflinger,* donde Von Hipper supo que sólo dos piezas de 305 mm. y otras tantas de 150 mm., de babor —de las siete que el buque montaba a esa banda—, podían disparar ya, que el crucero había embarcado 3.400 toneladas de agua salada y que todos los aparatos de radio, excepto un receptor, estaban deshechos. Así que el ajetreado *G-39* prosiguió su errante búsqueda, que no cesaría hasta las 2100 horas, en que, por fin, Von Hipper lograría izar su insignia en el *Moltke,* que tenía a bordo 1.000 toneladas de agua salada.

Dado el número total de impactos directos, de importantes o graves consecuencias, sufridos por los cruceros de batalla alemanes lanzados a cuerpo limpio por Scheer contra la vanguardia de la Gran Flota: veintiuno el *Seydlitz,* que tuvo 98 muertos y 55 heridos graves, y diecisiete el *Derfflinger,* con 157 muertos y 26 heridos, cuyas intensivas obras de reparación en los astilleros alemanes durarían tres meses y medio y cuatro, respectivamente, es evidente que, de no ser por la ya citada, y luego oficialmente reconocida por el Almirantazgo, deficiencia en los proyectiles británicos de grueso calibre, lo más probable es que aquellos dos buques germanos hubieran resultado hundidos en dicha fase de la batalla.

Y la pregunta surge por sí sola: ¿fue necesario, estuvo justificado aquel temerario ataque ordenado por el confundido y acorralado Scheer? Como luego veremos, tan pronto las flotillas alemanas de destructores se lanzaron al ataque de la línea de combate británica, los 27 acorazados y los 6 cruceros de batalla de Jellicoe, ante la amenaza de los torpedos submarinos, cesaron automáticamente de disparar contra el grueso de la *Hochsee Flotte* —incluidos los buques de Von Hipper—, para dedicar la totalidad de sus piezas de cualquier calibre contra la nueva amenaza, que, además, pronto obligaría a la Gran Flota a gobernar hacia levante, es decir, hacia afuera del enemigo. Así que, como dijimos, gracias a dichas flotillas, la tercera inversión de rumbo de la Escuadra alemana pudo llevarse a cabo sin contratiempos. De donde se deduce que dichos ataques torpederos y unas oportunas cortinas de ocultación tendidas por algunos destructores habrían resultado más que suficientes para que el almirante alemán lograra su propósito de romper rápidamente y sin daños el contacto; como lo había sido anteriormente, en su primera inversión de rumbo. Es decir, el envío de los ya muy castigados cruceros de combate alemanes al ataque, a la desesperada, lo que equivalía a condenarlos a una casi segura e innecesaria destrucción, fue, quizás, el más grave error cometido por Scheer en todo el encuentro de Jutlandia.

Porque ¿conocía el comandante en jefe alemán el grave defecto de los proyectiles británicos? No, ni lo sabría hasta después de la batalla (1). ¿Conocía la resistencia y capacidad de aguante

---

(1) Véase el capítulo XI, «Después de la batalla», de su libro *La Flota de Alta Mar en la Gran Guerra,* donde, entre otras cosas, dice: «Era asombroso que los buques hubieran podido seguir navegando en el estado en que se hallaban. Lo que había que atribuir principalmente a la defectuosa carga explosiva de los proyectiles ingleses de grueso calibre, cuyo efecto explosivo resultaba desproporcionado a su tamaño. Algunos pedazos de los proyectiles recogidos mostraban claramente que en sus car-

Acorazados de la Gran Flota británica en dispositivo de marcha diurna y formación de columnas surcando el mar del Norte en 1914.

Acorazados de la Escuadra de Alta Mar alemana navegando por el mar del Norte en dispositivo de batalla. En primer término, las torres «Emil» y «Fritz». Las seis torres dobles de los buques de línea alemanes se denominaban, de proa a popa y de estribor a babor: «Ana» —luego «Anton»—, «Berta», «César», «Emil», «Dora» y «Fritz».

El crucero ligero alemán *Magdeburg*, que en la noche del 26 de agosto de 1914, y debido a la niebla, embarrancó en la costa báltica rusa, cerca de Odensholm, y del que los rusos tomaron los códigos secretos de señales que inmediatamente pasaron al Almirantazgo británico.

Batalla del golfo de Heligoland, librada el 28 de agosto de 1941. Final del crucero ligero alemán *Mainz*, hundido por los cruceros del comodoro Goodenough, tras haber recibido un fatídico impacto en el timón; visto desde un crucero británico.

El contralmirante sir David Beatty, cuya intervención directa en la batalla de Heligoland, al mando de los cruceros de combate, resultó decisiva. Fotografía tomada años después, siendo comandante general de la Gran Flota, a bordo de su buque insignia, el acorazado *Queen Elizabeth*.

Acorazados de la Gran Flota británica navegando en dispositivo de combate por el mar del Norte.

El crucero acorazado *Scharnhorst*, de 11.600 toneladas (ocho piezas de 210 mm.). Buque insignia del almirante Von Spee, que combatió victoriosamente en la batalla de Coronel el 1 de noviembre de 1914 y sucumbió en la de las Malvinas el 8 de diciembre del mismo año.

El crucero de combate británico *Inflexible*, de 17.250 toneladas (ocho piezas de 305 mm.). Enviado por lord Fisher a las Malvinas, con el *Invincible*, a la caza de la escuadra alemana del Extremo Oriente.

Autohundimiento del crucero ligero alemán *Dresden* —único superviviente de la escuadra de Von Spee— en las islas de Juan Fernández el 14 de marzo de 1915; ya sin carbón y tras ser cañoneado por el crucero acorazado inglés *Kent* y el ligero *Glasgow*, de igual bandera.

Dramático hundimiento del crucero acorazado aleman *Blücher*, de 15.500 toneladas (doce piezas de 210 mm.), que en la batalla del banco de Dogger fue blanco de siete torpedos y más de cien proyectiles de cañón.

El crucero de combate alemán *Lützow*, de la misma serie que el *Derfflinger*, buque insignia de Von Hipper en Jutlandia, que, a consecuencia de las graves averías sufridas en la batalla, se hundió en la noche del 1 de junio de 1916.

¡Ha comenzado la guerra submarina contra el tráfico! El submarino alemán *U-35* da el golpe de gracia, con un torpedo lanzado en superficie, a un vapor británico ya abandonado por su tripulación. A lo largo de la guerra, los *unterseeboote* hundieron 4.837 barcos mercantes, con 11.153.460 toneladas de registro.

El contralmirante Franz von Hipper, que mandó las Fuerzas de Reconocimiento germanas en la batalla de Jutlandia.

El *Derfflinger* embarcando municiones. Obsérvense los tangones y las redes antitorpedo estibadas en el costado de estribor, que después de la batalla de Jutlandia sería suprimidas en todas las grandes unidades alemanas. Medida ya tomada por los ingleses, en sus buques, antes de dicha batalla.

La 5.ª Escuadra de acorazados de la Gran Flota, que, al mando del contralmirante Evan-Thomas, jugó un importante papel en la batalla de Jutlandia. En la fotografía, los acorazados *Barham*, *Malaya*, *Warspite* y *Valiant*.

El almirante Reinhard Scheer, en primer término, que mandó la Escuadra de Alta Mar alemana en Jutlandia. En la fotografía, con el príncipe Enrique de Prusia durante unas maniobras.

El crucero de combate *Tiger*, de 28.500 toneladas (ocho piezas de 343 mm.) y 28 nudos de velocidad máxima, que combatió en Jutlandia.

El almirante sir John Jellicoe, que mandó la Gran Flota en la batalla de Jutlandia, subiendo al puente de su buque insignia, el acorazado *Iron Duke*.

Batalla de Jutlandia. Restos del crucero de combate británico *Indefatigable*, de 19.000 toneladas, volado por el germano *Von der Tann*. En esta catástrofe perecieron 1.015 oficiales y marinos. Fotografía tomada desde el *New Zealand*.

Batalla de Jutlandia. Voladura del crucero de combate *Queen Mary*, de 26.500 toneladas, alcanzado por las salvas del *Seydlitz* y el *Derfflinger*, del que sólo hubo 18 supervivientes.

El crucero de combate aleman *Von der Tann*, de 19.100 toneladas, que, de no haber resultado defectuosos los proyectiles ingleses de grueso calibre, pudo haber sido hundido en Jutlandia.

En la fase diurna de la batalla de Jutlandia, el peso lo llevaron los cruceros de combate ingleses y alemanes. He aquí al *Invincible*, de 17.250 toneladas, al que las salvas del *Derfflinger* han provocado la voladura de los pañoles de pólvoras y municiones centrales. En este buque perecerían 1.026 marinos, entre ellos el contralmirante Hood.

Restos del *Invincible*, que no se hundirían hasta la mañana del 1 de junio de 1916. A la derecha, el destructor *Badger*, que recogió a los seis únicos supervivientes del infortunado buque, entre los que figuraba el director de tiro, capitán de fragata Dannreuther.

La II Escuadra de acorazados de la *Hochsee Flotte*, formada por buques anticuados de 13.200 toneladas y 17 nudos que el almirante Scheer no debió de haber llevado consigo. Los ingleses los denominaban, despectivamente, *five-minute-ships*, y, en efecto, uno de ellos, el *Pommern*, no duraría ni cinco minutos. Alcanzado durante la noche por un torpedo, voló y desapareció en cuestión de segundos, llevándose consigo a toda su dotación de 884 hombres.

de aquellos valiosísimos —por su elevada velocidad y potente artillería— buques alemanes, que, en realidad, aguantaron lo inaguantable? Tampoco. En su citado libro, al exponer los prolegómenos de la batalla de Skagerrak, dice textualmente lo que sigue: «Tuve en cuenta un impacto que causó tantos daños al *Seydlitz* el 24 de enero de 1915, que casi me hizo llegar a la conclusión de que tales buques no podrían resistir muchos impactos de semejante grueso calibre...» (Se refiere sin duda al sufrido en la flotación.)

Y tras estas inevitables consideraciones, porque un libro de historia no es simple crónica o la tediosa y absolutamente superflua exposición de lo que después o un siglo antes de cualquier batalla dijeron sobre ella o el arte de la guerra en general ciertos filósofos de la misma, volvamos al choque naval que nos ocupa, es decir, al valeroso ataque desencadenado por las flotillas alemanas de destructores contra la omnipotente y omnipresente *Grand Fleet* británica.

gas sólo se había empleado la pólvora. Por otra parte, el color de los costados de los buques, donde resultaron alcanzados, mostraba que en algunas cargas explosivas se había utilizado el ácido pícrico.» Etcétera. Pero todo esto cuando dichos buques ya estaban de vuelta en Wilhelmshaven.

CAPÍTULO IX

Destructores alemanes al ataque. — Turning Away *de los acorazados británicos.* — *Preparativos para la noche.* — *Jellicoe renuncia a la batalla nocturna.* — *La* Hochsee Flotte *corta la retaguardia de la* Grand Fleet. — *Voladura del* Black Prince. — *Hundimiento de los destructores* Tipperary, Sparrowhawk, Fortune, Ardent *y* Turbulent, *y de los cruceros alemanes* Frauenlob, Rostock *y* Elbing.—*Ataque de la 12.ª Flotilla inglesa y voladura del acorazado* Pommern. — *Hundimiento del* Lützow. — *La* Hochsee Flotte *llega al Horns Reef y entra, invicta, en Wilhelmshaven.*

A las 1915 y a 30 nudos de velocidad se lanzaron al ataque torpedero once destructores alemanes pertenecientes a las Flotillas VI y IX —capitán de navío Heinrich— (1). A bordo del *Lion* ya se habían observado ciertos movimientos precursores de dicho ataque, y Beatty alertó a Jellicoe.

Los *zerstörer* germanos no hicieron rumbo de aproximación sobre los cruceros de batalla británicos, en vanguardia y algo adelantados respecto al grueso, pues ello les habría supuesto una inútil y arriesgada pérdida de tiempo, sino de ataque sobre el centro de la línea de combate enemiga, a la que se trataba de obligar a caer hacia fuera para disminuir la presión artillera sobre la *Hochsee Flotte* durante la comprometida inversión de rumbo ordenada por Scheer. Éste también había señalado al comodoro Michelsen, con su insignia en el crucero ligero *Rostock,* que enviase algunos destructores al rescate de la dotación del aboyado y destrozado *Wiesbaden,* sobre el que, en uno u otro momento de

(1) El comodoro Michelsen, en el crucero *Rostock,* al observar la señal del *Lützow,* había ordenado a una de las escuadrillas de destructores, ya lanzada al ataque, que suspendiera éste y marchase en auxilio del buque insignia.

la batalla, habían disparado casi todos los cruceros de combate y acorazados británicos, pero que a pesar de ello aún seguía a flote, muy escorado y con fuertes incendios.

Los tres destructores alemanes enviados al rescate de dicho crucero pronto se vieron sometidos a un terrible fuego de todos los calibres procedente de los acorazados ingleses de las Escuadras 1.ª y 5.ª, a retaguardia de la Gran Flota. De manera que el jefe de dicha escuadrilla, comprendiendo que su misión era por el momento imposible y que proseguir hacia el *Wiesbaden* equivaldría al inútil sacrificio de sus unidades, decidió invertir el rumbo y replegarse a toda máquina, no sin que el *V-73* y el *G-88* aprovechasen la virada para lanzar cuatro torpedos contra los buques de Evan-Thomas. Esta obligada retirada sellaría el destino de los supervivientes del *Wiesbaden*, que se hundiría aquella noche y en el que, de una u otra forma, perecieron prácticamente todos los componentes de su dotación, de 589 hombres, además del poeta Gorch Fock, ya que del heroico crucero sólo se salvaría un mecánico primero llamado Zenne. Pero el acorazado *Pommern* sería el buque que, como luego veremos, se llevaría a la tumba mayor número de marinos germanos.

En las batallas y combates navales, por supuesto, el enemigo no suele plegarse a la voluntad de su antagonista, pero, en este caso concreto, Jellicoe hizo exactamente lo que el comandante en jefe alemán tan fervientemente deseaba. Y es que el primero no lanzó al contraataque a sus superiores flotillas de *destroyers*, al mismo tiempo que dedicaba la artillería secundaria de sus *capital ships* a la nueva amenaza, mientras la principal seguía cañoneando a la desorganizada línea alemana, en plena y esta vez no tan impecable maniobra de inversión de rumbo, para, a su debido tiempo, poner la proa y gobernar a los torpedos que llegasen, es decir, caer hacia dentro y cerrar distancias sobre el enemigo. Por el contrario, la totalidad de las grandes unidades inglesas, incluidos los cruceros de batalla de Beatty, dirigieron ahora su artillería principal y secundaria contra las once trepidantes unidades alemanas que, a toda máquina, tendiendo al viento oscuras banderas de humo, trataban de cruzar, entre un monstruoso y amedrentador bosque de piques de todos los calibres, la peligrosísima zona comprendida entre los 9.000 y los 6.000 metros de distancia a los poderosos acorazados de Albión. Y, por si fuera poco, Jellicoe ordenaría después una caída de la *Grand Fleet* precisamente hacia fuera.

Tampoco todos estos destructores germanos pudieron aproxinarse lo que pretendieron. El pequeño *S-35*, de 640 toneladas estándar, recibió un proyectil de grueso calibre en el combés y, partido en dos, se fue vertiginosamente a pique, arrastrando consigo a 88 hombres, de su propia dotación y de la del *V-29*, anteriormente hundido y parte de cuya gente había sido recogida por aquél. También el *S-51* y el *V-28* sufrieron impactos y averías en sus cámaras de calderas y de máquinas y tuvieron que retirarse renqueando. Pero una docena de torpedos salieron, y mientras los intrépidos *zerstörer* hacían rumbo de retirada, cruzando en diagonal entre ambas formaciones de buques de línea y emitiendo grandes cortinas de humo por las chimeneas, Jellicoe ordenó a sus escuadras de acorazados dos caídas sucesivas a babor por subdivisiones y un total de cuatro cuartas, es decir, 45°.

De manera que cuando Scheer lanzó, sobre las 1923, al ataque a las Flotillas III y V, dichos buques, esta vez contraatacados por la 4.ª Escuadra de cruceros ligeros y la 11.ª Flotilla británicas, ya no pudieron divisar a los acorazados enemigos y regresaron con sus torpedos en los tubos. Los peces mecánicos que mientras tanto navegaban pasaron entre los blindados de la 1.ª y de la 5.ª Escuadras de combate inglesas, pudiendo ser fácilmente sorteados por algunos de dichos buques, ya que, en el límite de sus carreras, los artefactos submarinos navegaban entonces por debajo de su velocidad normal para tiro en distancia. Pero el caso era que un reducido puñado de destructores alemanes habían obligado a 27 poderosos acorazados de la Gran Flota a alejarse de la comprometida Escuadra germana «por lo menos 4.000 yardas» (3.657 metros), según fuentes británicas (aunque Jellicoe supuso que sólo fueron «aproximadamente unas 1.750 yardas»); que el tiro de la Escuadra inglesa sobre la *Hochsee Flotte* cesó en absoluto; que ésta pudo invertir el rumbo sin daño alguno, y que, entre la calima y la humareda, los marinos británicos la perdieron de vista. Es decir, que Scheer logró librarse hábilmente y a bajísimo precio de una situación insostenible y peligrosísima. ¿Fue, pues, aquella maniobra de la Gran Flota un nuevo error de Jellicoe, como sus detractores proclaman? Esto es ciertamente debatible.

En pleno duelo artillero entre dos escuadras, si se quiere que un haz de torpedos lanzado por el enemigo desde una posición de ataque adecuada y contra una línea de combate digamos de una milla y media de longitud no corte la derrota de ésta, para evitar el riesgo de que algunas unidades puedan resultar torpedeadas, necesariamente hay que gobernar. Lo más seguro es caer oportunamente hacia fuera unos 90° de rumbo. El peligroso haz pasará

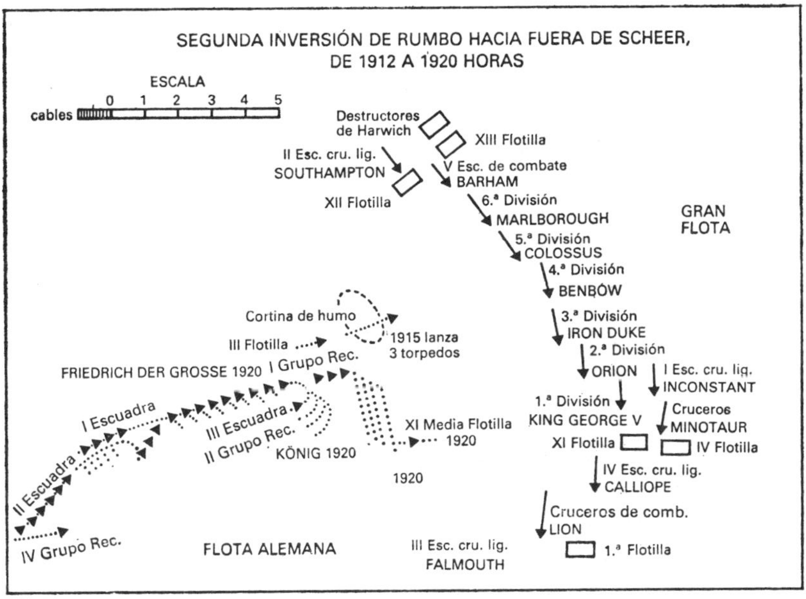

Batalla de Jutlandia. Scheer, en pésimas condiciones tácticas, se ve obligado a invertir el rumbo por segunda vez hacia fuera.

entonces enteramente libre, pero la distancia al grueso del enemigo habrá aumentado mucho, y el tiro quedado prácticamente interrumpido, que era lo que el adversario pretendía. Conviene, pues, optar por un compromiso, cayendo unos 45° hacia dentro o hacia fuera respecto al enemigo. En el primer caso se tendrán que esquivar luego individualmente los torpedos, que marcharán veloces y casi de vuelta encontrada; pero, en vez de aumentar, la distancia balística habrá disminuido, y proseguido el tiro de la artillería. En el segundo, lo más probable es que los torpedos corten sólo una parte o bien la cola de la formación atacada, cuyas unidades, sobre todo si la longitud de dicha formación es, como en el caso que nos ocupa, de unas siete millas, tendrán que gobernar también a los torpedos, la carrera de los cuales habrá sido, desde luego, mayor. Con ello, la distancia balística aumentará, pero no demasiado, y la artillería principal habrá podido continuar el fuego.

Poco tiempo después de tomar el mando de la *Grand Fleet*, Jellicoe propuso al Almirantazgo que, en caso de ataque torpedero, aquélla reaccionase cayendo hacia fuera respecto al enemigo. Aceptada por Whitehall, dicha maniobra quedó prescrita en las órdenes de combate de la Escuadra británica. Por ello, como ya vimos, y por estar muy comprometido, también David Beatty había caído hacia fuera durante su mano a mano inicial con Von Hipper. Pero ahora la situación era completamente distinta, pues el abrumado era Scheer (1).

Así que la maniobra efectuada por la Gran Flota británica para librarse de los torpedos germanos es ciertamente polémica. Pero lo que desde luego pudo —y tal vez debió— haber hecho Jellicoe fue ordenar una caída hacia fuera a las tres escuadras en cola, únicas que podrían verse afectadas. Cosa relativamente fácil de deducir teniendo en cuenta el punto de lanzamiento de los torpedos alemanes sobre la móvil línea de combate británica. Ello habría permitido a los 16 acorazados y 6 cruceros de combate en vanguardia proseguir el tiro sobre los apelotonados y momentáneamente casi detenidos buques de línea germanos, así como acortar luego rápidamente las distancias a la *Hochsee Flotte*. Pero si el famoso *Turning Away* de la Gran Flota es discutible, aunque desde luego fue ortodoxo, lo que resulta incomprensible es que, a continuación, Jellicoe no ordenase cerrar inmediatamente con toda la Escuadra, a 20 nudos, sobre un enemigo mucho más débil, en pésima situación táctica y estratégica —respecto a sus bases— y, por segunda vez, en precipitada retirada, por no decir fuga.

Pasado el peligro de los torpedos, a las 1923, la *Grand Fleet*, siempre moviéndose a 17 nudos, cayó dos cuartas a estribor; a las 1933 repitió la maniobra, quedando arrumbada al sur cuarta al sudoeste; a las 1941 aproó al sudoeste, y hasta las 2000 no gobernó al oeste, es decir, en pos del enemigo, que era lo que tenía que haber hecho, a 20 nudos, desde más de media hora antes. Y todavía Jellicoe adoptó este último rumbo presionado, como veremos, por Beatty.

En efecto, a las 1917, toda la Escuadra alemana navegaba hacia el oeste; la *Grand Fleet* había desaparecido, y, tres minutos después, Scheer ordenó arrumbar al sudoeste verdadero. Beatty tampoco conoció la inversión de rumbo de la *Hochsee Flotte;* siguió creyendo que la vanguardia de ésta la formaban los cruceros de

---

(1) Más adelante, cuando relevó a Jellicoe como almirante de la Gran Flota, Beatty hizo modificar aquellas órdenes de combate, de manera que, en el caso señalado, los acorazados británicos cayesen precisamente «hacia» el enemigo.

combate de Von Hipper, que, como sabemos, habían quedado solos, y así se lo comunicó a Jellicoe a las 1945, al perder de vista a los citados cruceros alemanes. Pero, dada la fluctuante y traidora visibilidad, que, como también sabemos, contribuyó a la voladura del *Defence* y del *Invincible* —doble y catastrófica voladura que había impresionado fuertemente a sir David y le había vuelto mucho más cauteloso, como pronto veremos—, Beatty consideró que aproximarse de nuevo y en solitario a la Escuadra alemana era muy peligroso, y, viendo que la Gran Flota no cerraba lo suficiente sobre el enemigo y que el tiempo urgía, pues se acercaba la noche, envió a su superior jerárquico el siguiente mensaje radiotelegráfico: «Urgente. Propongo vanguardia de acorazados siga a cruceros de batalla. Podemos cortar —¿la cabeza, la cola, la retirada?— a toda la escuadra de batalla enemiga.»

Este ambiguo mensaje, transmitido a las 1947, no se recibió, al parecer, en el *Iron Duke* hasta las 1954, y Jellicoe no lo tuvo en sus manos hasta las 2000. Fue precisamente entonces, como ya sabemos, cuando el comandante en jefe británico ordenó al grueso de la *Grand Fleet* aproar al oeste, y a la 2.ª Escuadra de acorazados, que siguiese a los cruceros de batalla ingleses. Mas para entonces, desde el *King George V*, buque insignia del vicealmirante Jerram, ya no se divisaban dichos cruceros; de manera que la orden no se cumplimentó y las unidades de Beatty prosiguieron en solitario. Esta vez el fallo fue, decididamente, de Jerram.

A las 1958, Beatty ordenó a la 1.ª y 3.ª Escuadras de cruceros ligeros que exploraran hacia el oeste, y a las 2017, al escuchar un fuerte cañoneo, los cruceros de batalla británicos aproaron en la misma dirección, avistando muy pronto a sus destrozados contrapartes de la agrupación de Von Hipper, que trataban de incorporarse al grueso y cuyas dotaciones luchaban denodadamente para sofocar incendios, reparar averías, taponar vías de agua, apuntalar mamparos, achicar compartimientos y curar heridos. Pero que bruscamente se vieron sometidos a un fuego infernal, procedente de los seis cruceros de combate británicos, surgidos por el sudeste.

La oscuridad y la calima habían aumentado considerablemente hacia dicho sector del horizonte, hasta el punto de que los apuntadores de la torre «Berta» del *Derfflinger* no veían al enemigo. En cambio, la visibilidad era buena por el noroeste; de manera que los buques ingleses, que habían abierto el fuego con un alcance de unos 9.000 metros y que cerraban rápidamente distancias, muy pronto consiguieron centrar a sus enemigos. El *Derfflinger* recibió un impacto en el castillo, que averió la pista de rodamiento de la torre «Anton», la cual quedó momentáneamente fuera de servicio, es decir, el buque sin poder disparar con ninguna de sus ocho piezas de 305 mm. El *Seydlitz* fue blanco de tres proyectiles de grueso calibre, uno de los cuales estalló en el puente, matando allí a todos los que se hallaban fuera de la torre acorazada. Este ya muy castigado crucero de batalla quedó prácticamente fuera de combate.

En tan crítica situación para los buques alemanes, intervinieron muy oportunamente los seis viejos «Deutschland» —los *five-minute-ships*— de la II Escuadra. Ésta, tras la inversión de rumbo de la *Hochsee Flotte,* había quedado en vanguardia y luego recibido orden de situarse por la estela de las I y III Escuadras; de manera que cayó al este, a toda máquina, para librar aquéllas por babor, y, al ver luego la situación por que atravesaban los buques de Von Hipper, arrumbó decididamente hacia el enemigo y rompió el fuego con sus veinticuatro piezas de 280 mm. El *Holstein,* el *Pommern* y el *Schlesien,* que llegaron a estar a poco más de 7.000 metros de los buques de Beatty, resultaron alcanzados por algunos proyectiles, sin importantes consecuencias (1), mientras que el *Indomitable,* aunque centrado, no sufrió impacto directo alguno. Y los infatigables destructores germanos se lanzaron una vez más al ataque y tendieron cortinas de ocultación.

Beatty preguntó entonces al contralmirante Heath, a bordo del crucero acorazado *Minotaur,* si veía a la *Grand Fleet.* La respuesta fue negativa, por lo que aquél decidió, prudentemente, retirarse y arrumbar hacia el sur. Hizo bien, porque los *pre-dreadnought* alemanes se replegaban precisamente sobre los acorazados de la I Escuadra de Scheer. Pero los ingleses habían perdido allí una gran oportunidad, ya que, de haberse incorporado en su momento a la agrupación de Beatty los ocho incólumes buque de línea de la 2.ª Escuadra británica, con toda seguridad los cruceros de batalla alemanes, y quizá también los seis veteranos y lentos «Deutschland», habrían sucumbido.

Respecto a esta retirada de sir David, bien comprobada ya la gran vulnerabilidad de los cruceros de combate de la *Royal Navy* y puesto que admiramos el valor frío e inteligente, pero no el ciego e irreflexivo, debemos señalar que:

Ante un enemigo eficaz y peligroso, el jefe militar ha de mostrar un difícil pero absolutamente necesario equilibrio entre auda-

---

(1) Estaban bien blindados, con coraza vertical de 240 mm., que en torres y barbetas llegaba a los 280 mm.

cia y prudencia; ha de ser capaz de sopesar, con frío y rápido análisis, en base a la información disponible, las posibilidades de infligir daños considerables al adversario y de sufrir pérdidas propias, inadmisibles si no son suficientemente compensatorias. Es decir, en él ha de primar SIEMPRE un auténtico y consciente sentido de la responsabilidad. Porque lanzarse con furia y la cabeza baja contra el enemigo está a la altura de cualquier hombre valeroso; pero abstenerse de hacerlo cuando no conviene ni compensa, saber hasta dónde se puede y debe llegar y cuándo detenerse, es privativo del jefe que, además de valor, cuenta con una clara inteligencia y un genuino sentido de la responsabilidad. Lo contrario sería degradar el arte de la guerra.

El citado fue el último combate diurno librado aquel sangriento 31 de mayo de 1916. Pero antes se habían producido algunas escaramuzas, de las que brevemente nos ocuparemos ahora.

* * *

La 4.ª Escuadra de cruceros ligeros de la Gran Flota, que, como sabemos, había contraatacado a los destructores alemanes, luego, con otras dos similares, exploró hacia el oeste, topándose, a las 2026, con los cruceros de la IV División del comodoro Von Reuter, surgidos bruscamente de entre la bruma a unos 6.000 metros de distancia y que fueron tomados por acorazados alemanes. Los buques ingleses se replegaron inmediatamente, pero no sin que el *Calliope* recibiera cinco impactos directos, que le causaron 10 muertos y 23 heridos.

También los cruceros ligeros de Beatty habían chocado con sus contrapartes alemanes en cabeza de la Escuadra de Alta Mar, resultando alcanzado por cinco proyectiles el germano *München*, que tuvo 8 muertos y 20 heridos. El ruido de este cañoneo fue precisamente el que había atraído a Beatty, a las 2017, como dijimos, hacia los cruceros de batalla de Von Hipper.

Ya sabemos que la mala visibilidad había desbaratado el plan elaborado por Scheer para que los dirigibles de la *Kriegsmarine* explorasen el mar del Norte durante la tarde del 31 de mayo, lo que permitió a la Escuadra británica sorprender y entablar batalla con la inferior *Hochsee Flotte*, cosa que, de otra manera, no habría sucedido. Sin embargo, una de estas aeronaves, la *L-14*, alertada por radio de la batalla en curso, sobrevolaría ahora, hacia las 2020, la retaguardia de la Gran Flota, siendo avistada desde el crucero *Falmouth* y el acorazado *Hercules*. Mas la incipiente oscuridad que ya se echaba sobre la mar, la bruma en aumento, las bardas de niebla y la gran humareda dejada por unos dos centenares y medio de buques de guerra hizo que dicho «zepelín» nada pudiera descubrir, ni, por supuesto, escuchar, de lo que se movía y sucedía más abajo, sobre la inquieta piel del mar.

El sol se había puesto a las 2019, pero el largo crepúsculo, durante el que se produjeron los combates y escaramuzas reseñados y otros de que hacemos gracia al lector por no haber tenido consecuencias dignas de mención (1), duró casi una hora. Entraba la noche, y los comandantes en jefe de ambas Escuadras adversarias tomaron sus disposiciones para las peligrosas horas de oscuridad; oscuridad que, debido al cielo totalmente cubierto y a la falta de luna, iba a resultar muy intensa. Ofensivas y de retirada fueron las de Scheer; defensivas, para mantenerse en seguridad hasta la llegada del nuevo día y poder cortar la retirada del enemigo hacia sus bases, las de Jellicoe.

Por las Flotillas VI y IX supo al fin Scheer «que habíamos estado combatiendo con toda la Escuadra inglesa». Entonces el almirante germano supuso que el enemigo, a fin de poder librar una nueva batalla a la luz del día siguiente, trataría por todos los medios de obligar a la *Hochsee Flotte* a retirarse hacia el oeste, bien empeñando inmediatamente al grueso durante el crepúsculo vespertino, bien lanzando repetidos ataques torpederos, durante la noche, a cargo de sus destructores. «Si podíamos evitar el movimiento envolvente del enemigo —prosigue Scheer— y ser los primeros en alcanzar el Horns Reef, nuestra libertad de decisión para la mañana siguiente estaría asegurada.»

En consecuencia, el comandante en jefe alemán ordenó a las Flotillas II, V y VII, y a parte de la VI y de la IX, que se preparasen para atacar a la Gran Flota durante la noche, aceptando el riesgo de que no pudieran reincorporarse hasta bien entrada la mañana siguiente y de que, por tanto, la Escuadra tuviese que

---

(1) Por ejemplo: a las 2105, ya con muy mala luz, los veloces cruceros ligeros británicos *Caroline* y *Royalist,* pertenecientes a la 4.ª Escuadra —comodoro Le Mesurier—, lanzaron cinco torpedos, desde 6.600 metros de distancia, contra varios supuestos acorazados alemanes del tipo «Deutschland». Como algunos minutos después surgieron precisamente en aquella demora los cruceros de combate de Beatty, es casi seguro que dicho lanzamiento, afortunadamente para los británicos sin consecuencias, se hizo, por error, sobre aquellos buques de la *Royal Navy.*

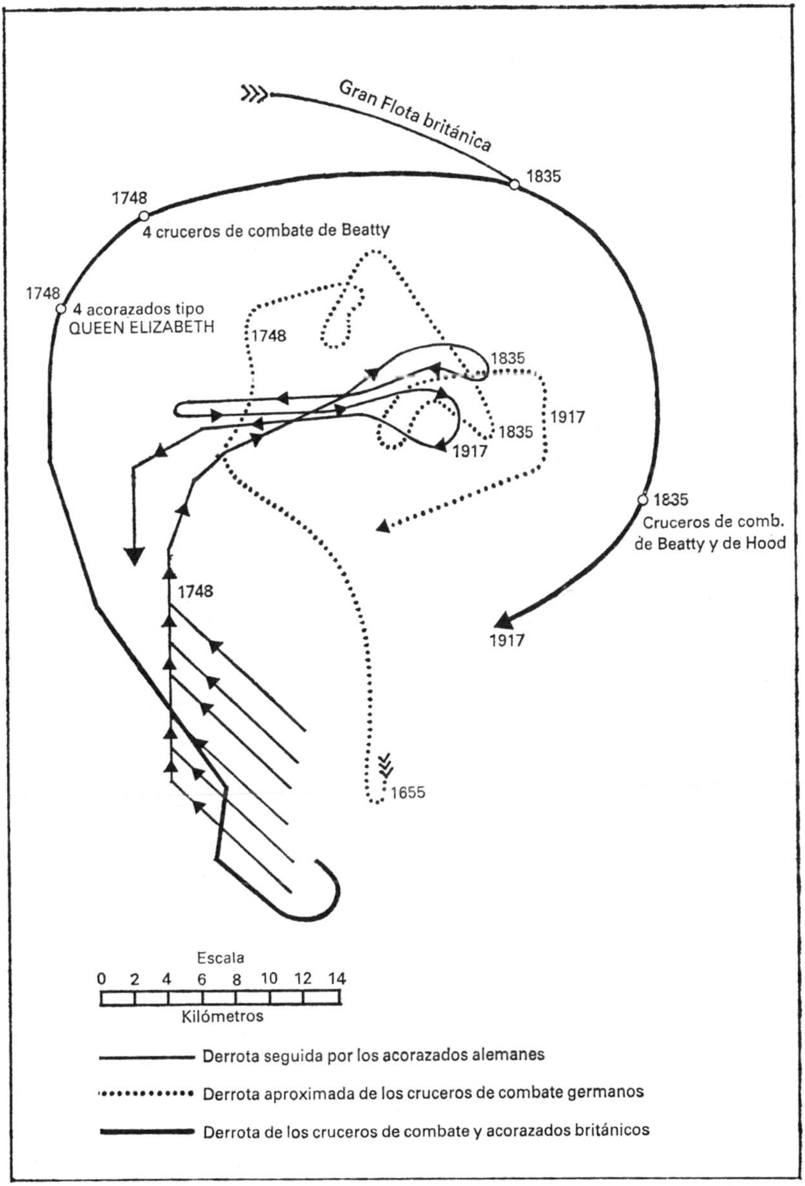

Gráfico alemán mostrando las derrotas aproximadas seguidas por las escuadras inglesa y germana durante la fase diurna de la batalla de Jutlandia, a partir de la intervención del grueso de Scheer, que revela la comprometida situación en que estuvo la *Hochsee Flotte*.

combatir sin ellas en la batalla que se esperaba librar el 1 de junio. Pero algunos *zerstörer,* ya sin torpedos, quedaron con la Escuadra por si surgían emergencias. Mientras tanto, el grueso, en formación cerrada, arrumbaría al Horns Reef, es decir, hacia el canal más próximo balizado entre los campos de minas propios, por la derrota directa, de 90 millas, sobre la que debería mantenerse «a toda costa». Así que, a las 2106, Reinhard Scheer ordenó a la *Hochsee Flotte* que arrumbara al SSE cuarta al E, a 16 nudos, y que mantuviera «invariable» dicho rumbo.

Aquí tenemos que adelantar que dicha importante señal radiotelegráfica fue sorprendida por el Almirantazgo británico, que a las 2241 de aquella que iba a resultar sangrienta noche se la retransmitió a Jellicoe. De todas maneras, el comandante en jefe de la Gran Flota no quiso arrumbar hacia el Horns Reef hasta la amanecida, para evitar cualquier choque nocturno con la Escuadra alemana, alegando que ésta disponía de mayor número de tubos lanzatorpedos —lo que no era muy exacto (1)— y que los proyectores luminosos alemanes eran más eficientes que los ingleses. Y aunque no lo diga, porque no le conviene —como tampoco habla para nada de aquella importante señal alemana que le retransmitió el Almirantazgo—, indudablemente también porque las unidades germanas disponían de proyectiles iluminantes, pero los buques ingleses no —lo que no deja de resultar por lo menos chocante, puesto que el Ejército británico que operaba en Francia ya hacía tiempo que los utilizaba.

De todos modos, a las 2132, Jellicoe ordenó al minador rápido *Abdiel* que se destacase para fondear un campo de minas quince millas al sur del barco-faro *Vyl,* en las proximidades del Horns Reef. Operación que dicho buque llevó a cabo aquella noche, sin ser descubierto, fondeando 80 minas, con una de las cuales tropezó después el acorazado *Ostfriesland,* sufriendo un muerto y diez heridos y embarcando 400 toneladas de agua salada, aunque sus averías no fueron importantes.

El dispositivo adoptado por el almirante germano fue una larga línea de fila con los cruceros ligeros en vanguardia y los

---

(1) Winston Churchill, en su citada y en general bien documentada obra, declara que la Gran Flota dispuso en Jutlandia de 457 tubos lanzatorpedos, y la Escuadra alemana, de 469. Aunque posiblemente yerre por exceso, pues supone algunos destructores y cruceros ligeros más en cada bando, puede decirse que ambas escuadras contaron con un número de tubos sensiblemente igual.

destructores —la mayoría de los cuales muy pronto abandonarían la formación en busca del enemigo, con órdenes de incorporarse a la Escuadra al día siguiente, cerca de Horns Reef— momentáneamente formando una barrera orientada del ENE al SSO. En cabeza de la línea de combate alemana marchaba la I Escuadra de acorazados, con la III al centro y la II a retaguardia, seguidas por el *Derfflinger* y el *Von der Tann*, que cerraban la marcha, pues el *Moltke* y el *Seydlitz*, inicialmente en vanguardia y que no habían recibido la correspondiente señal, más tarde se separaron accidentalmente del grueso y desaparecieron en la oscura noche. El último, después de haber varado ligeramente en el Horns Reef y luego en el canal Amrum, lograría llegar a Wilhelmshaven dos días más tarde. Y es que, a causa de los combates, había tenido que pasar a gobernar a mano y quedado sin cartas náuticas de ninguna clase, sin agujas giroscópicas y con las magnéticas hasta con un grado de desvío.

Ni que decir tiene, la mitad de las dotaciones cubrían sus puestos en zafarrancho de combate, todas las piezas de artillería iban cargadas, abiertas las válvulas de retención de los torpedos, encendidos los proyectores de arco, aunque con las persianas cerradas, y —sólo en los buques alemanes— en sus graduadores de espoletas las ojivas de los proyectiles iluminantes. Mientras tanto, Scheer pidió por radio que los dirigibles de la *Kriegsmarine* reconociesen desde la amanecida las cercanías del Horns Reef. Señal que tampoco escapó a los escuchas del Almirantazgo británico, pero que, al parecer, no se comunicó a Jellicoe.

Este almirante veía así la situación al llegar la noche: «La Escuadra inglesa se encontraba entre el enemigo y las bases de éste, ya hubiese arrumbado para retirarse directamente por Heligoland, a través del Horns Reef, o para seguir un canal dragado que sabíamos utilizaban los alemanes a longo de las Frisias occidentales.» Y su filosofía era la siguiente: «Rechacé inmediatamente la idea de un combate nocturno entre los grandes buques, por considerarla conducente a un posible desastre: en primer lugar, debido a la presencia de gran número de torpederos, y, en segundo, a la imposibilidad de distinguir entre nuestros propios buques y los enemigos. Además, los resultados de un combate nocturno, en las condiciones modernas, serán siempre, o muy principalmente, una cuestión de suerte. Me incliné a olvidar la ventajosa posición que habría resultado de arrumbar hacia el este o el oeste, y, en consecuencia, decidí gobernar al sur, donde estaría en posición de reanudar la batalla a la luz del día; también estaría favorablemente situado para interceptar al enemigo si éste trataba de alcanzar sus bases arrumbando hacia Heligoland o hacia el Ems (1), y desde allí a la costa norte alemana.»

Es decir, Jellicoe renunciaba a entablar cualquier tipo de batalla nocturna y también a utilizar en misión ofensiva a sus destructores, enteramente pintados de negro, como ya dijimos, y especializados en el ataque torpedero nocturno. La primera fue una decisión acertada (juicio en el que coinciden prácticamente la totalidad de los críticos navales), puesto que haber aceptado una batalla tal hubiera equivalido a renunciar a todas las ventajas que se derivaban: de la notoria superioridad numérica de la Gran Flota en cruceros ligeros y en acorazados; de la superioridad artillera en cuanto al mayor número, alcance y calibre de las piezas se refiere, y de la también superior velocidad disponible para la Escuadra inglesa. Por otra parte, aunque Jellicoe nada hizo en realidad durante la noche para buscar una posición cercana al Horns Reef, que al día siguiente le permitiera reanudar la batalla, escogió un rumbo «seguro» para las horas de oscuridad, teniendo en cuenta la posición estimada y la velocidad del grueso de Scheer, que impediría a las flotillas alemanas de destructores, que no estuvieron muy inspiradas, poder localizar a la *Grand Fleet*.

El vicealmirante Beatty, tan en desacuerdo —aunque nunca oficialmente— con su superior jerárquico sobre muchas cuestiones navales, también coincide aquí plenamente con Jellicoe. «A las 2116 —escribe— recibí una señal del comandante en jefe diciéndome que el rumbo de la escuadra era el sur. En vista de la oscuridad en aumento y por otras razones, por ejemplo: *a*) nuestra distancia a la flota de combate, *b*) las averías producidas en mis cruceros de batalla, *c*) la concentración del enemigo, y *d*) el hecho de que nuestra posición estratégica era tal que parecía que podríamos localizar al adversario a la luz del nuevo día y en las circunstancias más favorables, no consideré aceptable aproximarnos al enemigo durante las horas de oscuridad.» Pero Beatty no recibiría aquella señal alemana retransmitida a las 2241 por el Almirantazgo británico.

Si Jellicoe buscaba la seguridad durante la noche, tenía la intención —por lo menos eso afirma, y no hay motivos para ponerlo en duda— de aproximarse al Horns Reef al amanecer —hacia las 0300 del 1 de junio—. Después cambiaría de idea, como

---

(1) Este canal dragado quedaba entonces a unas 180 millas de la Escuadra alemana, es decir, al doble de distancia que el del Horns Reef.

veremos, pero, de todos modos, ya habría sido demasiado tarde para poder atrapar a la Escuadra alemana...

El dispositivo de marcha que quiso adoptar este almirante británico fue el siguiente: el grueso, en seis columnas, con un intervalo entre ellas de una milla —«para evitar que se perdiesen de vista o pudieran confundirse con los buques enemigos»—, llevando destacada en vanguardia a la 4.ª Escuadra de cruceros ligeros. Todas las flotillas de destructores y la 2.ª Escuadra de cruceros ligeros se situaron cinco millas a retaguardia del grueso. A unas diez millas al sudoeste de la 1.ª División de la Gran Flota marchaban las unidades de Beatty, con las Escuadras 1.ª y 3.ª de cruceros ligeros en vanguardia, seguidas, en línea de fila y este orden, por los seis cruceros de batalla y los cinco cruceros acorazados, puesto que el *Black Prince* había perdido el contacto.

A las 2200 horas, envueltas entre las densas sombras de la noche, pues el cielo, como dijimos, estaba enteramente cubierto, se movían ambas poderosas formaciones de la Gran Flota, con el grueso un tanto en desorden, pues los tres acorazados de Evan-Thomas iban muy retrasados y también la 1.ª Escuadra, ya que el torpedeado *Marlborough* tenía dificultades para mantener la velocidad de 17 nudos y fue quedándose atrás. Ello daría lugar a que la 12.ª Flotilla británica, que navegaba por la estela de dicha 1.ª Escuadra, quedase también muy retrasada respecto al grueso, lo que para los alemanes tendría luego funestas consecuencias.

A dicha hora, la *Hochsee Flotte,* que se hallaba a ocho millas al ONO del grueso británico, navegaba a rumbo de colisión con la retaguardia de la *Grand Fleet,* a la que literalmente iba, sin sospecharlo, pisando los talones. De manera que, aunque los destructores germanos enviados al ataque no conseguirían encontrar a las unidades enemigas, el grueso de la Escuadra alemana iba a cortar pronto la retaguardia de la Gran Flota. Scheer, confiando en el excelente adiestramiento de sus unidades pesadas para el combate nocturno, estaba decidido a mantener invariable el rumbo directo que le conducía al Horns Reef; de manera que, espaciados en la noche, iban a producirse una serie de sangrientos choques entre los cruceros y acorazados alemanes y los cruceros ligeros y el enjambre de *destroyers* británicos que se interponían en la derrota de los primeros. Además, sobre el tenebroso piélago, poblado de amenazas y surcado por dos centenares y medio de buques de guerra enemigos, moviéndose dentro de un apretado círculo de unas catorce millas de diámetro, no sólo avanzaban, como tiburones enfurecidos, aquellas flotillas alemanas: también renqueaban en solitario algunas unidades pesadas de ambas banderas...

* * *

El primer encuentro se produjo a las 2204. Los cinco cruceros ligeros alemanes del III Grupo de Reconocimiento —*Stettin, München, Frauenlob, Stuttgart* y *Hamburg*—, al mando del comodoro Von Reuter, que tanteaban las tinieblas por delante de los acorazados de Scheer, se toparon con los destructores ingleses de la 11.ª Flotilla, encabezada por el crucero ligero *Castor,* a bordo del cual izaba su gallardetón el comodoro Hawksley.

Aquellas cinco sospechosas sombras a duras penas perceptibles contra el negro telón de fondo de la lóbrega noche, ¿serían buques ingleses? Ésta fue la inquietante pregunta que durante cierto tiempo se formularon quienes se apiñaban en el puente del *Castor.* De pronto, rompiendo la oscuridad y disipando toda duda, el proyector de señales de uno de los buques alemanes parpadeó claramente, en alfabeto morse, las letras «U» y «A». No cabía duda, eran buques ingleses, pensaron con alivio los del *Castor,* pues tal era el inicio de la señal británica de reconocimiento establecida para aquella noche. Ignoraban que, poco antes, un buque germano había podido sorprender las lejanas señales luminosas intercambiadas entre el *Lion* y el *Princess Royal,* en que el primero pedía a éste dicha señal nocturna de reconocimiento por haberla perdido durante la batalla.

Pero casi inmediatamente los cinco buques alemanes rompieron el fuego sobre el *Castor,* al mismo tiempo que le iluminaban con sus proyectores de arco. Uno de los impactos iniciales sufridos por este buque británico le inutilizó la estación radio; de manera que Hawksley quedó incomunicado. Ello hizo que de los quince destructores que le seguían, dudando si los que disparaban, por error, serían unidades inglesas, sólo el *Marne* se decidiera a lanzar torpedos contra los atacantes. En la refriega subsiguiente, el *Castor,* a pesar de sufrir diez impactos directos, que le produjeron 14 muertos y 23 heridos, pudo abrir el fuego y arrojar algún torpedo, alcanzando con cuatro granadas al *Hamburg,* que sufrió 14 muertos y 25 heridos.

Los buques de Von Reuter apagaron sus proyectores, cayeron a estribor y desaparecieron en la noche, dando un rodeo por el oeste, para toparse poco después, a las 2220, con los cuatro cruceros de la 2.ª Escuadra, del comodoro Goodenough, que, habiendo observado los fogonazos y luces de la escaramuza anterior, se aproximaba cautelosamente por el norte.

El avistamiento a corta distancia resultó mutuo. Ambos adversarios llegaban con la mano literalmente en el gatillo; pero los alemanes también fueron ahora los primeros en abrir sus proyectores de arco y en disparar, siendo inmediatamente correspondidos por los buques británicos. Entre éstos, sólo el *Southampton* y el *Dublin* emplearon sus proyectores luminosos. El primero, hasta entonces un buque con suerte, como sabemos, recibió 18 impactos de cañón, que le causaron 36 muertos y 40 heridos y le dejaron envuelto en llamas y con graves averías. A pesar de lo cual pudo seguir en movimiento, a 20 nudos, responder al fuego y lanzar varios torpedos. Por su parte, el *Dublin* fue alcanzado por 8 granadas alemanas y sufrió 3 muertos y 24 heridos. Y en aquel duelo feroz, casi a quemarropa, que duró alrededor de quince minutos, un torpedo del *Southampton* hizo blanco en el crucero *Frauenlob,* de 2.670 toneladas estándar, que ya había sido alcanzado por varios proyectiles y tenía a bordo fuertes incendios. Este buque alemán se fue vertiginosamente a pique, sin dejar de disparar hasta ser literalmente tragado por la mar, y con él pereció casi toda su dotación, de 320 hombres, incluido su comandante, el capitán de fragata Georg Hoffman, que no quiso abandonar el puente para tratar de ponerse a salvo. Sólo siete supervivientes de este infortunado crucero pudieron ser rescatados, entre ellos el guardia marina Stolzmann. Por su parte, el *Stettin* había recibido dos impactos, que le causaron 8 muertos y 28 heridos. Mientras que los cruceros ingleses *Birmingham* y *Nottingham,* que no utilizaron sus proyectores luminosos, salieron indemnes del encuentro.

A las 2300, el destructor británico *Active* observó, a una milla por su estela, que un gran buque —luego identificado erróneamente como alemán— de cuatro chimeneas encendía en el mastelero las bombillas de colores con la señal de reconocimiento, era furiosamente cañoneado y, alcanzado por un diluvio de proyectiles, hacía explosión entre grandes llamaradas. Los del *Active* creyeron entonces que sus enemigos se cañoneaban mutuamente por error; pero no fue así.

El crucero acorazado británico *Black Prince,* de 13.600 toneladas estándar, que, como ya sabemos y por causas hoy todavía ignoradas, había perdido aquella tarde el contacto con la 1.ª Escuadra —la del malogrado contralmirante Arbuthnot— y que ahora se aproximaba velozmente a la Gran Flota, había descubierto entre las sombras las macizas siluetas de los acorazados alemanes de la I Escuadra y, suponiéndoles ingleses, mostró aquella que iba a resultar traidora señal...

Desde 1.500 metros de distancia, los acorazados alemanes de 22.450 toneladas *Thüringen* —capitán de navío Küsel— y *Ostfriesland* —capitán de navío Natzmer— dejaron caer sobre el *Black Prince,* como rayos de la muerte, los deslumbradores haces de sus potentes proyectores de arco, al mismo tiempo que, con alzas a cero, abrían el fuego con todas las piezas de grueso y de mediano calibre. El crucero acorazado británico no tuvo tiempo para disparar un solo cañonazo o lanzar algún torpedo. Blanco inmediato de un huracán de proyectiles, quedó plagado de muertos y heridos, destrozado y ardiendo como una tea. «El buque se hallaba tan cerca —escribe Scheer—, que a la luz de los proyectores, que también hacían perceptibles los proyectiles en vuelo hasta que caían y estallaban, podía verse a los marineros de la dotación que corrían hacia proa y hacia popa sobre la enrojecida cubierta, en lo que resultaba una grande pero terrible visión.»

Aquel verdadero infierno terminó a los cuatro minutos de iniciarse, cuando el llameante buque voló espectacularmente en pedazos, con un bramido apocalíptico, y, desfondado por el estallido de varios pañoles de municiones, se hundió vertiginosamente, llevándose al completo a su dotación, de 857 hombres. Las enrojecidas planchas de costados y cubiertas silbaron con fuerza al sumergirse, y sobre las aguas quedaron ardientes restos de todas clases. Pero muy pronto los estremecidos testigos de esta fulminante catástrofe perdieron en la distancia, aunque no en el recuerdo, el dramático resplandor bermejo que señalaba la desaparición del infortunado *Black Prince,* tercer crucero acorazado de la 1.ª Escuadra inglesa que bajaba al abismo en aquella histórica singladura.

Estos violentos y espectaculares combates, incendios y hundimientos en la noche fueron observados desde el grueso de ambas escuadras enemigas. Pero ni Jellicoe ni Scheer alteraron en lo más mínimo sus preconcebidos planes. Los buques involucrados en dichos choques caían momentáneamente a estribor si eran alemanes, y a babor si se trataba de ingleses, y poco después volvían a rumbo, imperturbables, a tenor de las órdenes recibidas.

Las doce unidades de la 4.ª Flotilla británica, encabezada por el destructor *Tipperary* —capitán de navío Wintour—, de 1.750 toneladas, chocaron con los cruceros alemanes *Frankfurt*, *Pillau* y *Elbing*, del II Grupo de Reconocimiento —al que había pertenecido el *Wiesbaden*—, mandado por el contralmirante Bödicker, que navegaba por la proa y bien pegado a los acorazados de la I Escuadra. Ambas formaciones enemigas se movían a rumbos convergentes y venían observándose desde hacía algún tiempo, pero, en mala hora para él, a las 2330, el conductor de flotilla inglés parpadeó por fin la señal británica de reconocimiento.

Una vez más en la oscura noche se repitió la misma dramática escena. Los alemanes abrieron las persianas de sus deslumbrantes proyectores y rompieron el fuego. El *Tipperary* fue inmediatamente alcanzado y quedó ardiendo, al garete y a punto de hundimiento; de hecho, se iría a pique a las 0145 de aquella madrugada, con 185 muertos. Los restantes buques ingleses lanzaron algunos torpedos y, a toda máquina, se alejaron hacia levante. Tratando de librarse de aquellos peces mecánicos, los cruceros alemanes cayeron a su vez, con toda la caña, hacia el oeste. Y el *Elbing*, que marchaba en cola de su división, fue violentamente abordado por el acorazado de 22.450 toneladas *Posen*, buque insignia del contralmirante Engelhardt, que le seguía en formación cerrada.

Y es que, navegando de noche, en línea de fila y a muy corta distancia, la brusca metida de todo el timón a una banda, sin advertencia previa al matalote de popa, casi siempre provoca el abordaje de éste. Podríamos citar numerosos casos, y la razón es la siguiente. Al meter toda la caña, el buque rabea y se desplaza lateral e inicialmente a la banda contraria, reduce notablemente su velocidad y tarda en ganar espacio al nuevo rumbo. Por otra parte, el matalote de popa, que devora la mar a razón de la mitad de su velocidad en nudos, en metros por segundo (en el caso del *Posen*, que se movía a 16 nudos, a razón de 8 metros por segundo), tarda en reaccionar si no ha recibido previamente la oportuna señal, y cuando observa la caída del matalote y se decide a gobernar, el gran momento de inercia que lleva el buque (la mitad de su peso —desplazamiento— multiplicado por el cuadrado de la velocidad) le impedirá sortear oportunamente al primero.

El *Elbing*, de 4.300 toneladas, quedó en muy mal estado y al garete. La mayor parte de su dotación tuvo que ser recogida por destructores alemanes de la III Flotilla, y a las dos de la madrugada, habiéndose avistado buques enemigos, el capitán de navío Madlung, comandante del buque, que permanecía a bordo, con el segundo comandante y un reducido grupo de salvamento, ordenó echar a pique al aboyado crucero ligero. Estos marinos alemanes embarcaron en una ballenera y más tarde fueron recogidos por un pesquero holandés, que los desembarcaría en su tierra, ganada al mar, de donde marcharon inmediatamente a Alemania.

La flotilla británica desapareció pronto, pero el destructor *Spitfire,* que ya había lanzado dos torpedos, gobernó a toda máquina, sin cesar de disparar contra los acusadores proyectores luminosos alemanes, en demanda del destrozado y ardiente *Tipperary.* Parece ser que fue dicho intrépido destructor británico, mandado por el capitán de fragata Trelawney, el que alcanzó con un proyectil, en el puente de mando, al acorazado *Oldenburg,* donde el comandante del buque, capitán de navío Höpfner, resultó gravemente herido, y ocho hombres más, muertos. Cegado por sus propios disparos y por los proyectores de arco que le señalaban, los del *Spitfire* no se dieron cuenta hasta el último momento de que la alta y oscura mole del acorazado alemán *Nassau,* de 18.600 toneladas, se les venía encima a toda velocidad. Y es que este buque, habiendo efectuado una maniobra evasiva hacia babor para librar los torpedos ingleses, quedó casualmente en tan buena posición para abordar al *Spitfire,* que su comandante decidió pasarlo por ojo. Trelawney comprendió que el abordaje era ya inevitable y, haciendo virtud de la necesidad, ordenó meter todo el timón hacia el monstruo de acero que trataba de seccionar a su buque. Tenía un par de buenas razones para actuar tan valerosamente. Porque cuando un abordaje es ya inevitable, hay que tratar por todos los medios de que la embestida se produzca de proa, para impedir que el buque propio resulte partido por la mitad y procurar que los daños sean mínimos. Además, el capitán de fragata británico quería causar al «crucero» enemigo, pues por tal lo había tomado, los mayores destrozos posibles, actuando contra él como un ariete sobre la línea de flotación.

Ambos buques se disparaban rabiosamente, y de tal guisa, a 27 nudos el *Spitfire* y a unos 20 el acorazado alemán, se produjo el choque, que resultó todo lo ruidoso, violento y destructivo que puede suponerse. El *Nassau* perdió una plancha de siete metros de longitud perteneciente a las tracas próximas a la flotación, en la amura de babor, plancha que quedó entre el destrozado castillo de proa del *Spitfire,* como un raro y precioso trofeo. Por su parte, el destructor inglés, al que el *Nassau,* disparando con el máximo ángulo de depresión de las piezas sólo podía alcanzar ya en el puente, pues los proyectiles le pasaban por encima del casco, sufrió 30 muertos y quedó desarbolado, con la chimenea de proa caída en cubierta y el puente convertido en una verdadera ruina. Bajo el estruendo de los cañones germanos, que bramaban precisamente sobre él y le alumbraban con sus fogonazos, el *Spitfire*, gracias a la gran arrancada de su oponente, despegó por fin y quedó al garete, estremecido y roto, por la estela de su poderoso contrincante, perdiéndose pronto en la noche. Pero con dicha valerosa y hábil maniobra, el capitán de fragata Trelawney, que salvó milagrosamente su vida, pues una bala de cañón le rozó la parte superior de la cabeza, hiriéndole ligeramente, había conseguido evitar la segura destrucción del destructor, que después pudo renquear, navegando de popa, hasta Inglaterra, donde sus graves averías tardarían dos meses en quedar reparadas.

Por su parte, el *Nassau*, que recibió dos impactos y sufrió 11 muertos y 16 heridos, tuvo que moderar la velocidad a 15 nudos, debido a la entrada de agua; de manera que arrumbó directamente hacia el Horns Reef. Al no regresar a su puesto en la formación de la I Escuadra, los alemanes creyeron que había resultado hundido al torpedo. Pero, por la mañana, el almirante Scheer recibió un mensaje del comandante de dicho buque, capitán de navío Hans Klappenbach, dándole cuenta de que se hallaba a la espera en las proximidades del barco-faro *Vyl* y que por la noche había abordado a un destructor enemigo, al que suponía hundido.

No es de extrañar que Von Hase, en el *Derfflinger*, a retaguardia de la línea germana, escribiera: «Veíamos los fogonazos de los disparos, los grandes piques iluminados por los proyectores y las espesas nubes de humo dejadas por los destructores y las unidades pesadas. No podíamos distinguir los detalles, pero los resultados de la lucha que se libraba se hacían patentes para nosotros cuando un llameante buque tras otro, al rojo vivo, desfilaban en las cercanías. Toda la obra muerta resplandecía, y los destructores semejaban delicadas filigranas de orfebrería, en rojo y oro.»

Algo parecido observaban también, impotentes, los marinos británicos a bordo de los acorazados a retaguardia de la Gran Flota, y hasta los del *Iron Duke*: «Las granadas iluminantes disparadas con mucha frecuencia por el enemigo producían un resplandor muy brillante, mientras dejaban sus propios buques en completa oscuridad y ocultaban sus posiciones», dice Jellicoe. Lo que calla es que, de haber dispuesto los destructores británicos de tal clase de proyectiles, aquella noche de angustia y aquelarre

—en que el *Active* chocó a las 0115 con un objeto sumergido, que le arrancó cinco metros de la quilla de balance de estribor, y el *Colossus*, con otro, quince minutos después, dañándose las hélices de la misma banda—, sus torpedos habrían podido causar muy graves daño a los acorazados alemanes. Que, de todos modos, como luego veremos, no se irían de vacío.

Tras el combate que brevemente hemos relatado, la 4.ª Flotilla inglesa, reducida ahora a nueve buques, pues el *Unity*, en cola, había perdido el contacto, arrumbó al este y luego al sudeste, lo que hacia la medianoche le llevó otra vez al encuentro de las unidades alemanas.

Los marinos germanos se habían vuelto más comedidos en el empleo de sus potentes proyectores de arco, blanco frecuente y certero de los disparos ingleses, y decidieron utilizar sus granadas iluminantes. Pero la terrible noche seguiría cobrándose, lo mismo, nuevas víctimas.

En las alturas, sobre la 4.ª Flotilla británica se escucharon unas explosiones huecas, y casi inmediatamente se encendieron allí varias potentes bengalas que, al descender despacio, colgadas de sus paracaídas, dejaban la mar temporalmente convertida en «una blanquecina losa de mármol, sobre la que los negros destructores ingleses parecían cucarachas en movimiento». Instantes después, los aulladores proyectiles alemanes envolvieron a los buques en cabeza de dicha flotilla. Alcanzado en el timón, el *Broke* cayó, veloz e inevitablemente, a una banda y fue a estrellarse contra el *Sparrowhawk*, de 935 toneladas, con tanta fuerza, que ambos buques quedaron firmemente empotrados uno en otro. El *Garland*, que navegaba en tercer puesto, a duras penas logró evitar la colisión con sus dos compañeros de flotilla, a los que por fin separó el *Contest*, al abordar violentamente al *Sparrowhawk* y seccionarle la popa. Este último buque, que había perdido parte del castillo y toda la toldilla, quedó al garete, con seis muertos a bordo, y hacia las tres de la madrugada tendría que ser torpedeado y hundido por el destructor británico *Marksman*.

Por su parte, el *Broke*, blanco de nueve proyectiles, que tenía deshecho el tajamar y había sufrido 47 muertos y 36 heridos, lograría alcanzar, con mucho retraso debido al mal tiempo, la boca del Tyne. Necesitaría dos meses de intensivos trabajos en los astilleros para quedar otra vez en servicio, es decir, en tercera situación.

Pese al desafortunado y triple abordaje, la 4.ª Flotilla pudo lanzar varios torpedos, dos de los cuales alcanzaron al crucero ligero alemán *Rostock*, de 4.700 toneladas, buque insignia del comodoro Michelsen, que sufrió 14 muertos y 6 heridos y quedó sin gobierno y a la deriva. Se mantendría a flote hasta las 0345 de la mañana, en que, al observar buques enemigos en las proximidades, fue volado por su propia gente. Unidades de la III Flotilla alemana habían rescatado previamente a los heridos y al resto de la dotación.

Mientras tanto, la diezmada 4.ª Flotilla británica, ahora reducida a seis unidades, se había reorganizado y vuelto a rumbo, lo mismo que la Escuadra alemana. De manera que, poco después, el encontronazo entre ambas se hizo, una vez más, inevitable. «El enemigo abrió un fuego intenso y certero —relata Jellicoe—, que ocasionó la pérdida del destructor *Fortune*.» Este buque, de 1.000 toneladas, que no hizo honor a su nombre y resultó acribillado por los disparos alemanes, sufrió 67 muertos. También el *Ardent*, de 980 toneladas, sucumbió poco más tarde, cuando en solitario trataba de lanzar su último torpedo contra los acorazados de la *Hochsee Flotte*. Quedó literalmente destrozado por un diluvio de granadas, sufrió 78 muertos y se hundió muy pronto. Los únicos supervivientes de este destructor inglés fueron su comandante, el capitán de corbeta Marsden, y un cabo señalero, que, tras permanecer cinco horas en el agua, fueron recogidos por un buque de su nacionalidad.

La valerosa 4.ª Flotilla británica había quedado literalmente aniquilada. Cuatro de sus unidades se habían hundido o estaban hundiéndose; otras tres habían tenido que arrumbar en precario hacia Inglaterra, y las restantes, averiadas, dispersas y ya sin torpedos, se vieron obligadas a arrumbar temporalmente hacia el norte, a toda máquina. Sin embargo, en su haber figuraba el crucero alemán *Rostock*, e indirectamente el de igual clase y bandera *Elbing*. Pero si dicha 4.ª Flotilla había dejado prácticamente de existir, la 12.ª, de la misma enseña, pronto alcanzaría el mayor éxito británico de la aciaga noche.

Dos destructores de la 13.ª Flotilla británica habían perdido accidentalmente el contacto con los demás buques de su unidad, y hacia las 0015 se cruzaron con varios acorazados alemanes, a los que inicialmente tomaron por ingleses. ¡Error fatal! El desconcertado *Turbulent*, de 1.080 toneladas, fue bruscamente iluminado por proyectiles estrella, profusamente cañoneado y embestido y pasado por ojo por el acorazado *Westfalen* —capitán de navío Redlich—, de 18.600 toneladas, perteneciente a la I Escuadra.

El *Petard*, que seguía las aguas de aquél, fue también alcanzado y sufrió considerables averías, 9 muertos y 6 heridos, pero, a toda máquina, pudo zafarse de los que había creído buques de la Gran Flota. Noventa muertos tuvo el *Turbulent*, del que los únicos 13 supervivientes fueron después recogidos y hechos prisioneron por destructores alemanes.

Siguió un período de tensa, expectante y silenciosa calma, que duró aproximadamente una hora. Pese al sueño y al cansancio, los nervios de todos seguían en tensión. En el puente del *Derfflinger* se escuchó el inconfundible zumbido agudo que producía un destructor movido por turbinas de vapor, que pronto se hizo visible, abierto unos 45° por estribor, como una forma más negra, navegando a elevada velocidad. Sin duda era enemigo, pero ¿qué hacer? Los alemanes decidieron no encender el único proyector que habían podido reparar, y lo mismo hizo el *Von der Tann*, que seguía las aguas de aquél. El *destroyer* inglés —¿averiado, diezmado?— pasó a menos de quinientos metros del *Derfflinger*, al parecer sin haber descubierto a los grandes buques de la *Kriegsmarine*, y pronto se perdió en la tenebrosa noche, para alivio de los alemanes, cuyo prácticamente inutilizado crucero de combate flotaba en precario. Puede que sus contrapartes ingleses respiraran también...

La *Hochsee Flotte* consiguió por fin, hacia las 0030 de la mañana del 1 de junio, cortar la derrota del grueso de la *Grand Fleet*, cosa de la que se percataron en la 6.ª División de acorazados británicos y en la 5.ª Escuadra (Evan-Thomas), muy retrasadas, donde se había observado que los furiosos combates librados a retaguardia habían ido desplazándose paulatinamente desde la aleta de estribor a la de babor de las unidades inglesas (1). Ahora el grueso de Jellicoe y la agrupación de Beatty se alejaban cada vez más de las unidades alemanas, por el través de estribor de éstas, a rumbos divergentes. Y éste fue, sin duda, el mayor éxito cosechado por Scheer en toda la batalla. Ya sólo la 12.ª Flotilla británica se interponía entre la Escuadra germana y los campos de minas alemanas (2).

---

(1) El capitán de navío de la Marina rusa Schoultz, oficial de enlace con la Gran Flota, embarcado en el *Hercules*, de la 1.ª Escuadra de acorazados ingleses, dejó escrito aquella misma noche en su diario: «El enemigo ha cruzado nuestra derrota, de estribor a babor.»

(2) Tres submarinos británicos que acechaban al sur del Horns

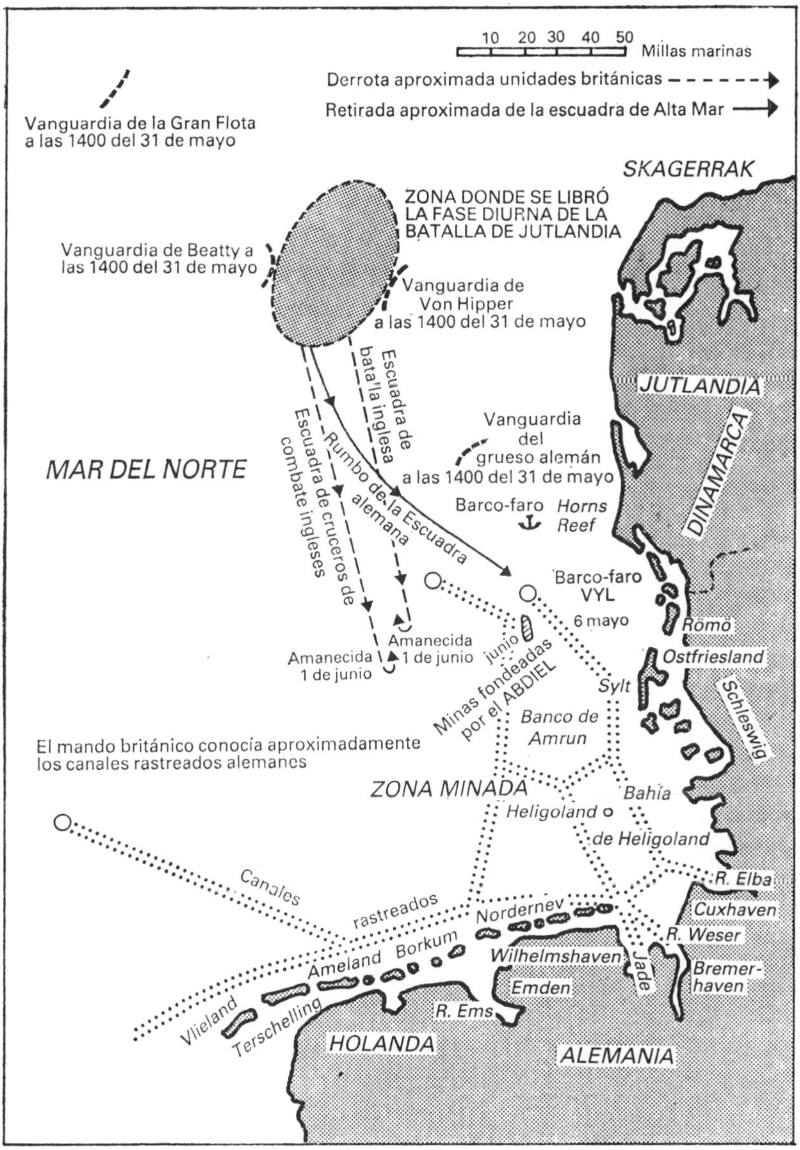

Zona donde se produjeron los combates diurnos de la batalla de Jutlandia y derrotas nocturnas seguidas por las Escuadras de ambos bandos. Como puede apreciarse, la Escuadra alemana atravesó la retaguardia del grueso de Jellicoe, lo que provocó una serie de violentos combates.

¿Por qué navegó Jellicoe 97 millas marinas hacia el sur, hasta las 0247 del 1 de junio, en que invirtió el rumbo, en vez de aproar hacia el Horns Reef después de la medianoche, es decir, entre las 0000 y las 0100, para atrapar a la Escuadra alemana a la luz del nuevo día, antes de que ésta pudiera ponerse a buen recaudo tras sus campos de minas?

Hay posiblemente una razón, que el almirante británico no expone, pero que pudo haber pesado en su ánimo. A las 2335, el comandante en jefe de la Gran Flota había recibido un mensaje del *Birmingham* señalándole que «un número impreciso de cruceros de combate, probablemente enemigos, en 56° 46′ norte y 05° 46′ este, navegaban arrumbados al sur». Casi con toda seguridad se trataba del *Seydlitz* y del *Moltke* (1), pero aquello estaba en claro desacuerdo con lo anteriormente advertido por el Almirantazgo británico sobre las supuestas intenciones de la *Hochsee Flotte*. Así que Jellicoe, incrédulo o desconcertado, prefirió continuar tal y como iba. Por otra parte, la 4.ª Flotilla, que, como sabemos, había chocado varias veces con los acorazados alemanes, invariablemente aproados al SSE cuarta al E y que siempre habían vuelto después a rumbo, perdió a su conductor, el *Tipperary*, a las primeras de cambio, a bordo del cual murió el jefe de la flotilla, capitán de navío Wintour, y el *Spitfire*, que trató de rescatar a la dotación del primero, había sido abordado y quedó arrasado; de manera que tampoco pudo informar sobre

---

Reef nada pudieron lograr. Otro sumergible de la *Royal Navy*, que navegaba en superficie, fue descubierto en la anochecida del 1 de junio por un crucero de la 2.ª Escuadra, que, tomándolo por enemigo, lo cañoneó y embistió, dándole por hundido. No obstante, dicho coriáceo submarino sobrevivió y pudo llegar por sus medios a Inglaterra.

(1) Hacia las once de la noche, dichos cruceros de batalla alemanes, que tras varios cambios de rumbo habían perdido el contacto con el grueso germano, descubrieron de pronto, por su aleta de babor, a cuatro grandes unidades. Las opiniones sobre si se trataba de amigas o enemigas se dividieron en el puente del *Moltke*, y el oficial torpedista quería atacarlas. «¿Podría usted jurar que son ingleses?», le preguntó Von Hipper. «¿Jurarlo? No, no, almirante.» «En este caso, no haga fuego.»

El *Moltke* cayó a estribor para alejarse de los misteriosos buques y luego intentó volver a tomar contacto con la vanguardia de Scheer. Pero aquellas unidades volvían a interponerse; de manera que, tras varios intentos más, Von Hipper decidió forzar máquinas, alejarse hacia el sur y dirigirse después con independencia hacia el Horns Reef. Cosa que, sorprendentemente, los marinos alemanes lograrían sin contratiempo alguno.

la posición y rumbo de dichas grandes unidades alemanas. Es, por tanto, explicable que Jellicoe no quisiera alterar el rumbo de la Gran Flota, posiblemente pensando que, en otro caso, la Escuadra germana podría escapar por el sur, buscando el canal dragado entre los campos de minas alemanes contiguos a las Frisias occidentales.

La 12.ª Flotilla británica, mandada por el capitán de navío Stirling, a bordo del *Faulknor,* para evitar a la 4.ª, de igual bandera, que, como sabemos, dio un gran rodeo tras su primer encuentro con las unidades alemanas y, después de reorganizarse, volvió a poner la proa al sudeste, había quedado a unas diez millas al norte de la 1.ª Escuadra de acorazados de la Gran Flota y caída unas cinco millas hacia levante. Lo que, accidentalmente, sobre las 0145, le permitiría avistar a la retaguardia de la larga línea que formaban los cruceros y acorazados de la *Hochsee Flotte.*

Efectivamente, entre las sombras, aún más intensas por ser ya precursoras de la amanecida, los marinos ingleses descubrieron, por su amura de estribor, las altas y negras siluetas de seis acorazados enemigos. Sin dudarlo un momento, Stirling ordenó aumentar a 25 nudos y arrumbar paralelamente a los buques germanos, a fin de adelantarles y después, siempre sin perderlos de vista, invertir el rumbo y atacarlos con torpedos, de vuelta encontrada. Hacia las 0152 envió un radio a Jellicoe dándole cuenta del importante descubrimiento: «Acorazados enemigos arrumbados al sudeste, en demora aproximada sudoeste. Mi posición, diez millas por la popa de la 1.ª Escuadra de combate.» Sin embargo, parece ser que, debido a las interferencias de las potentes emisoras radiotelegráficas alemanas situadas en tierra, este mensaje no fue recibido en ninguno de los buques de la Gran Flota.

Al amparo de la oscuridad y de la cerrazón en aumento, la 12.ª Flotilla pudo alcanzar, sin ser descubierta, una buena posición de ataque por la amura de babor de los buques alemanes. Seguidamente invirtió el rumbo por contramarcha, y hacia las 0210 arrojó al mar un total de doce torpedos.

Esta vez, los marinos alemanes, posiblemente debido al deterioro de la visibilidad y al cansancio, no se percataron a tiempo de la presencia de los destructores enemigos ni del ataque de que estaban siendo víctimas a tan sólo unos 3.000 metros de distancia. Cuando, por fin, cayeron hacia fuera y rompieron el fuego, era ya demasiado tarde. El acorazado *Pommern* —capitán de navío Bölken—, *pre-dreadnought* de 13.200 toneladas, había sido torpedeado y, sobre las 0220, volaba en pedazos y se partía en dos, con una explosión terrorífica, entre un verdadero volcán de llamaradas. El espectáculo resultó dantesco, y hasta la misma traicionera noche pareció estremecerse. He aquí cómo lo vio un testigo presencial, Von Hase, a bordo del *Derfflinger:*

«De pronto se escuchó una fuerte explosión, y por la proa vimos alzarse al cielo una imponente columna de llamas. En la distancia parecía el flamígero haz de unos gigantescos fuegos artificiales. Nuestros dos matalotes proeles cayeron a estribor con toda la caña. ¿Qué habría sucedido? El *Derfflinger* continuó a rumbo, y pasamos sobre el mismo escenario del desastre. Escrutamos intensamente por todas partes en busca de restos o de náufragos debatiéndose en el agua, pero allí no quedaba absolutamente nada que ver.»

Así era; la espectacular y terrible voladura de los pañoles de municiones del infortunado *Pommern,* única que se produjo en algún buque de línea germano durante la batalla, debió de desfondar por completo el casco del acorazado y hundirlo fulminantemente, en cuestión de muy pocos segundos. De manera que en este desastre pereció al completo su dotación, de 844 hombres. Una vez más, la muerte no discriminó entre los fogoneros que en las calurosas entrañas del buque paleaban incesantemente carbón a los hornos de las calderas, y los serviolas encaramados en las cofas, a veinticinco metros sobre el nivel del mar y que inútilmente habían tratado de perforar las tinieblas y las bardas de niebla a través de sus prismáticos nocturnos. Aunque el valor militar del acorazado alemán era ya muy reducido, como sabemos, su hundimiento constituyó, por las pérdidas humanas que se produjeron, la mayor catástrofe sufrida por la *Kriegsmarine* en Jutlandia. Sin embargo, este dramático hundimiento no sería el último.

El destructor británico *Maened* —capitán de fragata Champion—, que por dificultades surgidas en los tubos lanzatorpedos había virado después que el resto de su flotilla, arrojó un torpedo por babor, invirtió otra vez el rumbo y, por estribor, lanzó otros dos artefactos submarinos. Alguno de ellos alcanzó al destructor germano, de 560 toneladas, *V-4,* que sufrió 18 muertos y 4 heridos y poco después se fue a pique, no sin que su dotación pudiera ser recogida por otro buque de la misma nacionalidad.

El ataque desencadenado por la 12.ª Flotilla británica, que sólo costó a ésta un impacto en el puente del *Onslaught,* con el saldo de cinco muertos y dos heridos, y que fue el único llevado a cabo de forma organizada y deliberada, se vio, pues, coronado por un gran éxito. De manera que cabe preguntarse lo que hubiera podido lograr la masa de cerca de ochenta destructores ingleses que pasivamente seguían al grueso de la *Grand Fleet,* si Jellicoe los hubiera lanzado aquella noche al ataque torpedero de los acorazados alemanes, ya que dichas unidades inglesas llevaban a bordo más de trescientos torpedos —cuatro por buque—, pero de los que a lo largo de la batalla sólo se utilizaron setenta y cuatro...

El terrorífico golpe de timbal producido por la voladura del *Pommern* puso prácticamente punto final al encuentro de Jutlandia. La Flota de Alta Mar estaba al fin en franquía, por así decirlo, y ya no se producirían otros combates de importancia o contundencia. Es decir, la gran batalla, que quedó virtualmente en tablas, aunque sus secuelas, como luego veremos, fueron muy importantes, había dado fin. Pero los hundimientos, todavía no.

Poco antes de que lo hiciera el *Pommern,* había bajado al fondo del mar del Norte el crucero de batalla germano *Lützow.* El comandante de dicho buque, capitán de navío Von Harder, describe así este hundimiento:

«Cuando se vio claramente que no era posible salvar al crucero de batalla, porque ya tenía a bordo 8.300 toneladas de agua y estaba a punto de zozobrar, decidí desembarcar a la dotación a fin de librarla de un seguro desastre. Para las 0145 habían transbordado todos, incluyendo los heridos, a los destructores que se le abarloaron. Fui el último en abandonar el buque, tras muchos entusiastas vivas a Su Majestad el Kaiser, a nuestros almirantes Scheer y Von Hipper y al mismo buen buque de guerra. Éste se hallaba tan hundido de proa, que el agua llegaba a la torre de combate, y toda la popa quedaba al aire. Bajo mis órdenes, se echó a pique al *Lützow* con un torpedo disparado por el *G-38.* El crucero de combate zozobró y se hundió rápidamente, en dos minutos, con la bandera arriba.»

En efecto, el destrozado pero resistente *Lützow,* que había pulverizado al *Defence,* recibió durante la batalla por lo menos 24 demoledores impactos de grueso calibre, tuvo 115 muertos y 50 heridos y, al final, se vio obligado a navegar de popa hasta que las hélices quedaron por encima de la superficie del mar, pues todos los esfuerzos para detener la entrada del agua resultaron baldíos. Los cuatro destructores que le escoltaban —*G-40, G-37, G-38* y *V-45*— recogieron a 1.250 hombres, y luego, ya a la luz del día, tuvieron que librar dos escaramuzas con algunos cruceros y destructores ingleses enviados por Jellicoe a la búsqueda y remate de las posibles rezagadas unidades enemigas, averiadas y en dificultades. Aunque el *G-40* recibió un impacto en las máquinas —que le causaron un muerto y dos heridos—, quedó al garete y tuvo que ser tomado a remolque, el jefe de la escuadrilla alemana, capitán de fragata Beitzen, condujo en cada caso diestramente sus buques al ataque y, con el auxilio del crucero *Regensburg*, logró llevarlos felizmente a Alemania.

Ya nos hemos referido a los restantes hundimientos que, a consecuencia de los daños sufridos en encuentros anteriores, se produjeron en ambos bandos durante la mañana del 1 de junio. En total, los alemanes perdieron un crucero de batalla, el *Lützow;* un acorazado anticuado, el *Pommern;* cuatro cruceros ligeros y cinco destructores, es decir, once buques, con 59.610 toneladas de desplazamiento estándar, habiendo sufrido 2.551 muertos y 507 heridos: el 6,8 % de bajas. Los británicos, por su parte, perdieron tres cruceros de combate: *Indefatigable, Queen Mary* e *Invincible;* tres cruceros acorazados: *Defence, Black Prince* y *Warrior,* y ocho destructores, es decir, catorce buques, con 112.450 toneladas, y tuvieron 6.097 muertos y 510 heridos, aparte 177 prisioneros hechos por los alemanes, es decir, más del 11 % de bajas. Las pérdidas materiales y humanas sufridas por los ingleses fueron, por tanto, muy superiores a las alemanas, pero la Escuadra del kaiser tuvo que retirarse y ceder el campo, mientras que la de Su Graciosa Majestad quedó, una vez más, dueña del mar del Norte...

En efecto, al llegar la amanecida del 1 de junio, sobre las 0247 de la mañana, en los fríos y húmedos puentes, cofas, puestos de observación y torres directoras de todas las grandes unidades germanas y británicas, centenares de marinos, a través de prismáticos, periscopios, telémetros, alzas de puntería y telescopios, escrutaron ansiosamente todo el horizonte, tratando de descubrir al enemigo. La visibilidad seguía siendo mediocre, pero, para decepción y pasmo de los ingleses, y alivio de los alemanes, del adversario no había el menor rastro; ni siquiera alguna columna de humo rompía a lo lejos la monotonía de una mar gris, plomiza, surcada por olas de leva en aumento y totalmente vacía de buques enemigos de ninguna clase. Ambas escuadras, ya a treinta millas de distancia, navegaban aún a rumbos divergentes; y seguirían haciéndolo.

Con las primeras luces, Jellicoe ordenó a la Gran Flota que arrumbara hacia el norte, ahora con los acorazados en línea de fila y la 5.ª Escuadra en vanguardia. Con una visibilidad de tan sólo unas cuatro o cinco millas y la Escuadra inglesa bastante desperdigada, el comandante en jefe británico renunció a su idea anterior de dirigirse hacia el Horns Reef. Hasta tres horas después no se avistaron desde el *Iron Duke* los cruceros propios; los destructores no se incorporaron hasta las nueve de la mañana, y la muy atrasada 6.ª División de acorazados, donde por fin el torpedeado *Malborough* había tenido que dirigirse de madrugada a Rosyth, por no poder mantener la velocidad de 17 nudos, lo haría después del mediodía. En cualquier caso, como anteriormente señalamos, era ya demasiado tarde para poder cortar la retirada a la *Hochsee Flotte*, que, por su parte, a las tres de la mañana, llegaba al Horns Reef y, tras aguardar allí al *Lützow*, hasta que Scheer conoció su final, entraba en los campos de minas propios y, al mediodía del 1 de junio, arribaba, ¡invicta!, a Wilhelmshaven.

En Alemania, la batalla naval llamada, por razones políticas, del Skagerrak se celebró como una gran victoria. Desde luego, no lo era, en absoluto, pero la inferior, novel y carente de tradiciones —no lo olvidemos— Flota de Alta Mar había combatido contra toda la poderosísima Escuadra británica, dueña absoluta de los mares desde Trafalgar, cargada de gloriosas tradiciones y desde entonces con absoluta moral de victoria, y logrado no sólo burlar a los marinos ingleses, sino salir mucho mejor librada que su enemiga.

Por el contrario, el desconcierto y la decepción resultaron inevitables en el Reino Unido, país marinero por excelencia y ya más que acostumbrado al orgulloso y centenario «*Rule Britannia*», donde nadie se explicaba que los alemanes hubieran podido siquiera escapar. La contrariedad fue también muy grande en Rusia, y hasta en el Japón. En la primera, porque comprendieron que el Báltico seguiría siendo un lago germano, con todas sus consecuencias, y en el Japón, porque se recordaba muy bien que, en Tsushima, Togo había hundido siete acorazados rusos y apresado a los cuatro restantes, y que, de los treinta y ocho buques del almirante Rodjensvenstky, sólo dos pudieron escapar. Pero los maestros y mentores de aquellos *samurais* nipones habían sido precisamente marinos británicos.

Pese a que el Almirantazgo respaldó todas las decisiones tomadas por Jellicoe durante la batalla, sobre éste recayeron los más graves reproches. En cambio, el prestigio de Beatty subió como la espuma, siendo considerado desde entonces como el continuador de las tradiciones nelsonianas, el arquetipo del marino británico y el hombre en quien los ingleses habían depositado su confianza. A tal conclusión —que muchos consideran injusta— contribuyó el propio gobierno de Su Majestad al conceder a sir David Beatty una recompensa de 100.000 libras y el título de conde, y a John R. Jellicoe, de tan sólo 50.000 esterlinas y un vizcondado. Pero, aciertos y errores aparte, aquellas recompensas fueron merecidas.

* * *

La reseñada a lo largo de estos tres capítulos fue la polémica y todavía hoy debatida batalla naval de Jutlandia, cuyas vicisitudes en cada caso ya comentamos. Ambos adversarios, pese a los inconvenientes de la mala visibilidad o la visibilidad asimétrica, imperante prácticamente a lo largo de todo el encuentro, tiraron bien, y los porcentajes de impactos logrados, si se exceptúan los conseguidos en el *Black Prince,* cañoneado a bocajarro, y en el *Defence* y el *Warrior,* a corta distancia, son parecidos. Tácticamente, los ingleses dieron una lección a sus oponentes, ya que tanto Beatty como Jellicoe consiguieron alcanzar posiciones «fundamentales» sobre las fuerzas de reconocimiento germanas, primero, y sobre el grueso alemán, después. Cosa que, por su parte, Von Hipper y Scheer no lograron nunca. Y cuando este último lo intentó, erró lamentablemente el golpe, lo que costó muchas bajas y destrozos a sus unidades, pero sin contrapartida de ninguna clase. En cambio, sus dos bien ejecutadas y oportunas inversiones de rumbo, y también la niebla, libraron a la comprometida Escuadra de Alta Mar de la terrible tenaza de la Gran Flota y desconcertaron a Jellicoe.

Según Winston Churchill, que, lego en la materia —era oficial de caballería—, creemos que se limita a recoger la impresión general —no oficial— del Estado Mayor del Almirantazgo, en dicha batalla «no se intentó utilizar la división rápida de acorazados (los "Queen Elizabeth") para atacar al enemigo desde la otra banda y no dejarle escapar. El acertado y prudente razonamiento del comandante en jefe para no dejarse arrastrar a alguna trampa no debió aplicarse a situaciones en que el enemigo había sido obviamente sorprendido, estaba separado de sus bases y se veía afectado por emergencias imprevistas y absolutamente imprevisibles. Una precaución plausible había creado un hábito de mentalidad defensiva y unos esquemas tácticos que perjudicaron a la *Grand Fleet* incluso cuando no existían condiciones especiales que aconsejaran la cautela.»

Creemos que este juicio es acertado. Porque no hay duda de que Jellicoe, atenazado por la gran responsabilidad que pesaba sobre él —y que, como sabemos, nunca deseó— y temiendo siempre caer en alguna trampa de submarinos, condujo la batalla con una rigidez y una prudencia excesivas, que permitieron a Scheer librarse por dos veces de situaciones que de otra manera pudieron haberle costado por lo menos muy graves pérdidas.

Durante la noche, la decisión del comandante en jefe británico de no empeñar al grueso en una nueva batalla fue, como ya comentamos, correcta. Los destructores alemanes estuvieron inconcebiblemente desacertados en sus búsquedas del enemigo, y tampoco se comprende por qué Jellicoe no lanzó las flotillas inglesas al ataque torpedero. La única razón plausible tuvo que ser el temor de que a la mañana siguiente no se hallasen a la mano para escoltar a la Gran Flota contra los supuestamente omnipresentes *unterseeboote*. La resolución de Scheer, tomada otra vez un poco a ciegas, de abrirse paso a viva fuerza hacia el Horns Reef, pues había que evitar a toda costa una nueva batalla al día siguiente, fue acertada, si se tiene en cuenta el gran adiestramiento de la Flota de Alta Mar para el combate nocturno, la disposición unilateral de granadas iluminantes y, sobre todo, el igualitario rasero a que las nocturnas sombras forzosamente someterían, en caso de ataque, a los muy desiguales gruesos de ambas escuadras. Pero la suerte, ese fuerte e inevitable condicionante de la historia, estuvo en general del lado germano. No por la casi permanente calima, pues en otro caso la Escuadra inglesa habría sido descubierta por los dirigibles de la *Kriegsmarine* y la batalla no se hubiera librado, sino por el hasta entonces insospechado defecto de los proyectiles ingleses de grueso calibre y porque, de haberse encontrado al mando de la Gran Flota algún marino con la mentalidad de un David Beatty o de un Roger Keyes, resulta dudoso que la *Hochsee Flotte* hubiera logrado escapar.

Es cierto que la situación naval, totalmente desfavorable para Alemania, siguió exactamente igual después de Jutlandia, y que para los británicos, como señala acertadamente el historiador inglés Liddell Hart, habría sido mucho mejor que no se hubiese librado. Pero el que la Gran Flota no pudiera aniquilar, en aquella oportunidad única en toda la guerra, a la Escuadra germana, tuvo consecuencias trascendentales, las más importantes de las cuales brevemente reseñaremos a continuación:

a) Habiendo quedado la *Hochsee Flotte* prácticamente incólume, como flota en potencia, los ingleses tuvieron que retener en Scapa Flow y en Rosyth a un centenar de destructores, imprescindibles en caso de un nuevo choque entre la *Grand Fleet* y aquélla. Dicho centenar de valiosísimas unidades no pudo dedicarse a la lucha antisubmarina ni a la protección del tráfico aliado, amenazado por los submarinos alemanes; que, como veremos en el capítulo siguiente, llevarían al Reino Unido al borde de la derrota. Por otra parte, la mera existencia de la Escuadra alemana, al hacer imposible un bloqueo cerrado inglés, permitió a la *Kriegsmarine* desencadenar la terrible ofensiva submarina del año 1917.

b) La *Royal Navy* no pudo adueñarse del mar Báltico, como había planeado (1), para ayudar directamente a los rusos con desembarcos a retaguardia de las líneas alemanas y, sobre todo, con armas y municiones, lo que, a fines de 1917, daría lugar al derrumbamiento del Ejército de Nicolás II y, de forma indirecta, a la prolongación de la guerra durante un terrible año más.

c) El temor a un desembarco germano en el Reino Unido, al amparo de la *Hochsee Flotte*, obligó al Gabinete de Guerra a mantener en suelo británico un ejército de 250.000 hombres, que no pudo ser trasladado a Francia, ni intervino en las grandes batallas libradas en el frente del oeste en marzo y abril de 1918, hasta después de esta fecha.

* * *

En resumen, para el Reino Unido, Jutlandia fue una magnífica ocasión perdida. Pero la Flota inglesa siguió dueña de los mares, que era lo verdaderamente importante, y esto tendrán que agradecérselo todos los aliados, incluidos los súbditos británicos, a Jellicoe. Porque en la gran reválida que supuso Jutlandia, sir

(1) En efecto, a fines de 1914, lord Fisher había iniciado un programa naval para adueñarse del Báltico, que comprendía, además de 37 monitores y 290 barcazas de desembarco, 5 cruceros de batalla, 12 cruceros ligeros, 61 destructores, 64 submarinos, 24 cañoneros fluviales, etc. Este proyecto fue después recortado por el gobierno, que entonces creía que la guerra daría fin antes de 1916. Pero los ingleses sólo dejaron de considerar su intervención en el Báltico tras los grandes desastres sufridos por el Ejército del zar. De todos modos, así nacieron los cruceros de batalla *Repulse, Renown, Courageous, Furious* y *Glorious*, los tres últimos convertidos después de la guerra en portaaviones.

John no obtuvo, desde luego, un sobresaliente *cum laude*, pero sí un muy merecido aprobado.

Respecto a Scheer, que jamás —con toda razón— estuvo dispuesto a aceptar el envite de la Gran Flota al completo —a menos de poder llegar previamente a la paridad de efectivos— y que en aquella ocasión se había hecho a la mar con la única finalidad de poder atrapar a cualquier fracción de la Escuadra enemiga, es cierto que cometió los errores que ya conocemos, pero no lo es menos que logró escabullirse muy hábilmente del lazo mortal con que la Gran Flota parecía a punto de apretarle ya por el cuello, y, después, volver a Alemania con virtualmente toda su Escuadra; lo que, sin la menor duda, fue un gran éxito que nadie con objetividad puede poner en entredicho.

Von Hipper actuó bien, aunque, tal vez debido al insuficiente número de cruceros ligeros de que dispuso y a las pésimas condiciones tácticas en que —accidentalmente o no— tuvo que combatir la Escuadra germana, su descubierta dejó bastante que desear. En conjunto, creemos que quien mejor actuó en Jutlandia fue Beatty, que, de haber sido secundado en su momento por Jellicoe o por Jerram, probablemente habría dado a la batalla un giro muy favorable, quizá decisivo, para las armas británicas.

Es decir, en Jutlandia, los marinos alemanes impidieron diestramente el aniquilamiento de la decididamente inferior, pero también muy importante, Escuadra del kaiser. Mas sus contrapartes británicos actuaron lo bastante bien como para seguir en posesión del «dominio del mar». Y esto es lo que en una guerra de tales proporciones realmente cuenta. Todo lo demás, nos guste o no, lo aceptemos o lo rechacemos, es y seguirá siendo, ayer como hoy, secundario.

CAPÍTULO X

La guerra bajo el mar en 1916. — La campaña submarina alemana sin restricciones durante 1917 y 1918. — Gran Bretaña, al borde del colapso.—Entrada en guerra de los Estados Unidos.—El sistema de los convoyes, decisivo. — Los barrajes de minas. — Dramática carrera entre hundimientos y nuevas construcciones. — Los unterseeboote *son finalmente derrotados.*

Pese a las restricciones impuestas por el gobierno alemán a los submarinos de la *Kriegsmarine,* éstos y los cruceros auxiliares habían hundido, a lo largo del año 1915, algo más de 1.300.000 toneladas netas de buques aliados y neutrales al servicio de Gran Bretaña, al precio de 19 *unterseeboote* desaparecidos durante el mismo período de tiempo. Para los aliados no era una cifra todavía alarmante, puesto que en dicho año el tonelaje mercante construido por Inglaterra (650.000 toneladas), los Estados Unidos y demás naciones aliadas y neutrales alcanzaba la cifra de 1.200.000 toneladas. Mas, para el Reino Unido, la guerra submarina desencadenada por Alemania se cernía como una amenaza que podía muy pronto convertirse en gravísima, y cuyas repercusiones ya se dejaban sentir.

El almirante Jellicoe confiesa en sus memorias —*La Gran Flota británica*— que, en mayo de 1915, «los grandes buques de la Escuadra permanecieron en general inactivos, por no disponer de los destructores necesarios para su flanqueo, pues estos últimos fueron constantemente dedicados a procurar localizar y destruir a los submarinos enemigos». Por otra parte, los fletes se habían disparado, y en enero de 1916 alcanzaban ya un valor promedio diez veces superior al anterior a la guerra. Los precios en el mercado habían subido proporcionalmente, y la obligada navegación en zigzag alargaba considerablemente las derrotas a recorrer; entre Gibraltar y Londres, por ejemplo, los barcos mercantes ingleses tenían que navegar ahora 2.560 millas, en vez de las 1.313 normales en tiempos de paz, con la consiguiente pérdida de tiempo.

Después de la batalla naval de Jutlandia (en mayo de 1916), el comandante en jefe de la Flota británica expuso al Almirantazgo su criterio de que la Escuadra «no volvería a arriesgarse de nuevo en combate hasta que no se tuviese la certeza de que la campaña submarina contra la navegación mercantil había fracasado», y sugería la conveniencia de restarle a la Gran Flota algunas escuadrillas de destructores para dedicarlas a combatir a los submarinos alemanes.

Y es que no sólo los hundimientos logrados por los *unterseeboote* aumentarían muy notablemente a partir del otoño de 1916, sino que el gobierno británico conocía perfectamente, a través del Servicio de Inteligencia, el alarmante número de sumergibles que se construían en Alemania, el de las unidades que iban entrando en servicio, las fechas de salida y regreso a sus bases de los operativos y hasta la posición geográfica de los que se hallaban en la mar. No sólo debido a la eficaz labor de sus agentes de Inteligencia, sino también al imprudente empleo que, sin restricciones, de la telegrafía sin hilos hacían los submarinos germanos, cuyas largas emisiones captaban continuamente los radiogoniómetros del Almirantazgo. En realidad, éste conocía incluso el nombre y grado de prácticamente la totalidad de los comandantes de los *unterseeboote* que actuaban contra el tráfico marítimo aliado; aunque todo ello no le sirviera de mucho.

Lo único que el Almirantazgo ignoraba con exactitud era el número de sumergibles enemigos que, por unas u otras causas, desaparecían. Las cifras de hundimientos de tales buques dadas por Whitehall al final de la guerra erraban por defecto en más de cuarenta unidades. Sólo los alemanes conocían el número real de submarinos de la *Kriegsmarine* que jamás regresaron. Y es que las causas de los hundimientos no eran siempre la acción directa y activa del enemigo; las solitarias minas, y los frecuentes accidentes, en un arma novel y todavía muy imperfecta, fueron responsables de la ignorada pérdida de muchos sumergibles —*U-13, U-37, U-88, UB-3, Bremen,* etc.—. Veamos brevemente algunos insólitos casos que, sin embargo, tarde o temprano, terminaron por desentrañarse.

Un día negro para la Armada alemana, en enero de 1915, el submarino *U-22* —teniente de navío Bruno Hoppe—, que había zarpado de Wilhelmshaven para un crucero por aguas territoriales británicas en el mar del Norte, descubrió, al anochecer y con mala visibilidad, a otro sumergible, también en superficie y al acecho, que, al parecer, no respondió a la señal luminosa de reconocimiento parpadeada varias veces desde la inquieta torreta del *U-22*. Según su orden de operaciones, en aquella cuadrícula no podía encontrarse más submarino alemán que el suyo. Así que Hoppe supuso que se trataba de alguno británico; hizo inmersión y le lanzó un torpedo.

Se produjo una explosión violentísima; de modo que el *U-22* emergió y se aproximó al lugar del hundimiento para tratar de recoger a los posibles náufragos. En el agua sólo había un superviviente: uno de los marineros de la dotación del submarino alemán *U-7*, hasta entonces al mando del teniente de navío Köning, precisamente compañero de promoción de Hoppe... Unos dos años después, el 12 de febrero de 1917, Hoppe caería en combate al mando del *U-83*, frente a las costas de Irlanda. Y estamos seguros de que sólo entonces encontró este oficial la paz de espíritu que, desde aquel trágico día, constantemente había buscado.

Otro caso bien dramático fue el del *U-31*. Salió de Wilhelmshaven el 13 de enero de 1915 y... jamás volvió. Después de una travesía hecha en superficie y con muy mala mar, que se colaba a torrentes por la escotilla cada vez que era necesario abrirla para efectuar el relevo de la guardia de puente, el submarino, ya a la vista de la costa británica, se sumergió para pasar la noche sobre el fondo del mar, puesto que entre las sombras que se avecinaban no habría nada que hacer y, por otra parte, la dotación estaba realmente agotada tras la pésima navegación. Los fatigados hombres se tendieron en literas y coys y muy pronto les venció el sueño; ¡un sueño que iba a resultar eterno!

Inadvertidas emanaciones de cloro procedentes de las baterías de acumuladores, afectadas sin duda por el agua salada de las sentinas, desquiciadamente agitada durante los pasados formidables bandazos, fueron penetrando lenta, solapadamente por todo el buque. Incluso en los pulmones del cansado vigilante de guardia, que sin duda perdió el conocimiento antes de poder dar a tiempo la voz de alarma. Así que durante aquella noche funesta, el sumergible se convirtió insensiblemente en una auténtico y comunal ataúd de acero, inmóvil sobre el tenebroso fondo marino.

Pasaron días, semanas, quizá meses. Las válvulas que permitían el paso del aire comprimido de alta presión a los lastres principales exteriores del *U-31*, a los tanques internos llamados de nivelación, al de seguridad y al auxiliar o de compenso, perdían un poco, burbuja a burbuja, y, al transcurso del tiempo, terminaron por desalojar parte del agua de mar contenida en aquéllos

—a través de los grifos de fondo, normalmente siempre abiertos, aunque suelen cerrarse cuando el buque se posa en el fondo—, y el submarino, una vez que tuvo flotabilidad positiva, despegó del lecho marino con un cansado estremecimiento y vino por sí solo a superficie; como si no se resignara a su triste suerte, como si quisiera desembarazarse de aquellas docenas de cadáveres en descomposición. Y allí quedó, a merced de las olas, de las corrientes y del viento, al garete, extrañamente sin ser descubierto por alma viviente. ¿Durante cuánto tiempo? Imposible saberlo. Pero un día la marea terminó por arrojarlo contra la costa inglesa, cerca ya de Yarmouth, donde quedó varado y unos pescadores que lo vieron alertaron al Almirantazgo, que envió algunas unidades para investigar.

El sumergible, inconfundiblemente alemán, se encontraba, al parecer, intacto, con las escotillas bien cerradas, sin nadie en cubierta y sin que respondieran a los golpes de llamada que los ingleses dieron sobre el casco. Pero a bordo parecía respirarse un impalpable aire de tragedia. Se le dio un tirón y fue llevado a puerto, donde, no sin trabajo, se le pudieron abrir las escotillas. La inspección resultó algo macabro, horrible. El último registro hecho en el cuaderno de bitácora del infortunado buque databa exactamente de seis meses atrás... A duras penas, los técnicos británicos pudieron reconstruir la extraña, alucinante historia del *U-31* (1).

Otros muchos submarinos alemanes y aliados desaparecieron para siempre por causas ignoradas y sin dejar el menor vestigio. Pero al menos de uno, hoy todavía anónimo, se conoce o cree conocerse el supuesto y dramático final.

Una tranquila mañana, la del 6 de septiembre de 1918, en el Atlántico oriental, tres lanchas cazasubmarinos norteamericanas acechaban, inmóviles y a la escucha de sus hidrófonos, a unas 150 millas al oeste del cabo Land's End. Poco antes del mediodía se percibió el ruido inconfundible de un submarino que navegaba en inmersión. Se le situó por marcaciones acústicas y a su debido tiempo comenzaron los ataques con cargas de profundidad. Ataques que duraron unas dos horas. Luego, tan pronto las aguas quedaron otra vez en calma, los cazasubmarinos pararon todos sus motores y volvieron a la escucha. En las profundidades reinaba un silencio sepulcral, pero al cabo de veinte minutos se oyó el

(1) En el *U-31* cayeron en manos de los ingleses los indicativos secretos radiotelegráficos de llamada y las cartas con los campos de minas alemanes.

rumor de una hélice que giraba despacio, tal vez porque las baterías del buque a que pertenecían estaban casi agotadas. Se le situó de nuevo, y una de las lanchas le arrojó algunas cargas más, las últimas que quedaban a bordo de la escuadrilla. Una «especie de cilindro negro, de medio metro de longitud», saltó entonces por los aires hasta una veintena de metros de altura. ¿Pertenecía al submarino agazapado en las profundidades? Al desvanecerse los últimos ecos del estruendo producido por las cargas, los hidrofonistas oyeron algunos ruidos que les hicieron pensar que el *unterseeboote* (si es que era realmente alemán) trataba de emerger. Era un sordo jadeo, «como el que produce un cuerpo pesado al tratar de arrastrarse por un lecho fangoso». Después, silencio, y, por fin, un sonido metálico, de martillazos, como si aquellos hombres atrapados en el fondo del mar tratasen de reparar algo... o tal vez de comunicarse con sus enemigos.

Las lanchas norteamericanas habían agotado sus cargas; así que, al caer la noche, balizaron el lugar donde se suponía que yacía el escualo de acero y por radio pidieron la ayuda de otros buques. A las tres de la mañana llegó un destructor inglés, y poco más tarde dos lanchas norteamericanas. Para entonces se había levantado bastante mar, el anclote de la boya había garreado, y los hidrofonistas, perdido el contacto. Así se desgranaron, largas y monótonas, varias horas más. ¿Qué terrible drama se desarrollaba mientras tanto en el fondo del mar?

Hacia las cinco de la tarde siguiente, la masa líquida llevó a los hidrófonos de las dos únicas lanchas que todavía acechaban un ruido seco, inconfundible, luego otro, y después varios más. A bordo de ambos cazasubmarinos se contabilizaron exactamente veinticinco inequívocos disparos de revólver...

¿Suicidio colectivo? ¿Añagaza? Nunca se sabrá con certeza. Porque el caso es que los submarinistas germanos utilizaban toda clase de tretas para intentar librarse de sus implacables adversarios. Algunos se deslizaban en superficie únicamente con la torreta fuera del agua, es decir, «en situación de acecho», con los lastres llenos y sólo el tanque de «seguridad» vacío, lo que les permitía sumergirse en muy pocos segundos. Pero sobre la torreta arbolaban un mástil e izaban una vela, para enmascarar aquélla y hacer creer, de lejos, que algún inofensivo pesquero surcaba las olas. Otros, al ser atacados, arrojaban uniformes, gorras y petróleo por los tubos lanzatorpedos... Es posible que algún o algunos submarinos alemanes, debido al fallo del giróscopo que actúa sobre los timones verticales de los torpedos, resultara víctima de éstos.

Una tranquila tarde, en el verano de 1918, el submarino norteamericano *AL-2*, buque afortunado, que con otros seis más operaba en el mar de Irlanda y se dirigía en superficie a su base en Berehaven, avistó, muy cerca, un periscopio. Hizo un cambio apresurado de rumbo, y ya se disponía a lanzar un torpedo contra su presunto enemigo, cuando los marinos norteamericanos oyeron una terrible explosión, que achacaron, sin la menor duda, al autotorpedeamiento de su adversario.

No sería el primero ni el único caso de un accidente tal. Porque los veloces peces mecánicos pueden adoptar rumbos y hasta actitudes tan absolutamente imprevisibles como absurdas. Recuérdese la escalofriante aventura corrida por el *U-35*, que el 6 de noviembre de 1917 navegaba en superficie por el Adriático, de regreso a Cattaro, cuando un torpedo que acababa de lanzar contra él el sumergible francés *Faraday*, y cuya estela de burbujas de aire detectaron con horror los alemanes encaramados en la torreta, cuando ya era humanamente imposible evitar el impacto del artefacto, saltó brusca e inesperadamente fuera del agua, hizo una extraña cabriola y, con gran estrépito, ¡pasó entre el cañón y la torreta del *U-35*! y se fue inofensivamente al mar por la otra borda, dejando a los submarinistas germanos mudos de espanto y asombro...

* * *

En enero de 1916, visto el cariz que había tomado la guerra, el jefe del Estado Mayor de la *Kriegsmarine*, almirante Holtzendorff, propuso al gobierno alemán el comienzo de una campaña submarina sin restricciones. La propuesta se basaba en el supuesto de que los sumergibles podrían hundir mensualmente en los accesos marítimos del Reino Unido 480.000 toneladas de barcos mercantes; unas 125.000 toneladas en el Mediterráneo, y, puesto que las minas se cobraban mensualmente alrededor de 26.000 toneladas, en total podrían echarse a pique 631.000 toneladas al mes, es decir, 3.790.000 toneladas cada medio año, lo que llevaría al Reino Unido rápidamente a la derrota.

Dadas las condiciones en que se libraba entonces la guerra submarina y el gran número de sumergibles alemanes que entrarían en servicio aquel año, era una propuesta ciertamente realista. De hecho, en la conferencia celebrada en la sede del Cuartel General alemán, en Pleiss, el 4 de marzo, el kaiser, Guillermo II, decidió la puesta en vigor de dicho plan a partir del 1 de abril siguiente (1916). Sin embargo, el 24 de marzo volvieron a agravarse bruscamente las relaciones entre Berlín y Washington. Aquel día, el paquebote francés *Sussex*, que llevaba a bordo 380 pasajeros, algunos de ellos norteamericanos, fue torpedeado en el canal de la Mancha, cuando navegaba entre Folkestone y Dieppe, por el *U-29*, y en el hundimiento subsiguiente perecieron cincuenta «civiles».

El gobierno del presidente Wilson amenazó al alemán con romper las relaciones diplomáticas si éste no abandonaba inmediatamente sus métodos de guerra submarina contra los barcos mercantes y de pasaje. A todos efectos era un ultimátum; de manera que la importante decisión alemana sobre el inicio de la guerra submarina a ultranza a partir del 1 de abril no se llevó a la práctica. ¿Por qué? Sencillamente, porque Alemania había llegado a un auténtico callejón sin salida. La situación militar general le era favorable, pero la económica era ya desastrosa. Militarmente, los alemanes podían correr el riesgo de que los Estados Unidos les declarasen la guerra, pero económicamente no, pues sabían muy bien que «este rico y lejano país podría aguantar una guerra durante diez o más años», cosa imposible para Alemania, que económicamente daba ya las boqueadas y que necesitaba precisamente de la ayuda norteamericana, porque «...si logramos mantener relaciones amistosas con América —informaba el jefe del Estado Mayor de la *Kriegsmarine* a los capitanes generales y mandos a flote— y, al mismo tiempo, mediante concesiones respecto a la forma de librar la campaña submarina, inducirlos a ejercer una fuerte y efectiva presión sobre Inglaterra, a fin de que pueda restablecerse el legítimo comercio de los países neutrales con los beligerantes, obtendremos la ayuda económica que nos permitirá mantener permanentemente nuestra favorable situación militar y, con ello, ganar la guerra. Una ruptura con los Estados Unidos nos daría ciertamente la ventaja táctica de poder llevar a cabo una campaña submarina sin restricciones contra Inglaterra, pero sólo en condiciones que prolongarían la guerra y que, en verdad, no nos proporcionarían alivio ni mejora en la situación económica. De fracasar los intentos para mantener a los Estados Unidos fuera de la contienda, no tendremos más remedio que afrontar tales condiciones. Pero por algunos cientos de miles de toneladas de barcos enemigos que pudiésemos hundir mientras tanto, no podemos aceptar la responsabilidad de descuidar dichos intentos».

Y es que el férreo bloqueo impuesto por la *Royal Navy* a los imperios centrales hacía mucho daño a éstos —que ya en el invierno de 1915-1916 tuvieron que recurrir al racionamiento de víveres—, y, como dijimos, terminaría por decidir la contienda a favor de la Entente. Porque, entre otras cosas, no puede librarse una guerra larga con unas fuerzas armadas y una población laboral constantemente hambrientas.

El gobierno alemán volvió a retroceder. «Llamé por radio a todos mis submarinos —escribe el almirante Scheer (es decir, los asignados a la Flota de Alta Mar, casi la mitad de los disponibles)— y anuncié que la campaña submarina contra el comercio británico había terminado.»

Considerando inadmisible, para la seguridad de dichos buques, la práctica de la detención, el registro, etc., de los barcos mercantes enemigos, que el gobierno germano se había visto obligado a imponer otra vez, el almirante Scheer tomó aquella medida, que indirectamente condujo a la batalla de Jutlandia y que dejaba libres para la lucha contra el tráfico en el Atlántico nororiental y en el mar del Norte únicamente a las exiguas flotillas de submarinos del capitán de navío Bartenbach, basadas en Flandes. Fue un grave error, que se traduciría, como era de esperar, en una importante disminución del tonelaje aliado hundido durante el semestre siguiente.

Así, pues, la guerra submarina alemana —que hasta 1917 no tuvo mando único— languideció en dichas zonas, pero se mantuvo en el Mediterráneo, y en el otoño de aquel año fue llevada al océano Glacial Ártico —Scheer recibió, el 6 de octubre, la orden de destacar allí varias de sus flotillas de submarinos—, contra los barcos aliados que transportaban material de guerra hasta el puerto ruso de Arkangel. En aquel indeciso año de 1916, en que tal vez una guerra submarina librada a ultranza por los alemanes pudo haber resultado decisiva, ya que en primavera estaban disponibles 46 *unterseeboote* y entre marzo y diciembre entrarían en servicio un centenar más, cuando todavía la capacidad de resistencia del pueblo alemán era grande, mientras que los métodos y las armas antisubmarinas de los aliados no habían pasado de la fase experimental, las cifras del tonelaje aliado hundido oscilaron así: entre enero y octubre, el promedio mensual fue de unas 145.000 toneladas; pero desde el 1 de octubre hasta el 31 de diciembre, dicho promedio saltó a las 340.000 toneladas mensuales. En total, en 1916 bajaron al fondo del mar 2.327.000 toneladas de barcos mercantes aliados, o neutrales que traficaban con la Entente, al precio de 22 sumergibles alemanes desaparecidos. En el mismo período de tiempo, el Reino Unido sólo había podido construir

541.550 toneladas de barcos mercantes, y entre todos los países aliados y neutrales, incluyendo los Estados Unidos, se construyeron 1.600.000 toneladas de tales buques. La situación, pues, se había agravado peligrosamente para los aliados.

* * *

Los submarinos alemanes, a los que nuevamente se habían vetado las aguas británicas, fueron, sin embargo, ampliando cada vez más sus zonas de operaciones. En mayo de 1916, el *U-39* bombardeó las instalaciones portuarias de Portoferraio, en la isla de Elba, y en noviembre, el *U-38* —capitán de corbeta Max Valentiner— se presentó en la rada de Funchal y echó allí a pique al cañonero francés *Surprise;* al de la misma bandera, pero nodriza de submarinos, *Kanguroo,* y al cablero británico *Dacia,* después de lo cual sometió el puerto a un bombardeo de dos horas de duración. Por su parte, el *U-52* —Hans— hundió en el golfo de Vizcaya al acorazado francés de segunda clase *Suffren,* en el que perecieron 648 hombres, prácticamente toda la dotación del buque galo.

El 12 de julio de aquel año había llegado a Baltimore el gran submarino mercante alemán *Deutschland,* que trajo productos químicos y se llevó cinc, cobre y níquel, y que en agosto volvería a los Estados Unidos. Y el 7 de octubre entró en Newport (Rhode Island) el *U-53* —capitán de corbeta Rose—. Este buque, del tipo corriente, navegaría 7.750 millas marinas sin tomar combustible —cuatro de sus lastres de agua salada iban llenos de petróleo al comenzar el viaje—, hundiría seis barcos en el Atlántico occidental —¿una advertencia a Wilson?— y otros más en las proximidades del canal de la Mancha, entre ellos los españoles *Nueva Montaña* y *Algorta,* con mineral de hierro para Inglaterra. Por su parte, el *U-47* (Steinbauer) echó a pique, el 27 de diciembre, en el Egeo, al acorazado francés de segunda clase *Gaulois,* que tuvo cuatro muertos. Pero el *Bremen,* de la misma serie que el *Deutschland,* se perdió en la mar con toda su gente y sin dejar el menor vestigio...

Volvamos otra vez a los fríos guarismos y a la guerra submarina alemana considerada en conjunto.

A fines de 1916, la situación no era nada halagüeña para los imperios centrales ni para la Entente. La ofensiva lanzada por el Ejército germano en abril de dicho año en el saliente de Ypres, con ayuda de gases asfixiantes impulsados por el viento, no había sido resolutiva. Y lo mismo podía decirse de la desencadenada por los aliados en el Somme entre julio y septiembre, pese al bautismo de fuego del centenar y medio de carros de combate británicos lanzados a la lucha el 15 de dicho último mes. En el frente del oeste había ahora 1.200.000 soldados ingleses, 2.600.000 franceses y 100.000 belgas, es decir, unos 3.900.000 hombres, frente a sólo 2.500.000 alemanes.

En el frente del este, la ofensiva rusa de junio y julio, denominada «de Brusilof», logró la conquista de Bukovina y de parte de la Galitzia oriental, y los rusos hicieron 350.000 prisioneros. Además, dicha ofensiva decidió a Rumania a entrar en guerra al lado de los aliados. Pero también es cierto que costó al Ejército del zar más de un millón de hombres, y, por otra parte, el 6 de diciembre de 1916, las tropas alemanas entraron en Bucarest, y el flamante aliado de la Entente quedó prácticamente fuera de combate.

Sin embargo, para Alemania, tampoco por allí parecía vislumbrarse una salida victoriosa a la guerra continental; en Jutlandia había quedado claramente de manifiesto la superioridad de la Gran Flota británica sobre la Escuadra alemana; y el hambre y la falta de carbón y de hierro se dejaban sentir acuciantemente en el país. El general Falkenhayn había sido relevado del mando supremo de los Ejércitos por el mariscal Von Hindenburg —cuyo jefe de Estado Mayor era entonces Ludendorff— y, el 12 de diciembre de 1916, el kaiser hizo a los aliados una resonante propuesta de paz.

Propuesta no satisfactoria para la Entente y que fue rechazada oficialmente el 10 de enero siguiente. Mas el almirante Holtzendorff ya había enviado a Von Hindenburg un detallado memorando explicándole las razones para adoptar cuanto antes una guerra submarina sin restricciones (1). El mariscal quedó con-

(1) El citado memorando del jefe del Estado Mayor de la *Kriegsmarine* decía, en resumen, que había que alcanzar una decisión militar antes del otoño de 1917. Que el tonelaje mercante destinado a llevar víveres a Inglaterra ascendía a tan sólo 10,75 millones. Que en cinco meses de guerra sin restricciones, los submarinos germanos podrían obligar a Gran Bretaña a firmar la paz, puesto que reducirían aquel tráfico al 39 % y se cortarían todas las importaciones de grasas que Inglaterra recibía de Holanda y Dinamarca, así como la madera (para las minas de carbón) y el mineral de hierro procedente de Suecia y Noruega. Que el temor de que los Estados Unidos declarasen la guerra a Alemania no debería inutilizar «esta arma que promete el éxito». Que en cuanto al tonelaje mercante se refería, el efecto de dicha entrada en guerra sólo podía ser muy pequeño. (De hecho, supondría 1.700.000 to-

vencido de que aquél era ya el único medio viable, rápido y económico de ganar la guerra, y el canciller, Bethmann-Hollweg —anteriormente opuesto, como sabemos, a una guerra submarina sin restricciones, ya que ello «colocaría el destino de Alemania en las manos de cualquier comandante de submarino»—, y el kaiser dieron finalmente su aprobación a dicho plan, que daría comienzo el 1 de febrero de 1917.

Por razones de seguridad, esta importante decisión no se comunicó al presidente Wilson (reelegido el 7 de noviembre anterior) hasta el 31 de enero. La nueva zona de guerra, en que los barcos mercantes neutrales y enemigos serían cañoneados o torpedeados sin previo aviso, comprendía casi todo el Mediterráneo, excepto las aguas costeras peninsulares españolas y el mar balear; todos los accesos marítimos atlánticos de Francia y Gran Bretaña hasta el meridiano de los 20° de longitud oeste; el mar del Norte; el de Noruega hasta el paralelo de las Shetland, y el océano Glacial Ártico a levante del meridiano del cabo Norte.

A fines de enero, más de un centenar de escualos de acero alemanes se hallaban preparados para morder fieramente en las arterias marítimas que llevaban continuamente víveres, explosivos, armas, municiones y materias primas de todas clases al Reino Unido. En las bases navales de Brünsbuttel, Wilhelmshaven, Bremenhaven y Emden había 57 *unterseeboote* pertenecientes a las cuatro flotillas asignadas a la Escuadra —capitán de navío Bauer—; 38 en Flandes —capitán de navío Bartenbach—, que ya contaban con refugios antiaéreos de cemento armado, y 31 en el mar Adriático, en Cattaro —capitán de navío Püllen—. En el Báltico, en Kiel, quedaban ocho sumergibles alemanes. La mayor parte del personal que marinaba dichos buques, mandados por jóvenes e intrépidos oficiales, en su totalidad voluntarios, había salido y era la flor y nata de la *Hochsee Flotte*.

Aquel puñado de sumergibles, de los que un promedio de 47 se mantendrían permanentemente en la mar en 1917, y de 44 en 1918, caerían como un azote sobre la flota mercante aliada

---

neladas para los aliados, en su mayor parte procedentes de barcos de los imperios centrales inmovilizados hasta entonces en diversos países americanos.) Que, por falta de buques, las tropas norteamericanas no podrían llevarse a Europa en cantidades considerables. Y que era necesario iniciar dicha guerra submarina con antelación suficiente para asegurar la paz antes de la recogida de las próximas cosechas de cereales, es decir, antes del 1 de agosto. Por lo que, lo más tarde, la campaña submarina debería iniciarse el 1 de febrero de 1917.

y neutral, y las cifras de hundimientos alcanzaron inmediatamente cifras tan inéditas como catastróficas para ella. Según fuentes oficiales aliadas, 536.334 toneladas fueron echadas a pique en febrero de 1917; 603.440 en marzo; 875.023 en abril, ¡la cifra más alta lograda por submarinos alemanes en las dos guerras mundiales!; 594.654 en mayo; 684.667 en junio; 550.000 en julio... Según el almirante David Beatty, «parecía como si los alemanes pudieran estrangularnos con sus sumergibles antes de que nuestro Ejército o nuestro bloqueo los estrangulara a ellos».

En abril, la situación se había hecho ya tan crítica para Gran Bretaña, que los Estados Unidos de América, sabiendo que la rendición del Reino Unido era inevitable a brevísimo plazo, y con el pretexto de que varios barcos mercantes norteamericanos resultaron hundidos por los submarinos, declararon la guerra a Alemania (1). Esta posibilidad había sido prevista por el Alto Mando germano, que suponía que el esfuerzo bélico de los Estados Unidos, aún no preparados para la guerra, tardaría mucho tiempo en dejarse sentir y que mientras tanto la Gran Bretaña habría tenido que capitular. No andaba descaminado. Veamos las impresiones recogidas en Londres por el contralmirante norteamericano Sims:

«Al recordar la situación naval en abril de 1917, veo dos cuadros bien diferentes: uno, el del público inglés, prensa y sociedad londinense, y otro, el oficial, aquel que los miembros del gobierno y los oficiales de Marina británicos me revelaron en nuestros encuentros oficiales.

»La prensa se declaraba satisfecha al confirmar que "el tonelaje inglés se conservaba", y títulos de artículos como éste:

---

(1) Parentesco y afinidad de regímenes políticos aparte, en 1917, las tres cuartas partes de las exportaciones de los Estados Unidos se dirigían a los países de la Entente, por lo que la guerra submarina alemana sin restricciones perjudicaba grandemente los intereses norteamericanos. Por otra parte, Zimmermann, secretario alemán de Asuntos Exteriores, había hecho saber a México, donde el Ejército de los Estados Unidos acababa de intervenir, que, en caso de que dicha potencia entrase en guerra contra Alemania, ésta ofrecería a México su alianza, haciéndole esperar la restitución de los territorios cedidos en 1848 (Texas, Arizona y Nuevo México). Al conocerse en Washington el mensaje de Zimmermann, Wilson propuso, y obtuvo del Congreso (en marzo de 1917), que votase la «neutralidad armada», y aunque después encontró la oposición del Senado, ésta desapareció al producirse aquellos hundimientos.

"La situación continúa mejorando", lo mismo que los calurosos y alentadores discursos de ciertos hombres de Estado, calmaban la aprensión popular. De modo que cuando embarqué para Inglaterra, en marzo de 1917, no tenía la menor duda acerca del resultado de la guerra; todo inducía a creer que el dominio del mar estaba en manos de los aliados, y esto por sí solo implicaba una absoluta garantía de victoria.

»Apenas hube pasado unos días en Londres se vinieron abajo aquellas ilusiones. Ya no me parecía seguro que los alemanes perdieran la guerra; más bien eran los llamados a ganarla. El Almirantazgo británico puso ante mi vista hechos y cifras que no se habían comunicado a la prensa. Estos documentos revelaban el pasmoso hecho de que si aquella destrucción, en verdad aterradora, del tonelaje inglés no se detenía, había que pensar en la capitulación sin condiciones del Imperio británico en un plazo de cuatro o cinco meses.

»El mismo día de mi llegada a Londres tuve una entrevista con el almirante Jellicoe, entonces Primer Lord del Mar. Tras los saludos de rigor, me tendió una hoja de papel con el resumen del tonelaje hundido en los últimos meses. Aquellas cifras revelaban pérdidas tres o cuatro veces superiores a las que había publicado la prensa. Decir que quedé sorprendido es bien débil expresión; estaba literalmente aturdido, anonadado; nunca imaginé tan terrible desastre... Los más optimistas fijaban como límite de resistencia el 1 de noviembre de 1917. Jamás nación alguna estuvo, en verdad, en posición más trágica que Gran Bretaña en la primavera y durante el verano de 1917...»

Naturalmente, al contralmirante Sims le faltó tiempo para advertir a Washington de la gravísima situación en Europa, y, por su parte, el embajador norteamericano acreditado en Londres envió al secretario de Estado, el 27 de abril de aquel año, un mensaje que, entre otras cosas no menos alarmantes, decía textualmente lo siguiente: «No hay víveres para la población más que para seis semanas o dos meses a lo sumo. No puedo menos de insistir en el envío inmediato a las aguas inglesas de todos los destructores y demás buques que puedan utilizarse contra los submarinos. No hay tiempo que perder» (1).

---

(1) Liddell Hart, en su libro *History of the first World War,* dice que sólo había víveres para alimentar a la población británica durante otras seis semanas.

Aquí, los alemanes, sin duda por razones políticas, pensando en el que ya creían próximo armisticio, cometieron un error (en el que, en cambio, no incurrirían en la segunda guerra mundial): no mandar submarino alguno al otro lado del Atlántico, para atacar el tráfico en aguas americanas, hasta más de un año después, es decir, hasta abril de 1918. Como consecuencia de aquella absoluta inactividad enemiga, el 24 de abril de 1917 fueron enviados a Irlanda los primeros seis destructores que arbolaban la bandera de las barras y estrellas. El 5 de junio ya había en Queenstown 34 de dichos buques, que en 1918 alcanzarían la cifra de 79 unidades. Al final de la guerra, las fuerzas navales norteamericanas destacadas en Europa comprendían 370 buques de guerra de to das clases, desde magníficos acorazados (1) hasta pequeños cazasubmarinos de 60 toneladas (2), con más de 80.000 hombres a bordo. Por otra parte, en abril de 1917, los japoneses enviaron al Mediterráneo al crucero *Akashi* y tres flotillas de destructores, destinados a colaborar en la lucha antisubmarina de los aliados.

Pero la decisiva ayuda norteamericana no alcanzaría su cenit hasta el último año de la guerra, ya que hasta 1918 no llegaría el gran contingente de buques de guerra, ni los dos millones de soldados que fueron desembarcados en Francia, ni las inmensas cantidades de víveres y material de guerra entregadas a las potencias de la Entente, ni su importante contribución a los barrajes antisubmarinos que se establecieron en el canal de la Mancha, la salida septentrional del mar del Norte, y el canal de Otranto. Y, sin embargo, los submarinos de la *Kriegsmarine* ya habían perdido la partida precisamente en 1917. Veamos las cifras de hundimientos por ellos alcanzados en los restantes meses de dicho año y sus propias pérdidas.

Siempre según cifras oficiales aliadas, en agosto, los *unterseeboote* echaron a pique 511.560 toneladas de barcos mercantes aliados y neutrales; 345.500 en septiembre; 458.700 en octubre (cuando ya había 140 submarinos alemanes en servicio, el número más alto en toda la guerra); 282.800 en noviembre, y 394.500 en diciembre, es decir, menos de la mitad del tonelaje cobrado en abril de aquel mismo año. Pero si en 1916 se habían perdido, como dijimos, 22 submarinos alemanes, en 1917 fueron hundidos 63

(1) *New York, Wyoming, Florida, Delaware, Arkansas, Texas, Nevada, Oklahoma* y *Utah.*

(2) Ciento setenta de éstos fueron enviados a Europa, quedando treinta y seis basados en Corfú.

y otros dos quedaron fuera de servicio (uno de éstos, el *UC-56*, tuvo que entrar, con graves averías, en la espléndida bahía de Santander, donde quedó internado). Por otra parte, las cifras de nuevas construcciones mercantes aliadas y neutrales pasaron, de 1.688.000 toneladas en 1916, a 2.703.000 en 1917, que en los diez primeros meses de 1918 llegarían a las 4.134.000 toneladas.

De manera que, aunque entre febrero y diciembre de 1917 los submarinos, corsarios y minas alemanes se cobraron un total de 5.847.000 toneladas de barcos mercantes, en diciembre de dicho año la terrible crisis había sido parcialmente superada por los aliados; y decimos parcialmente porque hasta marzo de 1918 la cifra de nuevas construcciones de los astilleros aliados y neutrales no rebasaría la de hundimientos conseguida por los sumergibles. ¿A qué se debió aquel decisivo cambio de signo? Sencillamente, a la adopción por parte de los aliados del sistema de convoyes, decretado por el Almirantazgo británico el 21 de mayo de 1917 y llevado a la práctica, en el Atlántico, en agosto de aquel año, y en octubre en el Mediterráneo.

* * *

A partir del inicio de la guerra submarina sin restricciones, el Almirantazgo británico había adoptado el sistema de las «derrotas patrulladas». Es decir, a lo largo de las derrotas previamente fijadas para la navegación en los accesos marítimos de Gran Bretaña se movían los destructores, patrulleros, bous y yates armados destinados a la lucha antisubmarina —unas dos mil unidades ya en diciembre de 1916—. Era perder el tiempo: los submarinos se dejaban ver o señalar por los radiogoniómetros ingleses en una zona determinada y, mientras sus enemigos a flote trataban de localizarlos, se alejaban en inmersión, para emerger después y, en superficie, marchar a otros cazaderos menos peligrosos, donde causaban verdaderos estragos en el tráfico.

No hay que olvidar que, como ya señalamos, la mera existencia de la Escuadra alemana de superficie amarraba en Scapa Flow a un centenar de destructores británicos, número mínimo que se consideraba indispensable para que los buques de línea pudieran empeñarse con seguridad en combate contra la *Hochsee Flotte* si llegaba el caso, ya que los acorazados solos no podrían sustraerse a los ataques de los destructores alemanes. Y si la *Grand Fleet* era derrotada, la Escuadra del kaiser barrería inmediatamente el tráfico mercante enemigo en las aguas territoriales del Reino Unido, lo que significaría el casi inmediato final. Eran, por tanto, un centenar de preciosos destructores que no podían utilizarse para combatir a los *unterseeboote.*

¿Por qué no adoptó inmediatamente el Almirantazgo el sistema de los convoyes, ya preconizado y propuesto por el almirante Beatty al Primer Lord del Almirantazgo (sir Edward Carson), el 30 de abril de 1917? Porque el 23 de febrero anterior, cuando el almirante Jellicoe y su Estado Mayor se reunieron con diez experimentados capitanes de la *Merchant Navy* para estudiar aquel problema y se les preguntó si sería posible que ocho barcos mercantes, de un andar parecido, pudieran mantenerse en línea de fila a 500 metros de distancia, o navegar en dos columnas por el canal de la Mancha, dichos capitanes alegaron unánimemente que sus mejores oficiales habían sido incorporados a la marina de guerra; que la mala calidad del carbón impediría navegar a una velocidad regular; que en el puente se carecía de taquímetros para conocer las revoluciones de las hélices; que únicamente dos barcos podrían navegar en conserva; que sería imposible navegar de noche sin luces de situación, ni hacerlo en zigzag, etc., y que, en resumidas cuentas, los abordajes causarían mayores pérdidas al convoy que los submarinos enemigos. Como muy pronto quedaría demostrado, aquellos avezados hombres de mar subvaloraban a su propia gente, pero por el momento hicieron desistir del proyecto al Almirantazgo.

Sin embargo, allá, en la perdida Scapa Flow, a fines de abril, el tenaz almirante Beatty se había puesto de acuerdo con el de su mismo empleo Frederic Brock, jefe del distrito naval de las Shetland y las Orcadas, para organizar algunos convoyes, de hasta una docena de barcos mercantes aliados y neutrales, que empezaron a navegar, sin pérdidas importantes, entre Escocia y Noruega (1). En vista de lo cual y ante la gravedad de la crisis, el

---

(1) Estos convoyes sufrirían más adelante algunas graves pérdidas, pero no debido a los submarinos, sino a los buques alemanes de superficie. El 17 de octubre de 1917, lo cruceros-minadores germanos *Brummer* y *Bremse* (de 33 nudos, armados con cuatro piezas de 150 mm.) cayeron por sorpresa sobre un convoy inglés que navegaba entre Bergen y Lerwick, protegido por dos destructores, que tomaron a los buques germanos por cruceros británicos. A la primera salva quedó desmantelado el *Strongbow,* y poco después el *Mary Rose,* y al abismo bajaron también nueve de los once vapores del convoy. El 12 de diciembre del mismo año, cuatro nuevos destructores alemanes de 1.250 toneladas *(G-101*

10 de mayo, el Almirantazgo hizo salir un convoy desde Gibraltar, escoltado por varios destructores y despachado para Inglaterra, donde entró felizmente el 20 de dicho mes. Lo curioso del caso era que, contra el arma más moderna entonces, el submarino, iba a utilizarse, con gran éxito, un viejo sistema propio de los tiempos de la navegación a vela.

En el siglo XIII había sido empleado por la Liga Hanseática contra los piratas del Báltico; en el XIV, por Venecia en el Mediterráneo; en el XV, por España e Inglaterra para defender su comercio de vinos y lana a través del golfo de Vizcaya, y en el XVI lo utilizó profusamente España para librarse de la plaga de piratas ingleses y franceses. Ahora, como ya dijimos, el 21 de mayo de 1917, el Almirantazgo británico decretó la adopción del convoy para defenderse de los submarinos alemanes, aunque, por falta de suficientes destructores, su empleo no se generalizaría hasta fines de agosto de aquel año, tan dramático en la mar para los aliados.

* * *

Navegar en convoy es un poco como hacerlo en escuadra. Para mantener el puesto en formación hay que alterar constantemente las revoluciones de las hélices, es decir, el ritmo de las máquinas; llevar el rumbo con exactitud; vigilar siempre al matalote de proa, al de popa, a cualquier barco al que un inesperado fallo en el sistema de gobierno o una brusca maniobra para librar la estela de un torpedo pueda convertir en peligro inmediato. Estar atentos a las señales de cambio de rumbo, de navegación en zigzag, de la reacción ordenada por el comodoro del convoy ante el descubrimiento de algún sumergible o corsario de superficie enemigo. Del barco bruscamente detenido por avería o el brutal zarpazo de alguna mina o de un veloz pez mecá-

---

G-103, *G-104* y *V-106*), armados con piezas de 105 mm., sorprendieron a otro convoy británico que navegaba entre Escocia y Noruega, esta vez protegido por dos *destroyers* y cuatro bous armados. Uno de dichos destructores, el *Partridge*, los cuatros bous y los seis barcos que componían el convoy fueron hundidos, pudiendo escapar, gracias a un chubasco, el destructor *Pellew*. Sin embargo, uno de los torpedos lanzados por el infortunado *Partridge* había hecho blanco en el destructor alemán *V-106*, un buque afortunado, porque el artefacto no quiso hacer explosión. Los alemanes hicieron prisioneros a cuatro oficiales y cuarenta y ocho marineros ingleses.

nico... Todo ello de día y de noche, frecuentemente con mala visibilidad, niebla cerrada, olas formidables, furioso viento, bandazos, cabezadas, rociones que se estrellan con violencia contra los cristales del puente o los ojos de la cara; en lucha con el sueño, el cansancio y el temor al naufragio... Pero los hombres de las marinas mercantes aliadas y neutrales eran muy capaces de vencer todo aquello y de mucho más. No olvidemos que los oficiales de la marina mercante constituyen un personal sumamente especializado, que en las dos últimas contiendas mundiales desempeñó numerosos destinos a bordo de buques de guerra y que llegó a mandar con brillantez submarinos de bolsillo, cruceros auxiliares, patrulleros, corbetas, lanchas antisubmarinas, etc.

Como dijimos, a partir de finales de agosto de 1917, los convoyes aliados trasatlánticos fueron generalizándose. Cada ocho días salía de Hampton Roads un vonvoy de 20 ó 30 barcos despachados para Inglaterra, y cada dieciséis zarpaba otro desde Nueva York, con el mismo destino. Para prevenir el ataque de cualquier corsario de superficie, solían ir escoltados por algún acorazado o crucero norteamericano o francés. Después, al alcanzar la zona peligrosa, a unas 300 millas de las costas de Irlanda, donde actuaban los sumergibles germanos, se le incorporaban los destructores, patrulleros antisubmarinos y algún «buque-trampa». Las grandes unidades invertían entonces el rumbo, generalmente acompañando a otro convoy en lastre despachado para las Américas. A partir de allí, los convoyes seguían, con pocas variantes, dos derrotas previamente fijadas: una que pasaba por el norte de Irlanda y el canal del Norte, para terminar en Liverpool, y otra que cruzaba por el sur de Irlanda, para embocar luego el canal de la Mancha y terminar en los puertos meridionales y orientales británicos o en los franceses de Brest, Nantes o Burdeos.

No se disponía de bastantes destructores para escoltar a los convoyes a lo largo de todo el Atlántico Norte; de manera que los alemanes, para poder atacarlos precisamente en aquel desguarnecido pero lejano tramo de la derrota, en el verano de 1917 iniciaron la construcción de los grandes cruceros submarinos que ya conocemos. Después, al comprobar lo peligroso y difícil que resultaba el ataque a los convoyes escoltados por destructores, pues ante estos buques el submarino se hallaba entonces en manifiesta desventaja, sobre todo ahora que sus veloces enemigos iban bien provistos de cargas de profundidad, los *unterseeboote* trasladaron sus zonas principales de operaciones al mar de Irlanda, al canal de la Mancha y a las aguas territoriales británicas, ya que allí los convoyes tenían que dislocarse, a partir de cuyo momento los vapores navegaban solos o en pequeños grupos hacia sus respectivos puertos de destino, a veces sin escolta o con una protección muy reducida. En vista de lo cual, por aquellas aguas, pronto utilizaron los aliados profusión de aviones y de dirigibles de vigilancia, provistos de bombas; lanchas, pesqueros y cazasubmarinos; de manera que la lucha se hizo allí también difícil para los submarinistas alemanes.

El resultado respecto a los convoyes fue el siguiente: hasta agosto de 1917, de los 261 barcos mercantes que navegaron en convoy, sólo uno resultó hundido; para noviembre del mismo año, de los 1.280 vapores agrupados en convoyes, fueron hundidos 11, es decir, menos del uno por ciento del total. Porcentaje insignificante si se tiene en cuenta que pocos meses antes, en abril, de cada cuatro barcos mercantes salidos de Inglaterra, uno no regresaba jamás, y que se mantendría con pequeñas variantes hasta el final de la guerra, ya que, de los 16.539 barcos de todas clases que navegaron en convoy hasta noviembre de 1918, sólo 102 fueron echados a pique por los submarinos alemanes, perdiéndose otros 16 en accidentes de mar.

Sin embargo, hasta los últimos meses de la guerra no pudieron navegar en convoy aproximadamente el 91 % de los barcos mercantes aliados y neutrales; de modo que, aunque el tonelaje hundido fue disminuyendo paulatinamente al transcurso del año 1918, el total cobrado por los *unterseeboote* en los veintiún meses que duró la guerra submarina sin restricciones fue en verdad impresionante: ¡3.843 barcos, con 8.479.000 toneladas! (1). De manera que el sistema de los convoyes, que inicialmente sólo pudo llevarse a la prátcica con la ayuda norteamericana y japonesa, resultó DECISIVO para derrotar a los sumergibles germanos, de los que en 1918 resultaron hundidos 69 —dos más, con graves averías, fueron internados en puertos neutrales (uno de ellos en Cartagena) y otros tantos se perdieron en accidentes de mar (2).

Pero aquel éxito indudable no se debió únicamente al empleo de los convoyes; hay también otras dos causas de menor pero

---

(1) Sin contar los que resultaron con graves averías, que sólo en la marina mercante británica alcanzaron, en toda la guerra, la cifra de 1.885 unidades.

(2) Desde enero de 1918 hasta el final de la guerra surcaron el mar del Norte 3.862 barcos mercantes aliados, en convoyes de 60 unidades, que sólo tuvieron un 0,4 % de pérdidas.

nada despreciable importancia: el continuo artillado de las unidades mercantes inglesas y los barrajes o barreras de minas. Si en 1916 había 1.420 vapores ingleses artillados con piezas manejadas por personal de la *Royal Navy*, en 1917 eran ya 2.987 los barcos mercantes así dotados, y, en 1918, el 90 % de los cargueros británicos montaban uno o varios cañones y ametralladoras. En total, los ingleses montaron a bordo de sus barcos mercantes 13.000 cañones de calibres comprendidos entre los 57 y los 152 mm.

Respecto a las minas, si bien las fondeadas en la bahía alemana —30.000 artefactos hasta fines de abril de 1917, y luego unos 3.000 más mensualmente impidieron durante ciertos períodos de tiempo la navegación de los sumergibles de la *Kriegsmarine* y obligaron a los sufridos dragaminas a una ímproba y constante labor de rastreo por aquellas peligrosas aguas, el barraje de Dover, aun sin el concurso de los dragaminas, resultó prácticamente inefectivo hasta finales del año 1917, debido a que las minas británicas empleadas eran defectuosas —sólo se cobraron dos submarinos—. Pero a partir de entonces los ingleses emplearon otros tipos mucho más eficientes de ingenios submarinos, y también redes, y vigilaron día y noche con tanta eficacia la llamada «barrera de Dover» (1), que muy pronto se hizo absolutamente infranqueable para los peces de acero germanos. En efecto, el *UB-56* se perdió allí el 19 de diciembre de 1917, y en las primeras semanas de 1918 sucumbieron otros seis submarinos alemanes: *U-93*, *U-95*, *U-109*, *UB-35*, *UB-38* y *UC-50* (2). En vista de lo cual, en la oscura noche del 15 de febrero de 1918, diez destructores alemanes, al mando del capitán de navío Heinecke, atacaron por sorpresa el barraje de Dover. Éste, de unas 20 millas de anchura, estaba, como dijimos, bien vigilado por destructores, patrulleros y lanchas de todas clases, y durante la noche era constantemente iluminado por proyectores de arco y por bengalas de gran potencia,

(1) Formada por ocho líneas de minas de contacto en las aguas de menor sonda, escalonadas entre los seis y los veintiún metros de distancia a la superficie durante la pleamar, y en las de mayor brazaje, por catorce líneas, también a distintas profundidades.

(2) También las minas alemanas, por supuesto, causaban muy graves daños, y no sólo a la flota mercante aliada. El 23 de diciembre de 1917 cayeron en un campo de minas alemán y se fueron a pique los destructores ingleses *Torrent*, *Surprise* y *Valkyrie* cuando escoltaban a un convoy despachado para Holanda, pereciendo en el naufragio 193 marinos.

que la marea se encargaba de arrastrar sobre el agua. Habiendo conseguido aproximarse totalmente inobservados, dichos buques alemanes hundieron impunemente siete lanchas patrulleras y un gran bou armado y averiaron a otros cuatro buques. Los ingleses tuvieron 60 muertos, y los destructores británicos enviados al combate llegaron tarde y en seguida perdieron el rastro de sus enemigos. Pero los daños en el barraje de Dover fueron pronto reparados, el ataque no se repitió y aquella barrera formada por minas y redes armadas permaneció infranqueable para los submarinos alemanes prácticamente hasta el final de la guerra (1).

Sin embargo, a los peces de acero germanos les quedaba otra salida al Atlántico, aunque antes se vieran obligados a cruzar el mar del Norte y parte del de Noruega: el estrecho, de algo más de 200 millas de anchura, comprendido entre la isla de Fair, al norte de las Orcadas, y la costa noruega. Allí la profundidad media no era inferior a 28 brazas, como en el canal de la Mancha, sino que variaba entre los 120 y los 270 metros. Es decir, el número de minas que habría que fondear contra los submarinos que navegasen entre la superficie del mar y los 75 metros de profundidad, teniendo además en cuenta la mucho mayor longitud que tendría el barraje, alcanzaba cifras realmente astronómicas. Para lograr una barrera «sólo medianamente efectiva», se calculó que eran necesarias ¡400.000 minas de contacto!

Sin embargo, en el verano de 1917, los norteamericanos (el ingeniero electricista Browne y el capitán de fragata Fullinwider) habían ideado y probado un nuevo tipo de mina, denominado «de antena» (2), con cuya boya, rellena de alto explosivo, no habría que colisionar directamente para provocar la explosión del artefacto; bastaba que el casco del submarino tocase el cable eléc-

(1) Las minas inglesas hundieron un total de 153 buques de guerra alemanes: 26 destructores, 43 submarinos (otros 4 son «probables»), 6 torpederos, 30 dragaminas y 48 bous armados. Pero hasta el año 1917 dichas minas sólo habían hundido a 16 de tales unidades.

(2) La boya de este tipo de mina llevaba externamente un plato de cobre conectado a la antena, que iba sostenida por un pequeño flotador adicional. Si el casco de hierro acerado de cualquier submarino tocaba dicha antena, se cerraba el circuito eléctrico de la pila constituida por el cobre y el hierro inmersos en el agua del mar, generándose una corriente del cobre al hierro a través de la antena, y del hierro al cobre a través del agua salada. Débil corriente que, al activar un relé, metía en el circuito detonador una batería de acumuladores, cuya corriente provocaba la explosión de la mina.

trico que se prolongaba hacia arriba del mortífero flotador, ya que la explosión de éste, aunque más lejana, sería suficiente para hundir o averiar gravemente al sumergible. Ello rebajaba a 100.000 el número de minas necesarias; una cifra, de todos modos, imponente. Pero, el 2 de noviembre de 1917, ingleses y norteamericanos acordaron acometer la empresa de fabricar dichas 100.000 minas de antena, que costarían 40 millones de dólares.

Durante el verano y el otoño de 1918, los marinos de la *U. S. Navy* fondearon en la salida septentrional del mar del Norte 56.571 minas, y los ingleses, 13.546. Este colosal barraje, cuya anchura variaba entre las 15 y las 35 millas, no resultó muy efectivo, por varias razones. Porque inicialmente se dejó un paso libre de minas para la Gran Flota, a levante de las Orcadas, de unas 60 millas, pronto aprovechado por los submarinistas alemanes, hasta que tuvo que ser minado. Porque más de la mitad de las minas fondeadas garrearon debido a los temporales y las fuertes corrientes —después de la guerra, cuando se dragó este campo minado, sólo el 43 % de los artefactos estaban donde debían—. Y, finalmente, porque las antenas resultaron excesivamente sensibles y provocaban indebidas explosiones, que los submarinistas alemanes percibían con frecuencia en las proximidades, pero que no causaban efectos materiales a sus buques. No se sabe con exactitud cuántos sumergibles se perdieron en aquel peligroso «camposanto» ni se sabrá nunca; parece ser que los buques allí hundidos podrían contarse con los dedos de la mano —entre dos y cuatro unidades dan oficialmente por perdidas los alemanes—, y está comprobado que por lo menos tres *unterseeboote* resultaron gravemente averiados. Pero es indudable que, de haberse prolongado la guerra, las minas hubieran sido perfeccionadas, como se había hecho en menor escala en el canal de la Mancha, y aquel barraje del mar del Norte hubiera cobrado una importancia cada vez mayor, tal vez decisiva.

Tampoco dio mejores resultados el establecido por los aliados en el canal de Otranto, la puerta del Adriático —de 40 millas de anchura, pero con una profundidad de más de 1.000 metros—, que desde luego dificultó pero que prácticamente no logró impedir la entrada y salida en el mar Jónico de los submarinos alemanes y austríacos basados en la costa dálmata. Aquí se sabe que se perdieron tres sumergibles: uno alemán y dos austríacos, aunque tales cifras hay que tomarlas también con cautela.

* * *

Por fin, en abril de 1918, el Alto Mando de la *Kriegsmarine* decidió enviar siete cruceros submarinos al otro lado del Atlántico, para que minaran las aguas norteamericanas y atacasen el tráfico marítimo entre cabo Cod y Cayo Hueso.

El primero en llegar fue el *U-151* —capitán de corbeta Von Nostitz—, que zarpó de Kiel el 11 de dicho mes y operó en aguas americanas entre el 15 de mayo y el 1 de julio, hundiendo 19 vapores. Se trataba del antiguo *Deutschland*, transformado para hacer la guerra —dos tubos de lanzar y dos cañones de 150 mm.; podía llevar a bordo 18 torpedos—. A punto estuvo de ser echado a pique en el viaje de ida por el *U-19*, que lo avistó cuando el entonces gigantesco sumergible navegaba en superficie por el mar de Noruega, cerca de la isla de Utshire —al noroeste de Stavanger—, y que, no habiendo recibido información alguna de que en aquellas aguas pudiera encontrarse algún otro *unterseeboote*, lo tomó por británico. A punto estaba el comandante del *U-19* de lanzarle un torpedo, cuando a través del periscopio pudo darse cuenta de que «iba artillado con dos grandes cañones y que la parte superior de los tubos estaba pintada de negro, como en todos los submarinos alemanes»...

No cabe duda de que el ex *Deutschland* fue un buque con suerte. En el viaje de regreso avistó a un convoy aliado y, como a bordo quedaban varios torpedos, Von Nostitz decidió atacarlo desde dentro de la cortina formada por los destructores. Falló el primer lanzamiento y, como los galgos de acero ya le habían descubierto y se le echaban encima a toda máquina, disparó precipitadamente y casi a quemarropa contra otro carguero e inmediatamente buscó el relativo amparo de las profundidades. Sólo que bajó demasiado. El vengativo vapor, que había sido desfondado y ya descendía al abismo con gran estrépito de mamparos que reventaban, le cayó literalmente encima con un crujido amedrentador, deshizo todos los periscopios y parte de la torreta del *U-151*, provocándole una vía de agua, y le arrastró hasta los 84 metros de profundidad, 14 por debajo de la máxima cota para la que había sido proyectado, ¡allí donde la presión hundía los remaches hacia dentro! Una feliz idea de Von Nostitz: la de soplar solamente uno de los dos lastres situados en ambas extremidades del sumergible, que le hizo hocicar pronunciadamente, libró por fin al buque de un abrazo que ya parecía mortal de necesidad.

El *U-156* (de la misma serie que los *U-151*, *U-152* y *U-155*) operó en aguas americanas entre el 5 de julio y el 1 de septiembre. Iba equipado con un aparato especial y cortó allí cinco cables telegráficos submarinos. En el viaje de regreso chocó con una mina en el mar del Norte y se fue a pique. El *U-140* (de 1.930 toneladas y seis tubos, con dos piezas de 150 mm. y 20 torpedos) y el *U-117* (de 1.160 toneladas, con 42 minas, 24 torpedos y un cañón de 150 mm.) actuaron por los mismos parajes entre julio y septiembre, y el *U-155*, que salió de Alemania en agosto, operó en aguas americanas durante los meses de septiembre y octubre. El *U-152* lo hizo por la misma época, y el *U-139* —al mando de Von Arnauld de la Periére, el «as» de los submarinistas alemanes, que en diez cruceros por el Mediterráneo, con el *U-35*, había hundido cerca de 400.000 toneladas— aparejó también rumbo a los Estados Unidos; pero el armisticio le obligó a regresar antes de alcanzar su zona de operaciones. En total, aquellos seis cruceros submarinos alemanes echaron a pique, directamente o por medio de las minas fondeadas, 110.000 toneladas de barcos mercantes, en su mayor parte de cabotaje y veleros, casi invariablemente despachados al cañón o mediante cartuchos de dinamita. Víctima de una de las minas fondeadas por el *U-117* cerca de la isla de Fire se hundió, el 18 de julio, el crucero acorazado norteamericano *San Diego*, la única pérdida importante sufrida por la *U. S. Navy* en toda la guerra.

* * *

Donde a los submarinos alemanes les resultó más fácil lograr hundimientos fue en el Mediterráneo, pues aunque el tráfico aliado era allí muy intenso, pocos barcos iban artillados, no existían tantas unidades antisubmarinas y había bastantes menos aviones y dirigibles de vigilancia que en el Atlántico. En este último océano, en cambio, los *unterseeboote* no lograron echar a pique a ninguno de los grandes trasatlánticos que llevaron a Francia dos millones de soldados norteamericanos —sólo hundieron algunos buques que regresaban vacíos—. Pero es que tampoco lo intentaron. Dichos convoyes eran muy veloces, iban protegidos por cuatro veces más destructores que los grandes convoyes de carga, navegaban por una derrota más meridional y escaseaban. Acecharlos hubiera hecho disminuir muy considerablemente el número de los cargueros hundidos en los accesos marítimos del Reino Unido, y el resultado hubiera sido dudoso. El Alto Mando germano hizo sus cálculos y llegó a la conclusión, probablemente acertada, de que tratar de atacarlos era antieconómico.

En total, entre enero y noviembre de 1918, los sumergibles alemanes echaron a pique 2.632.000 toneladas de barcos mercantes. Pero dicho tonelaje había ido disminuyendo paulatinamente, desde algo más de 300.000 toneladas mensuales en enero, febrero y marzo de dicho año, a tan sólo 112.400 en octubre. En el mismo período de tiempo, las nuevas construcciones aliadas sumaban ya, como dijimos, 4.134.000 toneladas —lo que dejaba disponible un total de 25.000.000 de ellas aproximadamente—. De manera que la dramática carrera librada entre los submarinos alemanes y los astilleros aliados y neutrales, o, como diría el *premier* británico, Lloyd George, «aquella regata entre Wilson y Ludendorff», había sido ganada por la Entente y sus «asociados» americanos. Con todas sus consecuencias...

A comienzos de 1918, al darse cuenta el Alto Mando alemán de que, en definitiva, había perdido la guerra submarina; sabiendo, por otra parte, que el país no podría resistir mucho tiempo a la defensiva, y aprovechando la derrota de Rusia, que dejaba libres gran parte de las divisiones del Ejército alemán que hasta entonces habían guarnecido el frente del este, decidió lanzar una serie de terribles ofensivas en el del oeste, desde el 21 de abril de 1918 hasta primeros de agosto, para tratar de obtener una solución militar a corto plazo. Pero con el resultado, en parte debido a la simultánea llegada a dicho frente de los soldados norteamericanos, a razón de hasta 300.000 por mes —durante junio y julio—, de acelerar vertiginosamente el colapso de Alemania.

El esfuerzo realizado por ambos bandos en aquella guerra submarina sin cuartel fue en verdad enorme. Los aliados dedicaron a ella un centenar de sumergibles, 500 destructores, cerca de 4.000 buques de guerra auxiliares (cazasubmarinos, bous y yates armados, etc.) y unos 2.500 aviones, hidroaviones y dirigibles. Mientras que los alemanes emplearon 360 sumergibles (343 de ellos entrados en servicio durante la contienda), en los que sirvieron 13.000 marinos. Y al firmarse el armisticio, en noviembre de 1918, tenían en grada, como ya dijimos, otros 226 *unterseeboote*. A comienzos de dicho año había en Alemania «120.000 hombres para el armamento, personal de reserva, conservación y aprovisionamiento de los submarinos y de los restantes buques que tenían que escoltarlos en las aguas próximas a sus bases». Y las repercusiones de dicha guerra submarina en la lucha continental fueron sumamente importantes, sobre todo por el efecto negativo que tuvo para ambos bandos en la fabricación de armas, explosivos y municiones de todas clases con destino a los ejércitos de tierra. Para los aliados, debido también a la falta de barcos bastantes para poder trasladar armas y proyectiles a Francia, Italia y Rusia. No merece la pena entrar aquí en detalles al respecto (1), pero sí queremos examinar un torpedeamiento acaecido en julio de 1918, que después tendría importantes repercusiones en la segunda guerra mundial: el del trasatlántico inglés de 32.120 toneladas *Justicia.*

En la tarde del 19 de julio de 1918, el submarino alemán *UB-64* —Von Schrader— acechaba, a cota periscópica, al norte de Irlanda. He aquí las escuetas anotaciones hechas por su comandante en el parte de campaña:

«15 horas - 50 minutos. Dos destructores a la vista, rumbo al 320° (NO). Tras los destructores, un convoy. Estamos exactamente sobre su derrota, y preparamos un doble lanzamiento contra el trasatlántico (de tres chimeneas y dos mástiles) situado en el centro del convoy, que se compone de unos 12 vapores. Va protegido por numerosos destructores y cazasubmarinos y navega haciendo zigzag. Poco antes de lanzar, el trasatlántico cae hacia nuestro submarino; así que sólo es posible atacarle de proa. Distancia, 350 metros; un impacto a babor, detrás del puente.

»16-33. Trasatlántico inglés *Justicia,* de 32.120 toneladas, en lastre. Inmersión. Han hecho explosión 35 cargas de profundidad bien dirigidas.

»17-20. Profundidad, once metros. El gran barco está parado y arroja mucho vapor; al parecer ha sido alcanzado en las calderas o máquinas. Le protegen muchos destructores. Cambiamos de rumbo, y dichos buques pasan varias veces sobre nosotros.

»18-15. Doble lanzamiento con los tubos 1 y 2; distancia, 2.000 metros. Alcanzado al centro y a popa, en la banda de babor; el buque se ha detenido. Inmediatamente después del lanzamiento nos arrojan 23 cargas.

---

(1) Sólo en Gran Bretaña se dedicaron a la lucha antisubmarina y a las nuevas construcciones, para tratar de cubrir los tremendos huecos abiertos por los *unterseeboote* en la flota mercante, 770.000 hombres, que, de otra manera, hubieran sido enviados, en calidad de combatientes, al frente del oeste.

»19-30. Ascendemos a 11 metros para poder observar a través del periscopio. El trasatlántico escora a babor y está muy hundido de popa. Iniciamos un nuevo ataque. Con los destructores constantemente en la vecindad, sólo puedo sacar el periscopio de vez en cuando. Mientras tanto, remolcadores de altura han empezado a tirar del trasatlántico y navegan hacia el sur, a unos 3-4 nudos. Ahora nos movemos, en inmersión, arrumbados al 180° (sur).

»21-48. Lanzo un torpedo desde 900 metros. Impacto a babor. Inmersión profunda. Arrumbamos al norte. Once cargas de profundidad. Rompemos el contacto, pues las baterías están casi agotadas.

»22-33. A cota periscópica. El *Justicia* marcha otra vez a remolque. La escora ha aumentado y va también más azorrado (hundido en el agua).

»23-23. A superficie, para cargar baterías. Recargamos los tubos de proa.

»23-50. Tras los cuatro impactos recibidos, indudablemente el buque tiene que irse a pique. Es sólo cuestión de tiempo, hasta que cedan las últimas puertas estancas. Remolcado en contra de la mar, el hundimiento no puede tardar.

»20 de julio, 1918. Frente al canal del Norte (mar de Irlanda). Mantenemos el contacto durante la noche, para asegurarnos de que el trasatlántico se va a pique. Puesto que sus condiciones van empeorando, hacia la madrugada los remolcadores arrumbaron más al sur, directamente a la ría de Swilly. Ataque nocturno en superficie imposible debido a la excesiva claridad.

»04-00. Como estaba bastante oscuro y había un enjambre de buques, resultó muy difícil llegar a posición de ataque. Antes de que el *UB-64* quedase en buena posición para lanzar (1), tomaron de nuevo a remolque al trasatlántico. Ahora estamos muy lejos, por su popa. El *Justicia* marcha muy azorrado. La descarga de las baterías no me permite seguirle en inmersión.

»05-37. Profundidad, 11 metros. El trasatlántico yace atravesado a la mar y con una gran escora.

»08-40. Emergemos. Ahora he podido comprobar que las cargas han dañado gravemente nuestros tanques de combustible, pues el submarino va dejando un ancho rastro de petróleo. Por el momento no divisamos al trasatlántico. Lanzamos mensajes radiotelegráficos a los submarinos en la vecindad.

(1) Según fuentes inglesas, el infatigable *UB-64* había vuelto a lanzar torpedos contra el *Justicia*, pero falló el blanco.

»11-00. Lo avistamos de nuevo, por babor, rumbo al sur. Será difícil que pueda alcanzar la costa. Muy escorado, apenas avantea.

»11-30. Por detrás del *Justicia* observamos dos altas y claras columnas de agua, que han surgido con poco intervalo de tiempo; deben de haber sido provocadas por la explosión de sendos torpedos. Escuchamos el lejano estallido de 35 cargas de profundidad.

»14-15. El *Justicia* ha zozobrado a babor y se ha hundido. A través del periscopio nos cercioramos de que muchos buques de escolta, con botes salvavidas a remolque, se dirigen a tierra. Otra embarcación se ha detenido entre los restos a flote. Nos alejamos. Nos persiguen varios destructores.»

Hasta aquí el lacónico parte de guerra del comandante del *UB-64*. Pero ¡qué largas debieron de resultar aquellas casi veintitrés dramáticas horas para el capitán y los tripulantes del *Justicia*, que hasta el mismo final no quisieron abandonar su magnífico y ya repetidamente torpedeado buque, pese a la impresionante escora, a las inundaciones en aumento y al temor a que en cualquier instante cediese otro mamparo estanco y el gran navío zozobrara bruscamente o diese la voltereta, arrastrándolos consigo! ¡Cuántos sobresaltos nocturnos a bordo del malherido trasatlántico inglés, siempre temiendo recibir un nuevo y tal vez definitivo impacto, mientras los serviolas trataban de descubrir entre las espumosas olas el leve penacho levantado por algún periscopio, o la temida estela de burbujas de aire que iba dejando un torpedo!

A bordo del *UB-64*, repetidamente sacudido con la mayor violencia y ya afectado en sus tanques de nafta por la cercana y terrible explosión de casi un centenar de cargas, ¡cuánta tenacidad y desprecio al peligro! Pero el *Justicia* era un trasatlántico nuevo, que en 1914 no figuraba en los manuales de los buques de las marinas mercantes del mundo y que los del *unterseeboote* confundieron con el alemán *Vaterland* (1), rebautizado *Leviathan* por los norteamericanos y utilizado por éstos en el transporte de

(1) Este magnífico buque, de 59.000 toneladas y tres chimeneas, era uno de los diecinueve trasatlánticos alemanes —con 330.768 toneladas— sorprendidos por la guerra en los puertos de Nueva York, Boston, Norfolk y Filadelfia. En 1917, al entrar los Estados Unidos en la contienda, sus tripulantes rompieron los cilindros de las máquinas, echaron vidrio molido en los engrasadores, colocaron explosivos entre el carbón y arrojaron al agua piezas importantes. Sin embargo, todos ellos fueron rápidamente reparados. El *Vaterland* llevó a Europa 96.804 soldados norteamericanos; el *Amerika*, 39.768; el *Kaiser Wilhelm II*, 36.092, etc.

tropas a Francia. De ahí el gran empeño del *UB-64* en destruirle a cualquier precio.

Por su parte, el *U-54* —Von Ruckteschell—, que había recibido las señales radiotelegráficas de su colega y acudido a toda velocidad, en inmersión, después de lanzar dos torpedos contra el trasatlántico y de aguantar un chaparrón de cargas, se posó en el fondo, en 59 metros de sonda, para capear silenciosamente el temporal de trilita. Ya sólo disponía de 2.200 amperios en las baterías; de manera que no pudo intentar un nuevo ataque, y hasta el día siguiente no supo, por el *UB-64*, con el que pudo reunirse en superficie, que sus artefactos habían puesto punto final a la agonía del supuesto *Vaterland*, es decir, el *Justicia*, que iba en lastre al ser torpedeado, cierto, pero que sin duda fue un barco muy bien construido y resistente, ya que se precisaron nada menos que seis torpedos para poner fin a sus singladuras.

Ante aquel importante éxito logrado por dos submarinos operando de consuno, cabe preguntarse qué hubiera sucedido en 1917-1918 si la flota submarina alemana hubiese adoptado entonces la táctica luego denominada de «manada de lobos» para atacar en grupo, sólo de noche y navegando constantemente en superficie, cuando no existía y ni siquiera se soñaba con el radar, que fue el que, en definitiva, terminó con dicha ingeniosa y atrevida táctica submarina en la segunda guerra mundial. En mayo de 1918, los alemanes ya habían intentado una concentración semejante a la entrada del canal de la Mancha, para actuar sólo durante las horas de luz y constantemente en inmersión. No tuvo éxito, lo cual, unido al temor de que, en tales condiciones, los submarinos ingleses pudieran torpedearles, les hizo desistir. Sin embargo, andando el tiempo, el recuerdo del hundimiento del *Justicia* contribuiría a que el almirante Doenitz y sus hombres concibieran aquella revolucionaria y durante mucho tiempo mortífera táctica, que a punto estuvo de ganar la segunda guerra mundial (1).

* * *

Recapitulando brevemente acerca de la campaña submarina alemana durante la primera guerra mundial, se observa que los alemanes, temerosos de que los Estados Unidos de América les de-

(1) Véase el capítulo dedicado a la guerra submarina, a partir de la segunda edición, de mi libro *La guerra naval en el Atlántico, 1939-1945*. Editorial Juventud, Barcelona.

clararan la guerra, iniciaron la lucha sin restricciones nada menos que con un año completo de retardo, cuando las condiciones eran ya, por varios conceptos, muy desfavorables para Alemania. Y también que el esfuerzo puesto en ella no fue todo lo intenso que cabía esperar, puesto que la completa movilización industrial a su favor no se produjo prácticamente hasta el mismo final de la contienda, es decir, demasiado tarde. Prueba de ello fueron aquellos 226 *unterseeboote* puestos en grada y que jamás llegaron al agua.

Quedan en el aire algunos interrogantes del mayor interés. Por ejemplo: ¿pudieron los alemanes haber ganado la guerra en 1917 de no haber intervenido, tan pronto la *Kriegsmarine* inició la campaña submarina sin cortapisas, los Estados Unidos de América? Es casi seguro que sí, puesto que los submarinos germanos estaban en condiciones de hundir muchos más barcos mercantes que los que aliados y neutrales eran capaces de construir en el mismo período de tiempo, y puesto que la Entente, es decir, Gran Bretaña, Francia e Italia, no tenían reservas suficientes de barcos, víveres, armas y explosivos para proseguir la lucha en el continente.

De manera que la oportuna intervención de dicha gran potencia norteamericana fue, indudablemente, la que decidió la primera guerra mundial; lo mismo que, veintisiete años después, decidiría la segunda también a favor de los aliados.

¿Y de haber comenzado los alemanes la campaña submarina sin restricciones un año antes, es decir, en abril de 1916? Es indudable que los norteamericanos hubieran intervenido lo mismo, pero, teniendo en cuenta que entonces no existían aún medios tan eficaces para luchar contra el sumergible, hay que suponer, razonablemente, que las pérdidas aliadas en barcos mercantes habrían sido mucho mayores y que sin duda el Reino Unido habría, por lo menos, rozado la derrota. ¿Hubieran podido movilizar los Estados Unidos con la rapidez que las angustiosas circunstancias habrían exigido los recursos económicos, humanos e industriales suficientes para restablecer a tiempo el equilibrio e inclinar luego la balanza a su favor? Esta interesante pregunta ha quedado para siempre sin respuesta.

En cifras, de las 12.850.000 toneladas de barcos mercantes aliados y neutrales —5.554 buques— hundidos por todos los medios en la primera guerra mundial, los submarinos alemanes se cobraron, como ya señalamos, 4.837 unidades, con 11.153.460 toneladas, causando indirectamente la muerte de unos 30.000 marinos —de los que 14.661 fueron ingleses y aproximadamente 3.000, franceses—. Ello aparte que los peces de acero germanos enviaron al abismo a ocho acorazados de segunda y tercera clase (*Formidable, Britania, Triumph, Majestic, Cornwallis, Suffren, Gaulois* y *Danton*), a siete cruceros acorazados (*Amalfi, Hogue, Cressy, Aboukir, Drake, Charner* y *Pallada*) y a un enjambre de cruceros, destructores y buques de guerra auxiliares.

Por su parte, los alemanes perdieron 199 sumergibles, de los que 178 resultaron hundidos en la mar, 7 tuvieron que entrar por avería en puertos neutrales, donde quedaron internados, y 14 fueron destruidos por sus dotaciones al final de la contienda (1). En aquellos hundimientos hallaron la muerte, haciendo valerosamente frente al enemigo, 5.087 submarinistas.

Fue un precio realmente terrible para ambos bandos contendientes, pero que, sin embargo, sería ampliamente superado en la segunda contienda mundial.

Y, para terminar, ¿qué hubo de verdad en las supuestas atrocidades cometidas por los submarinistas alemanes? Parece ser que... absolutamente nada. El escritor y corresponsal de guerra norteamericano Lowell Thomas, que recorrió Europa inmediatamente después de firmarse el armisticio, en busca de material de primera mano para escribir un libro sobre la campaña submarina alemana y que buceó en los archivos del Almirantazgo e interrogó personalmente a infinidad de marinos germanos y aliados, dice: «...en general, no he encontrado nada concluyente sobre el particular, mientras que abundan los testimonios ingleses de actos de humanidad llevados a cabo por los submarinistas alemanes.»

Pero la propaganda, aunque sea falsa, es un arma de guerra tan legítima como cualquier otra y, además, como en este caso, puede dar excelentes resultados.

---

(1) Otros 176 *unterseeboote* fueron entregados a los aliados después del armisticio.

CAPÍTULO XI

Salida de Scheer a mediados de agosto de 1916. — La nueva ofensiva submarina alemana condiciona las actividades de la Hochsee Flotte. — *Escaramuza en la bahía de Heligoland el 17 de noviembre de 1917. — La Escuadra de Alta Mar llega hasta el paralelo de los 60° norte. — Intento inglés para embotellar Zeebrugge. — La guerra naval en el Báltico, en el mar Negro y en el Adriático.— Los corsarios disfrazados.*

La batalla de Jutlandia se celebró en Alemania como un gran triunfo de la *Hochsee Floote,* y desde todos los estamentos del país, especialmente el Ejército, llovieron felicitaciones sobre el almirante Scheer y sus hombres. El kaiser acudió a Wilhelmshaven el 5 de agosto y pronunció un discurso a bordo del acorazado *Friedrich der Grosse* para agradecer a los marinos, en nombre de la patria, su magnífica y valerosa actuación.

Scheer sabía muy bien que no podía hablarse de victoria estratégica, pero tenía sobradas razones para sentirse satisfecho por los resultados tácticos obtenidos en aquel encuentro con la muy superior *Grand Fleet,* que él, naturalmente, no había buscado, pero que, en resumidas cuentas, «demostraba al mundo que la Armada británica no poseía ya su alardeada irresistibilidad». Porque, continúa el mencionado almirante alemán, «aunque Jellicoe dispuso de la potencia y de suficiente velocidad para haberlo hecho, no nos buscó a la mañana siguiente». Era cierto.

Para mediados de agosto de 1916 estaban reparadas todas las unidades germanas averiadas en Jutlandia, excepto el *Seydlitz* y el *Derfflinger,* y había entrado en servicio el nuevo acorazado *Bayern,* de 28.000 toneladas estándar, armado con ocho piezas de 380 mm. —en cuatro torres dobles, superpuestas a proa y a popa—; de manera que, aprovechando el gran número de *unterseeboote* de que ahora disponía la Escuadra —la guerra submarina estaba entonces prácticamente paralizada, como ya sabemos—, la *Kriegsmarine* preparó una operación cuyo objetivo era el bombardeo de Sunderland, en la costa oriental inglesa, como medio de obligar a salir a una parte de la Gran Flota y poder batirla.

En las primeras horas de la noche del 18 de agosto de 1916 zarpó la 1.ª División de las Fuerzas de Reconocimiento, que, a falta del *Lützow*, el *Seydlitz* y el *Derfflinger*, había sido reforzada con tres de los acorazados más rápidos: *Bayern*, *Grosser Kurfürst* y *Markgraf*. A continuación lo hizo el grueso; en total, diecisiete acorazados modernos y dos cruceros de combate, con el inevitable acompañamiento de cruceros ligeros y destructores, pues esta vez Scheer se dejó atrás a la II Escuadra: los lentos *predreadnoughts*. Ocho dirigibles y una veintena de submarinos participarían en la operación, éstos formando tres barreras móviles sobre las previsibles derrotas que seguiría la Escuadra inglesa.

Una vez más, el Almirantazgo británico conoció, a través de la actividad inalámbrica alemana, esta salida de la *Hochsee Flotte* y alertó a Jellicoe, que se hizo a la mar, con la Gran Flota, en la tarde del 18, es decir, cuatro horas antes de que lo hiciera la Escuadra de Scheer, llevando consigo 29 acorazados y 6 cruceros de combate, con su correspondiente cohorte de cruceros ligeros y *destroyers*. También zarparon de Harwich todas las fuerzas ligeras del comodoro Tyrwhitt.

El choque no se produjo, porque los submarinos y dirigibles de la *Kriegsmarine* advirtieron oportunamente a Scheer, ya muy próximo a la costa inglesa, de la presencia de la Gran Flota; de manera que, en la tarde del 19, el almirante germano canceló el previsto bombardeo y optó por la retirada, puesto que «el objetivo principal de la operación era destruir partes de la Escuadra enemiga, y el bombardeo de Sunderland era sólo un objetivo secundario, simple medio de lograr aquél». El caso es que, a las 1400 de dicha fecha, las dos escuadras adversarias habían estado a tan sólo 40 millas de distancia.

Pero los submarinos de ambos bandos se cobraron su tributo. En la mañana del día 19, el inglés *E-23* logró alcanzar con un torpedo al acorazado *Westfalen*. Las averías de este buque no fueron importantes, pero Scheer le ordenó regresar al Jade. Pocas horas antes, el alemán *U-52* había hecho blanco con dos artefactos en el crucero ligero británico *Nottingham*, que quedó al garete y volvió a ser torpedeado media hora después, yéndose a pique. En la tarde de dicho día, el *U-66* —capitán de corbeta Bothmer—

alcanzó con dos peces mecánicos al también crucero ligero inglés *Falmouth*, que tuvo que ser tomado a remolque, pero que el día 20, cerca ya de Flamborough Head, resultó alcanzado por otros dos torpedos lanzados por el *U-63* y terminó por hundirse. En el contraataque desencadenado por los destructores británicos, el *Porpoise* consiguió abordar al *U-63*, que, sin embargo, sólo sufrió menores daños. En ambos cruceros ingleses perdieron la vida 48 hombres.

Los peligrosos ataques submarinos germanos habían sido incesantes durante los días 19 y 20 —«la señal "Submarino a la vista" flameaba casi constantemente en las vergas de uno u otro buque inglés»—, y el impresionado Jellicoe hizo el siguiente comentario: «Los comandantes de los sumergibles alemanes habían, sin duda, progresado en eficiencia, y, por lo tanto, los riesgos que al principio de la guerra no hubiéramos vacilado en arrostrar, eran entonces injustificables.»

Por su parte, los alemanes habían comprobado que el sistema de barreras móviles de submarinos sobre las previsibles derrotas del enemigo resultaba mucho más eficaz, en todos aspectos —exploración y ataque—, que el de apostarlos en las salidas de las bases navales británicas. Pero Scheer no volvería a tener ocasión de emplear los *unterseeboote* de la Escuadra. El 7 de octubre de 1916, el Alto Mando germano decidió lanzar una nueva ofensiva submarina, todavía restringida, contra el tráfico mercante enemigo y enviar cuatro sumergibles al Mediterráneo. De manera que, por unas u otras causas, la transposición al campo de guerra de aquel dramático juego del «ratón y el gato» entre la enormemente superior Escuadra británica y su contraparte alemana no volvería a repetirse, si bien es cierto que los ingleses perdieron, involuntariamente, una magnífica ocasión, la última, como luego veremos, en la primavera de 1918.

Y es que, a partir del otoño de 1916, se inició un incesante trasvase de los mejores oficiales, suboficiales y cabos de la *Hochsee Flotte* a los nuevos submarinos que continuamente entraban en servicio —lo cual, según Scheer, «tendría un efecto deletéreo sobre la eficiencia de los buques de superficie»—, y a partir de entonces la Escuadra alemana «consideró como su más importante tarea la de poner toda su fuerza a disposición de los submarinos durante las salidas y el regreso de éstos a sus bases».

La razón era que los campos de minas fondeados por los ingleses en la parte sudoriental del mar del Norte fueron aumentando de tal manera a partir de mediados del año 1916 (a razón, como ya señalamos, de 3.000 minas mensuales), y los continuos ataques británicos a las fuerzas germanas de dragado, que tenían que operar a distancias de hasta 180 millas marinas al norte y 140 millas al oeste del Jade, dificultaban de tal manera la labor de los valerosos rastreadores alemanes, que, durante ciertos períodos, los *unterseeboote* se vieron obligados a utilizar el canal de Kiel y el Kateggat, y la Escuadra tuvo que dar apoyo permanente, con acorazados, a las fuerzas ligeras de cruceros y destructores que habían de escoltar a los infatigables dragaminas. Lo que, por supuesto, no era óbice para que algunos días volasen hasta dos y tres de dichos sufridos e imprescindibles rastreadores (1).

Pero Scheer sabía muy bien que la lucha contra el tráfico librada por los submarinos era ya el único medio de que disponía Alemania para poder ganar la guerra. Por ello, el 4 de noviembre de 1916, cuando el *U-30*, que por avería en los motores térmicos quedó al garete cerca de la isla noruega de Utshire, y el *U-20*, que le había tomado a remolque, vararon sobre un banco de arena próximo a la costa danesa, a cinco millas de Bovsbjerg, el comandante general de la Escuadra, temiendo que dichas unidades pudieran ser descubiertas y destruidas por los ingleses, no dudó en enviar inmediatamente en su auxilio a la 4.ª Flotilla de destructores, con el crucero de batalla *Moltke* y la III Escuadra de acorazados. Lo que, por supuesto, entrañaba sus riesgos.

El *U-30* arrojó por la borda treinta toneladas de carga y combustible y logró desembarrancar, pero el *U-20* tuvo que ser volado por su propia gente. Mientras tanto, el submarino británico *J-1* —capitán de corbeta Laurence—, aprovechando la fuerte marejada, que impedía descubrir periscopios o estelas de torpedo, alcanzaba con sendos artefactos a los acorazados *Grosser Kurfürst* y *Kronprinz*. Aunque las averías de estos buques no fueron impor-

---

(1) «En vista de su gran extensión —escribe Scheer—, era imposible limpiar toda la zona minada. Apenas disponíamos de buques suficientes para descubrir dónde había minas. Nuestros esfuerzos iban dirigidos a abrir dos o tres canales entre las minas y a mantenerlos limpios: uno al oeste, siguiendo la costa; otro a medio camino entre Terschelling y el Horns Reef, y un tercero al norte, a longo de la costa danesa. Las fuerzas de rastreo y de escolta sufrieron muchas pérdidas, que de otro modo habrían sido infligidas a los submarinos. Lo que no les impidió realizar sus peligrosas tareas año tras año, con la mayor exactitud y pese a las inclemencias del tiempo. Los oficiales y marineros de este servicio sobrepasaron, en intrepidez y destreza marinera, a todos los demás de la Armada.»

tantes, ambos tuvieron que entrar en dique y someterse a un considerable período de reparaciones.

Por otra parte, las escaramuzas constantemente libradas entre las fuerzas inglesas que atacaban a los dragaminas germanos y las que protegían a éstos eran frecuentes y llegaron a su punto culminante el 17 de noviembre de 1917, durante uno de los sistemáticos rastreos de exploración establecidos por los alemanes más allá de los campos minados que se extendían entre el Horns Reef y Terschelling, constantemente ampliados por la *Royal Navy* hasta llegar, en julio de 1917, a punta Hanstholm, prácticamente en el Skagerrak.

Dragaminas aparte, las fuerzas alemanas de escolta, al mando del contralmirante Von Reuter, comprendían en aquella ocasión la II Flotilla de destructores y la II División de cruceros ligeros, a las que daban apoyo la IV Escuadra de acorazados y los cruceros de combate *Hindenburg* y *Moltke,* al mando del vicealmirante Souchon, que había destacado al *Kaiserin* y al *Kaiser.*

El día se presentó, una vez más, calimoso y nublado; de manera que los previstos dirigible alemanes de exploración no pudieron remontarse y los nuevos cruceros ligeros *Könisberg* y *Nürnberg,* armados con piezas de 150 mm., a los que acompañaban los veteranos *Frankfurt* y *Pillau,* tuvieron que renunciar a llevar a bordo sus hidroaviones.

Hacia las siete de la mañana, con las primeras luces y cuando acababa de iniciarse el rastreo, dragaminas y fuerzas de escolta fueron atacados inesperadamente por una poderosa agrupación británica, que pretendió repetir el éxito logrado por la *Royal Navy* el 28 de agosto de 1914 en la bahía de Heligoland.

En efecto, con la cobertura de la 1.ª Escuadra de acorazados de la Gran Flota —vicealmirante Madden— y de los cruceros de combate del vicealmirante Pakenham, una velocísima agrupación formada por los nuevos cruceros de batalla *Courageous* y *Glorious,* de 18.600 toneladas estándar, armados con cuatro piezas de 381 milímetros, en torres dobles a proa y a popa, y capaces de desarrollar los 32 nudos; la 1.ª y la 6.ª Escuadras de cruceros ligeros, respectivamente mandadas por el comodoro Cowan y el contralmirante Alexander Sinclair, y dos flotillas de destructores; apoyada por los cruceros de combate *Renown* y *Repulse,* de 26.500 toneladas, armados con seis piezas de 381 mm. y capaces también de una velocidad de 32 nudos —contralmirante Phillimore—, sorprendieron en la amanecida del neblinoso 17 de noviembre citado, hacia la mitad de la línea Horns Reef - Terschelling, a dichas fuerzas ligeras alemanas, sobre las que abrieron el fuego con sus gigantescas piezas desde una distancia de 13.000 metros.

Los veteranos destructores germanos convertidos en dragaminas picaron inmediatamente sus rastras y, como alma que lleva el diablo, se alejaron a toda máquina hacia el este, al mismo tiempo que tendían cortinas de humo, mientras los cuatro cruceros ligeros de la *Kriegsmarine* hacían lo propio hacia el sudeste, por el canal dragado y también a revientacalderas.

Se entabló así un vertiginoso combate de persecución, pues los ingleses no dudaron en lanzarse contra los últimos, siguiéndoles por espacio de 30 millas a través de dicho canal, del que ninguno de los dos adversarios podía salirse, hasta que, hacia las 0830, intervinieron los acorazados *Kaiserin* y *Kaiser,* que abrieron el fuego con sus piezas de 305 mm. y obligaron al *Repulse* y a los cruceros ligeros ingleses, únicos que todavía continuaban la persecución, a retirarse a su vez a toda máquina.

Dadas las inevitables condiciones tácticas —impuestas por el canal libre de minas— en que tuvo que librarse la desquiciada batalla; las cortinas de humo constantemente tendidas por los cruceros ligeros alemanes, y el serpenteo de éstos, el tiro no resultó muy efectivo, sobre todo por parte británica; de manera que los buques germanos sólo sufrieron cinco impactos directos, que les produjeron 21 muertos y 40 heridos, pero que, por suerte para ellos, no afectaron a sus equipos de propulsión. El *Glorious* y el *Corageous* dispararon 140 granadas de 381 mm. y 180 de 102 mm., logrando únicamente un impacto en el *Königsberg,* con proyectil de grueso calibre, que atravesó las tres chimeneas del buque y dos cubiertas e hizo explosión en una carbonera, reventando el mamparo interno de ésta y provocando un incendio.

Pero dichos buques ingleses, con una coraza vertical de tan sólo 76 mm. de espesor, fueron alcanzados varias veces por los proyectiles de 150 mm. de los cruceros alemanes, y, tras el siniestro precedente de Jutlandia, optaron prudentemente por retirarse. Entonces se adelantó el *Repulse,* cuya coraza vertical era de 152 mm. —es decir, capaz de detener proyectiles de ese calibre—, que disparó 54 granadas de 381 mm., logrando tan sólo un impacto. Tres impactos en total consiguieron los cruceros ligeros británicos, que sufrieron seis y que dispararon ¡2.519 proyectiles de 152 mm.! Por otra parte, se perdieron todos los torpedos lanzados por los cruceros y destructores de ambos bandos.

Los acorazados alemanes citados, a los que pocos minutos después se incorporaron el *Hindenburg* y el *Moltke,* trataron de arrastrar al enemigo hacia el grueso de la IV Escuadra, y como los británicos se replegaron sobre el grueso propio, el desquiciado combate terminó tan bruscamente como había comenzado.

Los ingleses apresaron al pequeño vapor *Kedingen,* fondeado para señalar el punto inicial del rastreo exploratorio, cuyos tripulantes, al ver que su indefenso barco era blanco de los formidables proyectiles enemigos, se arrojaron al agua, siendo hechos después prisioneros y, con su indemne barco, llevados a Inglaterra. El crucero británico *Calipso* recibió un impacto de grueso calibre en la torre de combate, donde, entre otros marinos, murió el comandante del buque, capitán de navío Edwards. En total, los ingleses sufrieron un centenar de bajas, entre muertos y heridos.

Lo que quedó demostrado era que los alemanes no se dejarían sorprender, como en 1914; que los velocísimos nuevos cruceros de batalla británicos —proyectados por lord Fisher para operar en el Báltico— eran sólo gigantes de papel, aunque con una magnífica artillería, y que los dragaminas alemanes tendrían que llevar una escolta aún más próxima y poderosa.

* * *

Tras los éxitos cosechados por los cruceros ligeros alemanes *Brumer* y *Bremse* (diseñados como minadores para la Flota rusa y luego modificados y entregados a la *Kriegsmarine* en 1916), y después por la II Flotilla de *zerstörer,* a mediados de octubre y de diciembre de 1917, respectivamente, contra los convoyes ingleses que se movían entre el Firth of Forth y Noruega, que ya comentamos en el capítulo anterior, el almirante Scheer, para aliviar la presión enemiga sobre los submarinos alemanes que operaban en aguas meridionales inglesas, decidió atacar con toda la Escuadra a uno de dichos importantes convoyes —de hasta 60 barcos mercantes—, que el Servicio de Inteligencia germano había señalado que zarparía de Bergen en una determinada fecha con destino al norte de Escocia, supuestamente escoltado por cruceros acorazados norteamericanos y otros buques de guerra.

El informe no era exacto en cuanto a la escolta y fecha de salida; los acorazados norteamericanos, que ya sabemos se habían incorporado a la Gran Flota británica, permitían utilizar una escuadra de cruceros de batalla ingleses en la protección de tan importantes convoyes. De manera que Scheer nada encontraría; pero esta salida a punto estuvo de provocar la mayor batalla naval de todos los tiempos...

En la noche del 22 de abril de 1918 se concentraron en las radas de Schillig la totalidad de las unidades alemanas que tomarían parte en la proyectada operación —so pretexto de unas maniobras en el «Deutsche Bütch»—, donde los mandos de las diversas agrupaciones recibieron, en mano, las órdenes de operaciones. ¡Por fin, el silencio radio fue absoluto! A las seis de la mañana del 23 se hicieron a la mar las Divisiones I y II de las Fuerzas de Reconocimiento: el flamante *Hindenburg* —de 26.600 toneladas, con artillería de 305 mm., arbolando la insignia de Von Hipper— y los *Derfflinger, Seydlitz, Moltke* y *Von der Tann,* con la II Flotilla de destructores. Después zarparon las I, III y IV Escuadras —19 acorazados modernos, entre ellos los flamantes *Baden* y *Bayern,* de 28.000 toneladas, armados con ocho piezas de 380 mm.; la IV División de cruceros ligeros y cinco flotillas de destructores.

El día 24, ya a 40 millas al OSO de Stavanger, el *Moltke* sufrió una grave avería (1) y poco después quedó al garete y tuvo que ser tomado a remolque por el acorazado *Oldenburg.*

Von Hipper prosiguió la descubierta hasta los 60° de latitud norte, es decir, el paralelo que corta las islas Shetland, en el mar de Noruega, pero aunque el día era soleado y la visibilidad excelente, los alemanes no lograron avistar barco alguno. Los cruceros ligeros avanzaron veinte millas más. ¡Nada! La tranquila mar estaba vacía. Y como no era cosa de aguardar allí a que saliera la Gran Flota inglesa, que desde el 12 de abril de aquel año se había trasladado a Rosyth, como base permanente, la Escuadra alemana se volvió por donde había venido, sin más novedad que el torpedeamiento, ya a 40 millas al norte de la isla de Heligoland, del averiado *Moltke,* que para entonces navegaba por sus medios, a 15 nudos. No obstante, aquel torpedo, lanzado por el submarino británico *E-42* —teniente de navío Allen—, causó al crucero de batalla menores averías.

Pero, como ya señalamos, aquella salida pudo haber tenido un grandioso final. Porque aunque la escarmentada Escuadra germana no utilizó para nada la radio antes ni después de zarpar, una vez rebasados los campos de minas propios fue descubierta por un sub-

(1) A consecuencia de la rotura del arbotante de la hélice interna de estribor, el buque perdió ésta; se disparó la correspondiente turbina y reventó el volante de inercia, igual que una granada de alto explosivo, que deshizo uno de los condensadores y provocó la entrada a bordo de 2.600 toneladas de agua salada.

marino británico que acechaba en inmersión. La visibilidad no era muy buena y los submarinistas creyeron que se trataba de las grandes unidades inglesas que, como era habitual, escoltaban a los minadores de la *Royal Navy* que periódicamente rellenaban de minas el golfo de Heligoland; de manera que nada señalaron por radio.

Error explicable (porque en sus cruceros de batalla y en los modernos acorazados, los alemanes ya habían arbolado palos trípode portadores de grandes cofas para las nuevas alzas directoras del tiro, a semejanza de las unidades de combate británicas), pero que, de no haberse producido, habría originado la salida inmediata de la Gran Flota y, con toda seguridad, una gran batalla.

De todas maneras, Beatty se enteró por fin, a raíz de los obligados mensajes radiotelegráficos intercambiados entre Von Hipper y Scheer por mor de las averías del *Moltke,* de que la Escuadra alemana se encontraba en la mar ¡a la altura de Stavanger!, pues dichas señales fueron inmediatamente captadas por los radiogoniómetros del Almirantazgo.

La Gran Flota levantó presión y salió de Rosyth en las primeras horas de la tarde del 24. Se hacían a la mar nada menos que 31 modernos acorazados, 6 cruceros de combate, 24 cruceros ligeros y 85 destructores. Faltaban, sin embargo, los cruceros de batalla de la 2.ª Escuadra y varios cruceros ligeros y destructores anteriormente zarpados del Firth of Forth para dar escolta a uno de los grandes convoyes despachados para Noruega, que precisamente Scheer había querido cazar. Tampoco pudieron intervenir las fuerzas ligeras basadas en Harwich, comprometidas, como brevemente veremos, en una nelsoniana operación de la Armada Real efectuada el día anterior.

Pero la *Hochsee Flotte* iba ya muy adelantada en su viaje de regreso, y hacia la anochecida de aquel mismo día 24 cortó por la proa la línea de avance del almirante Beatty —con su insignia en el acorazado *Queen Elizabeth*—, sin que ambas formidables escuadras pudieran avistarse. Para la Gran Flota fue, después de Jutlandia, la mejor ocasión para haber podido aniquilar a la inferior Escuadra de Alta Mar; y para ésta, la última salida antes del armisticio, pues la intentada el 29 de octubre de 1918 —ya al mando de Von Hipper— no pudo llevarse a la práctica por mor del estallido de la revolución.

* * *

En el verano de 1975 estuve en Zeebrugge, a bordo del trasatlántico español *Cabo San Roque,* para una visita relámpago a Bruselas, Gante y Brujas. Recordaba muy bien, por haberlo leído en el excelente libro de Mateo Mille, el ataque desencadenado por los ingleses contra aquel puerto belga, en manos de los alemanes durante la Gran Guerra, e incluso la fotografía aérea que lo ilustraba, donde se veía a los cruceros ingleses *Intrepid* e *Iphigenia,* y algo más afuera al *Thetis,* autohundidos en el angosto canal de acceso a la esclusa que permite alcanzar Brujas, asomando sus alterosas chimeneas (arboladas en candela) y otras superestructuras. Y pude comprobar que el escenario de aquella valerosa acción, destinada a taponar la base de los *unterseeboote,* que tanto daño hacían al tráfico mercante de los aliados, apenas había variado desde el histórico 24 de abril de 1918; como si el tiempo hubiera querido detenerse allí, en homenaje, tal vez, a los 205 muertos y cerca de 400 heridos que dicha bizarra operación de asalto costó a la *Royal Navy.*

Hacia finales del año 1917, el Almirantazgo británico había decidido embotellar los puertos de Zeebrugge y Ostende, pues los constantes bombardeos aéreos y navales contra dichas bases navales alemanas de submarinos —la «Flotilla de Flandes»— no habían dado resultados prácticos.

Seiscientos voluntarios de la Gran Flota fueron seleccionados y adiestrados para la operación, que mandaría el contralmirante Roger Keyes, y, tras varios aplazamientos por diversas causas, el ataque se desencadenó al fin en la noche del 22 al 23 de abril de 1918.

El plan era apoderarse del largo rompeolas de Zeebrugge, cóncavo hacia dentro y de una milla de longitud, en cuya extremidad exterior tenían asentada los alemanes una batería de costa y numerosas ametralladoras; volar el puente metálico que unía a tierra dicho espigón, para evitar el envío de refuerzos germanos una vez tomada dicha batería, y, mientras tanto, lanzar dichos tres veteranos cruceros contra la compuerta de la esclusa citada y hundirlos en el canal de acceso a la misma, que conducía a la base de submarinos y que, entonces como ahora, daba paso al que enlaza Zeebrugge con Brujas.

La oscuridad era de alquitrán, llovía torrencialmente y había cierta mar de fondo, lo que hacia la medianoche permitió al veterano crucero *Vindictive*, acondicionado para la operación, llegar y atracarse a la parte exterior del extenso rompeolas y poner en el muelle, ya entre una espantosa barahúnda de cañonazos propios y enemigos, morterazos y crepitar de ametralladoras, a los asaltantes encargados de neutralizar la batería y armas automáticas del espigón. Dichas fuerzas de asalto iban mandadas por el capitán de navío Halahang, que encontró la muerte casi inmediatamente y al que sucedió el capitán de corbeta Harrison, que también moriría poco después.

Y es que ya en la atracada del *Vindictive* se produjo el primer fallo de la arriesgada y difícil operación británica. Debido a la rotura, poco antes, del remolque de los transbordadores *Iris* y *Dadffodil*, que el crucero había traído desde Dover; a la corriente de marea, y a la mar de leva, fue imposible efectuar la atracada en el punto previsto para poder abrasar a los soldados alemanes con los lanzallamas al efecto de que el *Vindictive* iba provisto, sino bastante más al oeste.

Mientras sobre el alto rompeolas se combatía encarnizadamente, pues la reacción alemana fue inmediata, el submarino *C-3* —teniente de navío Sandford—, sólo con seis hombres a bordo pero con varias toneladas de trilita en la cámara de torpedos proel, logró deslizarse por el exterior hasta las pilastras del puente metálico de acceso a aquél, a unos 400 metros de distancia de tierra firme. Tras prender los cebos, y ya entre un diluvio de disparos de fusil, los submarinistas evacuaron el sentenciado buque y embarcaron en un bote que para ello traían. Cuando se hallaban a tan sólo doscientos metros del puente se produjo una terrible explosión, que por algunos instantes puso sordina al espantoso aquelarre de estampidos, y toda la estructura voló por los aires entre imponentes llamaradas. ¡El rompeolas quedaba aislado!

Poco después de la medianoche, los tres cruceros británicos destinados a ser hundidos entraban en el puerto y, a toda máquina, se dirigían hacia sus objetivos, sometidos a un fuego artillero todavía no muy intenso. En cabeza marchaba el *Thetis*, al mando del capitán de fragata Sueyd, cuya misión era destruir a colisión la compuerta de la esclusa y hundirse allí, pero que, en mala hora para los ingleses, enganchó con sus hélices una de las redes antisubmarinas de la bocana, perdió arrancada y fue blanco de las baterías asentadas en tierra, terminando por detenerse y teniendo que ser hundido por su propia gente a cierta distancia de la escollera de acceso al canal, siendo aquélla recogida por una motolancha inglesa.

Deslumbrados por las granadas iluminantes, cañoneados, y por otras razones que no están claras, el *Intrepid* y el *Iphigenia,* al mando de los tenientes de navío Carter y Leake, fueron desfondados por sus reducidas dotaciones en el citado canal de acceso a la esclusa, pero a unos quinientos metros de ésta, encargándose otra motolancha inglesa de rescatar a los tripulantes. Aunque los citados oficiales habían revirado convenientemente sus respectivos buques, para atravesarlos antes de ordenar su hundimiento, el paso no quedó totalmente obstruido y permitiría después a los submarinos alemanes, navegando con precauciones, la salida y entrada en la esclusa. De modo que también fracasó parcialmente el objetivo principal de la operación británica, llevada a la práctica con más valor que habilidad y suerte.

Veinte minutos después de su azarosa atracada a cañonazo limpio, el acribillado y heroico *Vindictive* reembarcó a sus hombres, como estaba previsto, y, auxiliado por los dos transbordadores y llevándose consigo un cuarto de tonelada de cemento del muelle, se hizo a la mar y pudo regresar a Dover, a 17 nudos de velocidad.

Tampoco el ataque dirigido contra Ostende se vio coronado por el éxito, ya que los viejos cruceros *Brilliant* y *Sirius* tuvieron que ser hundidos prematuramente. Lo que decidió a Keyes a repetir la operación en la noche del 9 al 10 de mayo, otra vez utilizando al *Vindictive,* cargado con cemento rápido. Pero de nuevo la suerte se mostró esquiva con los marinos ingleses, pues el canal donde el citado crucero fue hundido no quedó totalmente cegado, y la operación costó a la *Royal Navy* 19 muertos y 30 heridos (1).

* * *

El mar Báltico, de unos 400.000 kilómetros cuadrados y una profundidad media de sesenta metros, alimentado por infinidad

(1) Los británicos mejorarían sus métodos de asalto en la segunda guerra mundial. En marzo de 1942, por ejemplo, durante su ataque al gran dique seco de Saint-Nazaire —único disponible por los alemanes en el Atlántico para carenar los grandes acorazados *Bismarck* y *Tirpitz*—, la compuerta del citado dique fue volada por un destructor abarrotado de explosivos y lanzado contra ella a colisión, y las restantes destrucciones fueron tan completas, que dicho dique permaneció inutilizado hasta varios años después de terminada la contienda. Acerca de los detalles de esta interesante operación, véase mi libro *Titanes azules,* publicado por Editorial Juventud, Barcelona.

de ríos y que prácticamente carece de mareas, tiene una salinidad muy baja (entre el 2 y el 11 %, según las zonas) y con frecuencia es azotado por fuertes vientos que pueden levantar el nivel de sus aguas hasta cuatro metros. Al llegar el invierno se hiela la mayor parte de este mar casi interior, ese mediterráneo del Atlántico, y la navegación se torna difícil o queda paralizada, especialmente en los golfos de Botnia y de Finlandia y en la bahía de Riga. Un albo sudario petrifica entonces la azul o grisácea superficie, inmoviliza las olas, detiene las corrientes someras. Las gaviotas emigran, la voz del mar se extingue y, cuando no ruge la tempestad, un impresionante silencio se cierne sobre la inmensa, extraña y desolada llanura blanca, que se pierde en el infinito.

La base naval rusa más importante, única que disponía de diques secos para poder carenar cruceros y acorazados, estaba en la isla de Kronstadt, a 770 millas de Kiel; el Almirantazgo ruso, en la cercana Petrogrado, próximo al Palacio de Invierno (hoy convertido en una de las mejores pinacotecas del mundo) y a esa estatua ecuestre de Pedro el Grande que se alza sobre el mayor bloque de mármol que jamás saliera de cantera alguna.

Al comenzar la contienda, la escuadra rusa del Báltico (1) no contaba prácticamente con ningún buque de guerra moderno, si se exceptúa el destructor *Novik*, de 1.280 toneladas y 36 nudos de velocidad —el más rápido del mundo en 1914—, pronto utilizado como minador. Pese a que el almirante Grigorovich, nombrado ministro de Marina en 1911, había logrado que la Duna aprobase los créditos necesarios para llevar a cabo los planes navales fijados en 1909 y en 1912, el atraso de la industria naval del país y la necesidad de importar numerosos equipos habían

---

(1) En agosto de 1914, la escuadra rusa del Báltico disponía de las siguientes unidades: 4 acorazados *(pre-dreadnought)*: *Slava, Cesarevich* (de unas 14.000 toneladas), *Andrei Pervozannyj* e *Imperator Pavel* (de 17.500 toneladas); 6 cruceros acorazados (tres de ellos de 8.000 toneladas, dos de 12.000 y uno, el *Rjurik,* de 15.200); 4 cruceros ligeros; 21 destructores; 50 torpederos y 11 submarinos. Los magníficos *dreadnoughts Gangut, Petropavlovsk, Poltava* y *Sebastopol,* de 23.360 toneladas estándar y 23 nudos, armados con doce cañones de 305 mm. y dieciséis de 120 mm., no serían entregados hasta 1915 y 1916, pero no entraron en combate en la primera guerra mundial. Y los cuatro cruceros de batalla de la serie «Borodino», de 32.500 toneladas y 26,5 nudos, armados con doce cañones de 356 mm., el primero de los cuales fue botado en julio de 1915, nunca serían terminados, pues el bloqueo alemán impidió importar algunos de sus principales equipos.

aplazado la entrega de las modernas unidades en construcción.

En 1914 era comandante general de la escuadra rusa del Báltico el vicealmirante Von Essen, que en septiembre de 1916 sería relevado por el de su mismo empleo Nepenin. Marinos enérgicos y competentes, siempre estuvieron mediatizados por el Estado Mayor General Naval, cuyo plan de guerra, esbozado en 1912, preveía un ataque alemán a través del golfo de Finlandia para apoderarse de Petrogrado. En consecuencia, el Alto Mando había dispuesto que la Escuadra aguardase dicho ataque tras los campos de minas propios y las baterías pesadas de costa que flanqueaban el golfo, en cuya defensa las bases secundarias de Reval y Helsingfors (luego Helsinski) jugarían su papel. De manera que la estrategia rusa en dicho mar fue defensiva, y como el esperado ataque germano no se produjo, de ahí que en el Báltico no se librasen batallas navales y apenas combates de cierta importancia; sólo escaramuzas. Incluso cuando los alemanes ocuparon el golfo de Riga e islas adyacentes, la Escuadra rusa empeñaría sólo a un puñado de veteranas unidades, casi todas de la cosecha de 1905.

Lo que no quiere decir que durante aquellos tres largos años, si se exceptúan los períodos invernales, de interminables noches y en los que el hielo obligaba a la práctica paralización de las operaciones, la lucha naval, aunque siempre en tono menor, no resultase dura y sangrienta, librada principalmente a base de minas submarinas, sumergibles y esporádicos ataques contra el tráfico que ambas potencias beligerantes mantenían con Suecia. El peligro de las minas y los sumergibles, que muy pronto se hizo patente, volvió cautelosos a ambos adversarios.

La *Kriegsmarine* mantuvo en el Báltico, a las órdenes del gran almirante Enrique de Prusia, hermano del kaiser, un reducido puñado de buques, en su mayoría anticuados. Sólo en dos breves ocasiones, como veremos, pasaron a dicho mar algunas divisiones de la *Hochsee Flotte;* para operar en el golfo de Riga, no en el de Finlandia.

Inicialmente, los marinos del zar evacuaron la base naval de Libau, que el 7 de mayo de 1915 caería en poder de las tropas alemanas y que desde entonces fue utilizada por la *Kriegsmarine* como apostadero para sus hidroaviones y fuerzas sutiles. La Flota zarista, dadas las favorables condiciones existentes para ello en el mar que nos ocupa, se había especializado en la guerra de minas y desde el comienzo de la contienda se lanzó a una eficaz ofensiva de minado. Entre la isla alemana de Rügen, que cierra por el oeste la bahía de Pomerania, hasta las proximidades del golfo de Riga, los rusos, utilizando principalmente cruceros —incluido el *Rjurik*— y destructores, fondearon a lo largo de la guerra veintiún campos ofensivos de minas, con unos 4.000 artefactos submarinos. Y en los diez campos minados defensivos, situados principalmente en las entradas de los golfos de Riga y de Finlandia, 35.000 minas más.

Víctimas de tan mortíferos ingenios —que jamás velaban (asomaban) durante la bajamar, pues ésta no pasaba de los 30 centímetros— sucumbieron 44 buques de guerra alemanes de diversos tipos y tonelajes, desde el crucero acorazado *Friedrich Karl*, de 9.100 toneladas, hundido el 28 de septiembre de 1914, al oeste de Memel, tras chocar con dos artefactos, y los cruceros ligeros *Gazelle*, de 2.650 toneladas, el 25 de enero de 1915 —gravemente averiado al noroeste de Arkona y que, aunque remolcado a puerto, tuvo que ser desguazado—, y *Bremen*, de 3.280 toneladas, que bajó en los 57° 31′ norte y 21° 24′ este, es decir, no muy lejos de la entrada del golfo de Riga, el 17 de diciembre del mismo año, hasta el dragaminas *M-6*, el último perdedor alemán, volado el 29 de octubre de 1917 en Dünamünde, cerca de Riga; pasando por una miscelánea de unidades, entre las que destacan las hundidas en el mayor desastre de este género sufrido por la *Kriegsmarine* en las dos últimas guerras mundiales.

En efecto, la 10.ª Flotilla germana de destructores se había hecho a la mar el 10 de noviembre de 1915, con once buques nuevos, a las órdenes del contralmirante Langemak, para atacar a los buques rusos que patrullaban al norte de la isla de Dagö. En septiembre y octubre de ese mismo año, los submarinos minadores alemanes *UC-25* y *UC-27* habían fondeado, sin contratiempos, varias barreras de minas en el golfo de Finlandia: al oeste de Reval, a levante de Lagskär e incluso cerca de Kronstadt (1). De manera que los alemanes llegaron a la conclusión de que las minas fondeadas por los rusos el año anterior en el golfo de Finlandia habían perdido su efectividad, y, por otra parte, ignoraban la barrera fondeada por sus adversarios en julio anterior entre Hangö y la isla de Dagö, a la entrada de dicho golfo.

Al norte del cabo Tachkona, la formación del contralmirante Langemak cortó inadvertidamente dicha barrera de minas, y a

(1) En las que luego cayeron los destructores rusos *Letun* y *Kazaneck*, el transporte *Buki*, el dragaminas *Fugas* y el buque hidrógrafo *Jug*, todos ellos hundidos, mientras que el crucero acorazado *Rjurik*, que el 19 de noviembre de 1916 chocó de proa con uno de dichos artefactos, tuvo que permanecer cinco meses en reparación.

las 2030 horas del día 10 chocó el *V-75* con un primer artefacto; una hora y media después colisionaba con otro y se iba a pique. El *S-57*, que se había abarloado al *V-75* para recoger a la gente de éste, sufrió averías en dicha segunda explosión y poco después chocaba, a su vez, con otra mina y quedaba al garete, teniendo que ser hundido por su propia dotación, recogida por el *G-89*.

Era un mal comienzo, pero la castigada flotilla prosiguió su misión, y al no avistar unidades rusas de ninguna clase decidió bombardear el puerto de Reval, contra el que arrojó 162 proyectiles de 105 mm. de calibre. Al salir del golfo, la flotilla alemana dio un buen resguardo por el norte al punto donde se habían hundido el *V-75* y el *S-57*, pero volvió a toparse con el campo minado ruso en la madrugada del día 11, y a partir de ese momento el silencio de la tranquila noche fue roto por una serie de graves estampidos.

A las 0345 se hundía el *V-72*, víctima de una mina, y después, uno tras otro, como en alguna espantosa pesadilla, el *G-90*, el *S-58* y el *S-59* seguían idéntica suerte. Por fin, a las 0625 y por la misma causa, bajaba al fondo del mar el infortunado *V-76*. En total se perdieron, pues, en dicho campo minado y con un intervalo de muy pocas horas, siete flamantes destructores alemanes, cuyos diezmados tripulantes fueron recogidos por los tres únicos buques de su flotilla que seguían a flote (1).

En los campos minados rusos cayeron asimismo 25 barcos mercantes germanos, con unas 40.000 toneladas de registro, y muchos otros buques de guerra y de comercio sufrieron averías de mayor o menor consideración; en el año 1915, por ejemplo, resultaron gravemente averiados por minas cinco cruceros ligeros de la *Kriegsmarine*. Ésta tuvo que movilizar un gran número de dragaminas, y el peligro de tales artefactos pesó siempre, como luego veremos, en el planeamiento de todas las operaciones.

Por su parte, los alemanes fondearon un gran campo de minas, en abril de 1916, entre la isla de Dagö y los accesos a Estocolmo, inicialmente con 3.485 minas y luego con 2.227 más. Sucesivas ampliaciones convirtieron dicho «camposanto» en un peligroso

---

(1) Un desastre de parecidas proporciones sólo se registró, precisamente en el golfo de Finlandia, durante la segunda guerra mundial. El 18 de agosto de 1944, al tratar de prolongar sus propios campos minados, los alemanes perdieron allí a los grandes torpederos *T-22*, *T-30* y *T-32*. Y el 12 de diciembre de ese mismo año, a los *zerstörer* *Z-35* y *Z-36*, también en el golfo de Finlandia.

círculo de 80 millas de diámetro. Su finalidad era tratar de embotellar a la Escuadra rusa en el golfo de Finlandia e impedir el tráfico enemigo con Suecia. También establecieron pequeñas barreras de minas en los golfos de Finlandia y de Riga, utilizando para ello sumergibles minadores: los *UC-4, UC-27, UC-25, UC-59, UC-78* y *UC-58.* Treinta y un buques de guerra rusos, en su mayoría de pequeño tonelaje, se hundieron en los campos minados alemanes, resultando otros muchos con averías de mayor o menor gravedad; el destructor *Letun,* por ejemplo, de 1.260 toneladas, perdió totalmente la popa el 7 de noviembre de 1916 y tuvo que ser desguazado.

Otro elemento sumamente activo y peligroso fueron los sumergibles. Aunque los submarinistas rusos no consiguieron ni un solo impacto de torpedo durante los años 1914 y 1915 —los 50 peces mecánicos disparados por ellos este último año, en otros tantos ataques, se perdieron en su totalidad—, en 1916 y 1917, equipados ya con unidades más modernas, lograron ciertos éxitos contra el tráfico mercante germano con Suecia.

La *Royal Navy* y la *Kriegsmarine* utilizaron también submarinos en el Báltico desde el comienzo de las hostilidades, con mucho mejor rendimiento que los rusos. En octubre de 1914 pasaron los estrechos daneses, minados por los alemanes desde el comienzo de la guerra, los británicos *E-1* y *E-9.* En 1915 lo hicieron el *E-8,* el *E-13* (este último resultó averiado en aguas danesas por el destructor alemán *G-132* y luego fue internado en Dinamarca), el *E-18* y el *E-19.* Y como alguna unidad sucumbió en dichos estrechos, los *C-26, C-27* y *C-32,* de 360 toneladas, fueron enviados al Báltico a través del mar Blanco y de los canales que lo enlazan con el lago Ladoga. A lo largo de la guerra, los alemanes emplearon 17 unidades submarinas en el Báltico, en su mayoría minadores. Y los efectos causados por unos y otros de tales buques pronto se dejaron sentir.

Como ya sabemos, el *U-26* —capitán de corbeta Berckheim— echó a pique, el 11 de octubre de 1914, al crucero acorazado ruso *Pallada,* de 7.835 toneladas, cuyos pañoles de municiones volaron y del que no hubo un solo superviviente. Parecido desastre sufrió un año después el crucero acorazado germano *Prinz Adalbert,* torpedeado por el *E-9* —capitán de corbeta Horton— el 23 de octubre de 1915 y que también voló, llevándose consigo a 675 de sus hombres, ya que sólo hubo tres supervivientes. El *E-19* hundió con dos torpedos, el 7 de noviembre de 1917, al norte de Arkona, al veterano crucero alemán *Undine*. El *U-26* echó a pique al minador ruso *Enisej* y al transporte *Petschora,* el 4 de junio y el 25 de agosto de 1915, respectivamente, tras de lo cual desapareció sin dejar rastro, seguramente en los campos de minas del golfo de Finlandia. Después de tales precedentes, el temor a los sumergibles gravitó constantemente sobre rusos y alemanes.

* * *

Los intentos llevados a cabo por las fuerzas navales alemanas para forzar la entrada del golfo de Riga resultaron infructuosos durante bastante tiempo, puesto que los dragaminas que tenían que abrir brecha en los campos de minas del estrecho de Irben eran cañoneados a distancia por los buques rusos basados en Riga, entre los que figuraba el viejo acorazado *Slava,* de 14.000 toneladas, armado con cuatro cañones de 305 mm. y doce de 152 mm., construido en 1905, pero cuyas piezas se comprobó después que tenían un alcance mayor que las de los modernos acorazados alemanes de Von Tirpitz.

Sin embargo, en agosto de 1915 pasaron al Báltico los Grupos I y II de las Fuerzas de Reconocimiento de la *Hochsee Flotte,* con dos flotillas de destructores, al mando de Franz von Hipper, que el 18 de ese mes pudieron entrar en el golfo de Riga. Los buques rusos se retiraron por el estrecho de Moon, y aunque los submarinos del zar nada consiguieron, el británico *E-1* —capitán de corbeta Laurence— alcanzó al *Moltke* con un torpedo, el día 19, causándole ocho muertos y la entrada de 435 toneladas de agua en la cámara de torpedos, lo que le obligó a retirarse. Dicha breve incursión de las fuerzas de Von Hipper no tuvo consecuencias importantes.

La *Hochsee Flotte* no volvió a hacer acto de presencia en el Báltico hasta octubre de 1917. Para entonces, la guerra en el frente del este estaba virtualmente sentenciada; el zar había sido obligado a abdicar, y Kerenski era jefe del gobierno. En un ataque por sorpresa, el Ejército alemán ocupó Riga y Dünamünde el 4 de septiembre, y para poder llevar a cabo la conquista de las islas de Ösel, Moon y Dagö, recabó la colaboración de la Armada.

Esta operación de desembarco fue cuidadosamente preparada, teniendo en cuenta las experiencias sufridas por los aliados en los Dardanelos, ya que dichas islas rusas estaban bien guarnecidas y disponían de baterías de costa de hasta 305 mm. De manera que nada de viejos acorazados con débil artillería y a la que cualquier mina podía fulminar. Se escogieron los *panzerschiffe* que poseían mejor compartimentación estanca. Diecinueve vapores embarcarían en Libau un total de 25.000 soldados, con 8.473 caballos, 541 cañones, 224 ametralladoras, carros, etc. A las órdenes del vicealmirante Schmidt, pasaron al Báltico diez acorazados de la Escuadra de Alta Mar, el crucero de batalla *Moltke,* 9 cruceros ligeros, 55 destructores, 6 submarinos minadores, 60 dragaminas, 9 torpederos y 56 patrulleros antisubmarinos. La Armada aportó también 6 dirigibles y 95 hidroaviones.

El 12 de octubre, cuatro acorazados alemanes bombardearon las baterías asentadas en la bahía de Tagga, mientras el *Moltke* cañoneaba la de Ninnast. Después de lo cual se efectuaron los desembarcos en la isla de Ösel. El *Grosser Kurfürst* y el *Bayern* chocaron con minas, pero siguieron en su puesto y lograron silenciar las baterías de Toffri.

En mayo anterior habían fondeado los rusos otras 5.000 minas en la bahía de Riga y en el estrecho de Irben. Pero tras acallar también las baterías de Zerel, en la extremidad meridional de Ösel, la Escuadra germana logró entrar en la bahía de Riga. El día 17, los veteranos acorazados rusos *Slava* y *Cesarevich* y el crucero acorazado *Bajan* tomaron posiciones cerca de los estrechos de Moon. Tras un intenso y largo cañoneo con el *König* y el *Kronprinz,* los buques rusos se retiraron, pero el calado del *Slava,* que había recibido numerosos impactos y tenía varios compartimientos inundados, era ya excesivo y no le permitió atravesar el somero estrecho, teniendo que ser evacuado y torpedeado por un destructor de su misma bandera. El resto de las unidades rusas lograron escapar.

El día 18 ocuparon los alemanes la isla de Moon, y los rusos comenzaron a evacuar la de Dagö, que el 20 cayó en poder de las tropas del kaiser. El submarino británico *C-32* fue hundido con cargas de profundidad; las operaciones se dieron por finalizadas, y los buques de la *Hochsee Flotte* regresaron al mar del Norte.

Mientras tanto, la Gran Flota inglesa no efectuó demostración alguna de importancia en el golfo de Heligoland o en los estrechos daneses, lo que muy probablemente hubiera impedido los citados desembarcos alemanes. Por su parte, los cuatro modernos acorazados rusos basados en Helsingfors se reservaron una vez más tras sus campos de minas, pronto reforzados por otros 7.226 artefactos submarinos. Sin embargo, la luego decepcionante revolución bolchevique de octubre de aquel mismo año, que en diciembre daría paso al armisticio de Brest-Litovsk, pronto terminaría con la guerra en el frente del este y en el mar Báltico; y también con todas las libertades en ese inmenso y vergonzoso campo de concentración denominado «Unión de Repúblicas Socialistas Soviéticas».

* * *

El mar Negro tiene unos 413.000 kilómetros cuadrados y una profundidad media de 2.000 metros. Aunque carece de mareas y en invierno prácticamente también de hielos, dicha profundidad limitaba a las fajas costeras las zonas susceptibles de ser minadas; que, sin embargo, fueron bien aprovechadas para ello, especialmente por los marinos rusos.

Tal y como se planteó la lucha en este mar, hay que tener en cuenta que su configuración geográfica favorecía a la Escuadra del zar, pues la distancia que media entre el Bósforo y los puertos de Batum, Hopa, Rize y Trebisonda, próximos al frente terrestre del Cáucaso, era doble que la existente entre aquél y Sebastopol, lo que permitiría a dicha Escuadra —en posesión de las claves germanas descriptadas por sus aliados los ingleses— cortar la retirada de las fuerzas navales turco-alemanas empeñadas en cualquier operación en la extremidad oriental del mar Negro. Por ello, si el crucero de combate *Goeben* o el ligero *Breslau* se libraron en varias ocasiones de un posible grave percance, sólo a su buena suerte y elevada velocidad se lo debieron (1).

Lo mismo que el Báltico, el mar Negro fue otro teatro de operaciones secundario y en el que tampoco se libraron batallas ni combates navales que merezcan tal consideración; sólo fugaces escaramuzas, bombardeos de puertos y posiciones enemigas, des-

---

(1) El 10 de mayo de 1915 recibió el *Goeben* dos proyectiles del acorazado *Evstafij* y tuvo que retirarse. El 8 de enero de 1916 intercambió algunas salvas sin consecuencias con el moderno acorazado ruso *Imperatrica Katalina II*, desde unos 20.000 metros de distancia, pero también pudo romper el contacto. El 22 de julio de 1916, el *Breslau* se libró a base de velocidad del *dreadnought Imperatrica Marija*, que a 24.000 metros había centrado sobre él su tiro y la metralla de cuyos proyectiles de 305 mm. hirieron a siete marinos alemanes. También se ayudó el crucero germano lanzando por la popa ocho de las sesenta minas que llevaba a bordo.

embarcos anfibios, golpes de mano (1), guerra de minas, ataques al tráfico y operaciones a cargo de los submarinos alemanes y rusos (2).

La Escuadra rusa estaba bien adiestrada y era muy superior a la otomana pese a la incorporación a ésta del *Goeben* (22.650 toneladas, 26 nudos, diez piezas de 280 mm. y doce de 150 mm.) y del *Breslau* (4.550 toneladas, 25 nudos efectivos, doce piezas de 105 mm., artillería sustituida en 1917 por otra de 150 mm.), y tal superioridad se hizo mayor a medida que fueron entrando en servicio los nuevos acorazados, destructores, submarinos y transportes de hidroaviones que en 1914 se hallaban en construcción en los puertos meridionales de la antigua Escitia.

Mandada por el almirante Ebenhard, relevado en julio de 1916 por el vicealmirante Kolkac, de cuarenta y un años de edad, en 1914 la escuadra rusa del mar Negro se componía de 5 acorazados del modelo *pre-dreadnought*, de unas 12.500 toneladas, armados con cuatro piezas de 305 mm. etc.; 2 cruceros ligeros, con artillería, respectivamente, de 152 y 130 mm.; 10 destructores y 4 submarinos. Mientras que la Escuadra otomana sólo disponía de los acorazados *Barbarroja* y *Reis,* construidos en Alemania en 1891, y del todavía más antiguo *Mesudich,* todos ellos de muy poco valor militar; 2 cruceros ligeros, antiguos y débilmente artillados, y 8 modernos destructores de fabricación alemana y pequeño tonelaje. Esta Escuadra, tras la incorporación de las dos unidades alemanas citadas, no tendría nuevas adiciones, si se exceptúa la llegada de algunos submarinos germanos. En cambio, la rusa pronto iría siendo incrementada por las citadas más arriba, entre las que destacan los nuevos acorazados de 23.000 toneladas, del tipo *dreadnought,* armados con doce piezas de 305 mm. en torres triples, todas a crujía, y con una velocidad de 21,5 nudos: *Imperatrica Marija,* entregado en el verano de 1915, e *Imperatrica Katalina II,* entrado en servicio en diciembre del mismo año. El tercer buque de la serie, el *Alejandro II* (rebautizado *Volga* en 1917), no entró en servicio hasta noviembre

(1) En agosto de 1917, los rusos desembarcaron 328 soldados en el puerto turco de Ordú, quienes, tras efectuar diversas destrucciones portuarias, volvieron a embarcar. Ello echa por tierra la supuesta «desmoralización» de la Escuadra rusa del mar Negro, que algunos autores suponen y que en realidad no existió.

(2) Unos treinta sumergibles rusos y doce alemanes actuaron, generalmente con poca fortuna, en el mar Negro entre 1915 y 1917.

de 1917, es decir, cuando la guerra había prácticamente terminado para Rusia.

Y es que el ataque —por sorpresa y sin previa declaración de guerra— desencadenado por la Escuadra turca en la noche del 28 al 29 de octubre de 1914 contra la base naval de Odesa, y a la mañana siguiente contra la de Sebastopol, prácticamente no obtuvo resultados materiales; en aquélla, el cañonero *Donec* y un barco mercante resultaron hundidos con torpedos, y un cañonero, un dragaminas y cuatro vapores, averiados. Mientras que el *Goeben* sólo pudo disparar 47 proyectiles de 280 mm. contra Sebastopol, pues las alertadas baterías de costa le alcanzaron tres veces y tuvo que retirarse. Lo único práctico que logró fue hundir poco después al minador ruso *Prut*, que llevaba 710 minas a bordo (1).

La consecuencia verdaderamente importante de dichos ataques fue que Rusia declarase la guerra a Turquía el 2 de noviembre de 1914 y que Inglaterra hiciese lo propio tres días después. Y como el Bósforo y los Dardanelos permanecieron herméticamente cerrados al tráfico aliado durante toda la contienda, el enorme Ejército de Nicolás II no podría recibir el armamento y las municiones que tan apremiantemente necesitaba y terminaría por sucumbir, como ya sabemos, a fines de 1917; lo que, de no haber intervenido aquel mismo año en la guerra los Estados Unidos de América, sin la menor duda habría dado la victoria a los imperios centrales.

Puesto que en el mar Negro no hubo, como dijimos, encuentros de importancia, ni siquiera torpedeamientos espectaculares —la voladura del acorazado *Imperatrica Marija*, el 20 de octubre de 1916, en Sebastopol, se debió, al parecer, a una serie de explosiones en sus pañoles de pólvoras y de proyectiles, quedando el magnífico buque con la quilla al cielo, sin poder ser reflotado—, haremos también gracia al lector de los detalles de la guerra de «guerrillas» librada en este mar y nos limitaremos a dejar constancia de sus características más sobresalientes.

La estrategia rusa fue ofensiva desde el comienzo de las hostilidades, y la Escuadra del zar llevó la iniciativa y disfrutó del «dominio del mar», que, como ya señalamos alguna vez, no consiste en dominar siempre en toda su extensión, sino precisamente

---

(1) Dichos ataques fueron aprovechados por el minador turco *Samson* para fondear veintiocho minas delante de Odesa, y por el *Nilufer* para dejar sesenta de tan desagradables artefactos submarinos frente a Sebastopol.

allí donde se quiere y en el momento que se desea. Ello le permitiría sostener una casi ininterrumpida ofensiva de minado; bloquear el carbón de la cuenca de Heraclea —hasta el punto de dejar inactivos, por falta de combustible, a los buques de guerra basados en Estambul—; trasladar importantes contingentes de tropas a los frentes terrestres, y depredar a mansalva el tráfico marítimo turco.

Si los otomanos sólo fondearon los dos campos de minas ofensivos que ya conocemos, y el *Breslau* y el sumergible alemán *UC-15* algunas barreras más, con un total de 377 artefactos submarinos, los rusos minaron repetidas veces los accesos del Bósforo, de Zonguldak, de Varna, de Trebisonda, etc., empleando en total 14.000 minas de contacto. Delante del Bósforo lanzaron también minas flotantes, aprovechando la corriente superficial de agua dulce que se dirige hacia el mar de Mármara y que, por los Dardanelos, se pierde luego en el Mediterráneo. En los campos minados defensivos establecidos por ellos delante de Odesa, Sebastopol, Batum, Poti y el estrecho de Kerk utilizaron 13.000 artefactos submarinos más, y los efectos de todos ellos pronto se dejaron sentir.

El 25 de diciembre de 1914, al regresar a Estambul después de dar escolta hasta Trebisonda a tres transportes turcos, el *Goeben* chocó con dos minas, quedando inutilizado hasta fines de marzo de 1915. En la madrugada del 3 de abril de ese año, mientras dicho buque y el *Breslau* cruzaban frente a Sebastopol —donde poco después hundirían a dos vapores rusos—, el crucero turco *Medschidiye* (3.200 toneladas, 22 nudos, diez piezas de 130 mm., cuatro de 75 mm. y dos tubos lanzatorpedos) chocó con un artefacto submarino a unas 15 millas de la entrada de Odesa y se hundió en aguas de poco brazaje. ¡Doble mala suerte! Pues aunque su dotación fue recogida por los destructores que le escoltaban, en junio de ese año, el citado crucero sería reflotado por los rusos, reparado y, a fines de octubre, incorporado a su Escuadra con el nombre de *Prut*. El 18 de julio de 1915, al salir del Bósforo, el *Breslau* chocó con una mina y embarcó 642 toneladas de agua, quedando fuera de servicio hasta febrero de 1916. Etcétera.

En resumen, de los 28 buques de guerra turcos, búlgaros y alemanes hundidos en el mar Negro entre 1914 y 1917 (1), 20, es decir, más del 70 %, fueron víctimas de las minas rusas; entre ellos los *unterseeboote* *UB-45* y *UB-46*. En agosto y septiembre

(1) Los alemanes perdieron cinco sumergibles en el mar Negro: los *UC-13, UB-7, UB-45, UC-15* y *UB-46*.

de 1916, la Flota rusa logró bloquear con un millar y pico de minas, esta vez bien situadas, la entrada septentrional del Bósforo, de manera que el *Goeben* y el *Breslau* quedaron paralizados por falta de carbón para alimentar sus voraces calderas.

A principios de abril de 1917 llegó una flotilla de dragaminas alemanes, que pronto abrió brecha en dicho campo minado, y la Flota del zar reaccionó trayendo a pie de obra, a bordo de sus acorazados, motolanchas portadoras de pequeñas minas, con 30 kilos de explosivos, diseñadas precisamente contra los dragaminas. Estas embarcaciones actuaban al amparo de las sombras de la noche y lograron fondear sus artefactos en la misma entrada del Bósforo, aunque no sin sufrir bajas (1). Los marinos rusos no cejaron en sus esfuerzos de minado ofensivo hasta el 17 de julio de 1917, en que llevaron a cabo su última operación de minado, en la boca del Bósforo y sobre la derrota costera hasta Zonguldak.

El dominio ruso en dicho mar se dejó también sentir, por supuesto, contra la navegación turca, pues si los sumergibles de Nicolás II sólo lograron hundir a una decena de barcos mercantes con la bandera roja de la media luna, las fuerzas de superficie que arbolaban la de San Andrés echaron a pique a 61 vapores, con unas 100.000 toneladas de registro, aparte enviar al sulfuroso fondo de dicho mar varios centenares de veleros de cabotaje de todas clases.

Debido a la insuficiente capacidad de los ferrocarriles, entre mayo y junio de 1916 —tras la conquista de Trebisonda, ocupada el 19 de abril de dicho año—, los rusos desembarcaron en la bahía de Kavata a las Divisiones 123.ª y 127.ª del Ejército, con un total de 34.500 hombres, trasladados a bordo de 50 transportes escoltados por el *Imperatrica Marija*, 2 cruceros ligeros, 3 portahidroaviones y varios destructores. Después, siempre en explotación del «dominio del mar», en diciembre de 1916 llevaron al frente turco, a bordo de 31 transportes, bien escoltados, 61.500 hombres, 145.300 toneladas de material y mercancías, 9.000 caballos, etcétera, y al frente búlgaro, en abril de 1917, en 33 transportes, 194.700 soldados y 38.000 toneladas de material.

Por su parte, las arriesgadas actividades del *Goeben* y del *Breslau* sólo se vieron interrumpidas por falta de carbón o por el

---

(1) Por causas desconocidas, en la noche del 25 al 26 de mayo de 1917, ya en pleno Bósforo, las minas de una de dichas motolanchas hicieron explosión, hundiéndola con todos sus tripulantes y averiando otras dos lanchas, una de las cuales también se fue a pique.

minado de sus carenas. El 23 de junio de 1917 salió, una vez más, el *Breslau*, para fondear 80 minas en el delta del Danubio y destruir la estación radio y la farola de la isla de Fidonisi. Cumplida su misión, en el viaje de vuelta, ya cerca del Bósforo, fue atacado por dos modernos destructores rusos (el *Gnevnyj* y el *Scastlivyj*), que andaban más de 30 nudos, pero a los que la nueva artillería del infatigable crucero alemán mantuvo a distancia.

A mediados de noviembre de 1917 dio fin la guerra en el mar Negro y cesaron todas las operaciones navales rusas, pero no las del *Goeben* y del *Breslau*. Ambos buques germanos salieron al Egeo el 20 de enero de 1918, momento a partir del cual su buena suerte pareció eclipsarse. Cerca de los Dardanelos, el *Goeben* chocó con una mina que sólo le causó ligeras averías. En Imbros, los buques germanos hundieron en un santiamén a dos monitores ingleses de 6.500 toneladas: el *Raglan* y el *M-28;* pero después, habiendo arrumbado hacia Mudros (Lemnos), entraron en un mortífero campo de minas. El *Breslau* chocó allí con cuatro artefactos submarinos y se hundió, con gran parte de su dotación, ya que los ingleses sólo pudieron salvar a 172 de sus hombres. El *Goeben* colisionó con otras dos minas, pero pudo entrar en los Dardanelos, donde los incesantes ataques de los aviones ingleses dieron lugar a que, en una brusca maniobra para eludir las bombas, el buque se clavase, a 15 nudos de velocidad, en Punta Nagara.

Seis días después llegaron el viejo acorazado turco *Torgud Reis* y dos remolcadores y lo pusieron a flote. El crucero de combate fue llevado a Estambul, pero sus graves averías le obligaron a quedarse allí, en permanente nostalgia del mar, hasta el final de la contienda. Así terminó la gran odisea de aquellos dos valerosos buques de la *Kriegsmarine*, sorprendidos por el estallido de la guerra tan lejos de su querida patria.

* * *

El mar Adriático es un largo brazo del Mediterráneo que tiene 800 kilómetros de longitud por unos 180 de anchura de promedio, con muy buenos puertos e infinidad de islas en la costa oriental. Este mar fue otro teatro de operaciones secundario y en el que tampoco se produjeron batallas ni combates navales y apenas escaramuzas, pese a que las fuerzas navales austríacas e italianas eran considerables, pero donde los bombardeos de puertos y posiciones enemigas, la guerra submarina y de minas y los golpes de mano estuvieron a la orden del día.

De haber entrado Italia en la guerra al lado de los imperios centrales, su Escuadra, fuerte en 1915 con cuatro modernos acorazados de 22.000 toneladas —armados con trece piezas de 305 milímetros en torres dobles y triples— y con otros dos buques similares en avanzado estado de construcción, y la Flota austríaca, con cuatro *dreadnoughts* de 21.000 toneladas —doce cañones de 305 mm. en torres triples— habrían muy probablemente paralizado el tráfico marítimo aliado en el Mediterráneo e impedido una serie de operaciones anglo-francesas en dicho mar: como el desembarco en Gallípoli; la demostración de fuerza en Atenas, a primeros de diciembre de 1916; la ayuda prestada por los monitores y otros buques de guerra anglo-franceses a las tropas del general Allenby, durante la campaña de Palestina, etcétera.

Entre los hechos de armas que más destacan en este mar figuran, por orden cronológico, los siguientes: el 24 de mayo de 1915, diversos buques de guerra austríacos —acorazados, cruceros acorazados y cruceros ligeros— bombardearon simultáneamente las instalaciones portuarias de Porto Corsini, Rímini, Senegallia, Ancona y Barletta y el ferrocarril costero próximo a Termoli. El 7 de julio, el submarino germano *UB-15* —Von Heimburg— torpedeaba y hundía cerca de Venecia al crucero acorazado italiano *Amalfi*, y, once días después, el austríaco *U-4* —teniente de navío Jüstel— echaba a pique al también crucero acorazado italiano *Garibaldi*.

El 27 de septiembre vuela en Brindisi —al parecer debido a un sabotaje austríaco— el acorazado de la Armada italiana *Benedetto Brin*, *pre-dreadnought* en el que perecen 421 hombres. Otro desastre similar tiene por escenario el mar Piccolo de la base naval de Tarento, la noche del 2 de agosto de 1916, donde, víctima de la explosión de varios pañoles de municiones, se hunde el magnífico acorazado de 22.000 toneladas *Leonardo da Vinci*, en el que perecen más de doscientos hombres.

Las minas también se cobran su tributo, tanto en el Adriático como en el mar Jónico: en diciembre de 1915 hunden al destructor italiano *Intrepido* a la altura de Valona; al austríaco *Lika*, cerca de Durazzo; al submarino alemán *UC-12*, el 13 de mayo de 1916, en el golfo de Tarento, y, en la noche del 11 al 12 de diciembre, en los mismos parajes y en plena tempestad, al acorazado *Regina Margarita*, *pre-dreadnought* en el que sucumben 675 marinos italianos. Las minas se cobraron también al veterano blindado británico *Russel*, el 27 de abril de 1916, cerca de La Valetta, sobre una barrera fondeada algunos días antes por el submarino alemán *U-73*. Una mina próxima a Brindisi llevaba escrito el nombre del destructor francés *Boutefeu*, hundido en mayo de 1917. Etcétera.

Entre los buques de guerra mayores hundidos en el Mediterráneo por los submarinos alemanes merecen citarse, aparte los que se cobró Otto Hersing, los también *pre-dreadnoughts Gaulois* (hundido por el *UB-47*, de Steinbauer, el 27 de diciembre de 1916) y *Danton* (por el *U-64*, de Moraht, el 19 de marzo de 1917); el crucero acorazado *Amiral Charner* (por el *U-21*, del inolvidable Hersing), que se llevó consigo a la totalidad de su dotación, el 8 de febrero de 1916, y el crucero ligero *Chateaurenault*, hundido el mismo año por el *UC-38*; todos ellos franceses.

Sin embargo, los hundimientos más notables, por la insignificancia de los medios utilizados, la importancia de las víctimas y el enorme y frío valor desplegado por los heroicos victimarios, fueron los de los acorazados austríacos *Wien, Szent Istvan* y *Viribus Unitis*, estos dos últimos magníficos *dreadnoughts*, de 21.000 toneladas cada uno. Paradójicamente, tales logros no costaron la menor pérdida a los atacantes. Cedamos ahora la palabra a uno de los protagonistas de estas intrépidas, casi novelescas acciones, el teniente de navío Luigi Rizzo, jefe de la 2.ª Escuadrilla italiana *MAS*, cuyos partes oficiales, rendidos a la Superioridad, dicen:

«A las 1710 del 9 (diciembre de 1917), con las *MAS-9* y *13* a remolque, respectivamente, de los torpederos núm. 9 y núm. 11, salí de Venecia e hice rumbo directo al golfo de Trieste, para proceder allí al ataque de los buques enemigos del tipo "Monarch" fondeados en la ensenada de Muggia, precisamente entre Servola y Sabba.

»El remolque desde Venecia a Trieste se efectuó según las instrucciones impartidas por el Mando de la Flotilla de Torpederos, con marejadilla de levante y densa niebla que, durante la recalada, no nos permitió ver absolutamente nada de la vecina costa. A las 2245, habiendo alcanzado, según la estima, el punto "B", se largaron los remolques.

»Con la *MAS-9*, en la que acababa de embarcar, seguido a pocos metros de distancia por la *MAS-13*, que en las condiciones de niebla en que navegábamos se perdía de vista a tan sólo 50 metros de distancia, proseguí sobre la misma derrota que habíamos traído a remolque y que debía llevarme a la proximidad de la cabecera norte del gran rompeolas de la ensenada de Muggia. Unos diez minutos después avisté por babor una pequeña masa oscura, que inicialmente tomé por el casco de un barco, pero que después reconocí como la elevada costa de Punta Grossa, próxima a San Gerolano.

»Cambié, consecuentemente, de rumbo para librar Punta Grossa y Punta Sottile, y, aproando hacia el norte, a las 2355 alcancé la cabecera norte del rompeolas de Muggia, cerca de la cual hice atracar a las dos motolanchas, mientras yo desembarcaba para comprobar la vigilancia existente sobre el citado dique.

»Habiendo encontrado que no existía vigilancia alguna, llevé a la *MAS-9* a la proximidad de la obstrucción del puerto. Con el cabo primero torpedista Volpi Giuseppe, de la *MAS-13*, procedimos al corte de la obstrucción, faena que nos llevó cerca de dos horas. Las obstrucciones cortadas fueron:

»*a*) Un cable de acero, de 7 cm. de mena, con travesaños de madera espaciadamente amarrados y sostenidos por tres boyas.

»*b*) Un cable superficial de acero, de 10 cm. de mena, mantenido a flote por las boyas, como el anterior.

»*c*) Una red submarina de cable, de 4 cm. de mena, amarrado formando guirnalda, con diferente catenaria, obviamente colocado para impedir el paso de submarinos y torpedos.

»La presencia de dichas obstrucciones submarinas me fue revelada por un largo bichero que, para navegar por la ensenada de Muggia, hice disponer verticalmente, bien por fuera de la proa. El corte de los cables se efectuó con la cizalla hidráulica que al efecto llevaba la *MAS-9*, resultando muy laborioso el del cable más grueso, que en parte tuvimos que seccionar con la lima. Durante toda la operación oímos hablar sobre la extremidad sur del muelle pequeño, donde se veía una caseta iluminada.

»A las 0150, abierto definitivamente el paso, entré en la ensenada de Muggia, seguido por la *MAS-13*, bordeando el dique por espacio de unos 200 metros y, desde allí, aproando hacia Santa Sabba. Mientras entrábamos, el proyector de S. Rocco barrió la zona exterior del rompeolas, apagándose poco después. Unos veinte minutos más tarde, por la amura de babor avisté una forma oscura, que reconocí pertenecer a uno de los dos buques que buscábamos; a unos 200 metros de ella dejé a la *MAS-13*, con la orden de torpedearla en cuanto escuchase las detonaciones de mis torpedos o cualquier otra alarma. Con la *MAS-9* me aproximé hasta unos 50 metros del buque de guerra, para asegurarme de que no estaba protegido por otra obstrucción de red. Una vez comprobado que no la había, me alejé hacia S. Sabba en busca del otro buque, pero no pude descubrirlo.

»Una vez de regreso junto a la *MAS-13*, ésta me informó que el otro acorazado se hallaba al nordeste del primero, a unos 600 metros; sin embargo, en tal dirección no pude ver la silueta completa, y, mientras tanto, habiendo derivado la *13*, debido a la corriente, ligeramente hacia el norte, le fijé por blanco el buque más lejano, y me dispuse a torpedear el más próximo. No consideré oportuno que la otra lancha se aproximase más al enemigo, porque, dada la posición relativa de aquel acorazado, hubiera tenido que pasar a pocos metros del más próximo, con la seguridad de ser descubierto.

»Recibida la comunicación de que la *MAS-13* estaba lista para el ataque, a las 0232 ordené el lanzamiento. Los dos torpedos de la *MAS-9*, arrojados al mismo tiempo, alcanzaron instantes después, uno tras otro, al enemigo, y pude percibir separadamente las dos explosiones, aunque las columnas de agua se confundieron en una sola. En el momento de lanzar se había encendido un proyector luminoso instalado en la cofa del buque tomado por blanco, pero se apagó inmediatamente después de la explosión, igual que otras luces de a bordo. Hasta nosotros llegaron desesperados gritos de socorro, a los que hicieron eco los de "*Viva il Re!*" lanzados por las dotaciones de ambas lanchas. Mientras tanto se escucharon las explosiones de los dos torpedos lanzados por la *MAS-13*, pero no puedo precisar si ésos habían estallado o no contra el enemigo.

»Con la *MAS-9* arrumbé a la salida y puse en marcha los motores de explosión. Llegué al muelle grande y, siguiéndole, alcancé el paso de salida, donde aguardé a la *MAS-13;* siendo repetidamente blanco del proyector de S. Rocco y temiendo ser eventualmente alcanzado por alguna de las minas submarinas que, según los informes recibidos, defendían la entrada, me alejé de la bocana y aproé hacia el punto "A", haciendo la señal convenida. No recibimos respuesta, y habiendo descubierto, gracias al haz de un proyector, que la *MAS-13* estaba ya fuera del rompeolas, navegué a longo de Grado y desde éste me dirigí a Pagoda del Lido, a dos millas al sudeste de la cual deberían encontrarse, a las 0600, los dos torpederos que nos habían traído. A la altura de Grado vimos que las luces de los proyectores austríacos convergían sobre las aguas de la ensenada de Muggia.

»A las 0700 avistamos los torpederos, fui tomado a remolque del núm. 9 y entramos en Venecia después de que la estación de señales del muelle norte nos comunicase que la *MAS-13* ya estaba en el puerto.»

En efecto, la *MAS-13*, al mando del cabo primero de maniobra Ferrarini, que tardó en poder arrancar los motores térmicos y contra la que el *Budapest* hizo tres disparos de cañón y lanzó dos torpedos, ninguno de los cuales le alcanzaron, no pudiendo hallar después a los torpederos italianos, arrumbó directamente a Venecia, donde entraba felizmente a las 0630 de la mañana. Según el informe oficial austríaco, un torpedo alcanzó al *Wien* y otro pasó por la proa del *Budapest* e hizo explosión contra la orilla, cerca de la base de hidroaviones. El *Wien* dio la voltereta y se hundió en 15 metros de agua, quedando con la quilla arriba y la proa alzada y sufriendo 1 muerto, 17 heridos y 45 desaparecidos. Era un *pre-dreadnought* de 8.000 toneladas, frecuentemente utilizado hasta entonces, con su gemelo el *Budapest*, en el bombardeo de la costa y de las posiciones del Ejército italiano. Dicho pequeño acorazado recibió uno de los torpedos de Rizzo a la altura del combés y se hundió con bastante rapidez. Las pequeñas lanchas empleadas por Rizzo tenían 18 toneladas, disponían de motores eléctricos y de explosión, tenían una velocidad máxima de 20 nudos y portaban, por las bandas, dos torpedos de 450 mm. Luigi Rizzo, hombre de extraordinario valor y sangre fría, fue ascendido, por méritos de guerra, a capitán de corbeta. Sigámosle de nuevo:

«A las 1700 del día 9 (junio de 1918), al mando de la sección formada por la *MAS-15* —cabo primero de maniobra Armando— y la *MAS-21* —guardia marina de complemento señor Aonzo Giuseppe—, salgo de Ancona a remolque de los torpederos *18-OS* y *15-OS*.

»A las 2130 largo el remolque en el punto 44° 07′ norte y 14° 14′ este. Atmósfera muy caliginosa y mar como un espejo. Prosigo al rumbo 41°, por el canal Selve, y a las 2330 tengo por el través el islote de Lutostrak, a una milla de distancia. Echo al agua dos robustos rezones, con cabo suficiente de remolque para poder rastrear hasta 30 metros de profundidad.

»A las 2400 fondeo en el punto "B", quedando al acecho con los motores parados. A las 2405 me pongo en movimiento en demanda de la salida, remolcando los rezones, y a las 0230 estoy nuevamente tanto avante con Lutostrak a 1,5 millas de distancia. El rastreo, según las instrucciones recibidas, tenía por objeto descubrir la presencia de redes armadas con minas, a una profundidad inferior a los 30 metros desde la superficie. A la ida y al regreso, el resultado fue negativo.

»Desde Lutostrak prosigo hacia el punto "A", en el cual, hacia las 0415, he de acudir a la cita con los torpederos. Hacia las 0315, estando a unas 6,5 millas de Lutostrak, avisto, ligeramente a popa del través de estribor, una gran nube de humo. Excluida la hipótesis de que podría tratarse de nuestros torpederos, que a aquella hora deberían hallarse en la vecindad del punto "A" y que en cualquier caso no podrían emitir tanto humo, juzgo que, habiendo sido descubiertos desde la estación enemiga de Gruiza, algunos destructores o torpederos procedentes de Lussin llegan para darme caza.

»Tal suposición, aparte la dirección de procedencia —norte— de aquellas unidades, estaba justificada por el hecho de que, aunque el acolchado de los motores de las lanchas amortiguaban mucho el ruido, resultaba insuficiente en una noche brumosa y de calma absoluta.

»Estando próxima la amanecida, no era aconsejable emprender la retirada, porque, al aumentar la luz, hallándonos en la proximidad de la costa enemiga, los destructores habrían dado fácilmente cuenta de las dos lanchas, cuya velocidad, con los torpedos a bordo, era de unos 20 nudos.

»Decidí, pues, aprovechar la incierta claridad para anticiparme al ataque, e invertí el rumbo, seguido por la *MAS-21,* dirigiéndome hacia las unidades enemigas a la mínima velocidad, para no hacer ruido y evitar la onda de cabeza, que habría traicionado nuestra presencia.

»Al estar más cerca del adversario me di cuenta de que se trataba de dos grandes buques de guerra, escoltados por ocho o diez destructores, que formaban cortina a su alrededor.

»Decidido a efectuar el lanzamiento a la mínima distancia posible, maniobré para buscar una posición de ataque pasando entre los dos destructores que flanqueaban al primer buque. Para librarme del que nos quedaba por babor aumenté la velocidad de 9 a 12 nudos, consiguiendo así atravesar sin ser descubierto la línea de unos 100 metros que separaba a dichos destructores y lanzar los dos torpedos contra el primer buque, a una distancia no mayor de los 300 metros. Ambos artefactos hicieron blanco: el lanzado por estribor, entre las dos chimeneas, y el de babor, entre la segunda chimenea y la popa, levantando grandes nubes de agua y humo. Los torpedos, preparados para atacar destructores, iban regulados para navegar a una profundidad de 1,5 metros.

»El buque no efectuó maniobra alguna para evitar los torpedos.

»El destructor situado a babor de nosotros, percatándose del lanzamiento, cayó a una banda para cortarme la retirada, logrando, al terminar la lancha su evolución, situarse precisamente por nuestra estela, a una distancia de 100 ó 150 metros. Rompió el fuego con un solo cañón, y sus disparos, bien dirigidos pero ligeramente altos, estallaron por nuestra proa.

»Para evitar que corrigiese el tiro o utilizara sus ametralladoras, y como navegaba exactamente por nuestra estela, lancé una carga de profundidad, que no hizo explosión. Una segunda carga estalló cerca de la proa del destructor, que inmediatamente cayó 90° a estribor y aumentó la distancia, perdiéndose de vista poco después.

»Para entonces, dadas las condiciones de luz y el estado de la mar, que no hacían aconsejable la intervención de nuestros torpederos, mostramos por dos veces la señal convencional establecida: tres bengalas verdes: "He lanzado y me dirijo a Ancona."

»Hacia las 0500 avistamos los torpederos, a los que ya se había incorporado la *MAS-21*. Ésta, según se desprende del informe del guardia marina de complemento señor Aonzo, atacó al segundo buque. El lanzamiento del torpedo de estribor fue normal, y el artefacto, regulado para una profundidad de dos metros, hizo explosión a popa de la chimenea. El del torpedo de babor, debido a la incompleta abertura de la tenaza, no se hizo regularmente y falló el blanco. El comandante de la *MAS-21*, que efectuó su ataque poco después que la *MAS-15*, declara haber visto que el primer buque ya escoraba.

»El torpedeamiento se efectuó a las 0325, a unas 9 ó 10 millas al 220° de Gruiza, cuando la formación enemiga navegaba hacia el sur. La silueta y el tamaño de los buques, así como el número y la posición de sus chimeneas, hace pensar con certeza que se trataba de dos "Viribus" o, por lo menos, de dos "Rdestkzy". Poco después de que el destructor abandonase la persecución se vio un pequeño proyector hacer precipitadamente señales, con el haz dirigido hacia el norte; señales que no pudimos entender.

»El personal de las *MAS* ha dado prueba de las más hermosas virtudes de calma y valor, tanto en el ataque como en la persecución. Ningún daño han sufrido las lanchas ni sus hombres. A las 0700 entramos en puerto. Acompaño copia del informe del comandante de la *MAS-21*.

»El capitán de corbeta, comandante de la 4.ª Escuadrilla MAS. Firmado: *Rizzo.*»

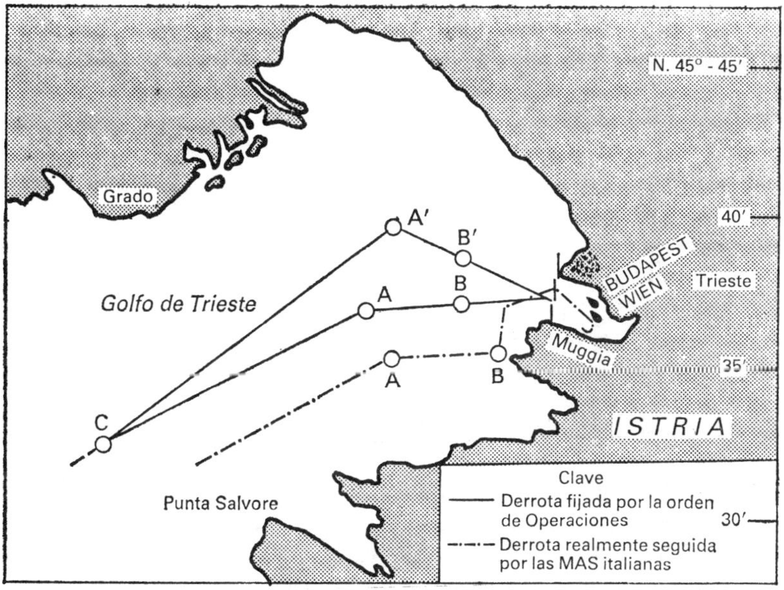

En la noche del 9 al 10 de diciembre de 1917, las lanchas torpederas italianas *MAS-9* y *MAS-13*, al mando del teniento de navío Rizzo, forzaron las defensas portuarias de Trieste y hundieron al acorazado austríaco *Wien*.

Contado así parece fácil, ¿verdad, lector?

La espectacular voltereta y el hundimiento del *dreadnought* austríaco *San Esteban*, el mayor éxito conseguido en la guerra del Adriático, que se produjo a las seis de la mañana y a plena luz del día, pudo ser filmado desde el *Tegetthoff* —que resultó indemne—, y aquel extraordinario y único documento sobre el hundimiento de un gran acorazado dio la vuelta al mundo después de la guerra (en España hemos podido verlo varias veces, incluso por la televisión). En este inconcebible desastre se produjeron 89 muertos y 20 heridos, y el resto de la Escuadra austríaca, que prácticamente en su totalidad se dirigía hacia el canal de Otranto para destruir a las fuerzas navales aliadas que protegían el barraje antisubmarino allí establecido, creyendo que el enemigo tenía conocimiento de la operación en curso, decidió cancelarla (1).

(1) Intervenían en ella cuatro modernos cruceros ligeros del tipo «Novara» y ocho destructores de la serie «Tatra»; doce submarinos;

Otro hundimiento no menos espectacular e importante se produjo en las postrimerías de la contienda y precisamente en el interior del bien guardado puerto de Pola, la más importante base naval austro-húngara.

En la lluviosa y oscura noche del 1 al 2 de noviembre de 1918, desde un torpedero italiano que había parado sus máquinas se arriaba al mar un extraordinario artefacto, denominado «Mignatta» (Sanguijuela). Se trataba de un torpedo submarino muy especial, con flotabilidad ligeramente positiva, provisto de una máquina convencional de aire comprimido y una sola gran hélice, que le permitían atravesar unas diez millas a tres o cuatro nudos de velocidad; que portaba una cabeza de combate doble, formada por dos cargas de 170 kilos de trilita, y que tendría que ser conducido hasta el blanco por dos individuos, a quienes serviría de acuática montura.

Estos últimos eran aquella noche el teniente médico de la Armada italiana Paoluci y el mayor del Cuerpo de Máquinas Rosseti. Provistos de equipos respiratorios de buceo y de cizallas y abandonados inmediatamente a sus propias fuerzas y suerte, aquellos dos oficiales, dispuestos a todo, consiguieron atravesar trabajosamente, con su torpedo, los ¡diez barrajes! que defendían la base naval de Pola y, casi siete horas después de ser dejados en el agua, aproximarse subrepticiamente al acorazado *Viribus Unitis*, de 21.000 toneladas, buque insignia de la Escuadra austríaca, que se encontraba fondeado y bajo cuya línea de flotación los italianos adaptaron, por medio de imanes, la mitad de la cabeza de combate de la «Mignatta».

Descubiertos entonces, e inmediatamente apresados, Rosseti y Paoluci no pueden proseguir la operación, pero algún tiempo después actúa la espoleta de relojería que dejaron regulada, y la explosión de la carga daña de tal modo la obra viva de aquel acerado gigante de pies de barro, el *Viribus Unitis*, que el magnífico acorazado austríaco pronto zozobra y se hunde en medio de la rada de la base naval. ¡Veintiuna mil toneladas de casco, cañones, máquinas y coraza contra un torpedo de... 800 kilos!

---

tres acorazados del tipo «Erzherzog»; los acorazados *Viribus Unitis* y *Prinz Eugen,* salidos de Pola para Cattaro el día 8 de junio, con una flotilla de destructores y torpederos, y el *Szent Istvan* y el *Tegetthoff,* con el destructor *Valebit* —que fue el que persiguió a Rizzo— y seis torpederos, zarpados el día 9 de la misma base naval y con igual destino. Es decir, iban a utilizarse los mejores buques de la doble monarquía.

Cuatro días después, al firmarse el armisticio, Rosseti y Paoluci regresan triunfalmente a Venecia a bordo del mismo torpedero que los había llevado hasta las inmediaciones de Pola. Con Luigi Rizzo, también han pasado definitivamente y con todos los honores al imperecedero libro de la historia naval.

Parecía que aquellos hundimientos increíbles jamás podrían repetirse. Sin embargo, en la segunda guerra mundial serían más que superados (1).

* * *

En su lucha contra el tráfico marítimo enemigo, la marina de guerra alemana utilizó también varios cruceros auxiliares. Unos, como ya vimos, se encontraban en puertos neutrales al romperse las hostilidades; otros, muy bien enmascarados, zarparon desde Alemania. Entre estos últimos, algunos consiguieron forzar el bloqueo británico, mientras que otros, menos afortunados, sucumbieron.

El 23 de diciembre de 1916 navegaba por el mar de Noruega el velero alemán de 1.570 toneladas, con tres mástiles y aparejo de fragata, *Seadler* (2), mimetizado como el noruego *Irma*, pero especialmente acondicionado para la guerra de corso y armado con dos piezas de 100 mm. Su comandante, el teniente de navío conde Félix de Luckner, cuya biografía es toda una fascinante novela de aventuras, relata así su arriesgada salida hacia el Atlántico:

«El 23 de diciembre fue un día del cual se acuerdan todavía en nuestras costas, a consecuencia del huracán que reinó. Padecimos su violencia. El viento del sur nos había permitido avanzar bastante de prisa a lo largo de la costa inglesa, cuando roló al sudoeste, con brusco descenso del barómetro. De hora en hora, el viento refrescaba y se convertía en tempestad. Llevábamos izadas todas nuestras velas, incluso las de juanete y sobrejuanete. La tempestad iba a permitirnos hacer dar al buque toda su velocidad

---

(1) Sobre los detalles de esta última y de todas las operaciones semejantes llevadas a cabo en la segunda guerra mundial por los marinos alemanes, británicos, italianos y japoneses, véase mi libro *Buques suicidas*, publicado por Editorial Juventud, Barcelona.

(2) Ex norteamericano *Pass of Balmaha,* apresado por el submarino germano *U-36* el 24 de julio de 1915.

y la saludamos como una magnífica suerte, en el momento en que debíamos pasar las principales líneas del bloqueo. Corríamos, pues, a toda velocidad, con la borda de estribor por debajo de las olas. Imposible andar sobre cubierta; era preciso marchar bien por la banda de babor, agarrados a los andariveles tendidos al efecto. La arboladura parecía a punto de rendirse; se reforzaron las escotas con cadenas. Nos atrevíamos a todo, pues no éramos responsables ante ningún otro armador que el kaiser. Que se viniera abajo todo el aparejo era menos peligroso que una visita inglesa a nuestros documentos falsificados. La tempestad gritaba y aullaba a través de la jarcia; aquí y allá, en las alturas, se rompía alguna escota; en pocos minutos, la lona gualdrapeaba con violencia y luego se rifaba y volaba por encima de las olas. Navegábamos a 15 nudos. A las once de la noche atravesamos la primera línea de bloqueo. Catalejo en mano, oteábamos a través de la oscuridad. No había ni un barco a la vista. Advertido por el descenso del barómetro, el enemigo se había retirado al abrigo de las islas. Estábamos solos. Aprovechando la ocasión ofrecida, cabeceando a toda velocidad bajo el impulso del motor, de las velas y de nuestra buena suerte, dejábamos atrás una blanca estela. A cada minuto arreciaba la tempestad y, con ella, la tensión sobre obenques, brandales, burdas y escotas; todo rechinaba como las cuerdas de un instrumento en tensión excesiva.

»El barco escora más y más. Es imposible mantenerse de pie en cubierta. Nos sentamos sobre la borda o las lumbreras. Navegábamos, por otra parte, con las luces de situación encendidas, verde a estribor, roja a babor, y la conciencia pura. De vez en cuando, poderosas olas caían sobre cubierta, para salir en catarata por la otra borda. Los dos timoneles tienen que ser amarrados. Retiembla todo el buque. Cada cuatro horas ganamos un grado de latitud. Reloj en mano, calculamos: "Ha pasado la primera línea, ahora la segunda, a medianoche llegaremos a la línea principal de bloqueo, entre las Shetland y Bergen. Todavía falta una hora." A cada relevo: "¿Habéis visto algún inglés?" "¡No!" A las once y media, nada; a las doce menos cuarto, nada. ¡A la medianoche, nada! Pasamos la línea principal. Nadie. Todavía un cuarto de hora, media hora, ¡nadie! El viento era decididamente nuestro aliado. Pensábamos que la derrota directa era la más corta; gracias al huracán podíamos pasar entre las Orcadas y las Shetland; eso nos ahorraría algunas millas. Vayamos, pues, hacia el oeste.

»En el momento de la virada, el viento roló bruscamente ocho cuartas y se entabló por el oesnoroeste. Fue como una advertencia: no pasaríamos. Así, nos vimos arrojados hacia Islandia. Empezó un frío terrible. Habíamos salido de la Corriente del Golfo, y el sol, que asomaba a las once de la mañana, se ponía media hora después. La mar, ahora libre, arbolaba aún más, y el agua de las olas, que corría por cubierta y entre nuestro cargamento, se transformaba en carámbanos. La helada cabullería no laboreaba por pastecas y cuadernales. Tratamos de deshelarla con agua caliente; pero en vano. Las velas bajas estaban tesas como maderos. Las escotillas secretas estaban heladas, y los cuarenta hombres de abajo no podían salir ni los veinticinco de arriba tenderse en sus literas.

»Durante cuatro días y medio tuvimos que permanecer sobre cubierta. Yo descansé un poco en la caseta de derrota, comiendo de vez en cuando un bocado, con la boca rígida por el frío. Se resbalaba sobre cubierta; todo lo que se tocaba era de hielo. Únicamente a proa y a popa hervían constantemente dos calderos de agua dulce. ¡Qué agradable zumbido y qué alegre ruido el de la tapadera levantada por el vapor! Bajando del exterior se empezaba por echar un buen vaso de ron en el agua caliente y luego se deshelaban las manos y las mandíbulas. El *grog* lleva en Hamburgo el apodo de "rompehielo"; nunca he comprendido mejor el porqué del remoquete. La gente que habla de *grog* en Alemania no saben lo que es. Para saberlo verdaderamente es preciso beberlo en el país donde el sol no aparece, con una nariz y una boca transformadas por el frío en hocico de morsa.

»Incapaces de entrar de una braza, íbamos a la ventura. Extraña impresión no ser el dueño de un buque helado. ¡A la merced de Dios! Nuestra suerte estaba en manos del *Klabautermann* ártico. El viento nos procuró el placer de verle rolar por fin al norte. Armados de picos y hachas, nos desembarazamos de nuestra costra de hielo, y el buque, por fin manejable, flotó pronto sobre las aguas más apacibles del Atlántico, después de pasar entre las islas Feroe e Islandia...»

* * *

El *Kaiser Wilhelm der Grosse* salió de Bremen el 4 de agosto de 1914 (como ya vimos en el capítulo II), hundió en el Atlántico a tres vapores ingleses y arrumbó hacia Río de Oro para repostarse de carbón, etc., de los aprovisionadores que allí le aguardaban. Estando fondeado en aguas territoriales españolas, fue atacado por el crucero británico *Highflyer* —capitán de navío Buller— y, tras un combate de más de una hora, durante el cual el crucero auxiliar germano agotó sus municiones, su comandante, Reymann, ordenó echar a pique su buque.

El *Cap Trafalgar,* ex trasatlántico de 18.700 toneladas, no tuvo mejor suerte. Sorprendido por la rotura de las hostilidades en el Atlántico Sur, el 31 de agosto de 1914, en aguas de la isla brasileña de Trinidad, el cañonero alemán *Eber* le transbordó dos piezas de 105 mm. y las correspondientes municiones. Sin haber logrado presa alguna, el 14 de septiembre fue descubierto por el crucero auxiliar inglés *Carmania,* armado con cuatro piezas de 130 mm., y, tras un largo combate en que ambos ex trasatlánticos sufrieron graves destrozos, el efímero *Cap Trafalgar* se hundió para siempre, con la bandera arriba.

En el capítulo III hablamos de las interesantes aunque breves carreras del *Prinz Eitel Friedrich* y del *Kronprinz Wilhelm.* Respecto al *Cormoran* (ex *Rjazn* ruso, primera presa del *Emden*), que el 30 de agosto de 1914 fue destacado por Von Spee para hacer la guerra al tráfico, durante algunos meses vagabundeó a través de la inmensidad del océano Pacífico, y, sin haber logrado presa alguna, el 14 de diciembre de 1914 tuvo que dejarse internar en la isla de Guam, por falta de carbón.

Aquellos veloces y alterosos trasatlánticos alemanes empleados inicialmente como depredadores del comercio marítimo gastaban mucho carbón y eran fáciles de descubrir e identificar; de manera que el Estado Mayor de la *Kriegsmarine* decidió utilizar en lo sucesivo para tales misiones barcos mercantes más lentos, pero de poco consumo, gran autonomía y fáciles de enmascarar bajo el pabellón de cualquier potencia neutral. Así nacieron el *Meteor,* el *Moewe,* el *Greif,* el *Wolf,* el *Seadler* y el *Leopard.*

Los «historiales» del *Meteor,* del *Greif* y del *Leopard* fueron breves. El *Meteor,* al mando del capitán de corbeta Von Knorr, fondeó varios campos de minas, entre el 7 y el 8 de junio de 1915, en el mar Blanco, sobre la derrota que va del cabo Norte al puerto ruso de Arkangel. Al regresar cruzó varios días por el Skagerrak, apresando a cuatro vapores escandinavos, con madera para Inglaterra, y hundiendo a otros tres. Se hizo de nuevo a la mar el 6 de agosto, con 374 minas, parte de las cuales fondeó a la entrada del Firth of Moray. Dos días después, en la amanecida del 8, fue detenido en el Pentland Firth —entre las Orcadas y Escocia— por el crucero auxiliar inglés *Ramsey,* al que echó a pique por sorpresa, con un torpedo y al cañón. Tras hundir luego a un mercante escandinavo, fue acorralado cerca del Horns Reef por las fuerzas del comodoro Tyrwhitt —cinco cruceros ligeros y numerosos destructores, y, como no había nada que hacer, Knorr decidió hundir su buque, en el haber del cual figuraba también el destructor inglés *Lyns,* hundido el día 9 por una de sus minas.

El *Greif* —capitán de corbeta Tietze— salió a la mar el 27 de febrero de 1916 y fue echado a pique el 29, es decir, sólo dos días después de zarpar. Los ingleses habían recibido informes procedentes de un país neutral advirtiéndoles que un nuevo crucero auxiliar alemán estaba a punto de aparejar, y reforzaron su vigilancia. En la mañana del 29, ya cerca de las Shetland, el *Greif,* disfrazado de barco noruego, fue detenido por los cruceros auxiliares británicos *Alcantara* y *Andes.* Acababa el primero de arriar un bote al agua con el trozo de registro, cuando el inédito corsario alemán, armado con cuatro piezas de 150 mm. y dos tubos lanzatorpedos, cambió de bandera y abrió el fuego. Tras quince minutos de furioso cañoneo, al que se sumó el *Andes,* el *Alcantara,* alcanzado por numerosos proyectiles y por un torpedo, se fue a pique. Pero poco después le siguió el *Greif,* blanco a su vez de las salvas del crucero ligero inglés *Comus,* que, con el *Andes,* recogió a 209 supervivientes alemanes. Es decir, el porfiado duelo había costado al *Greif* 97 muertos, y 74 al *Alcantara.*

Los ingleses aprendieron bien la dura lección del *Alcantara.* En marzo de 1917 zarpó de Alemania el crucero auxiliar *Leopard* —cinco piezas de 150 mm., cuatro de 88 mm. y dos tubos lanzatorpedos—, ex carguero británico *Yarrowdale,* de 4.650 toneladas, apresado por el *Moewe* y ahora al mando del capitán de corbeta Von Laffert. El 16 de dicho mes fue detenido a la altura de Islandia, en los 64° 54′ norte y 0° 22′ oeste, por el crucero británico *Achilles* y el auxiliar *Dundee.* El *Leopard* iba enmascarado como el vapor noruego *Rena-Norge,* y puesto que de su infortunada dotación no habría un solo superviviente, tendremos que seguir el relato británico de los hechos.

Parece ser que las respuestas dadas por el *Leopard* a las preguntas que le hizo el *Dundee* hicieron sospechar al comandante de éste, capitán de fragata Day, de la Reserva, que se trataba de un corsario germano. De manera que, al quedar éste a unos 900 metros de distancia, el buque inglés rompió el fuego. «Cuarenta y cuatro cañonazos de 100 mm. y veinticinco de 47 mm. pudimos disparar antes de que el corsario abriese a su vez el fuego», escribe el capitán de fragata inglés. Este inexplicable retraso del buque alemán, posiblemente debido a que los primeros impactos, recibidos en el puente de mando, causaron la muerte de todos los presentes, decidió rápidamente el encuentro.

Convertido el buque alemán en una humeante antorcha y haciendo un tiro ineficaz y espasmódico, el *Achilles* terminó la demoledora labor iniciada por el *Dundee*, que no sufrió otras bajas que los seis hombres del trozo de registro, que se habían aproximado al *Leopard* en un bote y que con toda probabilidad cayeron víctimas de los disparos de sus camaradas.

Hasta después de la guerra, nada absolutamente se supo en Alemania del trágico final del desaparecido, sin dejar rastro, crucero auxiliar de la *Kriegsmarine*, que, según los marinos ingleses, había continuado el combate «hasta el mismo momento de desaparecer bajo las aguas». Lo que no deja de resultar sorprendente es que de los aproximadamente trescientos alemanes que marinaban el *Leopard*, los ingleses no pudieran recoger ni un solo superviviente. Es decir, la dotación del crucero auxiliar alemán sucumbió al completo.

El *Moewe* fue, en cambio, un barco con suerte. De 4.500 toneladas, armado con cuatro piezas de 150 mm., una de 105 mm. y provisto de cuatro tubos lanzatorpedos, su enmascaramiento como inofensivo carguero resultaba tan perfecto como fácil de alterar. Al mando del capitán de corbeta conde Dohna Schlodien, zarpó de Alemania el 29 de diciembre de 1915. Tras fondear 252 minas cerca del cabo Wrath, extremidad noroeste de Escocia —donde algunos días después volaba el acorazado británico de segunda clase *King Edward VII*—, y 238 en el estuario del Gironda, llegó hasta cerca de Pernambuco, en el Brasil, y regresó a Alemania por el norte de las Shetland, es decir, por donde había salido al Atlántico. Se había cobrado 15 barcos mercantes aliados, con 58.000 toneladas de registro.

El *Moewe* zarpó de nuevo el 22 de noviembre de 1916 y, tras llegar hasta las proximidades del cabo de Buena Esperanza, entró en Kiel el 22 de marzo de 1917. Las únicas noticias de este corsario recibidas por la *Kriegsmarine* durante este segundo crucero, en el que había hundido o apresado a 23 barcos aliados, con 119.000 toneladas, las trajo el vapor inglés *Yarrowdale*, una de sus presas, entrado en Swinemunde el 31 de diciembre anterior; de manera que en Alemania ya se le daba por perdido.

El *Wolf*, ex frutero *Wachtfels*, con una velocidad de tan sólo 10,5 nudos, batiría todos los *records* de permanencia en la mar durante la Gran Guerra: 444 días. De 5.600 toneladas, armado con siete piezas de 150 mm. y cuatro tubos lanzatorpedos, equipado con un hidroavión y llevando 600 minas a bordo, zarpó de Kiel el 30 de noviembre de 1916, al mando del capitán de corbeta Nerger. En su largo viaje dobló el cabo de Buena Esperanza, fondeó minas delante de Ciudad del Cabo, Durban, Singapur, Colombo, Bombay y Sidney, hundiendo directa o indirectamente a 35 barcos, con un total de 210.000 toneladas. El 17 de febrero de 1918 echaba el ancla en Arö-Sund, y, aunque treinta de sus hombres (parte de ellos eran prisioneros) llegaban enfermos de escorbuto, la dotación del *Wolf*, prácticamente al completo, desfiló triunfalmente, el 16 de marzo de 1918, por la berlinesa avenida de Unter den Linden, pasando bajo el arco de Brandeburgo, con la carrera cubierta por tropas de Infantería del Ejército (1).

El «último corsario», como le denominara Félix de Luckner; el último, en efecto, que salió de Alemania y pudo hacer la guerra al tráfico en la primera contienda mundial, fue el *Seadler*. Zarpado del Weser el 21 de diciembre de 1916, cruzó todo el Atlántico, dobló el cabo de Hornos, no sin tener que luchar con los despiadados elementos durante tres semanas y media, y no paró hasta Mopelia, en las islas de La Sociedad. Mientras tanto había hundido 14 barcos, en su mayoría veleros de altura. Estando allí, el 21 de agosto de 1917, un maremoto destrozó al *Seadler* y lo dejó, desarbolado y hecho una ruina, sobre los arrecifes de coral. Sus indemnes tripulantes pudieron rescatar los víveres, etc., de a bordo y uno de los botes. Y con éste, de seis metros de eslora y un francobordo al centro de 30 centímetros, el indomable Luckner se hizo a la mar con otros cinco hombres, rumbo a Fidji, donde esperaba poder capturar algún barco, rescatar a los suyos y marchar a Alemania. Tras veintidós días de azaroso viaje a vela, alcanzaron Katafanga, en las Fidji, donde, ¡ay!, fueron hechos prisioneros por los ingleses. El resto de la dotación del *Seadler* se apoderó, el 5 de septiembre, de la goleta francesa *Lutèce*, que tocó accidentalmente en Mopelia. Con ella llegaron un mes después a la isla de Pascua, donde chocaron con

(1) Sólo en la segunda contienda mundial otro buque alemán, el *Atlantis*, con veintidós meses de ininterrumpida permanencia en la mar, lograría batir el *record* del *Wolf*. Véase mi libro *Corsarios alemanes en la segunda guerra mundial*, publicado por Editorial Juventud, Barcelona.

un bajo no cartografiado y perdieron su barco. Llevados después a Chile, quedaron en el hermoso país de los terremotos, en régimen de semiinternados, hasta el final de la guerra.

* * *

Y ahora, al dar remate a este trabajo, hacemos gracia al lector, a ese lector minoritario amante de los barcos que ha tenido la paciencia de seguirnos hasta aquí, de unas consecuencias generales que sólo serían reiterativas y que, a estas alturas, él ya conoce perfectamente.

ÍNDICE

BIBLIOGRAFÍA Y FUENTES

JACQUES PIRENNE, *Historia universal.*
LIDDELL HART, *History of the First World War.*
WINSTON CHURCHILL, *The world crisis.*
JULIAN S. CORBETT, *Naval operations (History of the Great War).*
OTTO GROOS, *Doctrina de la guerra marítima según las enseñanzas de la guerra mundial.*
J. E. VALLUY, *La primera guerra mundial.*
RENÉ GREGER, *The Russian Fleet, 1914-1917.*
ANTONY PRESTON, *Battleships.*
ERICH RAEDER, *Mi vida.*
H. W. WILSON, *Los acorazados en acción.*
HANS POCHHAMMER, *De Tsing-Tao a las Falkland.*
SPENCER-COOPER, *The battle of the Falkland islands.*
J. LAUTERBACH, *Mis aventuras de guerra en el mar.*
H. VON MÜCKE, *Ayesha.*
ARNO VON SPINDLER, *La guerre sous-marine.*
LOWELL THOMAS, *Los corsarios submarinos.*
JOHANNES SPIESS, *¡Submarinos!*
E. KEBLE CHATTERTON, *Q. ships and their story.*
HAROLD AUTEN, *Q. boat adventures.*
GORDON CAMBELL, *My mystery ships.*
WILLIAM S. SIMS, *La victoria en la mar.*
CECIL HAMPSHIRE, *The fantom fleet.*
J. R. JELLICOE, *La Gran Flota británica.*
GIBSON y HARPER, *El enigma de Jutlandia.*
GEORGE VON HASE, *Kiel and Jutland.*
ADMIRALTY TRANSLATION, *German official account of the battle of Jutland.*
REINHARD SCHEER, *Germany's High Sea Fleet in the World War.*
CARLYON BELLAIRS, *The battle of Jutland.*
HUGO VON WALDEYER-HARTZ, *Admiral Von Hipper.*
W. S. CHALMERS, *The life and letters of sir David Beatty.*
NORMAN POLMAR, *Aircraft Carriers.*

A. Thomazi, *La guerre navale dans l'Adriatique.*
Félix de Luckner, *El último corsario.*
F. Witschetzky, *El Navío Negro.*
S. W. Roskill, *The war at sea.*
Heydecker y Leeb, *El proceso de Nuremberg.*
John M. Carroll, *Electronic espionage.*
Cunningham of Hyndhope, *A sailor's odyssey.*
Karl Doenitz, *Diez años y veinte días.*
Erich Raeder, *La guerra de cruceros en aguas extranjeras.*
E. Keble Challerton, *The sea-raiders.*
Dohna-Schlodien, *El Möewe.*
F. José Hohenzollern, *Emden.*
Kennet Langmaid, *The sea-raiders.*

Diversas consultas directas del autor al «Head of Naval Historical Branch», del Ministerio de Defensa británico, y al «Ufficio Stórico», de la Armada italiana.